Dépôt légal - 1e trimestre 2018

Bibliothèque et Archives Nationales du Québec, 2018
Bibliothèque et Archives Canada, 2018

© Presses Panafricaines, janvier 2018

ISBN : 978-2-924715-0-93

Montréal - Canada
www.presses-panafricaines.com

Alioune Badara Seck

La fortune et la galère

Roman

PRESSES
PANAFRICAINES

Collection **Soleil d'Hiver**

La fortune et la galère

TITRES DÉJÀ PARUS DU MÊME AUTEUR

- *Le Monde des Grands* : Roman, Paris, Editions l'Harmattan, 1988.
- *La Mare aux Grenouilles* : Roman, Paris, Editions l'Harmattan, 1990.
- *Quand les Génies entraient en colère* : Roman, Dakar, NEA S, 1997.
- *Menaces sur Draak* : Nouvelle, Dakar, NEA S, 2003. (1er prix concours 2001 - Centre culturel français de Dakar/quotidien sénégalais le Soleil)
- *Gorgui Robert, un toubab vagabond en quête d'Afrique* : Portrait/Essai, Dakar, Impulse Éditions, 2009.
- *Séniles escapades ou un petit tour dans Dounya* : Roman, Paris, Éditions Panafrika-Silex, 2009.
- *Du petit saint du Tableau noir* : Essai, Dakar, NEA S, 2010.
- *La banlieue en folie* : Roman, Dakar, Ruba-Editions, 2016.

Ie PARTIE

QUAND « LA FORTUNE VIENT EN DORMANT »

1

L'homme avait été soudain tiré de sa somnolence réparatrice par un fracas lointain. Comme dans un rêve… Un rêve… Un rêve ? Non. Il était là, assoupi, sur le sommet d'une de ces buttes surplombant la redoutée Route du Diable. Il y était arrivé quelques instants plus tôt afin d'y reprendre quelque souffle, à l'ombre des *kaadd* feuillus, lui qui courait la brousse depuis le début de la matinée, sous le soleil et l'haleine brûlante de l'harmattan.

Du sommet de la butte où se déploie avec fierté le feuillage de cet acacia au tronc blanc, qui porta jadis le nom du gouverneur du Sénégal Louis Faidherbe, la Route du Diable n'est pas visible. L'homme était venu s'affaler avec un souffle de réelle satisfaction à l'ombre de cet arbre vénéré de tout paysan – lui qui sait qu'il *nargue la pluie*, car osant se permettre de se débarrasser de son feuillage en hivernage, pour ne le retrouver qu'en saison sèche –. Et il s'y prélassait avec bonheur, rêvant de brise et d'eau de canari bien fraîche, lorsque ce fracas… Oui… Il semblait bien réel, puisqu'il était venu le tirer de ce sommeil réparateur… Et il lui était apparu alors fort probable qu'un drame venait encore une fois de se jouer en ces lieux. Ce ne pouvait être la fatigue, ou son imagination, qui s'amuserait à lui jouer quelque tour. Décollant d'un coup son large dos du tronc de l'arbre contre lequel il était venu s'adosser, il avait aussitôt rassemblé à la va-vite ses effets – sandales et cravache – pour dévaler la pente, vers son attelage qui l'attendait sagement en contrebas de la butte.

C'était un après-midi du *noor*, la morte saison des wolofs du Sénégal, pendant laquelle intervient la pause annuelle forcée dans les activités champêtres. Le *noor* est la saison privilégiée de l'harmattan, ce type de temps typiquement saharien, chaud et sec, qui enlève ses ultimes espoirs au paysan, en lui confirmant la fin de la saison heureuse. C'est encore lui qui vient rendre la nappe phréatique de moins en moins accessible dans le trou du puits, et qui laisse le bétail exsangue, en brûlant sans pitié les dernières plages de la graminée nourricière de la savane herbacée, tout en faisant s'évaporer les dernières flaques des marigots. C'est surtout lui qui, bien avant que le soleil ne soit au zénith, fait s'essouffler les hommes et les femmes qui parcourent la brousse dans leur cueillette quotidienne.

Le cerveau encore tout embué, l'homme, debout sur sa charrette, dévalait quelques instants plus tard la pente raide, martyrisant avec des hurlements gutturaux les flancs de l'animal, peu soucieux des efforts déployés par celui-ci depuis le début de la matinée, et provoquant au passage des battements d'ailes effrayés de la gent volatile.

« Encore quelque imprudent qui sûrement, doit tout ignorer des malheurs vécus en ces lieux », se prit-il à penser.

Car, des drames, il y en a tellement eus sur cette route, que celle-ci en a hérité le qualificatif lugubre de Route du Diable pour certains, et de Route de la Mort pour d'autres. Ses victimes ne se comptaient plus en effet. C'est pourquoi d'ailleurs, sur un parcours d'une cinquantaine de kilomètres, en cette zone parsemée de virages et de côtes, le service des Travaux publics avait cru devoir planter des dizaines de panneaux de signalisation, pour attirer l'attention des non avertis, ou rappeler à l'ordre les usagers habitués, mais récalcitrants. En plus, les hommes en bleu, en cas de recrudescence d'accidents, n'hésitaient guère à y aller eux aussi, de leurs patrouilles dissuasives.

Lorsque le charretier déboucha sur les lieux après un dernier virage, le spectacle lui avait littéralement fouetté la vue… Oui… Il ne s'était pas trompé : un tas de ferraille qui fumait encore. Ce fut tout inondé de sueur, qu'il arrivait sur l'épave, pour lâcher aussitôt la bride. Il avait ensuite prestement sauté à terre, et fonçait vers le véhicule immobilisé dans un silence de mort. Ce dernier, miraculeusement, s'était retrouvé sur ses quatre roues, mais à une cinquantaine de mètres de la route… Une cinquantaine de mètres… Ce devait être un fou qui tenait le volant. Un candidat au suicide… Parvenu au niveau de ce qui n'était plus qu'une masse informe de tôles froissées, il ne put retenir un cri de détresse.

— Allah tout Puissant !

Il s'était ensuite approché, à tout petits pas, son ardeur subitement réfrénée, pour se pencher sur l'épave, le temps d'y jeter un coup d'œil par l'une des portières, puis avait vivement relevé la tête, comme piqué par ce qu'il y découvrait. L'air plus que désemparé, il s'était mis à tourner ensuite sur lui-même, comme à la recherche d'une autre présence sur les lieux. Personne ! Le village de Tound Bouki n'était qu'à une dizaine de minutes de marche. Mais il ne sut si là-bas, le fracas de l'accident avait pu parvenir. C'était fort possible. Quand de tels drames survenaient sur la Route du Diable, au niveau de ce virage, ils avaient souvent été les premiers sur les lieux, devançant ainsi les autres villages et bourgades du patelin. Ils avaient ainsi pu en sauver souvent, en tirant les blessés des décombres, et en envoyant chercher les hommes en bleu basés à cinq kilomètres de là. À cheval ou à bicyclette, les choses sont souvent allées très vite. Mais pour le moment, aucun signe de vie alentour. L'homme cessait de scruter tout autour de lui, pour revenir vers l'épave qui continuait de fumer par le capot. Mais il était encore tout hésitant. Le spectacle à l'intérieur de la cabine ne devait pas être beau à voir. Alors qu'il se décidait à glisser de nouveau la tête par la portière, un bruit de moteur – ou deux, avait-il pu juger – lui était parvenu de la route. Il avait alors tendu l'oreille, se figeant sur place pour attendre. Il s'agissait bien de deux moteurs. Mais leur bruit s'était vite estompé, les véhicules roulant, semble-t-il, dans la même direction, étant passés en trombe.

— « Toujours les mêmes imprudents… », ne put-il s'empêcher de grommeler.

Sans plus y penser, il prit de nouveau son courage à deux mains. Il fallait y aller, et vite, en attendant que d'autres passants rappliquent. Il y avait peut-être encore des vies à sauver, même si aucun gémissement ne lui parvenait des décombres. Il glissa de nouveau la tête par l'une des portières avant. Le spectacle n'était pas beau à voir. Quatre corps, à ce qu'il en perçut d'emblée, étaient là, entremêlés, dans des attitudes qui ne laissaient plus aucun doute.

— Allah ! Allah !

À l'avant, les deux occupants avaient la tête fracassée. Le sang coulait de partout, se mêlant à de la matière brun-rosâtre qui ne pouvait être que de la cervelle. Les deux têtes étaient inclinées de façon bizarre, avec des yeux grand ouverts, comme sur le vide. Les deux autres passagers de derrière n'étaient pas mieux lotis. La tête de l'un reposait sur le dos de l'autre, dont le visage n'était pas visible. Elle était elle aussi toute couverte de sang. Le tissu des habits, déchiré de partout, était percé au niveau des jambes par des fragments d'os sanguinolents qui saillaient telles des branches brisées. Plus rien ne bougeait à l'intérieur. Un peu partout, des bagages restaient épars, entre les corps disloqués et sur le plancher. Il s'agissait de caissettes en carton toutes en lambeaux, d'où émergeaient, pèle mêle, comme deux longs bonnets de couleur brune, des paires de lunettes noires brisées, des bouteilles d'eau en matière plastique, et des paquets de cigarettes écrasés. Son regard avait balayé tout cela, d'un coup.

Puis, une odeur caractéristique... Le charretier s'était mis à humer l'air, instinctivement. L'odeur de la boisson honnie ! La gnôle. C'était donc ça ! Et les quatre corps disloqués recroquevillés là semblaient en être tout imbibés. Tout s'expliquait. Ces hommes ne pouvaient qu'être ivres, totalement sous l'emprise de *Cheytaane*, et devaient rouler d'une façon bien suicidaire sur cette Route du Diable, s'il en jugeait par le saut effectué par le véhicule depuis la route. Les bouteilles contenant le liquide honni n'étaient pas visibles dans toute cette confusion, mais il ne pouvait s'agir que de cela. Des mécréants ! Encore des mécréants !... Des fêtards à qui l'alcool avait fait perdre la raison, et qui sont allés droit vers la mort. Des suicidés en réalité. Il y en a tant parmi les accidentés, sur cette route qui longe la Petite Côte, ce paradis des touristes et des riches.

Le regard du charretier parcourait encore la scène quand il s'arrêta sur un bout de métal, rond et d'un noir tout luisant. Une des caissettes en carton en recouvrait l'autre moitié. Mais il avait reconnu l'objet, et les battements de son cœur s'en étaient accélérés. C'était une arme. Une de ces armes à feu qui pendent toujours dans leur étui, aux hanches de tous les hommes en bleu, de ceux-là qui fréquentent la Route de la Mort, comme de ceux qui sont là-bas au poste de gendarmerie de Keur Baara, ou encore à la Sous-préfecture.

De drôles de voyageurs que ces gens-là, noyés dans la gnôle, entourés de plein de paquets de cigarettes, armés de pistolets et roulant à tombeau ouvert sur cette route dangereuse. Tout perturbé par cette découverte, il allait extirper la tête de la portière quand quelque chose accrocha de nouveau son regard. Il s'agissait d'une valisette. Celle-ci était coincée entre les deux sièges avant, et restait à moitié masquée par le corps du passager avant. Elle était entrebâillée. Le choc probablement. L'homme eut un haut-le-corps lorsqu'il commença à en discerner le contenu. Le regard comme captivé, il était resté là, pendant de longues secondes, l'air tout bête, les mains tremblantes, le cœur redoublant de coups dans sa cage. Il s'était ensuite décidé d'un coup. Il avait tendu un bras tout hésitant vers la valisette, mais pour le retirer aussitôt, comme piqué par un serpent. Car au même moment, il avait vu un autre bras, celui du passager à l'arrière vautré sur son compagnon, se détendre brusquement tel un ressort, pour se plaquer sur la mallette.

2

Ce fut bien plus tard que le charretier arriva en trombe à Tound Bouki, la cravache labourant toujours sans pitié les flancs de l'animal qui en bavait sous le supplice. Il avait trouvé le village quasi vide, les informations des quelques femmes et enfants qui s'y trouvaient lui ayant fourni l'explication de cette absence de réaction du village, depuis que le drame avait eu lieu sur la Route de la Mort.

— Si Diokel ! Nous avons bien entendu un bruit de choc terrible ! Mais il se trouve qu'il n'y a que nous ici. Ils sont tous partis à Keur Birima ! Un émissaire est venu annoncer que la cérémonie de baptême au village y a tourné au drame...

— Un drame ? C'est-à-dire ? Han ?

— Empoisonnement... Des maux de ventre ! Des diarrhées, avait poursuivi la vieille femme qui était allée à sa rencontre. D'autres sont allés aussi avertir les gens du poste de Santé.

Ça ne pouvait être que ça, cette absence de réaction du village... Pas un homme au village... Pas un jeune pour aller à bicyclette à Keur Baara... Et comme un malheur n'arrive jamais seul... L'homme avait prestement sauté à terre, pour se mettre à dételer la charrette à la va-vite, avec toujours une grande fébrilité, sous le regard inquiet des femmes et des enfants accourus l'entourer avec des yeux tout curieux. Puis, sans plus attendre, il avait enfourché le cheval qui visiblement, n'en pouvait plus.

— Prenez au moins un peu de repos, Diokel. Et aussi pour cette pauvre bête... Elle n'en peut plus.

— Pas le temps, puisqu'il n'y en a pas d'autres ici. Il y a plus urgent avec cet accident.

— Eh Allah ! Encore cette route de malheur.

L'homme n'écoutait déjà plus. Il enfourchait d'un saut la bête qui attendait en bavant, s'y remettait avec sa cravache, fonçait dans la direction de Keur Birima, au moment où une fillette débouchait en courant d'une concession, tenant des deux mains un pot rempli à ras bord. Le cavalier n'entendit même pas la vieille femme qui lui criait de sa voix aigüe :

— Oh Diokel… Ton eau est là ! Diokel Oh !… – Puis, comme de désespoir – Hey Diokel… Eh Allah ! Que nous arrive-t-il donc aujourd'hui ?

Tout un groupe d'enfants couraient déjà grimper sur une butte de sable, à la sortie du village, pour aller observer le cheval au galop, dans son nuage de poussière à travers les sentiers.

*
* *

Ce fut deux heures plus tard que ceux de Tound Bouki revinrent de Keur Birima. Il n'y avait bien entendu pas le moindre véhicule motorisé avec eux, la seule mobylette à Tound étant celle du directeur d'école resté là-bas, sur place. Rien que des chevaux et des ânes, certains tirant laborieusement leur charrette sous la chaleur et la poussière. Pendant que les uns faisaient escale prétextant quelques besoins, les autres poursuivaient sans s'arrêter vers le lieu de cet autre drame. Le nommé Diokel était avec ceux-là.

En forçant le pas, il ne leur fallut que quelques minutes pour arriver sur les lieux de l'accident. Mais de loin, le groupe de paysans avait déjà aperçu la fourgonnette bleue du poste de gendarmerie, et celle d'un rouge vif des sapeurs. À terre, bien alignées, quatre formes étendues et recouvertes de bâches. À leurs côtés, tout un attirail de caisses et de caissettes, de bidons et de bouteilles, le même que l'homme à la charrette avait passé en revue quelques deux heures plus tôt, et en vrac dans l'épave. Tous étaient debout et entouraient l'épave d'un air intéressé.

Lorsque le groupe de villageois ne fut plus qu'à une vingtaine de mètres d'eux, ils s'étaient retournés tous comme de concert, pour les regarder venir.Ce fut comme un ordre tacite. Tout le groupe de villageois s'était alors arrêté d'un coup. Le groupe des hommes en bleu continua à les observer en silence, quelques longues secondes, avant que l'un des gendarmes se détache d'eux pour aller vers les arrivants. Un bref salut, puis :

— Ceux de Tound Bouki probablement ?
— Oui Chef !

— Le chef de village ?

— Il est là !

Plusieurs têtes se tournaient aussitôt du côté du chef Ngotti, pourtant bien connu des hommes en bleu. Ils avaient en effet souvent collaboré, et réuni leurs efforts dans diverses affaires, malheureusement pas toujours de tout repos, comme les feux de brousse, les vols de bétail, les différends entre villages, ou encore les cas de litiges entre éleveurs et cultivateurs. Mais l'immense chapeau de paille posé sur sa tête en faisait un anonyme parmi les autres. Le gendarme fut à ses côtés en quelques pas.

— *Salaam aleykoum* Chef. Le commandant veut vous parler…

Le vieux Ngotti lâcha les brides, descendit de sa monture, se décoiffa et s'avança d'un pas hardi vers les hommes en uniforme, suivi du gendarme. Le reste de la troupe avait pris le parti lui aussi de descendre des montures et des charrettes, les uns cherchant l'ombre accueillante de quelques acacias rabougris, d'autres se contentant de s'accroupir aux côtés de leurs montures. Cela valait mieux que rien.

Les conciliabules avec le chef gendarme durèrent quelques courtes minutes avant que le chef Ngotti ne se tournât vers son groupe pour héler :

— Oh Diokel ! Vous voulez bien vous approcher ? Le commandant souhaiterait vous parler.

L'homme à la charrette se leva d'un bond, comme s'il s'attendait à cette interpellation, et d'un pas vigoureux, le bas de son pantalon bouffant se balançant d'un mollet à l'autre, alla rejoindre le groupe. Les hommes en uniforme, gendarmes et pompiers, l'avaient observé venir, le fouillant du regard, de la tête aux pieds, n'ayant répondu que d'un signe de tête à son « *A Salam aleykoum* ». Debout devant eux, l'air humble, il s'était pris à tripoter le rebord de son chapeau de paille décoloré et déjà tout effrité.La question du chef de poste l'avait pris par surprise :

— Le chef Ngotti nous dit que c'est vous qui êtes venu leur apprendre l'accident…

— Heu… Oui Chef.

— Vous vous appelez Diokel ? Diokel… comment ?

— Diokel Dione Chef…

— C'est bien vous qui êtes arrivé le premier sur les lieux de l'accident ?

— Heu… Oui Chef…

— Vous avez vu comment cela s'est déroulé ?

— Heu… pas exactement… J'étais là-bas – il désignait la direction de la butte – où je prenais quelque repos après ma récolte de bois mort, quand j'ai été réveillé par…

À mesure qu'il parlait, il avait eu comme l'impression que ces gens-là ne lui prêtaient qu'une oreille fort peu attentive, absorbés qu'ils étaient à le disséquer du regard, et de partout. Son crâne et son visage couverts de sueur, ses longs bras aux muscles rendus saillants par des années de labeur aux champs, ses mains calleuses, ses grands pieds plats aux doigts écartés, couverts de gerçures et blanchis par la poussière, et qu'hébergeaient difficilement des sandales en matière plastique aux déchirures cousues de fils de couleurs. Dans son *tourki*, son petit boubou, et son pantalon bouffant tout humidifiés et couverts de *kram kram*, il se sentait fort mal à l'aise. La question du chef le coupa sans avertir :

— Ce sont bien les traces de votre attelage que nous avons trouvées près du véhicule accidenté ?

— Euh… je suis bien arrivé sur ma charrette Chef, fit-il fort prudent.

Un instant de silence pendant lequel tous les regards convergèrent vers les quelques mètres carrés de terre marqués de traces de sabots et de roues.

— Oui… Il n'y a que les traces que d'un seul attelage ici… Il n'y en a pas d'autres…

— Heu… Je ne sais, Chef… Je suis remonté sur ma charrette dès que…

— Vous avez cherché à voir à l'intérieur ?

Il désignait l'épave, sans regarder celle-ci. En dessous du véhicule, on apercevait des flaques et des filets de sang déjà coagulé, et que survolaient des nuages de mouches grises et vertes.

— Ah oui Chef… Il y a souvent des survivants dans ces accidents de la route. Nous en avons souvent sauvés…

— Alors ?

Légère hésitation du nommé Diokel.

— Alors ? Heu… Tel que je les ai vus, j'ai pensé qu'il n'y avait plus d'espoir… Allah avait déjà décidé…

— Et… qu'avez-vous fait ensuite, après avoir vu ?

— Je suis remonté aussitôt sur ma charrette pour aller avertir le village. Au village, poursuivait-il, comme pour anticiper sur la question à venir, quelques jeunes ont leur bicyclette et le directeur d'école lui aussi à sa moto. Ce sont eux qui sont les plus rapides pour venir vous avertir au poste...

Cela, le commandant de brigade le savait déjà.

— Mais tout le village était à Keur Birima où...

— Et... Vous n'avez rien remarqué de particulier ? le coupait de nouveau le commandant le regard perçant, plongé dans celui du charretier.

— Heu... Le spectacle... tout ce sang répandu... et ces corps disloqués... C'était difficilement supportable, Chef.

— Et vous n'avez vu ni croisé personne d'autre ?

— Non Chef, répondit le nommé Diokel sans hésiter. Mais parvenu sur la route, j'ai bien essayé d'alerter quelques voitures qui passaient. Par acquit de conscience... comme je n'avais pas eu le cœur de bien regarder... Dans le véhicule, ils n'étaient peut-être pas tous... tous morts... Mais pas un n'a accepté de s'arrêter. C'est souvent comme ça, ici.

Pendant que le chef de brigade échangeait avec le nommé Diokel, les autres villageois, tous fort curieux, avaient fini par se rapprocher. Les gendarmes eux, les avaient laissés là, comme de concert, pour aller tourner en rond, allant de la route au véhicule, comme à la recherche de quelque chose.Ils le faisaient séparés, bifurquant dans toutes les directions, fouillant au pied des buissons, brisant les mottes de sable de leurs bottes, ou se servant de celles-ci pour soulever des pans de terre, là où celle-ci semblait avoir été remuée. L'un d'eux, un grand maigre, un vrai échalas à la tête grotesque, telle la noix d'anacarde, avait l'air particulièrement zélé. Il semblait plus que fiévreux, comme s'il ne pouvait tenir sur ses jambes, revenait sans cesse vers le petit groupe silencieux. Son regard perçant dévisageait les nouveaux arrivants, un par un, méthodiquement et sans vergogne, allait vers l'un, revenait sur un autre, et cela sans arrêt et sans un mot. Les paysans le regardaient faire, le visage quelque peu renfrogné. Puis, il les laissait là sans avertir, pour aller se pencher à l'oreille du chef. Il allait ensuite à l'épave, plongeait la tête par une portière, parcourait du regard l'état des lieux, la vue des flaques de sang ne semblant guère le rebuter. Il devait évidemment avoir l'habitude. Il quittait ensuite son lieu d'observation, faisait le tour de la berline, l'observant méticuleusement, puis s'éloignait de tout ce monde pour aller observer les traces au sol. Un vrai chien de chasse eût-on dit, que la présence des quatre cadavres rangés là sur le sol ne semblait guère affecter.

Un manège qui dura un bon moment sous le regard de plus en plus étonné, et aussi quelque peu inquiet de la troupe de villageois, quand deux gendarmes juchés sur leur moto dévalèrent la pente à partir de la route. Parvenus à leur niveau, ils étaient descendus de leur engin, avaient salué mécaniquement, avant que l'un d'eux vînt parler au commandant. L'échange ne dura guère longtemps. Quand il fut terminé, les ordres fusèrent de toutes parts. Tandis que les sapeurs s'emparaient des corps, les acheminaient un à un vers leur fourgonnette, les gendarmes se saisissaient des effets rangés par terre, pour les caser à leur tour dans la leur. Ils avaient tous l'air fort excédés. Les villageois qui les observaient avaient l'impression que les sapeurs y allaient sans trop de ménagement, comme s'ils manipulaient des sacs de charbon. C'est tout juste s'ils ne balançaient pas les corps les uns sur les autres.

Le commandant avait eu ensuite quelques mots à l'endroit du chef Ngotti, avant de gagner le véhicule. Le chef du village de Tound l'avait écouté en hochant vivement la tête. L'homme à la charrette lui, eut comme l'impression qu'on l'oubliait dans tout ce remue-ménage. Les fourgonnettes et les motos s'ébranlèrent ensuite. Plusieurs fois, le grand échalas fureteur avait tourné la tête dans leur direction à travers sa portière, comme s'il s'en allait à regret.

Après les hommes en uniforme, ce fut la troupe hétéroclite et fourbue de ceux de Tound Bouki qui débarla à son tour, comme si elle se réveillait d'un rêve, et qui rebroussa chemin en direction du village, le chef Ngotti en tête sur sa monture, son chapeau de paille coincé sous le bras. Deux seulement parmi les jeunes avaient couru vers l'épave pour jeter un coup d'œil à l'intérieur, avec de gros yeux de curieux.

*
* *

Le lendemain de ces évènements, ce fut tout le patelin de Tound Bouki qui retentit aux bruits de moteurs. Comme dans un branle-bas de combat. Du village, on les entendit toute la journée, devinant les va-et-vient de véhicules et de motards invisibles. Des vrombissements qui se rapprochèrent souvent, pour décroitre ensuite sans que les véhicules n'apparaissent une seule fois.

Sous leur hutte, au centre du village, le vieux Ngotti et quelques-uns des anciens ne pouvaient s'empêcher de commenter :

— Ces gens-là sont à la recherche de quelque chose.

— Oui… Cela est sûr. Ils sont bien à la recherche de quelque chose. Mais de quoi donc ?

— Hier déjà, cela se devinait chez eux. Il fallait les voir aller et venir.

— Oui… Oui… Mais quoi donc ? Qu'est-ce qui peut bien être à l'origine de tous ces va-et-vient incessants ?

Deux des chefs des villages voisins, ceux de Keur Birima et de Keur Saadio avaient cru devoir venir s'enquérir du pourquoi de tout ce tohu-bohu autour du village frère. Ils s'étaient enfermés avec le chef Ngotti pendant longtemps dans sa concession, pour évoquer ensemble cette situation inhabituelle.Car, bien des fois, en ces lieux, la Route de la Mort avait fait des victimes, et à ce jour, elles se comptaient par dizaines. Mais, jamais de mémoire de villageois, un accident n'avait revêtu autant de mystères pour eux.

Le deuxième jour, en début d'après-midi, ce furent quatre gendarmes qui se présentèrent à Tound Bouki. Parmi eux il y avait encore le grand maigre du premier jour, toujours dans son attitude fiévreuse et à la limite provocante, ne tenant jamais en place, comme si son pantalon hébergeait une tribu de puces. Ils voulaient parler au chef Ngotti. Ce dernier les reçut dans sa case. Ils restèrent cinq bonnes minutes avant de ressortir. Le vieux Ngotti avait le visage soucieux des périodes de sécheresse. Il avait hélé un jeune garçon :

— Va voir si Diokel est de retour des champs.

Le nommé Diokel était bien là. Il arriva, vêtu d'un sous-vêtement, l'air gaillard, le bas de son pantalon bouffant lui battant comme toujours les mollets. Tout le village était dehors, regroupé sur la grande place. Beaucoup, de ceux qui étaient déjà de retour de leurs activités champêtres, avaient l'air tout fourbu. Le chef Ngotti lui demanda de s'approcher, avant de lui parler à l'oreille. Plié en deux, l'homme l'écouta, hochant sans arrêt la tête, l'attitude polie et fort bienveillante, sous l'œil froid des gendarmes. Il repartait ensuite regagner sa case, pour en ressortir revêtu de son boubou, suivi de deux jeunes femmes. Celles-ci avaient la mine fort inquiète.

Les hommes en bleu n'attendirent guère. Ils embarquèrent avec lui sans un mot. Un petit salut adressé au chef Ngotti, et le véhicule démarra dans un nuage de poussière. À côté de Diokel, le grand maigre avait l'air fort satisfait. Il était tout souriant. Dans le village, on avait couru aussitôt vers le vieux Ngotti, les deux jeunes femmes en tête, avec mille questions à la langue.

*
* *

Diokel Dione était revenu après la prière de *ishaa,* la dernière du jour. Personne n'avait entendu de bruit de moteur, ce qui supposait qu'il avait regagné Tound Bouki par ses propres moyens. L'homme, marchant en zigzag, comme pris d'ivresse, était allé directement à sa case, d'où s'extirpèrent aussitôt ses deux épouses qui coururent à perdre haleine s'engouffrer dans la concession du chef Ngotti. Celui-ci venait de terminer ses prières surérogatoires, et assis devant sa porte, était en train d'égrener son chapelet.

— Il est revenu ! crièrent-elles ensemble.

Le chef se leva aussitôt, suivi des deux jeunes femmes, alors que celles du chef surgissaient à leur tour dans la cour. Diokel Dione était étendu sur son lit. Une lampe tempête posée sur une petite table à côté du lit laissait diffuser une lumière blafarde. Elle permettait de distinguer malgré tout le visage de l'homme.

— *Alhamdoulilah* ! Vous êtes revenu Diokel.

Diokel avait le regard fixé sur le chaume. Il respirait bruyamment.

— Laissez-nous ! Finit-il par lâcher d'une voix faible, s'adressant à ses deux épouses.

Le vieux Ngotti avait pris place sur le rebord du lit.

— Pourquoi sont-ils venus vous chercher ? Qu'est-ce qu'ils vous voulaient donc ?

*
* *

Tound Bouki s'était réveillé comme à son habitude, dès la première aube, dans la cacophonie des coups de pilon, des bêlements, des chevrotements et des caquètements autour du puits du village. En cette saison, l'aube se caractérise par sa fugacité, et le soleil se lève sans avertir.

Les écoliers étaient déjà prêts. Il ne leur restait plus qu'à avaler à la va-vite leur bouillie de mil, avant d'aller emprunter les sentiers poussiéreux qui mènent à leur école, à Keur Birima, située à deux kilomètres environ de Tound. M. Niang, le directeur, le maître au regard fuyant, avait sa résidence à Tound Bouki, où les conditions de séjour étaient bien plus accueillantes qu'à Keur Birima. Il lui arrivait souvent de partir à Fatick, quelquefois à Mbour pendant les week-ends. Tous les matins, M. Niang part toujours à son école – 4 classes et 3 adjoints – avec sa mobylette, un vieux deux-roues dont les péta-rades déchirent chaque matin le silence à des lieux à la ronde.

Il était dit que le village de Tound ne retrouverait pas de sitôt sa torpeur coutumière de la morte saison. Aussitôt après le départ du directeur, précédé ou suivi des écoliers, les hommes en bleu étaient revenus, toujours le même groupe de quatre, avec toujours le grand maigre qui les dépassait tous d'une bonne tête. Ils avaient l'air mal réveillé, ce qui conférait à leur mine et à leurs yeux rougis un aspect fort peu engageant. Encore le même scénario que la première fois. La fourgonnette qui venait se garer sur la place du village dans un nuage de poussière.Deux d'entre eux qui se présentaient devant la porte du chef Ngotti, se mettaient à échanger avant de s'engouffrer dans les lieux, pour en ressortir quelques minutes plus tard accom-pagnés du chef de village. Au même moment le petit monde resté au village formait un attroupement. On avait encore une fois envoyé chercher le nommé Diokel. L'homme n'était pas dans sa concession. Selon l'une de ses épouses, il avait repris le chemin des champs dès après la prière de l'aube. Bien entendu, avec toutes ces perturbations liées aux évènements de ces derniers jours, et les préparatifs des champs, qui ne pouvaient plus attendre… Qu'importe ! Ils iraient le chercher là-bas. C'était pour obtenir de lui quelques renseignements seulement, avait cru devoir confirmer le chef de groupe à l'endroit de l'attroupement des quelques villageois réunis près de leur véhi-cule, la mine inquiète. Quelqu'un pour les y mener ? C'était l'occasion pour deux fillettes déjà prêtes avec leur calebasse de bouillie de mil sur la tête, d'y aller en voiture. La première fois de leur vie. Le convoi s'ébranlait avec elles, la mine toute réjouie, pour gagner la brousse.

Les deux fillettes étaient revenues une heure plus tard avec l'une des calebasses encore pleine, pour courir informer le chef Ngotti :

— Ils sont repartis avec oncle Diokel… Ils ne lui ont même pas laissé le temps de prendre son *fondé*.

*
* *

Diokel n'était pas encore de retour au milieu de l'après-midi. Tout à l'heure, après la prière de *Zouhr*, celle du milieu du jour, l'intérêt subit des hommes en bleu pour le village et pour un des leurs avait été évoqué. On n'avait pas trop spéculé, les prieurs se contentant de prêter l'oreille à l'imam, le chef Ngotti en l'occurrence, qui évoqua les évènements des derniers jours, ses propos ayant été reçus avec rien que des hochements de tête et des murmures. On connaissait assez les hommes en bleu du poste de Keur Baara, et leurs méthodes peu courtoises, lorsqu'ils doivent exécuter les ordres reçus de leurs supérieurs. On avait retenu finalement qu'on ne pouvait rester sans rien faire. C'était même à la limite fort indécent. Un conseil des Anciens s'était tenu après la prière suivante, celle de *asr*, du milieu de l'après-midi, et la décision avait été prise de former une délégation pour le chef-lieu d'arrondissement. On s'était préparé alors à la va-vite. On affréta une charrette, et trois anciens désignés par le chef Ngotti y grimpèrent aux côtés du cocher. Ce fut tout le village rassemblé qui les regarda dévaler le sentier qui menait à la Nationale 1, sous un soleil déclinant, et la prière aux lèvres.

*
* *

Ils n'étaient revenus qu'au cœur de la nuit. C'est pourquoi, hormis le chef Ngotti, Tound Bouki ne sut ce qu'ils avaient rapporté de leur voyage que le lendemain… Ils étaient arrivés au poste après un parcours harassant, dans un car de transport aussi vieux que leurs os. Là-bas, les hommes en bleu n'avaient même pas voulu leur adresser le moindre regard, à plus forte raison leur parler. Les gendarmes continuaient de vaquer à leurs occupations sans se soucier le moins du monde de leur présence. Ils étaient plutôt occupés à recevoir tout un autre monde, des chauffeurs de cars et de camions surtout, semblait-il, au vu de tous les véhicules stationnés devant le poste. Personne n'avait voulu ainsi leur répondre. Ils avaient été obligés donc de faire le pied de grue sur place, armés de leur patience de paysan, en face de leur bureau. Puis, lorsqu'ils comprirent qu'ils perdaient là leur temps, ils eurent l'idée de gagner la sous-préfecture. Là, ce fut un sous-préfet bien plus conciliant qui les reçut. Il connaissait bien Tound Bouki et ses Anciens. Lui, allait pouvoir sûrement leur donner satisfaction… Hélas !…

— Je ne crois pas qu'il vous soit possible de voir votre parent avant lundi, leur avait-il dit sans détour.

— Avant lundi ? Allah ! Mais, serait-il donc retenu au poste ? Et pourquoi donc ?

— Vous savez… Nous sommes vendredi aujourd'hui, et à cette heure-ci, avec la fin de semaine en plus… avait-il biaisé…

— Oui… Mais que veut dire tout ceci, Sous-préfet ?… Nous n'y comprenons rien finalement… Qu'a donc pu faire notre parent pour subir toutes ces convocations ? Dites-nous donc…

— Heu… le chef Ngotti ne vous a pas parlé ?

— Le chef Ngotti ?

— Oui…

— Heu…

— Bon… Voilà…

De retour à Tound, le quatuor était allé rejoindre la concession du chef qui les attendait, chapelet en main. Il s'était mis debout dès qu'il avait perçu le bruit de leurs pas. Le chef de délégation avait tout relaté, rapportant le comportement des hommes en bleu, les propos du sous-préfet, tous les trois l'évitant du regard aux derniers mots du récit. Le chef s'était contenté de commenter, après un long silence :

— Patientons donc jusqu'à lundi, puisqu'ils le veulent ainsi. Dieu est grand !

Le lundi matin, ce ne fut pas le parent Diokel, mais le directeur d'école M. Niang qui entra en trombe à Tound Bouki sur sa mobylette pétaradante. À peine le pied à terre, il avait foncé dans la concession du chef Ngotti, un journal en main. C'était le quotidien national. Le vieux Ngotti se débrouillait quelque peu en français, mais le directeur, tout échauffé, avait tenu à parcourir pour lui les titres en rouge tout en commentant :

— La radio n'a fait qu'annoncer l'accident de l'autre jour, avec quelques allusions pas très claires... Mais ce que nous en savions se confirme bien avec ça...

Ce qu'ils en savaient déjà, tous les deux, et peut-être quelques rares têtes aussi à Tound, c'était que le véhicule accidenté était une voiture volée, et que les quatre victimes étaient des cambrioleurs. Ils venaient de réussir un grand coup en forçant le coffre d'une des plus grandes mutuelles de crédit de la ville de Thiès, à une trentaine de kilomètres de Tound, emportant avec eux une valisette bourrée de billets... Des dizaines de millions, d'après certains des journalistes, près d'une centaine affirmaient d'autres. M. Niang commentait sa lecture pour le vieux Ngotti dont le regard parcourait sans arrêt les pages éparses.

— Les quatre brigands étaient bien morts, mais les gendarmes n'ont rien retrouvé de l'argent volé, à leur arrivée sur les lieux de l'accident. Et le journal, comme la radio, parlent tous d'un *borom sarett*, d'un charretier du village de Tound Bouki qui est tombé le premier sur les lieux du drame...

Il avait préféré s'en arrêter là, sans autre commentaire. Le vieux Ngotti avait l'air soucieux :

— Il est vrai, ajoutait-il, le journal et ce que le chef de brigade m'en a dit l'autre jour semblent bien concorder...

Les deux hommes restèrent ensuite là, silencieux et l'air tout soucieux. Ce fut le chef qui reprit :

— Pourtant, les accidents sur cette Route du Diable, on ne les compte plus. Et jamais ceux de Tound Bouki n'ont eu à être impliqués dans quelque histoire que ce soit.

— Oui, renchérit le directeur... pour ce que j'en sais jusqu'ici, c'est une question d'honneur pour le village...

— Oui... Ici il n'est jamais arrivé ce qui se pratique souvent ailleurs...

Il est vrai qu'aujourd'hui, lorsqu'un accident se produit sur quelque route, les premiers arrivés sur les lieux ont souvent comme première préoccupation de s'atteler à fouiller d'abord les victimes. C'en est devenu même la routine. Les poches, les sacs à main et les bagages sont vidés en un clin d'œil de tout ce qu'ils contiennent, en argent et objets de valeur, avant que l'on pense à donner l'alerte... Et encore ! Le chef du poste de gendarmerie et le sous-préfet s'en sont souvent plaints, en vain... Mais au niveau du village de Tound, le Conseil des Anciens en a fait une question d'honneur, pour ne pas dire d'honnêteté devant Dieu, Lui qui voit tout et qui sait tout… Et jusqu'ici, toutes les victimes d'accident au niveau du village ont été secourues avec diligence, et confiées aux hommes en bleu ou aux sapeurs, avec tous leurs biens…

— Oui… une question d'honneur… concluait le chef de village comme pour lui-même… Mais attendons le retour de Diokel… Ils ne vont quand même pas le retenir indéfiniment… On en saura bien davantage quand il sera là…

*

* *

Le nommé Diokel ne revint finalement que le quatrième jour, le mardi précisément, en fin d'après-midi, alors que les Anciens venaient de prendre la décision de se rendre tous à Keur Baara, avec cette fois le chef Ngotti en tête. Toujours par ses propres moyens. Ce furent les enfants de l'école coranique qui gambadaient derrière leur ballon en chiffon, qui l'aperçurent les premiers. Ils avaient foncé aussitôt à qui mieux mieux vers le village pour annoncer la nouvelle. Les hommes qui l'aperçurent les premiers coururent aussitôt lui porter secours. Il en avait visiblement bien besoin. L'homme tenait à peine sur ses jambes. Il titubait en progressant, chassant le sable devant lui, comme s'il était incapable de lever le pied. C'est pratiquement en le soulevant de terre que les hommes et les adolescents le cueillirent pour l'entrainer dans sa concession. Ce fut en ahanant qu'ils le couchèrent sur sa paillasse.

Le chef Ngotti arrivait tout essoufflé, suivi de deux autres Anciens. Ils se frayèrent une brèche sans ménagement, bousculant surtout les plus jeunes et criant tous à tue-tête. Sur la natte, au milieu de la case, deux parmi les vieilles du village, leur mouchoir de tête dans les mains, la tête toute blanche, gémissaient sans arrêt.

— Diokel !... Wooy Diokel !... Wooy…

Diokel reçut les Anciens avec le regard de quelqu'un qui allait tourner de l'œil. Sa grande carcasse était devenue toute flasque, ses membres lâchaient, sa respiration était sifflante et bruyante, et la morve lui coulait du nez. Mais il n'y avait aucune trace de blessure sur son corps. Aux oreilles des trois Anciens qui s'étaient penchés de concert sur lui, comme pour recueillir les dernières paroles d'un mourant, il lâchait par à-coups :

— Ils… Ils m'ont mis leurs… leurs « bracelets de la honte. »

— Allah !... Allah !...

— Ils… Ils m'ont pendu par… par les pieds…

— Han ? Allah !... Allah !...

— Ils… Ils… Ils m'ont brûlé les… les…

— Allah !... Allah !... Allah Tout Puissant !...

— Ils m'ont empêché de dormir pendant… pendant…

— Allah !... Mais qu'avons-nous donc fait au Bon Dieu pour mériter tout ça ? Dites ! Que lui avons-nous donc fait ?

— Et vous femmes… Qu'avez-vous à pleurnicher ainsi comme de vieilles chèvres ? Hein, De l'eau… Allez donc chercher de l'eau puisque ses épouses ne sont pas encore là… Allons !

— Ils m'ont tout le temps… insulté… traité de fils de…

— Allah !... Et c'étaient bien eux ? Ce sont bien ceux de Keur Baara ?

3

C'en était trop ! Tound Bouki n'allait plus accepter que cet affront perdure. C'en était trop ! Un sentiment jaillissant, surtout quand ses deux épouses Gnilaane et Dégueune revinrent de leur randonnée en brousse avec toutes les autres de la troupe. Elles avaient failli en lâcher leur charge, lorsque les enfants coururent à leur rencontre la nouvelle aux lèvres.

— Tonton Diokel est de retour… Ils lui ont encore fait du mal.

Les galopins aussi avaient compris. Ce fut en fin de compte une grande confusion qui se saisit du village, comme si l'on n'attendait que le retour des deux épouses. Gnilaane, la moins forte fut secourue par les autres. Elle allait s'effondrer avec sa charge. Dégueune elle, bien plus solide sur ses mollets et ses reins biens cambrés, avait continué de foncer, devenue muette, son fagot toujours sur la tête, lorsqu'elle aperçut l'attroupement devant leur concession. Elle s'était prise alors à hurler à tue-tête, telle une folle.

— Qui est mort ? *Lâ ilâh* ! Qui est mort ?

Bien qu'il n'y eût guère de mort dans l'histoire, la scène n'en fut pas moins tragique. Les deux épouses s'étaient laissé tomber à terre, le mouchoir de tête arraché, découvrant leur tignasse hirsute, se jetant à qui mieux mieux des poignées de sable sur le visage et les bras.

— Allons ! Allons ! lâchaient les vieux. Du calme…

— Un peu de décence hein ! Personne n'est mort ici… Personne.

— Allons ! Allez-vous vous lever enfin ?

Ce n'était pas assez, semblait-il, pour faire revenir le calme. Les Anciens avaient finalement laissé Diokel aux mains des femmes, pour aller se concerter sous le toit du chef.

C'en était trop ! C'était donc là leur fait ! Quelle belle reconnaissance alors, de la part de ces bardés de cuir !… Hein… Dites donc… Quelle mémoire courte chez ces gens-là ! Après avoir empêché tout le voisinage de récupérer des rudes activités de cette morte saison particulièrement chaude, avec les pétarades de leurs engins du diable, voilà que ces messieurs fagotés comme des *kaboys* se permettent de venir jusque chez eux quérir un des leurs, pour aller le torturer comme un âne, soi-disant pour… pour… Pour quoi donc en fait ?

Les accusations de leur parent résonnaient encore dans leur tête, sonnant comme des coups de pilon.

— Je n'ai pu faire… aucune de mes… prières… Aucune… De l'urine… partout dans leur geôle…

— Allah tout puissant… Les mécréants… les *kaafirs*…

— Ils m'accusent de…

— Nous savons… Ménage tes forces Diokel… Ménage tes forces…

— Et puis… Et puis… Rien mangé… rien bu depuis…

C'est tout juste s'il n'avait pas tourné de l'œil à chaque grief. Quelques unes des vieilles, redevenues toutes stoïques, elles qui en avaient vu bien d'autres, s'affairaient autour de l'âtre de la concession pour préparer à l'époux de Gnilaane et Dégueune une bonne bouillie de mil. Celles-ci continuaient toujours de gémir dans leur coin. Et pendant que les enfants sur ordre des grands-mères filaient à la cueillette d'autres plantes et racines pour une bonne décoction réparatrice, un conseil de guerre se tenait chez le chef Ngotti. Il y avait là une demi-douzaine de vieux, une dizaine d'adultes, le directeur d'école M. Niang et quatre jeunes du village. Pas une femme dans le cercle. Tous étaient assis à même le sol.

— C'est donc ainsi ! C'est jusque chez nous qu'ils viennent nous insulter maintenant. Haha ! Dans quel monde sommes-nous donc aujourd'hui ?

Le directeur se raclait la gorge :

— Hum… Heu… Pardon, les amis… Si… si on gardait notre calme pour réfléchir un peu sur ce qui nous arrive.

Le *nous* qui faisait de lui un des leurs ne prit guère effet.

— Du calme ? Du calme ? Au contraire ! On va parler… On va voir Préfet…

— Ainsi que leur chef, à la Compagnie…

— Messieurs… Messieurs… Mes parents… Je sais que…

Rien n'y fit ! Le directeur d'école M. Niang ne put endiguer le flot de ressentiment et de dénonciations, venant des adolescents surtout, et qui fit contagion bientôt. Ce fut un véritable tir groupé de la solidarité villageoise. Et c'était à lui d'encaisser, comme si sa situation de directeur suffisait pour en faire le représentant de l'État à Tound Bouki.

— Sous-préfet se prend-il pour un intouchable ? Oublie-t-il que nous, nous n'avons rien oublié ? Han ? Oublie-t-il que tout est là ?

Un index qui vrillait avec force la tempe…

— Que Sous-préfet sache que nous avons toujours tout noté de ce qu'il trafique dans son fief. Tout !

— Lui et ces gendarmes en motos qui parcourent la brousse du matin au soir, comme si nous n'étions pas au courant. Ils ne savent donc pas que nous sommes au courant de tout ? Rien de ce qui se passe en brousse ne nous échappe ! Rien !

— Nous savons tous comment ils terrorisent nos filles, à chaque fois qu'ils les croisent en brousse.

— Nous savons comment ils cherchent à les pervertir…avec leurs billets et leurs sachets en caoutchouc…

— Parlons-en donc de ces billets…Vous le savez autant que nous, Directeur… Là-bas, sur la Route du Diable… On sait tout… La poule aux œufs d'or pour eux, oui… Combien de fois nos écoliers ne les ont-ils pas surpris en train de faire le partage à l'intérieur de leur fourgonnette… Han ? Même nos enfants savent… Ils savent tout…

— Et dire qu'ils ont fait le serment !

— Le serment ? Drôle de serment ! Savoir lever le bras et avoir la langue bien pendue… Tout simplement…

— C'est sur le Saint Coran qu'ils doivent le faire, leur serment ! Et là, ils verraient…

— Ils verraient qu'Allah ne farce pas avec les parjures…

— De vrais parjures… Oui…

— Mes parents… Mes parents…

— Ça nous apprendra à rendre service…

— Et il n'y a pas que la route ! Vous oubliez les *loumas* ? Les grands marchés hebdomadaires sont une vraie aubaine pour ces ingrats. Tout le monde sait aujourd'hui comment ils se bousculent là-bas à la brigade pour monter, les jours de *louma*…

— Et ils n'en reviennent pas avec des billets seulement, ces bardés de cuir… Il faut les voir débarquer au crépuscule là-bas à la brigade… Ils en récoltent tellement qu'il leur faut louer une camionnette.

— De vrais voleurs…

— Et qui vont jusqu'à donner des idées à nos parents peuls…

Ce furent à ces mots-là tous les visages qui se mirent à se fendre en de larges et méchants sourires avec des yeux tout minces… Tout le patelin se souvient encore en effet de cette histoire croustillante de transhumants peuls, de passage un jour dans la contrée, et qui sont tombés sur un quatuor de gendarmes tranquillement installés à l'ombre d'un baobab, en train de se partager le produit de leur racket de la journée. Ils leur sont tombés littéralement dessus à coup de machettes et de gourdins, les ont détroussés sans merci et ont disparu avec leur butin, après leur avoir laissé plein de bosses et crevé deux roues de leur jeep… Ils n'ont jamais été retrouvés…

— De vrais rapaces en réalité, ces hommes dits de loi…

— Et que protège la tenue ! Se prennent-ils donc pour des intouchables ?

— Haha !

— Mes parents… Si vous permettez… S'il vous plait, mes parents.

Le directeur Niang, l'homme au regard fuyant, avait beau continuer de chercher à endiguer… Rien !

— Et ce sont eux qui viennent aujourd'hui nous traiter de voleurs…

— Et puis, qui nous dit que ce qu'ils cherchent n'est pas avec eux ? En fait… Hein ? Ils ne sont pas si propres ces gens-là… Pas du tout !

— Ignorent-ils seulement que notre parent Diokel est un homme juste et loyal. Qu'il est de la lignée des Dione ? De celle de vrais nobles ? Han ? Diokel est un homme pieux, qui craint Allah autant que nous tous. Sinon plus… Diokel fait régulièrement ses cinq prières quotidiennes, il sort la zakat après chaque récolte, et il jeûne tout le mois de ramadan… Et même, il *accompagne la lune* de quelques jours chaque année, après un mois aussi dur. Et s'il en avait les moyens, il serait hadj aujourd'hui.

— Dieu le sait… Oui Dieu le sait…

— Il s'occupe bien de Gnilaane et de Dégueune, et ses enfants fréquentent tous l'école coranique. Ici, personne ne lui a jamais connu de malversations. Personne ! On ne l'a jamais vu dans des histoires de *Cheytaane*… Jamais. Diokel Dione est un homme tout ce qu'il y a d'honnête.

Un tir groupé et péremptoire, avec toujours comme cible, bizarrement, le directeur d'école. Et tout le village le pensait ainsi, le chef Ngotti compris.

*
* *

Le chef Ngotti ruminait toujours. Sa mémoire remontait loin, très loin dans le temps. Au départ, personne ne voulait de ce coin de terre perdu. Pas une âme sensée. Car Tound Bouki, c'était la Butte à la Hyène. Des milliers de têtes de cette bête immonde, insolente et ricanante, celle-là qui adore la charogne, et qui déterre les cadavres des humains. Elles étaient des milliers de têtes. Au point que les bourgades n'en dormaient plus. Keur Birima, Keur Saadio, Boutoup, Khouma, Keur Baara, Khanadji et même Vélingara peul… vivaient dans une psychose permanente. Certaines années, celles de sécheresse en particulier, c'était en plein jour qu'elles quittaient la butte, leur refuge attitré, pour venir renifler autour des cases et des bergeries. Cela datait de l'époque des toubabs, il y a déjà trois générations de cela… Il aura fallu qu'à Keur Birima, on se sentît de plus en plus à l'étroit, pour que les plus jeunes à la recherche d'espace, se décident à prendre leur courage à deux mains, et à aller à la conquête de la butte, en fait de tout le territoire infesté. Ces difficultés de la contrée ne semblaient guère être dans les préoccupations du toubab, à l'époque. C'est pourquoi, cette épopée de la conquête de la butte n'était parvenue à la plupart des habitants que par la tradition orale. Mais, c'est comme si tous y avaient été. Ce fut une véritable guerre entre l'homme et la bête, une guerre faite de plusieurs expéditions successives. Lorsque l'on comprit que l'on attendrait encore longtemps, si l'on ne comptait que sur le Blanc, on avait décidé d'agir sans lui.On avait commencé par cerner toute la zone avec le plus grand soin. Sur le conseil des Anciens, les adolescents de Keur Birima étaient allés ensuite quérir l'aide de ceux de Keur Saadio et de Keur Baara. Ils avaient fait la reconnaissance des lieux, avaient tracé à la hache des pare-feu, découpant toute la zone infestée en damiers. Puis, le jour convenu pour démarrer la grande battue, ils avaient mis le feu çà et là comptant sur l'effet de terreur qu'inspirent la fumée et le son des tambours,

35

pour déloger la bête ennemie. Que ce fut rude alors, cette bataille de la Butte ! Il faut dire que la hyène ne s'était pas seulement résignée à fuir le feu. Traquée comme elle le fut, le danger de mort et l'instinct de survie aidant, elle décida de vendre chèrement sa peau. Plusieurs fois, il y en eut qui foncèrent sur les groupes de chasseurs, hurlant à la mort, et les crocs agressifs en diable. Mais c'était sans compter avec la détermination de l'homme… La battue dura des journées entières… De fourré en fourré, de terrier en terrier, la bête ricanante fut délogée et accueillie à la sortie de sa cachette par la machette.Un véritable carnage. En plus de ceux de Keur Saadio et de Keur Baara, les adolescents de Keur Birima avaient fini par recevoir des renforts de presque tous les villages, et bourgs voisins, eux-mêmes participant au nettoyage dans leur propre intérêt, la bête pouvant être tentée d'aller chercher refuge chez eux. Ils en massacrèrent des centaines. Les cadavres furent soit enterrés, soit brûlés dans de grands feux.

Une fois seulement, le troisième jour de battue, le toubab s'était présenté en Land-Rover, le matin, probablement attiré par la rumeur, le son des tambours et le tintamarre de tous ces objets qui tapaient sur tous ces ustensiles. Ils étaient deux, le commandant de cercle accompagné d'un autre qu'ils ne connaissaient pas. Nulle trace du chef de canton local. Les adolescents les avaient trouvés sur place en venant poursuivre leur tâche, leur véhicule garé en bas de la Butte, échangeant à voix basse et hochant la tête sans arrêt. Les deux toubabs les avaient regardés arriver, sans leur adresser la moindre parole, et eux, dignes comme des grands, étaient passés près d'eux, sans un regard pour eux, avec leurs machettes, leurs pics et leurs pelles. Les toubabs étaient repartis ensuite comme ils étaient venus, sans avertir et sans bruit. Finalement, à force de traquer la hyène, les jeunes des villages l'avaient éliminée de la contrée, et probablement aussi avaient débarrassé celle-ci bien d'autres dangers qui n'avaient pas été de l'objet de leurs battues. Il y en eut certes qui échappèrent aux chasseurs, mais on ne revit plus de trace de la bête ricanante qu'en de rares occasions.

En souvenir de la mémorable battue, on avait décidé de laisser le nom de Bouki la hyène au futur village qui allait être édifié sur la Butte, avec l'éclatement des familles de plus en plus élargies. C'est plus tard que l'on comprit aussi l'avantage qu'il y eut, pour une bonne partie de la contrée, à venir s'installer sur cette hauteur, libérant par la même occasion les bas-fonds plus propices aux cultures.

C'est ainsi que la bourgade de Tound Bouki est née, et que ses premières cases ont surgi de terre. Elle allait rapidement grandir pour devenir un vrai village. À l'époque, les avantages de la culture de l'arachide étaient de plus en plus connus, et ici aussi, l'on en était devenu fort conscient, rien qu'en observant les transformations qui s'opéraient un peu partout chez ceux qui la pratiquaient déjà. D'ailleurs, à l'instar de Tound, d'autres bourgs avaient surgi de terre, tels Ndirip et Salicounda… Il est vrai que la sécurité avait commencé à régner en ces lieux… Les surfaces réservées à l'arachide prenaient de plus en plus de l'extension, à côté du mil et du maïs nourriciers, et aussi de la jachère fumée par le bétail, les pistes de production s'imprimaient dans le paysage, et on s'organisa pour relier tous ces villages, bourgs et bourgades entre eux, puis à la route principale, celle-là qui allait devenir la Nationale 1. Tound Bouki avait donc commencé à apporter elle aussi sa part de vie et de prospérité au terroir. Ce fut après, après seulement que ce poste de gendarmerie est venu s'implanter en ces lieux, à Keur Baara précisément, tel un hôte indésiré.

Pourtant, après des décennies, ruminait toujours le chef Ngotti, Tound Bouki n'a encore ni eau courante, ni électricité, ni son école propre, ni poste de santé… Pourtant, les poteaux qui transportent le courant électrique bienfaisant s'aperçoivent depuis le village. Mais ils jalonnent la grande route, sans un regard pour lui… Pourtant, à la veille de chaque bataille électorale, les hommes en cravate de tous bords défilent à Tound pour promettre monts et merveilles… Mais jamais rien… Jamais… Depuis des dizaines d'années après le départ du toubab, Tound continue de se débrouiller tout seul. Et il continue de voler au secours des victimes de cette Route de la Mort. Et pourtant, Tound Bouki a continué à voter pour eux, toujours pour eux. Et il a continué à patienter malgré tout, en se disant toujours que lorsque le Bon Dieu en décidera, tous les espoirs seront comblés.

Alors… Maintenant, en plus de leurs mensonges et de leur manque de considération, voilà qu'ils viennent les traiter de voleurs. Les gendarmes, et aussi Sous-préfet. Oui ! Et pas seulement Diokel leur parent… C'est tout Tound Bouki que semblent suspecter ces gens-là… Même s'ils ne le disent pas… Il n'y a qu'à voir l'expression de leur visage quand ils sont là, et surtout leur regard en coin… Une véritable insulte, oui.

*
* *

M. Niang le directeur d'école avait fini par se résigner et laisser passer la tempête, rongeant ainsi son frein en silence. Peut-être aussi, avait-il craint qu'avec la cadence de protestations et d'accusations, le vent ne change de direction, et que la mauvaise humeur englobe aussi dans les cibles des villageois, les jeunes maîtres qu'il avait sous son autorité. En brousse, l'instituteur était connu aussi pour ses frasques auprès des femmes et des jeunes filles, dont le faible pour le fonctionnaire est bien connu... Il avait donc choisi finalement de laisser passer l'orage, même s'il savait qu'il y avait beaucoup de vrai dans les griefs qui lui agressaient l'oreille.

Lorsqu'un semblant de calme fut revenu, l'eau fraîche de canari réclamée par le chef de concession aidant, le dialogue put enfin reprendre.

— Nous le disons donc... Il nous faut agir !

— La proposition de Galaadjo est bonne... C'est le commandant de compagnie de Fatick qu'il nous faut aller rencontrer.

— Et aussi Préfet lui-même... Et sans perdre encore un seul instant... Il faut que ces bardés de cuir nous disent pourquoi ils se sont mis en tête de harceler ainsi notre parent.

Ce fut comme une veillée d'armes au village. Tandis que les deux épouses revenues à elles-mêmes, assistées de quelques vieilles, s'attelaient à requinquer la malheureuse victime des hommes en bleu, en lui massant les membres endoloris de toutes parts, d'autres s'occupaient de lui concocter les repas miracles agrémentés des produits, des feuilles et racines du cru. Au même moment, des émissaires empruntaient les sentiers à pied, à cheval, à dos d'âne ou à bicyclette vers les villages alliés, alors que le conseil de guerre finissait de parfaire sa stratégie. Il fallait agir, et ils allaient agir, pour que des explications leur soient données... Pour que surtout ce genre d'affront ne se répète plus à Tound Bouki. Que diable ! Pour qui les prenait-on donc ?

Le reste de la journée fut consacré aux préparatifs de l'offensive, accompagnés d'abondantes prières. De son côté, grâce au zèle des femmes, le supplicié avait pu retrouver quelque sommeil, entrecoupé il est vrai de gémissements et de paroles incohérentes. Le chef Ngotti quant à lui, dirigeait les opérations, en sa qualité de doyen et de chef du village, et cela de main de maître. Lui qui s'y connaissait en rouages de l'Administration, lui qui avait quelques connaissances en haut lieu, des chefs de service et des responsables politiques à Fatick, et même à Mbour et Thiès… Il allait se faire entendre !

*

* *

Le surlendemain, un jeudi, avant même que l'offensive si minutieusement préparée fût déclenchée, ce fut tout Tound Bouki qui se réveillait dans la stupeur. Ce ne fut pas un, mais deux véhicules des hommes en bleu qui se présentèrent au village, l'un étant venu se garer comme d'habitude juste devant la concession du chef Ngotti, l'autre attendant à une bonne cinquantaine de mètres. On eût dit que chez l'ennemi, on suspectait quelque velléité de complot et de résistance, et que l'on avait pris les devants. Les occupants de la fourgonnette n'étaient pas visibles. Mais il était clair que le chef de brigade, qui ne comptait qu'une demi-douzaine d'hommes à son effectif, était allé quérir des renforts à la compagnie de Fatick probablement. L'entretien avec le chef Ngotti, qu'ils avaient trouvé vêtu seulement d'un sous-vêtement et d'un *thiaaya* – un pantalon bouffant qui lui dépassait à peine les genoux – fut bref. Ils étaient venus chercher Diokel Dione pour les suites de l'enquête. Averti on ne sut comment, un groupe d'hommes et de jeunes, déjà en route pour les champs, avait rebroussé chemin et était revenu dare-dare, pour surgir autour d'eux, l'air plus que hargneux et menaçant.

— Comment ? Que lui voulez-vous encore à notre parent Diokel ? avait attaqué l'un d'eux sans préambule.

— C'est au chef Ngotti que nous nous adressons. Pas à vous… Reculez s'il vous plaît !

C'était sans compter avec la colère qui montait dans les regards.

— Diokel ne partira pas d'ici !

— Ah bon ? Et qui nous empêcherait de l'emmener ?

— Nous !

Plusieurs jeunes gaillards s'étaient avancés, bombant la poitrine.

— C'est nous qui vous en empêcherons !

— Ah bon ? Hé bien, pour le moment, vous allez tous reculer !

39

— Reculer ? Sinon ? Han ? Sinon ?

— Mais avez-vous donc oublié ce que vous en avez fait, par deux fois ? Han ? Vous l'avez pratiquement tué... Et pour quelle raison donc ? Dites-le-nous donc !

Ce fut le grand maigre, toujours lui, qui s'avança, l'air agressif, le regard plus que perçant :

— Chef... retenez ces gens-là ou bien ils vont le regretter.

— Chef Ngotti... Vous n'allez pas permettre...

— Reculez ! On vous dit... Si vous n'obéissez pas, on fait un massacre.

— Chef Ngotti !

— Reculez !

Le grand maigre avait déjà la main sur la crosse de son arme. Le chef Ngotti eut bien du mal à endiguer le flot de colère qui montait dans le groupe qui grossissait. Heureusement, il fut suppléé dans ses efforts par le directeur d'école encore sur place, lui qui attendait, courtoisie oblige, le départ de la délégation des Anciens pour Fatick. Tous deux savaient que toute opposition était inutile, et que, quelle que soit la situation, le dernier mot reviendrait aux forces de la gendarmerie. Autour d'eux, on continuait de grogner.

— Comment osent-ils l'emmener dans cet état ? Diokel tient à peine sur ses jambes !

— Qu'ils fouillent donc tout le village pendant qu'ils y sont ! Allez ! Venez... Qu'attendez-vous donc ?

— Ils veulent l'emmener pour le retenir sûrement... On sait nous... On n'est pas dupe...

— Ah... Çà nous apprendra à rendre service...

Diokel Dione arrivait, accompagné de deux Anciens. Il tenait à peine sur ses jambes, traînait les pieds tel un convalescent. Les deux vieux lui parlaient à voix basse, avec des gestes mesurés, comme pour le tranquilliser. Il avait l'air hagard. Les jeunes avaient couru vers eux pour l'entourer, criant à tue-tête. On ne sut si ce furent de conseils ou des exhortations à résister. Diokel Dione ne semblait guère les entendre, ni même les écouter. L'air d'un automate, il avançait difficilement vers le groupe qui l'attendait. Le tohu-bohu qui les accompagnait cédait la place par à-coups aux cris de désespoir des femmes agglutinées autour de Gnilaane et Dégueune devant la concession des Dione. Deux gendarmes s'étaient avancés, pour prendre la relève des

40

deux Anciens aux côtés de Diokel. Eux n'avaient guère l'air hostile. Au contraire, leur comportement courtois tranchait nettement, dans cette atmosphère tendue, d'avec l'attitude de leur collègue, le grand maigre au crâne comme la noix d'anacarde.Mais entre leurs bras, Diokel Dione avait l'air du condamné que l'on traîne vers l'échafaud.

Pendant que le petit groupe se dirigeait vers la fourgonnette, les jeunes femmes regroupées autour des deux épouses s'étaient prises à hurler soudain, comme de concert, à s'arracher les mouchoirs de tête, certaines même à se rouler par terre, telles des pleureuses. Quant aux enfants, ce fut une bonne vingtaine d'entre eux qui accompagna au pas de course les deux véhicules, qui empruntèrent les sentiers menant vers la Route de la Mort, tout en criant le nom du prisonnier.

Le convoi avait disparu dans un nuage de poussière, laissant là des hommes à l'air pantois, tels des guerriers vaincus. Une atmosphère de deuil enveloppait soudain Tound Bouki. Une atmosphère de vide et de désolation. Ce n'était plus de la provocation. Cela avait tourné à l'affront, une véritable insulte, tels la gifle ou le crachat reçus au visage en public, et que traduisaient les regards furieux que les jeunes du village s'étaient mis à décocher, telles des flèches en direction du chef Ngotti et du directeur de l'école. Eux étaient restés muets, tout commentaire étant devenu inutile. Au seuil de la concession des Dione, les femmes avaient cessé de hurler. Elles s'étaient prises maintenant à gémir de cette voix plaintive qui leur est si caractéristique en de pareilles circonstances, des voix sourdes au départ, de plus en plus montantes et aiguës ensuite.

Des bruits de charrettes roulant à vive allure se faisaient entendre peu après. Bientôt, trois, quatre, cinq attelages firent leur apparition. C'étaient ceux des villages voisins. Avertis par un de ces canaux dont seule la brousse a le secret, ils venaient aux nouvelles. Bientôt, ils furent une bonne dizaine. Dès que les chevaux s'arrêtaient sur la grande place du village, on sautait à terre. Les mines étaient graves. Le vieux Ngotti les accueillait sans un mot. Ensemble ils s'engouffraient à chaque fois dans sa concession toujours suivis du directeur d'école.

*
* *

Le nouveau conseil de guerre – il ne pouvait s'agir que de cela –
avait pris cette fois beaucoup plus de temps que le premier. Les jeunes, eux, avaient pris le parti de se regrouper sur la place du village,
n'étant pas invités à ce conclave des Anciens. Pour le moment, il
n'était guère question de reprendre le chemin des champs.Les activités attendraient… L'approche du *thiorone,* la saison pré-hivernale, celle
des défrichements et des brûlis n'était plus dans leurs préoccupations
du moment.

Les gémissements parvenant du rassemblement de femmes devant
la concession des Dione se faisaient de moins en moins audibles. Les
élèves de M. Niang comme ceux de l'école coranique avaient, eux,
oublié que l'on n'était pas jour de congé. Plus personne ne pensait
renouer avec ses activités de tous les jours, en ce jour de malheur.

Lorsque tous ressortirent deux bonnes heures plus tard, les mines étaient devenues comme un peu plus sereines, et l'expression des
visages moins tendue. Mais on avait compris qu'il n'y avait plus à
attendre.

Le chef Ngotti était habillé comme pour un voyage. Grand boubou bleu indigo, *tingaadé* multicolore sur la tête, babouches blanches
immaculées, et l'éternelle canne de circonstance en main. Pendant
que deux autres anciens gagnaient à grands pas leurs concessions respectives, probablement pour s'y préparer eux aussi, le chef Ngotti
échangeait avec deux autres vieux, comme pour des recommandations pendant son absence. Puis, au retour de ses compagnons de
voyage, d'une voix forte qui s'adressait à tous :

— Écoutez-moi et suivez bien mes paroles. Ceux de Keur Saadio
vont, en rentrant, nous mener jusqu'à la Grande route, car il nous
faut voyager. Ne me demandez pas le pourquoi de ce voyage subit,
puisque vous le devinez tous. Aux grands maux, les grands remèdes !
Que chacun retourne à ses occupations. Les adolescents aux *lougans*
qui les attendent, les femmes à leurs travaux dans leur concession,
les enfants à leurs écoles respectives. Directeur, merci pour tout ce
que vous avez fait. Votre appui nous a été fort utile en ces journées
où plus personne ne sait où donner de la tête. Continuez donc tous

de prier pour qu'Allah le Tout puissant bénisse nos pas. En attendant, le sort du village est entre les mains de Mahécor Faye. Allons ! Et qu'Allah nous accompagne !

Toutes les mains se tendirent pour s'ouvrir vers le ciel et cueillir les prières du vieux Mahécor, en même temps imam et chef de village adjoint. On se mit à y cracher ensuite abondamment et à grand bruit, pour s'essuyer aussitôt le tout sur le visage. Les *Amine* ! fusèrent de toutes parts.

Pendant qu'ils grimpaient sur les charrettes, c'est tout le village qui assaillait Mahécor et ceux qui l'entouraient.

— Où vont-ils donc ainsi ? À Mbour ? À Fatick ?

— Non…

— À Thiès alors ? C'est à Thiès…

— Non…

— Mais… Où alors ? Pas à Ndakaarou quand même ?

— Vous le saurez bientôt, ajoutait l'un d'eux d'un ton ferme. Pour le moment, continuons chacun de prier comme le recommande le chef, afin qu'Allah bénisse leurs pas… Et que chacun retourne à ses obligations. Allons !

Bientôt, le chef Ngotti accompagné des deux autres Anciens, de ceux de Keur Saadio et de Keur Birama aussi, quittaient Tound Bouki sur les attelages cahotants.

Ce fut tout le village debout qui les suivit des yeux, l'angoisse sur le visage, jusqu'à ce qu'ils furent hors de vue.

4

Le lendemain, un vendredi, les femmes restées au village n'en crurent pas leurs yeux. C'était bien l'une des fourgonnettes des hommes en bleu qui zigzaguait de nouveau sur le sentier principal menant au village, et qui roulait paresseusement vers celui-ci. Encore eux ! Allah ! Encore eux… Tout le monde s'était arrêté, comme si le temps avait suspendu son vol, les femmes de piler et de puiser, les enfants de courir derrière leur ballon en chiffon, et les vieux sous leur hutte de parcourir les pages sacrées du Saint Coran, en cette matinée de repos de ce jour béni. La fourgonnette n'avait pas l'air pressé, contrairement à ces dures journées passées. Elle ne semblait d'ailleurs guère vouloir arriver à destination. Elle y arrivait quand même, vaille que vaille, dans son ronron bruyant et sa fumée s'échappant du derrière. Le temps s'était arrêté. Et les visages restaient plus que soucieux, l'air de se demander ce qui allait encore leur tomber dessus. L'un après l'autre, deux hommes en bleu s'extirpèrent du véhicule. Ils furent suivis d'un troisième, lui en sous-vêtement et en pantalon bouffant. C'était Diokel Dione. Personne n'osa le dire haut. On se contenta de le chuchoter.

— Diokel… C'est l'oncle Diokel.

Gnilaane et Dégueune, exemptées ce jour-là des corvées des champs, – solidarité villageoise oblige –, avaient alors fait leur apparition au seuil de la concession, attirées par le bruit du moteur. Elles avaient l'air farouche et les yeux tout rougis. Mais elles n'osèrent pas faire un pas de plus, se contentant de jeter des coups d'œil à la ronde. Plus personne n'osait bouger. Les deux hommes en bleu s'étaient effacés pour céder le passage à Diokel. Aujourd'hui, il n'y avait pas le grand maigre avec eux. Diokel Dione n'avait plus son air de supplicié de la veille. Ses traits de visage étaient moins tirés, le regard moins résigné, la démarche plus assurée. Les gendarmes ne l'accompagnèrent pas, lorsqu'il amorça ses premiers pas en direction de la place. Ils s'étaient contentés, debout près de leur véhicule de l'observer progresser dans un silence total. Ils avaient gardé cette attitude pendant quelques longues minutes, le visage hermétique, avant de s'engouffrer dans leur véhicule. Ce dernier avait rapidement manœuvré pour faire demi-tour et accélérer afin de reprendre le sentier. Curieusement, aujourd'hui, ils n'avaient pas demandé après le chef de village.

L'instant d'après, ce furent femmes, enfants et vieux qui coururent s'agglutiner autour du nouvel arrivant. On avait dépêché aussitôt deux petits pour aller avertir les autres. Ces derniers avaient filé, pieds nus et ventre à terre vers les champs. Deux Anciens débouchèrent de derrière une case. Ils n'avaient pas cet air surpris qui s'était affiché sur le visage de ceux-là qui avaient assisté au retour de l'homme. Au seuil de sa demeure, Diokel, en les apercevant, s'était arrêté pour les regarder venir. Ils arrivaient bientôt à sa hauteur et l'entrainaient à l'intérieur, suivis de ses deux épouses, au grand dam des autres.

*
* *

Le vieux Ngotti et ses deux compagnons ne revinrent eux que bien plus tard, mais toujours le même jour, bien après le crépuscule. Ce fut le bruit de moteur assourdissant d'une vieille camionnette qui annonça leur retour à Tound Bouki. On en avait déjà terminé avec la prière de *maghrib,* et la majeure partie des hommes et des adolescents avaient regagné leur concession. Sur la grand-place, les Anciens eux en étaient encore à leur chapelet, dans l'attente comme d'habitude du dernier appel du muezzin pour la prière de *icha,* la dernière de la journée. Ils s'étaient levés comme un seul homme, dès qu'ils avaient perçu le bruit du moteur, pour se tourner en silence dans sa direction. Puis, l'œil unique d'un phare blafard était apparu dans la semi-obscurité, cherchant laborieusement à percer l'ombre naissante. On avait attendu patiemment, toujours dans le silence, que le taxi-brousse arrivât au niveau de la place, qu'il y amorçât un demi-tour tonitruant et victorieux avant de stopper en crachotant. Le chef Ngotti et ses deux compagnons s'en extirpèrent sans attendre. Le taxi-brousse lui, redémarrait aussitôt, leur offrant un derrière totalement aveugle. Toutes les concessions s'étaient vidées au bruit du moteur, et une foule compacte s'était déjà agglutinée au centre du village. On avait chuchoté :

— Diokel est là.

— Depuis ce matin.

Les arrivants s'étaient contentés de seulement hocher la tête. Ils le savaient déjà. Au moment de pénétrer dans sa concession, le vieux Ngotti, imam attitré de Tound Bouki, s'était arrêté pour se retourner :

— En ce jour béni du vendredi, chacun d'entre nous doit rendre grâce à Dieu, l'Éternel, d'avoir secouru notre village, pour le protéger du malheur et le soustraire de l'opprobre. Nous prierons tous ensemble, tout à l'heure sur la place. Pour le moment, c'est un bon bain qu'il nous faut. Allons !

— Et un couscous solide après, ajoutait l'un de ses compagnons.

*
* *

La Butte de la hyène, quelques jours plus tard, avait retrouvé son train-train quotidien. Comme si aucun drame ne s'y était jamais déroulé. La chaleur accablante de la période de transition entre le *noor* et le *thiorone,* que caractérise chaque jour le passage de plus en plus fréquent des cumulus, défilant vers l'ouest dans un ciel d'un bleu encore pur, augurait d'un hivernage pluvieux. Les hommes reprenaient le chemin des champs avec beaucoup plus de sérénité, bravant les épines et les *kram kram* des sentiers poussiéreux, le dos offert à un soleil qui s'en donnait à cœur joie. Si au village, les greniers se vidaient, irrémédiablement, annonçant la période de soudure tant redoutée, aux champs, la soif terrible régnait en maître. L'urgence d'aller quérir les puisatiers de Keur Baara se faisait de plus en plus pressante, avec cette nappe phréatique qui fuyait chaque jour un peu plus, dans les profondeurs de la Terre, et que le récipient des femmes n'atteignait qu'au bout d'efforts surhumains…

Le bétail en pâtissait aussi. Les bovins et ovins efflanqués, eux surtout qui empruntent chaque jour dès le petit matin les pistes menant à la brousse, leur mine alanguie et leur démarche paresseuse ne présageant guère de randonnée fructueuse à travers la steppe épineuse.

Infatigables, les femmes continuaient de partager le sort des époux aux champs. Elles participaient aux défrichements et aux brûlis qui démarraient, laissaient ensuite là les hommes, pour aller à la cueillette de fruits sauvages et pour le fagotage. Elles revenaient ensuite au village en file indienne, sentant la sueur forte, puis s'installaient sous la hutte faisant office de cuisine, et affrontaient l'âcre fumée du bois de chauffe. Gnilaane et Dégueune en étaient.

Seule la gent caprine, espiègle et débrouillarde en diable, la volaille bruyante et les tout petits *bouts de bois de Dieu* de Tound chevauchant à longueur de journée leurs chevaux de lattes, semblaient échapper aux effets lénifiants de la morte saison. Mais, le ventre rebondi de ces derniers ne trompait guère, ce n'était pas signe d'abondance.

Il y avait aussi les cheveux blancs, ceux-là qui avaient déjà fait leur temps. La grande hutte de la place du village et quelques autres dispersées çà et là leur servaient d'arbres à palabres. C'est là que ces sages ont l'habitude de se retrouver dès le *yoor-yoor,* le petit matin, pour s'adonner à leur passe-temps favori, fait de lecture du Saint Coran, de raccommodages de leurs habits usés, de concertations sur les problèmes des ménages, les futurs mariages et baptêmes, et d'échanges sur les difficultés et projets de Tound et du patelin. Et aussi sûrement, à observer leur mine, quelquefois ravies et comme nostalgiques du passé, un passe-temps fait d'évocations d'époques révolues, de celles des chevauchées des ancêtres guerriers, des chevauchées fantastiques pendant les guerres qui opposèrent tant de potentats en ces lieux. D'évocations, sûrement aussi, de la bonne vieille époque du toubab, quand il régnait ici en maître – une bonne vieille époque, oui ! – que certains parmi eux n'osaient évoquer ouvertement, de peur de verser dans l'hérésie.

En attendant que les braves filles parties depuis la fin des récoltes passées pour monnayer leurs forces en ville soient de retour... En attendant que les adolescents partis se lancer dans le petit commerce à travers le pays, réapparaissent eux aussi, la perspective des prochains retours suscitait secrètement un certain espoir. Ce serait pour bientôt.

*

* *

Le temps semblait donc s'être arrêté à Tound Bouki. Mais pas pour Diokel Dione. Bien au contraire. Au fil des jours, après son retour triomphal de Keur Baara, l'homme avait fait preuve d'une capacité de récupération hors du commun. Peut être aidé en cela par les décoctions et infusions de *tooy*, de *ratt* et de *khéwar*, de ces feuilles, racines et écorces dont toute bonne femme du patelin connaît les secrets, sans parler de ces poudres quasi magiques qui vous font circuler le sang et pisser toutes les douleurs accumulées lors de dures épreuves. Gnilaane et Dégueune ne s'étaient guère fait prier, le premier souci de l'homme ayant été, dès le troisième jour après son retour, de vouloir tester ses capacités emmagasinées dans ses attributs d'homme. C'était plus sûr. Ces soudards d'hommes en bleu lui en avaient tant fait subir, eux qui, dans leur hargne à lui tirer les vers du nez, sont allés jusqu'à faire passer ce courant électrique si mortel dans ses parties génitales. Des essais forts concluants du reste. Par la grâce de Dieu ! Au septième jour, Gnilaane, la plus âgée, jetait l'éponge, lui laissant Dégueune toute seule à lui. Elle savait sûrement, plus que sa coépouse, les longs effets aphrodisiaques que certaines poudres et racines recèlent en elles.

La conscience tranquille de ce côté, Diokel Dione avait repris sans attendre les sentiers épineux de la brousse, pour les travaux préparatoires de la saison humide, et aussi sa récolte quotidienne de bois mort qu'il a pris l'habitude, comme tant d'autres du patelin, d'aller exposer au bord de la Nationale 1, et que les taxis-brousse de passage viennent ramasser régulièrement pour les resservir sur leur route. Ce qu'il en récoltait en espèces sonnantes et trébuchantes permettait d'arrondir les angles fort aigus du reste, en morte saison. Plusieurs fois dans ses va-et-vient, il était passé à côté de l'épave du fameux véhicule, celui-là qui fut à l'origine de ses malheurs des dernières semaines. Il détournait alors à chaque fois la tête, par réflexe, comme pour conjurer quelque mauvais sort. La journée d'hier, à la vue de l'épave, ce furent encore les paroles du chef Ngotti qui lui revinrent, aussi nettes et aussi claires que le jour de son retour triomphal.

« Quand le temporel n'arrive pas à défaire le nœud, c'est vers le spirituel qu'il faut retourner... Nous allons prier pour rendre grâce à Allah en Qui nous croyons ».

Et en cette soirée-là du retour de leur voyage mystérieux, jusqu'au cœur de la nuit, tout ce que Tound et le patelin environnant comptaient de lecteurs du Saint Coran, hommes, femmes et enfants s'étaient retrouvés sur la grande place du village pour psalmodier les versets et les sourates à la lumière des lampes tempête. Il ne manquait que lui, l'intéressé. Quand le chef du village l'eut quitté sur ces mots pour la séance de récitation, il était toujours souffrant et alité, il n'avait pas compris sur l'heure.

À la fin de la séance de prières collectives, assez tard dans la nuit, le chef était revenu le voir. Il l'avait trouvé seul, ses deux épouses n'ayant pas encore réintégré le domicile conjugal, sûrement encore en train de papoter sur la place du village en cette occasion de retrouvailles nocturnes. Le chef Ngotti lui avait soufflé, comme de peur d'être entendu par les marmots qui ronflaient sur leur natte.

— Nous venons de rendre grâce à Allah, le Tout Puissant, le Tout Miséricordieux, et nous continuerons à nous y soumettre tous les jours, jusqu'à notre dernier souffle, pour nous avoir délivrés encore une fois du malheur. Tel est notre devoir de croyants. Dans le malheur comme dans le bonheur. Mais après l'Éternel, c'est vers le Sage de Gouye Salaam qu'il faut se tourner. Vous avez déjà entendu évoquer ses bienfaits, même si vous n'avez jamais eu le bonheur de le rencontrer. Vous savez qu'il vit dans le Ndoukoumane, dans l'Est du Saaloum. C'est vers lui que tous nos espoirs sont allés, lorsque ces gens-là sont venus à nouveau vous arracher à Tound. Vous vous êtes rendu compte de sa puissance. Autant il est puissant, autant il est craint. Mais c'est un homme bon.

Le chef s'était tu, quelques instants pendant lesquels, les yeux clos, il se mit à méditer, comme pour ruminer ses propos, avant de reprendre :

— Un homme généreux. Oui… Aussi vous ne l'oublierez jamais ! Ni dans vos prières ni dans vos bienfaits, si un jour, Allah le Bienfaiteur vous couvre de ses faveurs. Car soyez assuré que plus personne ne viendra vous inquiéter. Oui ! Plus personne…

Un autre moment de méditation, puis :

— Vous prierez aussi, comme nous tous venons de le faire, pour que Tound, notre bien commun, ne revive plus jamais un tel déshonneur. Plus jamais !

Il était ressorti ensuite sans lui laisser le temps d'ouvrir la bouche.

*

* *

La saison des pluies qui démarra un mois plus tard fut plus que généreuse cette année-là. Certains des Anciens affirmèrent même que de mémoire de villageois, jamais on n'avait vu autant d'eau libérée par les vannes du ciel, en une seule saison. Par familles entières, les cumulonimbus avaient défilé sans arrêt, se relayant comme dans une ronde sans fin, abreuvant la terre assoiffée nuit et jour, jusqu'à la saturer. Le paysage de la province du Sine avait retrouvé une verdure quasi miraculeuse. La bonne herbe fraîche et grasse avait reparu pour couvrir le sol d'un tapis épais, au grand bonheur du cheptel, même si ce dernier ne fut pas toujours laissé libre de ses mouvements, la jachère ayant aussi besoin de lui et de son fumier enrichissant.Et le petit mil, le sorgho, le maïs et l'arachide avaient germé avec une vigueur inespérée, comme autour des cases, les tubercules et les légumineuses, le gombo, le piment et l'oseille… Et le lait avait commencé à couler, abondamment. Les dures périodes de labeur du *thiorone* n'étaient plus que dans les souvenirs, et l'espoir comme la joie de vivre avaient repris leur place dans les cœurs.

Diokel Dione voyait lui aussi ses efforts généreusement récompensés par la Nature. Son champ – qui s'étendait sur plusieurs dizaines d'ares – et ceux de ses deux épouses n'avaient pas menti. Ils restituaient à leurs propriétaires tout le fruit de leurs efforts. La récolte, par son abondance, avait dépassé les espoirs au point qu'à la période de la traite – le *lolli* –, Diokel avait eu l'idée de convoquer ses deux épouses un soir, après un couscous abondamment arrosé de lait frais.

— Le ciel a été particulièrement clément cette année, leur avait-il dit. Allah en soit loué. Il y a assez de mil et de maïs pour remplir tous les greniers, et même en vendre aux traitants. Quant à l'arachide, son abondance est telle que cela m'a donné à réfléchir.

Gnilaane et Dégueune étaient là, assises sur la natte, silencieuses, mais tout ouïes, hochant la tête de temps en temps.

— Vous savez bien ce que nous coûtent toutes ces coopératives installées par le gouvernement, en temps et en argent .Nous tous, nous nous en sommes toujours plaints, mais toujours en vain… quant aux traitants qui n'attendent que la récolte pour courir la campagne…

Il n'eut pas besoin de poursuivre. Les deux épouses concluaient pour lui :

— Des voleurs ! *Haram* !

— Des boukis ! Pires même que la hyène…

— Et ce n'est pas moi qui vous le fais dire.Puis, après un bref silence, il enchaina :

— C'est pourquoi j'ai décidé de me passer, et des gérants de coopératives, et des traitants…

On bougea quelque peu sur la natte, releva un peu plus la tête vers le maitre de céans, mais toujours en silence.

— … Et plutôt que de les attendre ici, je préfère aller négocier en ville. L'arachide et le mil s'y négocient beaucoup mieux, et il y a bien d'autres possibilités qui peuvent s'offrir là-bas.

Quelques légers raclements de gorge du côté de la natte, que l'homme apaisa aussitôt :

— Le chef Ngotti n'a pas vu d'inconvénient à ma proposition.À deux, nous en avons longuement discuté déjà… même s'il m'a recommandé d'être prudent, lui qui s'y connaît bien mieux que moi. Mais, il sait qu'il y en a eu dans le terroir qui ont déjà essayé… et qui ont réussi.

Le chef Ngotti n'y avait pas vu d'inconvénient, il est vrai… même s'il lui recommanda d'y réfléchir plus mûrement avant d'y aller. Les agents du gouvernement ne voyaient toujours pas d'un bon œil ces velléités d'indépendance… et les risques de se voir réquisitionner tout le fruit de son travail étaient toujours là. Quant aux hommes d'affaires, ces traitants, ces voleurs et boukis comme les qualifièrent ses deux épouses tantôt, ils ont toujours été vus ici comme des spéculateurs voraces, des prédateurs et des buveurs de sang, qui attendent patiemment que les braves paysans aient fini de se tuer au travail sous le soleil, pour se présenter avec leurs valisettes bourrées d'argent. Et en bons psychologues, ils ont l'art de profiter des lenteurs bien connues de l'État à verser les sous, et de l'impatience des producteurs à les empocher, afin de les convaincre de vendre, en grignotant sans pitié sur les prix. Alors, pourquoi ne pas aller proposer sa marchandise ailleurs, même si plusieurs sortes d'obstacles se dressaient sur les routes pour décourager les intéressés ? Et puis, cette marchandise, c'est la sueur de son front et le fruit de ses efforts. Allah n'interdit à personne d'en disposer comme il le désire.

*
* *

C'est donc avec l'aval et la bénédiction du chef de village que Dio-kel Dione, empruntant les pistes peu fréquentées, entreprit de faire le va-et-vient entre Tound Bouki et la ville. La ville, c'était les moyennes localités comme Nguékhokh, Thiadiaye, Tattaguine et Gandiaye, ou des agglomérations plus importantes comme Mbour et Fatick, quelquefois Kaolack, plus rarement Thiès.

De retour de ses randonnées, Diokel se plaisait quelquefois à commenter :

— Ce ne sont pas toujours ceux-là à qui nous pensions qui nous posent le plus de problèmes. Il y a d'autres types de rapaces sur toutes les routes. Les camionneurs en sont. Avec eux, c'est leurs conditions ou rien. Un chantage ignoble. Et on est obligé avec eux de se plier. Que faire d'autre ?

Le *nous* supposait qu'il n'était pas le seul sur la filière. Il y en avait d'autres, qui avaient osé comme lui, d'autres téméraires qui bravaient comme lui l'adversité. Les va-et-vient se poursuivaient malgré tout, jusqu'à ce qu'il n'en resta plus que pour la subsistance familiale.

Au retour de son dernier voyage, Diokel Dione avait débarqué avec deux grandes valises en carton fort bourrées. Il y avait dedans beaucoup de tissus chatoyants, comme on les aime en milieu rural, pour Gnilaane et Dégueune, plusieurs ensembles en basin de seconde catégorie pour lui-même, des ensembles toubab pour les enfants, sans compter les paires de chaussures, les parfums bon marché, la verroterie et les jouets. Ses épouses furent aux nues, lorsqu'il tendit à chacune d'elles une liasse de billets de banque.

— Le produit de vos champs respectifs. Il n'y manque pas un sou.

Avec l'air de fierté du chasseur revenu victorieux de son expédition… Il faut dire aussi que c'est ainsi que le recommande la religion.

*
* *

Le *lolli*, la période des récoltes, s'était écoulée. Les effets de la bonne saison se faisaient encore sentir à Tound Bouki, comme dans tout le patelin. Beaucoup de villageois avaient agrandi leur cercle de famille, en prenant d'autres épouses dans les villages voisins, tandis que certains préférèrent acquérir un ou deux chevaux, ou une nouvelle charrette. Des cases nouvelles s'étaient ajoutées aux concessions. Tound respirait la prospérité. Diokel Dione lui, ne prit pas d'autre épouse. Il n'acheta pas d'autres chevaux. Le plus naturellement du monde, il avait renoué avec son activité de morte saison de toujours, faite de récolte de bois mort qu'il continua à proposer, en même temps que la paille d'arachide et celle de niébé, au bord de la Grande Route. Des va-et-vient qui l'obligeaient souvent à passer à proximité de la fameuse épave, une épave qui n'avait plus ses sièges ni ses roues, une épave que seuls visitaient les caprins capricieux et indisciplinés. Une épave qui commençait à perdre ses couleurs sous la pluie et le soleil.

*
* *

Une année était passée. C'est bien un vieil adage qui dit qu'*un malheur ne vient jamais seul*. On oublie souvent d'ajouter qu'il arrive aussi qu'il en soit de même pour le bonheur. Et que tout vient à point à qui sait… prier et espérer. L'hivernage qui suivit fut aussi prodigue que celui de l'année précédente, sinon plus. Il s'était installé dès les derniers jours de mai, surprenant même les retardataires dans leurs tâches de défrichements et de brûlis. Une fois encore, la terre reçut abondamment de l'eau du ciel. Toute la campagne avait reverdi, et le grain germa pour pousser à profusion. « Les hivernages d'antan auraient-ils l'intention de revenir ? » Entendit-on souvent dire. « Il ne serait que temps, en tout cas. La période de sécheresse n'a que trop duré. » Commentait-on ensuite.

On ne sut si ce fut le début du retour des saisons pluvieuses tant espérées. On pria en tout cas beaucoup dans tout le patelin pour qu'il en fût ainsi. Et de nouveau, la Nature aidant, la récolte fut plus qu'abondante. Et Diokel Dione n'eut guère à hésiter. Il avait repris la route menant aux villes parsemant la Petite Côte, et aussi à quelques-unes de l'intérieur. Un va-et-vient qui, encore une fois, porta ses fruits plus qu'il n'en avait espéré.

Mais cette année-là, à la fin de ses randonnées, en guise de cadeaux, il ne rapporta à Gnilaane et Dégueune que le produit de leurs champs. La surprise de celles-ci et aussi le désappointement de ses petits *bouts de bois de Dieu* étaient à peine tombés, qu'il réunissait tout son monde une nuit, après un diner au couscous fort bien garni.

— Je vous ai fait réunir, dit-il, s'adressant à ses deux épouses, pour vous annoncer que j'ai décidé d'aller m'installer en ville.

— En ville ? En ville… *Waaw…* Que nous dites-vous là, notre Oncle ?

— Oui… Vous avez bien pu remarquer ces temps-ci mes va-et-vient chez le chef Ngotti. Nous avons beaucoup parlé, et beaucoup échangé. Il m'a donné son accord et aussi, il a béni ma décision.

— Mais… *Nidiaaye ?*

— Ne vous en faites pas, avait-il anticipé sur les préoccupations des deux épouses… Vous allez venir avec moi.

— Venir avec vous ? Aller avec vous en ville ?

— À Fatick ? À Mbour ? À…

— Oui… Mais…

Elles avaient tendu l'oreille, buvant littéralement ses paroles. Et le maitre de céans leur avait tout expliqué.

*
* *

C'est lors de ses multiples randonnées qu'il a eu l'occasion, et la chance de faire de nombreuses rencontres. Des gens venus de toutes parts, de tous les coins et recoins du pays. Il avait ainsi souvent entendu dire, il avait beaucoup écouté, beaucoup échangé, et beaucoup observé. Il avait ainsi pu comprendre que beaucoup de ces traitants qui courent la brousse n'étaient en réalité que des intermédiaires, le plus souvent au service de riches hommes d'affaires installés dans les villes. Eux-mêmes étaient d'anciens paysans partis de pas grand-chose, et reconvertis dans les affaires… Il avait entendu évoquer beaucoup de cas, des noms connus et inconnus, de personnages qui y régnaient en maîtres, car qui avaient eu du flair, et qui s'étaient battus pour se créer leur place, en ces milieux où l'on ne voulait pas guérir de l'influence néfaste des toubabs. En ville tout le monde n'aspire qu'à travailler dans les bureaux, et à être fonctionnaire, attendant tout du gouvernement. Le travail de la terre là-bas, c'est une hérésie, rien que d'y penser. Le commerce de même. Oui ! D'ailleurs, là-bas, tout le commerce, avant cette grave histoire avec nos voisins de Gaanaar, se trouvait aux mains des *beydaanes*, les Maures de Mauritanie. Peu de natifs du pays y prenaient part... hormis quelques originaires du Baol assez avertis. Depuis le départ des commerçants de Gaanaar, c'est presque le vide sur ce terrain. Or, existe-t-il une activité sur cette terre, plus bénie que le commerce, l'occupation préférée du Prophète de l'Islam ? Oui...Beaucoup de personnages aujourd'hui, partis de rien, qui avaient gagné la ville avec pour seuls bagages, rien que leur *tourki* et leur *thiaaya* – pantalon bouffant – et rien que quelques sous en poche, mais avec leur seule volonté de travail et de privations, ont fini par devenir des personnalités respectables.Et l'autre réalité aujourd'hui, c'est qu'ils sont parmi les personnes les plus riches du pays, à côté des gens de la politique. Alors... Il avait donc réfléchi à tout cela, beaucoup réfléchi, et muri son idée. Si ce sont ceux-là, partis de peu, qui sont parvenus à se faire leur place là-bas, pourquoi pas lui à qui deux hivernages prodigues venaient de montrer la voie. Il y avait bien réfléchi, et avait son idée là-dessus. Il avait opté donc d'y aller. Rien ne coûtait de tenter sa chance. Plutôt que de laisser vieillir ses os en ces lieux, à Tound Bouki, où la vie ne fait que tourner en rond, au rythme des saisons, telles les aiguilles des vieilles montres.

« Plutôt que de laisser vieillir ses os en ces lieux...» C'était là une pensée, une simple pensée, qu'il avait gardée bien entendu pour lui tout seul. Il n'est donné à personne, heureusement, de lire dans la tête des autres. Sinon, qu'aurait pensé de lui le chef Ngotti, cet homme bon et généreux, qui s'était donné corps et âme pour le tirer des griffes des hommes en bleu ?

*
* *

C'est ainsi que Diokel Dione avait rassemblé ses cliques et ses claques pour gagner la ville. Ce ne fut ni Fatick, ni Mbour, ni même Kaolack, cette ville carrefour enrichie par l'arachide et les échanges, mais Ndakaarou la capitale. Là-bas, il s'installerait en faubourg, dans un de ces quartiers spontanés dont il avait tant entendu parler. D'ailleurs, il avait son idée, dont il avait fait part au chef Ngotti. Il y irait avec tout ce qui lui serait utile.

Diokel avait écouté avec grande attention et humilité les conseils des autres qui ne tarirent pas en paroles. Les conseils utiles, comme ceux qui l'agacèrent. Et Dieu sait qu'il y en eut. Il prit bien soin de noter aussi sur un morceau de carton, en caractères arabes, les noms et adresses de personnes qu'on lui conseilla d'aller voir dès qu'il arriverait à destination. On lui souffla de ne pas oublier d'emporter avec lui le vieux livre du Saint Coran que son père mourant lui avait conseillé de conserver avec le plus grand soin, et de ne jamais oublier de l'ouvrir chaque fois que de besoin, tel que le faisait le cher disparu, pour parcourir ne serait-ce que quelques-unes de ses pages.

Concernant sa famille, qu'il allait quitter en attendant, on le tranquillisa tant qu'on put. Il pouvait considérer qu'il laissait Gnilaane, Dégueune et les enfants en des mains sûres. Pour lui, de toute façon, la famille le rejoindrait bientôt, car là-bas, ses épouses pourraient lui être fort utiles. Ce n'était qu'une question de temps. Les adieux, ou plutôt les au revoirs furent fort émouvants. Évidemment, une grande séance de lecture du Saint Coran fut organisée sous la direction du chef Ngotti. Conjurer le mauvais sort, tout en s'ouvrant les grâces divines.

Diokel ne put se résoudre cependant, malgré les avis contraires, à se séparer de son attelage. Ce fut peut-être le seul grincement lors des pathétiques préparatifs. Si les autres ne savaient pas, ou n'arrivaient pas à comprendre pourquoi il y tenait tant, lui n'avait pas oublié. Il avait aussi retenu dans ses pérégrinations, qu'en ville, les transports en commun motorisés ne roulent que sur les routes, mais que dans les quartiers périphériques, ceux qui font fortune, ce sont les charretiers.

Lorsqu'il avait tendu les deux mains réunies et ouvertes au ciel vers le chef Ngotti, entouré de toute la troupe des Anciens, pour recevoir ses prières et ses bénédictions, celui-ci lui avait soufflé, l'air sérieux et recueilli :

— Souvenez-vous de mes paroles, au moment de ces dures épreuves que nous avons vécues ensemble il y a deux ans, Diokel. N'oubliez jamais ce que vous devez à notre Sage du Ndoukoumane .Ne l'oubliez jamais, ni dans vos prières ni dans vos bienfaits, si Dieu continue de vous gratifier de ses faveurs. *Amine* !

Il avait ensuite distribué à la ronde de sa salive, et tout le monde s'était frotté le visage, les « *Amine* ! » fusant de toutes parts. Diokel Dione avait vivement hoché la tête :

— Je ne l'oublierai jamais, oncle Ngotti, avait-il dit.

Pour lui donner un dernier coup de main, plusieurs adolescents avaient tenu à grimper sur la charrette pour l'accompagner jusqu'à la Nationale 1, celle-là connue ici aussi sous le nom de la Route de la Mort ou de la Route du Diable.

Bientôt, on penserait à lui, chaque jour de moins en moins. Bientôt, on parlerait de lui au passé. Bientôt on l'oublierait peut-être, s'il lui prenait lui-même d'oublier ses origines, comme cela était arrivé à tant de ses prédécesseurs. Il est vrai qu'il n'était pas le premier à quitter le patelin natal pour aller à l'aventure, et peut être même à l'oublier, et qu'il ne serait sûrement pas le dernier.

IIe PARTIE

« L'APPÉTIT VIENT EN MANGEANT »

PRÈS DE VINGT ANS APRÈS…

5

Nous sommes à Keur Gouye Salaam. Keur Gouye Salaam, c'est comme un pan de Tound Bouki, le village natal, implanté en pleine ville. Dans son organisation et sa vie de tous les jours du moins… Il s'agit d'une vaste concession que composent trois ensembles de constructions. Un premier ensemble fait d'une baraque en planches et caisses de récupération pour la plupart, un assemblage qui à l'origine, cela se devinait, a dû beaucoup faire suer son propriétaire en effort comme en patience. Longue de sept à huit mètres, elle se situe à l'entrée des lieux. Elle est surmontée d'un toit fait de tôles ondulées toutes rouillées, et qui, de l'intérieur, laissent entrevoir le ciel par mille petits trous. La grande baraque est divisée en trois compartiments que se partagent près d'une vingtaine d'enfants et d'adolescents.

Les deux autres ensembles sont apparemment mieux lotis. En face de la baraque, une construction en dur à l'aspect vieillissant, si l'on en juge par ses murs décrépis et sans couleur, et au style fort dépassé, avec ses fenêtres toutes minuscules et à un seul volet. On en compte trois, ce qui laisse supposer l'existence de trois pièces composant le tout. Mais en en faisant le tour, on découvre accolée au bâtiment une pièce minuscule faisant sûrement office de débarras, et à laquelle se greffe un tout petit réduit dont l'œil qui s'y attarde finit par découvrir la fonction. Des latrines. Le tout est lui aussi coiffé de tôles, mais en ardoises de couleur grise. Ces dernières semblent encore fort bien résister aux intempéries. Ce bâtiment fait face à la baraque, et tous deux encadrent un large portail aux battants brinquebalants, faits de lattes entrecroisées de bambou, que maintiennent leurs cadres en bois.

Un troisième bâtiment, lui aussi en dur, fait face au portail, mais reste isolé des autres. Il a une apparence plus récente, et semble avoir été bâti il n'y a pas si longtemps. Il a un aspect plus hardi et plus moderne, car surmonté d'une dalle, et comporte des fenêtres plus larges, deux au total. Il est peint en jaune, et se laisse surmonter par une antenne de télévision qui se profile à trois ou quatre mètres dans le ciel, comme pour être plus sûr d'y capter les images. Cette dernière construction comporte deux grandes pièces.

Tout un ensemble donc de trois constructions isolées, indépendantes les unes des autres et qui laissent entre elles de larges couloirs qui tiennent lieu de passage pour la circulation des hommes et des bêtes.Il faut en effet contourner ce dernier bâtiment pour faire la découverte d'une vaste cour, qui héberge un spectacle des plus insolites. Trois grandes huttes qui en occupent le centre, et tout au fond, en un coin qui se veut discret, quelques briques accolées de façon rébarbative les unes aux autres, coiffées de tôles de récupération et faisant office ici aussi de lieu d'aisance. Cet échafaudage rébarbatif tourne pudiquement le dos à la cour, ne lui offrant que deux minuscules ouvertures affectées à l'aération, à deux mètres au-dessus du sol. En face de lui, au coin opposé, quelques pieux profondément enfoncés dans la terre, semblent attendre leurs propriétaires. À observer le sol tout couvert de fumier, on devine aisément la nature de ces derniers. La gent équine.

Enfin, entreposés dans le désordre le plus indescriptible,des caisses en bois et en carton, des bidons en matière plastique par dizaines,des mangeoires et abreuvoirs découpés dans des fûts à huile de récupération, des briques disposées çà et là à deux ou trois,des sacs de foin, des bols entassés, des bouilloires renversées, des pilons à terre, un immense fourneau où quelques braises fument encore. Et sur un plateau posé sur une brique, des tasses de thé qui encadrent une grande théière… En cette véritable place publique prise d'assaut par des nuées de mouches, trois bambins à moitié nus, deux garçons et une fille sont occupés à pourchasser une demi-douzaine de poules et de chatons. Sous l'une des trois huttes, une immense marmite trône sur un foyer fait de trois gros blocs de pierres, entre lesquels une fumée toute noire se dégage.

La jeune femme en sueur, occupée à attiser le feu, n'a pas un regard pour les bambins que leur course inlassable agrémentée de cris aigus derrière la volaille et la gent féline, mène indifféremment des abords du lieu d'aisance aux mangeoires à bestiaux, et de celles-ci au corral. Entre deux des huttes trône un badamier bien feuillu. À son ombre, un immense canari sur lequel est posé un couvercle fait de planches assemblées. Au pied de l'arbre, sur quelques briques entreposées en demi-cercle, une demi-douzaine de pots de conserve de récupération, entassés en vrac.

À part les préoccupations de ses quelques occupants, Keur Gouye Salaam baigne pour le moment dans une atmosphère de tranquillité quasi absolue, côté cour comme côté jardin, si l'on peut dire. Toutes les portes de ses trois constructions restent closes. Il en est de même de leurs fenêtres, ce qui laisse supposer qu'elles sont toutes inoccupées, du moins pour le moment. La jeune femme occupée à sa marmite côté jardin, et les trois bambins bruyants semblent être les seuls occupants des lieux. Par-delà le mur de clôture, parvient de temps à autre le carillon de grelots d'attelages qu'accompagnent le claquement désordonné des sabots de chevaux sur le pavé, les pétarades agaçantes de mobylettes, ou quelque bruit de moteur de voiture. Des bruits de voix s'y entremêlent, le plus souvent criards et indistincts.

*
* *

C'est en fin d'après midi que chaque jour, Keur Gouye Salaam reprend vie. La métamorphose en ce moment-là est quasi magique. Elle commence par le retour des enfants, de l'école coranique toute proche, après la prière de *asr*. Une bonne douzaine de sujets composent la troupe. En majorité des fillettes. Elles sont toutes emmitouflées dans des foulards de toutes couleurs faisant office de voiles, qu'elles se mettent sur la tête en quittant la concession, et dont elles s'empressent de se débarrasser dès qu'elles en franchissent de nouveau le seuil. Celles-là sont les plus âgées de la troupe. Derrière les fillettes généralement bruyantes et pressées, il y a les garçons habillés de cafetans pour les plus grands, de chemises, de t-shirts et de culottes pour le reste. Fillettes et garçons sont tous pieds nus. Dès qu'ils investissent les lieux, c'est toujours vers le côté jardin qu'ils se ruent, pour y prendre d'assaut le canari, tel le bétail assoiffé autour du point d'eau. Ce sont les plus grands qui s'emparent les premiers des pots et boites de conserve, qui débarrassent à grand bruit le canari de son couvercle de fortune, et qui se penchent sans attendre pour plonger le bras à la va-vite, sourds aux piaillements des plus petits. C'est seulement après avoir bu à satiété qu'ils penseront à eux. Toute la troupe ira rejoindre ensuite la grande baraque à l'entrée, leurs chambres et dortoirs. En passant à côté, ils ne peuvent s'empêcher cependant, de lorgner du côté de la grande marmite sur le feu – un réflexe quotidien – pour humer l'air ambiant et savourer le fumet qui l'embaume. Aujourd'hui, l'air indifférent de la jeune femme qui s'active autour du foyer ne semble guère les encourager à traîner sur les lieux.

C'est ensuite le tour des femmes de faire leur apparition. Elles arrivent toujours à deux. Il est facile de deviner, à les voir débarquer, avec d'immenses paniers sur la tête, seaux et pots sous le bras, qu'elles rentrent du marché du quartier. Il leur arrive d'en revenir quelquefois sur l'une des calèches de Keur Gouye Salaam, quand l'heure est vraiment tardive. Aujourd'hui, c'est à pied qu'elles regagnent la concession. Une vraie corvée, pour qui connaît le chemin qu'elles doivent parcourir. Mais un supplice dont elles ne semblent guère être affectées, si l'on en juge par la vigueur de leurs pas et leur conversation animée. Le retour des femmes du marché est toujours annoncé par les cris de joie des enfants. C'est à croire que ceux-ci à cette heure-là, n'ont d'autre occupation que de guetter leurs bruits de pas à la façon du chien fidèle qui attend son maître. C'est alors à qui reviendra le privilège de plonger le premier dans leurs pagnes, dévoilant maladroitement les jambes qu'ils recouvrent... ce qui leur vaut quelquefois quelques beignes sur le crâne, agrémentés de réprimandes. Les femmes de retour du marché gagnent toujours le côté jardin suivies par toute la troupe. C'est là qu'elles viennent s'affaler, rompues et toutes essoufflées, avant de réclamer le pot salvateur d'eau fraîche. C'est ensuite le déballage dans un tohu-bohu général. Elles y sont habituées, font leur tri sans s'occuper de la progéniture bruyante et collante, séparent la marchandise des emplettes du jour, camouflent à la va-vite leurs achats intimes, avant de procéder à la distribution de ce qu'elles leur ont apporté.

Quelques plaisanteries suivent toujours, entre elles et celle affectée à la marmite dont l'oreille avide de nouvelles du marché reste toute tendue, à lui faire oublier de surveiller son feu. Elles sont agrémentées d'anecdotes inévitables, glanées ou vécues là-bas, avec force commentaires et rires méchants, avant que chacune regagne ses pénates. Il s'agit de la construction qui fait face à la baraque. Chacune y a sa chambre respective.

C'est en général après la prière du crépuscule qu'arrive le tour des hommes. D'abord ceux affectés aux boutiques et aux boulangeries. Par boutiques, il faut entendre toute une série de quincailleries et aussi de magasins de vente de matériels d'occasion de toutes sortes. En général, ceux-là regagnent Keur Gouye Salaam séparément, chacun de son côté et à son heure, selon la conjoncture ou le bon vouloir de la clientèle. Il arrive aussi, de rares fois, qu'ils rentrent en groupe, quand quelque évènement les contraint à fermer boutique plus tôt que d'habitude.Cela fait partie des conseils de prudence du maitre de céans. C'est le cas aujourd'hui. Quatre des gérants sont revenus avec la tombée du crépuscule. Ils avaient fait entendre que les échauffou- rées après la marche des syndicalistes de la Santé- c'était leur tour aujourd'hui-, se poursuivaient encore un peu partout dans les grandes artères de la ville. Et comme neuf fois sur dix, ce genre de manifesta- tions finit toujours par tourner à la confrontation et à la casse, ils ont jugé plus prudent de s'appeler pour se concerter. Ils ont alors décidé de fermer boutique pour rentrer plus tôt que prévu. Par habitude, ils gagnent toujours en premier lieu leur compartiment à eux dans la grande baraque, avant d'en ressortir aussitôt, direction le grand bada- mier de l'arrière-cour. Les ablutions n'attendent pas. Le temps de la prière crépusculaire est si fugace. C'est sûrement pourquoi, lorsque la troupe de marmots qui avait repéré leur arrivée a foncé sur eux, ils les ont refoulés sans brutalité, pressés qu'ils étaient de remplir leurs obligations.

Les trois cochers de Keur Gouye Salaam sont toujours les derniers à regagner les lieux. Ils sont toujours tout bruyants, aussi bruyants que leurs attelages qui se font chaque fois annoncer par de véritables concerts de grelots et de piaffements. Les charrettes n'entrent pas dans la concession. Les cochers se garent dans la rue, devant le grand portail, détèlent les chevaux pour les conduire à l'intérieur des habita- tions, et laissent les plateaux sur place, bien rangés derrière le mur de clôture, leurs brancards pointés vers le ciel. Quand ils investissent la concession, c'est tout un branle-bas fait de hennissements impatients, de bruits de sabots, de cris et d'ordres lancés par des voix gutturales à leurs chevaux, comme s'ils s'adressaient à des êtres humains. Les cochers sont tous en pantalon bouffant et en sous-vêtement. Ils ont toujours l'air sale de la tête aux pieds, et dégagent de loin une odeur de sueur âcre qu'ils laissent traîner derrière eux longtemps après leur passage. Ajoutée à celle des chevaux, cela fait toujours un mélange fort désagréable en ces lieux, chaque fois qu'ils s'annoncent.Vaille que vaille, ils finissent par gagner l'arrière-cour, suivis de toute la troupe d'enfants. Les cochers se veulent des gens spirituels. Dès qu'ils ont fini d'entraver leur bête à leur piquet, de leur servir leur foin et leur eau, et de leur glisser quelques paroles mystérieuses à l'oreille, accompagnées de quelques tapes amicales sur leur échine, ils iront rejoindre le groupe d'hommes, de femmes et d'enfants réunis sur les nattes et les bancs dans la cour-avant. Et là, inévitablement, ils se laissent aller. Pourtant, leurs anecdotes et leurs piques ne produisent pas toujours l'effet escompté, car souvent insipides. Qu'à cela ne tienne ! Ils iront jusqu'à agrémenter leurs histoires de pas de danse et de singeries, accompagnés de toute une série de contorsions et de coups de reins pour faire rire...

Comme les autres gérants des boutiques et des boulangeries, qui crèchent ensemble à une rue de là, mariés comme célibataires, les cochers ne dorment pas à Keur Gouye Salaam. Tous les trois sont des pères de famille, ils ont chacun son chez-soi... Ces préalables accomplis, ils s'empressent alors de rejoindre le coin de la cour où se trouve, fiché dans le sol, l'unique robinet de la concession, pour s'y laver à la va-vite le buste, les aisselles et les bras, avant d'aller récupérer leur cafetan qui toute la journée, les aura attendus dans la baraque, sagement accroché à quelque clou. En attendant le versement de leurs recettes, il arrive souvent qu'ils fassent eux aussi leurs ablutions sur place, pour rattraper la prière du *maghrib* et préparer en même temps celle de *ishaa*. La concession a bien entendu compris, - et depuis belle lurette -, qu'en s'adonnant à ces pratiques quotidiennes, c'est sans conteste la bonne odeur provenant de la grande marmite, là-bas dans l'arrière-cour qui les fait traîner en ces heures-là dans les parages. Et, qu'en écornifleurs invétérés, ils ont pris le parti d'en goûter, sachant qu'on se serrerait toujours autour des grands bols pour leur faire de la place. Ils ne se décident ainsi à s'en aller qu'après s'être bien garni la panse, et avoir poussé le tout avec un grand pot d'eau puisé dans le grand canari...

Il en va ainsi chaque jour à Keur Gouye Salaam, en attendant le retour du maitre de céans. Et, quand il est là en ces heures-là, après chaque repas, c'est toute la concession hommes, femmes et enfants, qui ira défiler devant lui, pour à tour de rôle, rendre grâce à Dieu et dire *dieureudieuf* ! à l'époux, au père, grand-père et patron... Un rituel immuable...

6

Le maitre de céans de Keur Gouye Salam est aujourd'hui encore l'objet d'échanges fort passionnés au sein d'un quatuor réuni dans une arrière-boutique de la place Daarou Rahmaane de Keur Massaar, dans la banlieue de Dakar. Il y a là trois hommes et une dame autour d'une table basse sur laquelle trônent quatre verres de thé vides. C'est l'un d'eux, Samba Galgal, qui semble être l'animateur de ce conclave qui a choisi dirait-on, de se dérouler à voix basse, dans la discrétion. La pièce n'est séparée de la boutique que par une simple cloison en bois qui laisse passer les termes des négociations et les réparties fort bruyantes entre la clientèle, des acheteuses surtout, et le sieur préposé au comptoir. Une petite porte y est découpée, au-dessus de laquelle sont accrochés les deux bouts d'un rideau rébarbatif.

Samba Galgal, comme beaucoup d'hommes d'affaires du pays, est marchand d'occasion. Occasion en tout : en pièces détachées de véhicules, en ferraille de toute nature, en machines électriques, en appareillages ménagers, meubles, matériaux sanitaires… ainsi que tout un arsenal d'objets hétéroclites qui font de ses nombreux magasins installés dans toute la banlieue de véritables capharnaüms. L'homme exerce dans cet embrouillamini apparent depuis bientôt une vingtaine d'années, et il ne semble guère le regretter. Pour le moment, c'est lui qui tient le crachoir :

— N'oublions pas qu'il s'agit d'un ancien cocher, et qu'il le reste dans son âme et dans sa chair. Les cochers sont des êtres maudits de Dieu, vous ne le savez peut-être pas… c'est à force d'humilier ce noble compagnon de l'homme, qu'est le cheval. Oui… En tout cas, son effronterie a déjà dépassé les bornes. C'est devenu inacceptable, poursuit-il, le visage exprimant une sorte de colère contenue. Inacceptable ! Quand Maalaw m'a informé ce matin, j'ai été pris d'une rage… comment dire ?… d'une rage assassine… Oui ! Vous vous rendez compte ?

Il y a là trois de ses comparses. Ils se nomment Goor Yomboul, Coumba Fitna et Koli Yang Yang. C'est ce dernier qui le relaye :

— Bon Dieu ! Mais, c'est que c'est de bonne guerre, le croc en jambe qu'il vient de te faire, Samba. Ah le bougre ! Et pas bête, pour un simple paysan et ancien cocher. Si vous m'aviez écouté… depuis le temps que j'attire votre attention sur la nécessité de réunir nos forces afin de freiner ses audaces et son arrogance.

— Samba a raison. Le vase déborde depuis longtemps déjà. Et sérieusement, je vous le dis – c'est la dame qui renchérit – Avec ses paysannes qui s'en mêlent maintenant... D'ailleurs, je ne vous apprends rien.

Ce n'était pas le premier coup qu'ils encaissaient de l'homme en question. En fait, ils ne les comptaient plus, les gifles reçues de celui dont la hargne envers leur groupe ne semblait pas devoir tarir. Aujourd'hui, la raison de tant de commentaires, c'est le rapt, un hold-up véritable que vient d'accomplir sur une des maisons faisant face à l'un de ses entrepôts, celui-là que le groupe qualifie d'ancien cocher, un certain homme d'affaires qu'ils semblent bien connaître. Rien de plus ordinaire en fait que l'acquisition d'une banale maison, par un homme d'affaires qui en possède les moyens, et qui paie rubis sur l'ongle. Le problème, c'est que la maison en question comporte un magasin d'une quarantaine de mètres carrés, qui venait d'être donné en location à un certain Maalaw. Or, il se trouve que Maalaw est un neveu de Samba Galgal, et qui venait d'être lancé récemment sur le marché des affaires par son oncle, et précisément dans le domaine de la distribution du ciment. Hasard ou calcul, l'oncle lui avait déniché cet espace qui fait face aux entrepôts de l'homme d'affaires en question, entrepôts justement destinés à abriter eux aussi du ciment, que d'autres dépôts dispersés dans la banlieue viennent récupérer selon la demande. L'affaire de Maalaw commençait à fructifier, et la clientèle à grossir, lorsque le propriétaire d'en face s'est présenté ce matin même chez le gérant des lieux. Maalaw n'était pas sur place, lui avait-on répondu. Le visiteur, debout sur le seuil, avait parcouru du regard les lieux, pendant quelques longues secondes, un sourire mystérieux sur les lèvres, avant de tourner le dos. C'est au moment de sortir qu'il se retrouva nez à nez avec le nouveau locataire. Il semblait bien le connaître. Debout face à lui, il n'y était pas allé par quatre chemins :

— Ah ! C'est vous ! Justement, j'étais à votre recherche – et sans autre préambule – Ouvrez bien vos oreilles, jeune homme, et écoutez-moi... Je vous donne trois jours pour déguerpir des lieux, vous et votre marchandise... M'avez-vous bien compris ? Trois jours, et pas un de plus !

— Que... Que... Comment ? avait sursauté Maalaw, comme interloqué.

— Je ne reviendrai pas vous le répéter – avait conclu le visiteur sans autre forme de procès, en le plantant là.

Le neveu de Samba Galgal était resté là, l'air complètement baba, une bonne dizaine de secondes avant de se rendre compte qu'il était l'objet de mire de toute la boutique. Et de se secouer. Il était ressorti en maugréant, pianotant furieusement sur son téléphone portable, avait arrêté un taxi, direction le centre-ville. Une vingtaine de minutes plus tard, il avait été reçu par son logeur, un vieil homme rabougri à l'air perpétuellement endormi, et qui lui fournit l'explication sans détour :

— J'allais justement vous faire appeler, mon fils, votre oncle étant injoignable. C'est pour vous informer que je viens de céder la maison. Elle appartient désormais à un autre. Il se nomme Diokel Dione. Vous le connaissez sûrement dans le milieu des affaires... Cette maison me coûtait trop en démarches et en arrangements avec tous ces locataires fantômes. J'ai préféré m'en séparer, n'ayant plus les ressources physiques pour courir derrière les mauvais payeurs. J'espère que vous vous entendrez bien avec le nouveau propriétaire. C'est un homme bon.

Plus tard, face à l'oncle, Maalaw, après son compte rendu, lui avait posé cette question désespérée :

— Mais dans tout ça, moi ? Où est ce que je vais recaser toutes ces tonnes de matériel ?

— Un vrai vautour ! Pratique... Négocier tout le bâtiment pour écraser le concurrent. C'est Koli Yang yang qui conclut.

— Et votre protégé en est resté tout nu, le novice, s'apitoie Coumba Fitna.

— Pratique... Et efficace... Notre borom sarett nous montre encore une fois qu'il n'a rien de l'air bête et ahuri qui l'accompagne partout, renchérit Koli. Et puis, poursuit-il le regard perçant, amusez-vous donc à aller voir d'ici quelque temps ce qu'il en est des autres locataires... Je suis sûr qu'ils ne seront guère inquiétés eux.

Un temps de silence, pendant lequel tous semblent méditer ces quelques paroles.C'est ensuite Goor Yomboul, jusqu'ici bizarrement muet qui se hérisse, après quelques raclements de gorge :

— Ecoute Koli ! Pratique ou pas… Efficace ou je ne sais quoi… Cet homme-là est devenu un danger pour nous. Et pour nous tous, je vous le répète. Et si on ne se secoue pas pour lui barrer la route, tôt ou tard, il finira par nous avoir… Tous ! Je ne cesse de vous le crier. Il n'y a plus à attendre. Il nous faut bouger…

— Vous me direz comment, ironise l'interpellé.

— Nous allons trouver. Notre grande erreur a été de sous-estimer ses menées depuis le départ… parce qu'il a l'air d'un naïf. Oui, l'air bête… Mais les apparences sont souvent trompeuses. Et à bien y penser, nous ne nous sommes jamais occupés de lui sérieusement, depuis ses premières agressions, négligeant ses faits et gestes, ses façons de procéder, jusqu'à ce qu'ils viennent nous crever les yeux.

Les trois hommes et la dame restent un moment silencieux, l'air pensif, l'atmosphère de l'arrière-boutique n'étant troublée par à-coups que par les voix qui leur parviennent de l'autre côté de la cloison. Un tout jeune garçon soulève soudain le rideau sans avertir, et vient rafler les verres de thé vides, s'éclipsant comme il était venu. On ne semble guère s'être rendu compte de cette intrusion.

Goor Yomboul semble le plus pensif de tous. Il a comme l'impression que ce silence subit qui vient de s'installer lui donne des fourmillements quelque part. Les coups d'œil en coin que les autres lui lancent par à-coups semblent fort le gêner. Comme s'il pressent que tout le trio est au parfum de ce qu'il n'a jamais voulu leur avouer. Ses gaffes, surtout la dernière… L'impression surtout qu'on lui en veut, parce que, ils le pensent sûrement, ce sont ces dernières qui seraient à l'origine de toutes ces tuiles qui leur sont tombées sur la tête depuis… et qui ne semblent pas vouloir s'arrêter.

Ou alors, sont-ils tous en train de remonter le temps ? De parcourir dans le détail ce qu'ils savent de toutes les étapes qui ont marqué l'ascension fulgurante de borom sarett, comme ils se plaisent à le nommer ?

*

* *

L'homme en question avait débarqué à Ndakaarou avec son attelage, un drôle de migrant, il y a près d'une vingtaine d'années. Et comme pour tout bon paysan venu tenter la chance en ville, ce sont les proches parents que l'on commence d'abord à chercher, histoire de trouver d'abord un pied-à-terre où déposer ses baluchons. L'homme avait eu un vrai coup de veine semble-t-il, car il est tombé dès le départ sur l'un des premiers de la liste des proches parents, gravée en caractères arabes sur son bout de carton. Il s'agissait d'un vieil oncle, Babou Sène, installé à Keur Massaar, à l'époque un presque village, sis en banlieue. Un vieil homme devenu veuf et sans ressources, depuis que deux de ses enfants partis chercher fortune à Gaanaar, la Mauritanie voisine, y avaient été emportés par la vague du pogrom de l'année 1989, mené contre les négro-africains de ce pays. Une vraie bouffée d'air aussi pour le vieil homme, que l'arrivée de ce neveu ! Le vieil homme était bien placé, autant que le neveu en avait eu le flair, pour savoir le filon que constitue le transport hippomobile en banlieue, dans ces faubourgs surpeuplés et encore non lotis, avec leurs rues sinueuses et sablonneuses où ne se risquent jamais les véhicules motorisés. Une vraie bouffée d'air donc pour un homme aux abois, lui et sa progéniture, bien jeune de surcroît. Un hôte comme il se doit, à qui on offre le gîte et le couvert en ces temps où tout le monde dans cette ville monstrueuse tire le diable par la queue, doit bien connaître les bonnes manières, et savoir rendre la monnaie. Point d'hérésie que de nourrir de tels espoirs, même concernant un membre de la grande famille sacrée.

Le cocher avait vécu à peine un an chez l'oncle, lorsqu'un beau matin, sa deuxième épouse, Dégueune débarqua à son tour à Keur Massaar avec sa valise en carton, ses ballots et tout un tas de produits du cru. L'oncle Babou ne fut pas réellement surpris de cette arrivée. En fait, son neveu, quelquefois dans leurs conversations, en avait vaguement évoqué l'éventualité. Bien que l'oncle eût une fille d'âge moyen, Founé Sène, qui arrivait à se débrouiller vaille que vaille dehors et à la cuisine, la présence d'une femme, d'une vraie, avec son expérience de mère, pouvait être fort bénéfique dans un foyer livré à lui-même. Ce fut en effet comme une métamorphose qui s'opéra en ces lieux, les semaines et mois qui suivirent. La concession avait commencé à changer de visage, l'ordinaire à s'améliorer, et le vieil oncle à retrouver comme un semblant de vie nouvelle. Il retrouvait comme un certain embonpoint, changeait souvent de mise et se permettait même de plus en plus quelques sorties, pour rendre visite à ceux-là de ses connaissances du quartier, qui tous les jours, passent s'enquérir de sa santé.

Ce fut un autre motif de bonheur pour le vieil homme, lorsqu'un après-midi, – c'était deux années après son débarquement – le neveu le rejoignit dans sa chambre pour lui parler. Une entrevue qui ne fut guère longue, faite de chuchotements et de raclements de gorge. Trois jours plus tard, quelques noix de cola et un sachet de bonbons que se partagea une demi-douzaine de vieux du quartier, après la prière de *Asr*, et dans la cour de la concession, scellèrent l'union de Diokel Dione et de Founé Sène. Founé comptait à peine ses dix-sept hivernages. Ce jour-là, Diokel gratifia la concession d'une vraie fête, en immolant un grand bélier. L'oncle Babou était aux nues, comme s'il avait toujours souhaité cette union.

Dégueune la seconde épouse n'avait trouvé aucun inconvénient dans cette union. Elle-même, n'avait-elle pas déjà bousculé Gnilaane la première, là-bas à Tound Bouki, pour lui prendre un peu de sa place ? Il est vrai que Gnilaane, de neuf ans son aînée, mais avec encore à l'époque deux marmots dans les jambes et un sur le dos, plutôt que de jouer à la boudeuse, avait plutôt laissé échapper un souffle de satisfaction. Les activités champêtres, ajoutées à celles du foyer, c'était un vrai enfer. Surtout avec un époux plus qu'exigeant, au lit. Pour Dégueune en tout cas, femme issue du milieu traditionnel paysan, une troisième épouse pour son homme, ce n'était rien que du naturel. Ce qui ne l'empêcha pas souvent, de lorgner du coin de l'œil du côté de la jeune mariée, avec qui elle partageait désormais le lit conjugal, à chaque fois qu'elle passait à proximité, avec ses seins fermes pointant sous ses corsages comme de gros citrons, et ses fesses rebondies tressautant à chaque pas. Une autre épouse, oui… Mais ces prétextes répétés de l'époux, de journées soi-disant harassantes, pour venir maintenant à ses côtés pendant son tour conjugal, juste pour passer la nuit à ronfler…

Les jours de malheur succédant à ceux de bonheur, le vieux Babou, l'oncle, décéda un an à peine après ce mariage, alors que sa fille Founé venait tout juste de mettre au monde son premier enfant. Tout le quartier avait compris que ce départ subit ne pouvait être dû qu'aux séquelles de la succession de drames vécus par le vieil homme depuis la disparition tragique de ses deux enfants en pays maure. En fait, l'arrivée dans la concession, du neveu venu de Tound n'avait été qu'une bouffée d'air fugace. À moins qu'elle fût elle aussi pour quelque chose, dans cette disparition subite de l'oncle. En effet, ce fut après son décès, alors que le rituel de la cérémonie funéraire venait à peine d'être consommé, que l'on apprit à la stupeur générale, que la concession ne lui appartenait plus.

*

* *

Goor Yomboul est dans le transport. Sa société « Goor Yomboul et Fils » contrôle une part considérable du trafic de voyageurs urbains. Tous les jours, ce sont des dizaines de ses cars dits « Transport en commun » qui font la navette entre la banlieue et le Centre-ville : une activité plus que fructueuse, d'autant plus que la population de la banlieue grossissait à vue d'œil, et que la régie des Transports aux mains de l'État se heurtait à des difficultés insurmontables.

— Depuis le temps que je vous lance mes mises en garde, reprend-il, profitant du silence qui semble s'éterniser.

Une complainte qui ne semble guère avoir tiré les autres de leur attitude de prostration. Il est vrai que Goor avait été le premier à remarquer, pour s'en inquiéter, l'intrusion du nouveau venu dans le milieu du transport. Parce que précisément, au départ, le domaine ciblé par ce dernier était le sien, celui du transport. Bien que le trafic hippomobile en milieu de banlieue fût à l'époque des plus lucratifs, - le parc hippomobile de Diokel Dione avait miraculeusement grossi pour atteindre la douzaine de charrettes -, l'homme lorgnait déjà du côté des transports motorisés. On ne sut sur la base de quels conseils, ou si ce fut par simple intuition, mais le fait était là. Ce furent d'abord les calibres moyens, les camionnettes. Cette dernière est aussi apte que la charrette pour affronter les rues sinueuses et sablonneuses de la banlieue, et elle a une plus grande capacité à servir dans des rayons bien plus étendus pour la distribution de marchandises, et en des temps record. On savait qu'avant les massacres de 1989, les futés commerçants mauritaniens avaient déjà reniflé ce filon et commencé à investir le créneau. La banlieue, ce n'est pas seulement Keur Massaar et ses environs, Yeumbeul, Malika, Diamagueune, ou Mbao, c'est aussi toute une kyrielle de villes dortoirs, et aussi d'installations sauvages ayant toutes les apparences de bidonvilles, avec partout des quartiers surpeuplés et leurs besoins en croissance exponentielle. Le même phénomène que pour le parc hippomobile n'avait pas fini de se répéter que l'homme passait de but en blanc au transport interurbain. Ce fut l'apparition de ses premiers camions d'occasion, qui commencèrent à encombrer sans crier gare, toutes les rues voisines de Keur Gouye Salaam, jusqu'à irriter tout le voisinage. Qu'à cela ne tienne ! Assailli de plus en plus par les récriminations, contre ces ferrailles encombrantes et bruyantes, ces charrettes et ces chevaux indisciplinés avec leurs crottes et leurs pisses qui rendent l'environnement quasi irrespirable, sans parler du tintamarre quotidien, il promettait sans cesse de les en débarrasser au plus tôt, mais sans plus y penser dès que les protestations retombaient.

L'appétit venant en mangeant, pourquoi ne pas tenter de voir ce qui faisait tant grouiller tous ces hommes d'affaires qui se bousculaient dans le transport urbain de voyageurs ? Qui pouvait donc l'empêcher d'essayer ? Les premiers cars de transports en commun « D.DIONE-TRANSPORTEUR » n'attirèrent pas tout de suite l'attention. Il est vrai que tout un tas de nouveaux venus, d'amateurs et de clandestins investissaient quotidiennement le secteur, avec plus ou moins de bonheur, la plupart se contentant de ce qu'ils parvenaient à empocher dans une activité qui rapportait gros, c'était certain. Ce fut un des chauffeurs de Goor Yomboul, qui un jour, en venant verser sa recette, lui avait mis la puce à l'oreille :

— On ne sait pas qui est ce D.DIONE... Mais ses cars commencent à inonder les routes et les gares routières de Pompiers, Pikine et Thiaroye, lui avait-il soufflé comme pour lui confier un secret.

C'était peut-être quelque peu exagéré, une révélation pour expliquer ses baisses de recettes journalières. Mais, le fait était là. Evidemment, on ne tarda pas à savoir qui était derrière, Goor Yomboul ayant fait mener une petite enquête.

— Un ancien cocher, un broussard. Rien qu'un cocher... avait craché à l'époque Coumba Fitna, avec beaucoup de mépris dans la voix. Un analphabète. *Thiame* ! Pouah...

— Vous savez, ma chère Coumba, cela n'a rien à voir avec l'école ou les études, avait repris le nommé Galgal. Et à bien y réfléchir, les cerveaux pratiques et entreprenants, ce n'est pas chez les intellectuels qu'on les rencontre... Croyez-moi, je suis bien placé pour le savoir.

On avait ainsi beaucoup spéculé à l'époque sur l'intrus, sans se douter que ce n'était là qu'un début dans les démêlés qui allaient les opposer. Coumba Fitna elle, la dame du quatuor ne fait pas dans le transport. Elle officie dans le mareyage. Mais elle semblait tout aussi intéressée que les trois hommes.

Dans le groupe réuni dans l'arrière-boutique, tous les quatre ont fait les bancs. Mais ils n'ont pas tous eu le même bonheur dans les études, loin de là. Samba Galgal a fait sa scolarité jusqu'au lycée, le lycée Blaise Diagne de Dakar précisément. Il y a obtenu son bac de haute lutte, mais n'a jamais eu l'intention d'aller plus loin, au grand désespoir de son paternel qui voulait en faire un ingénieur. Pour faire plaisir à ce dernier, il s'est inscrit à l'université de Dakar, mais pour un an seulement. Samba galgal n'avait pas envie de finir comme tous ces diplômés, des maitrisards surtout, qui ont usé le fond de leurs jeans pendant des années sur les bancs des amphithéâtres des facultés, avant de se retrouver comme boulangers, ou transporteurs... et d'échouer lamentablement dans ces domaines, pour se faire en plus poursuivre par les banques de la place. Il savait qu'il existe des raccourcis bien plus pratiques pour se faire rapidement des sous. Il a préféré patienter, réfléchir, observer et se débrouiller tout seul. Il est alors entré dans les affaires, le matériel d'occasion... et ne l'a point regretté.

Coumba Fitna est la moins cultivée du quatuor. Elle a fait l'enseignement primaire, qu'elle a quitté sans même le certificat d'études, bien qu'elle se fût présentée à l'examen trois fois de suite. Mais brave et tenace en tout, elle avait choisi de se lancer dans le commerce fort rentable du poisson.

— Nous avons alors intérêt à trouver rapidement, reprend Koli Yang Yang, en réponse à Goor Yomboul. Car Intelligent et rusé, notre homme l'est bien. En fait, la ruse ne va pas sans une bonne dose d'intelligence et une bonne cervelle, reconnaissons-le. Ce que nous en savons déjà est très édifiant. Cette boulimie, une telle voracité dans la recherche des sous, ce ne peut être un esprit faible.

— Il ne doit pas être seul… Il doit bénéficier d'appuis. C'est sûr ! Et d'appuis fort solides. C'est ça l'explication ! Ou alors tout ça n'est pas à lui…

— Vous croyez qu'il ne s'agit en réalité que d'un prête-nom ?

— Pourquoi pas en fait ? Toutes ces crapules de voleurs de l'État se camouflent tous aujourd'hui derrière des prête-noms…

— Hum… Hum… On le saura sûrement un jour. Mais en matière de protection, il est bien un talibé de marabout, et pas n'importe lequel, celui du Ndoukoumane.

C'est Coumba Fitna qui en avait fait la découverte.

— Ça, c'est maintenant une certitude. Sinon, pourquoi croyez-vous qu'il ait baptisé du nom de Keur Gouye Salaam la propriété qu'il a arrachée à son oncle bienfaiteur ?

Il n'y avait pas que cela. Ses boutiques et ses boulangeries aussi, toutes ses affaires en définitive ont été baptisées à ce jour « Borom Ndoukoumane » (c'est à dire le Maître du Ndoukoumane). Tous ensemble se mettent à méditer quelques moments encore, avant que Koli Yang Yang, – lui, est dans l'immobilier – laisse échapper comme pour lui-même, avec un nouveau coup d'œil en coin à leur comparse Goor Yomboul :

— Mais cet acharnement à nous… harceler, comme si nous le dérangions quelque part, comme s'il nous en voulait, pour on ne sait quelle raison.

En ce moment, le rideau se soulève de nouveau pour laisser passer le jeune garçon, un plateau en main, avec quatre verres de thé trônant dessus.

7

C'est peu après la prière de *Icha* que le maitre de céans débarque chez lui, alors que toute la concession a déjà fini de prier – un cérémonial quotidien à cette heure-ci de la journée – et que les adultes en sont à égrener leur chapelet chacun dans son coin. Alors que le claquement d'une deuxième portière leur parvient, Diokel Dione a déjà fait irruption dans la cour. Il a toujours cette physionomie géante et dégingandée que Tound Bouki lui a toujours connue. Une physionomie accentuée par le grand boubou en basin qui le couvre de la tête aux pieds, et qui flotte de tous côtés. Il sert sous le bras un volumineux paquet en papier journal, et qui ne semble pas peser. A peine le seuil de la cour franchi, ses grandes babouches traînant avec grand bruit sur le sol, toute la concession se met debout. Les adultes comme les enfants. On se précipite pour lui tendre la main. Il les accepte mécaniquement, à la va-vite comme un détail agaçant, les serrant une à une sans un regard pour leur propriétaire. Les femmes, les filles et les fillettes sont les dernières à se présenter. Elles font aujourd'hui une bonne douzaine qui se soumet au cérémonial avec tout le respect qui sied, c'est-à-dire avec force génuflexions. C'est sans s'arrêter qu'il lâche :

— Gnilaane est là ?

Le maitre de céans sait fort bien que la première épouse ne peut être ailleurs en ces heures ci. La voilà justement qui sort de sa chambre, et qui se dirige vers lui. L'homme ne lui donne guère le temps de marquer sa génuflexion, ni même d'ouvrir la bouche :

— Tiens ! Lui lance-t-il. J'ai eu grand mal à les trouver.

Gnilaane sait de quoi il s'agit. C'est elle-même qui lui a recommandé d'aller faire un tour du côté des étalages des rebouteux du marché de Thiaroye, pour combattre le rhume rebelle qui lui déchire la poitrine depuis plusieurs nuits. Puisque son homme ne veut entendre parler pour rien au monde, de la médication des pharmacies, pour quelque mal que ce soit. Là-bas, au marché de Thiaroye, les guérisseurs originaires de la Casamance y sont réputés. En fait, ce ne fut pas chez les rebouteux de Thiaroye qu'il est allé chercher son remède. Une heure plus tôt, il s'est arrêté devant les étalages des marchandes sérères du côté de Ndiaakhirat en revenant de Sangalkam. Il venait de passer dans ce bourg aujourd'hui encore, une journée sublime. De celles-là qui lui permettent de se revigorer, de se laver le cerveau, auprès d'une certaine Rougui Diallo, chaque fois que les tracasseries de Nda-kaarou lui envahissent le cerveau. À Ndiaakhirat, les marchandes lui avaient loué les vertus miraculeuses de toutes leurs poudres, racines et écorces étalées devant elles, avec des clins d'œil rieurs et complices sur celles qui sont les plus appropriées, pour vous transformer votre homme en vrai étalon.

— Tu m'en feras une infusion pour deux litres, enchaine-t-il, avec du clou de girofle et du basilic. Les guérisseurs sont formels. J'en boirai chaque soir avant le coucher.

— *In cha Allah* ! *Nidiaaye*.

La dessus, il fourre le tout dans les bras de sa première épouse, se dirige ensuite à grands pas vers le bâtiment en dur isolé des autres et d'aspect plus récent. Tandis qu'il se fouille les poches à la recherche de ses clés, son chauffeur du jour est venu le rejoindre devant la porte. Il tient en main une petite caisse en carton et un sachet en toile d'où émergent deux ou trois bouts de banane. Le chauffeur attend sagement qu'il termine de se fouiller. Il finit par exhiber un trousseau gigantesque qu'il élève au niveau de son visage pour en repérer la bonne clé. Tous les deux pénètrent dans le bâtiment, mais le chauffeur en ressort aussitôt, les mains vides, pour se diriger vers l'arrière-cour d'où s'élèvent des voix de femmes.

— Le patron demande si Tékhey est passé.

— Tékhey n'est pas encore rentré s'entend-il répondre.

Il rebrousse chemin pour aller rendre compte.

*
**

Lorsque le maître des lieux ressort un quart d'heure plus tard, débarrassé de son grand boubou et de ses babouches, il a l'air encore plus massif dans son pantalon bouffant d'intérieur, un *mbabal* de couleur noire qui lui arrive aux genoux, et dans un sous vêtement de même couleur qui dévoile un ventre exagérément rebondi. Une chaise pliante l'attend devant la porte. Il s'y laisse tomber lourdement, lâchant tout haut.

— *Alhamdoulilah* ! Dieu merci. Quelle journée !

C'est le moment attendu par Founé, la troisième épouse pour apparaitre et foncer vers son homme, une petite natte en main. Elle l'étale devant lui, accompagnant le geste d'une légère génuflexion avant de se redresser :

— Merci *Nidiaaye* ! Dieu agrée vos efforts, dit-elle.

Avant de repartir vers l'arrière-cour d'où elle revient avec une assiette sur laquelle trône une carafe aux couleurs vives, et un pot à eau. Elle dépose le tout devant son époux.

— *Bismilah* ! mon Oncle, avant que le couscous ne refroidisse. Dieu bénisse votre repas.

L'homme se redresse sans attendre, pour se mettre en position.

— *Bismilah* ! dit-il à son tour.

Founé s'est mise à genoux avant de s'asseoir carrément sur la natte, lui faisant face, l'attitude toute humble. C'est elle qui est de tour conjugal aujourd'hui. Entre les trois épouses, comme de tradition, celle qui est de tour est toujours la seule à manger avec le maitre de céans. Le couvercle dégagé révèle le contenu de l'assiette, en même temps qu'il laisse échapper une savoureuse odeur de sauce à la viande. Le maitre de céans a fini de marmonner sa prière. Founé plonge aussitôt la main dans le bol pour se saisir du premier morceau de viande qu'elle se met à débiter en menus morceaux, qu'elle dépose un à un devant son époux. Diokel Dione mange avec la main. Chaque poignée de couscous enveloppe son morceau de viande. Les premières bouchées se font dans un silence total. L'homme semble fort bien apprécier. C'est seulement après une demi-douzaine de poignées qu'il réclamera son pot d'eau pour pousser le tout, avant de se pencher un peu plus pour parler à l'épouse du jour, d'une langue chargée :

— Je ne vois pas Thioro. Elle dort déjà ?

— Oui *Nidiaaye*. À force de guetter votre retour elle a fini par somnoler. En ce moment, elle ne sait plus s'il fait jour ou nuit.

Et l'homme, la bouche pleine :

— Je lui ai apporté des bonbons – Et enfin, l'air ailleurs –, j'espère que vous veillez bien sur elle maintenant… Celle que j'ai vue assise à l'angle de la rue ressemble bien à cette vieille folle…

Toute à sa besogne, Founé Sène se contente de lâcher indifféremment :

— Thioro n'a pas franchi une seule fois le seuil de la maison
aujourd'hui, *Ndiaaye*.

Dans l'arrière-cour de la concession, autour de deux bols immenses, toute la famille s'est agglutinée, les femmes, les jeunes filles et les
enfants d'un côté, les hommes de l'autre. Là aussi, les hostilités ont
démarré, les premières bouchées englouties à la va-vite et dans le silence. Autour du bol des adultes, il y a aujourd'hui deux des cochers
en plus du chauffeur. Ils ne sont pas les moins affamés. Eux aussi s'y
mettent sans complexe aucun. L'arrière-cour termine toujours son
repas avant que le maitre de céans finisse de se restaurer. Mais, tout
son monde doit attendre gentiment qu'il en ait terminé pour se rapprocher, et venir défiler devant lui afin de le remercier de leur avoir
assuré le repas du jour, avant de rendre grâce à Dieu.

C'est seulement après ce repas lourd, ponctué de « *Alhamdoulilah* ! » interminables, et de rots sonores, que, rassasié et repu, le patron
revient enfin aux affaires. Car pour lui, la journée n'est pas encore
achevée. Au contraire, le cérémonial qui va suivre en est l'un des plus
importants. C'est d'abord aux cochers qu'il revient de défiler devant
le patron. Aujourd'hui, ce dernier les ayant trouvés sur place, c'est à
lui qu'ils versent directement les recettes de la journée. Un à un, l'air
humble et respectueux, ils observent les grandes mains de l'homme
alors qu'elles comptent et recomptent les billets et les pièces. Son jeu
n'est interrompu que par de longs rots et gargouillis que laisse échapper le gros ventre rebondi sous le sous-vêtement, et par les sonneries
tonitruantes du téléphone portable posé sur le banc à ses côtés. À
chaque fois que la sonnerie retentit, l'homme arrête de compter pour
se saisir de l'appareil. Il ne dit pas « Allo ! », il crie « Allah ! » d'une
voix grasse et suffisante. La communication terminée, il continue son
opération de comptage, sans jamais le reprendre à son début. Tous les
employés savent depuis longtemps que leur patron possède une mémoire d'éléphant en la matière, qu'il n'a pas besoin de recommencer
après une ou plusieurs interruptions, et qu'il ne lui arrive jamais de se
tromper, ni d'oublier la moindre piécette de monnaie.

Après les cochers, ce sera le tour des gérants des boulangeries, puis
de ceux des boutiques et magasins, enfin de ceux de ses chauffeurs de
cars urbains… En attendant ceux de l'interurbain, moins réguliers que

ceux là… Le patron fera ensuite les comptes. Il regroupera les billets par catégories, rassemblera les liasses, sortira de la poche profonde de son *mbabal* un petit carnet rabougri, pour tirer de sa reliure métallique spiralée un petit crayon à moitié entamé, et ensuite se pencher sur la page ouverte. C'est enfin avec une application soutenue qu'il alignera ses notes, ligne par ligne. Lui seul sait ce qu'il y mentionne. Avant de se lever et de réintégrer le bâtiment.

En ces moments-là, tout son petit monde sait qu'il faudra attendre qu'il en ait fini avec ce rituel. Il le leur a signifié depuis longtemps déjà. Il ressortira plus tard pour reprendre place sur sa chaise pliante, et réclamer ensuite son éventail à l'épouse du jour, sagement assise à ses côtés pour lui préparer son thé du soir. Repu et satisfait, sous son air nonchalant et endormi, il réfléchit. Ce sont bien des choses qui alors bouillonnent dans sa tête.

*
* *

Aujourd'hui, c'est le cas de Tékhey qui le préoccupe. L'homme est encore en train de ruminer sur le cas de son fils aîné, Tékhey Dione. Celui-là qui sera le seul de ses vingt-sept bouts de bois à échapper à l'éducation qu'il a tenue à leur inculquer à tous. Celui-là que ce frère aîné de Gnilaane, ce soi-disant ancien combattant, est venu lui arracher alors que le garçon ne comptait que ses cinq hivernages, sous prétexte qu'il en était le parrain. Il ne regrettera jamais assez d'avoir cédé aux prétentions de ce monsieur à l'air toubab, avec ses ensembles à l'occidentale et son éternel chapeau, comme s'il voulait ressembler au président Sédar. Sédar le toubab, à l'époque où ce dernier courait la brousse pour parler à ceux qu'il appelait ses parents paysans. Il ne se souvenait pas très bien, car étant très jeune à l'époque, mais toutes les cases de la brousse ont encore leurs photos du petit sérère, en noir et blanc et sous verre, accrochées quelque part. Cet homme admiré de tous, et à qui ce ravisseur ne ressemblera jamais.

Oui un ravisseur, un voleur d'enfant. C'était à l'époque où Sédar venait de prendre sa retraite pour repartir chez lui à Tougal, en France.Tout le village de Tound connaît cette histoire qu'il a vécue comme dans un cauchemar. Il ne regrettera jamais assez d'avoir cédé dès le départ à Gnilaane, sœur du futur parrain, elle qui avait tant insisté pour qu'il donne le nom de son frère à leur premier enfant, si Dieu par sa grâce leur offrait un garçon. Gnilaane qui lui répétait à chaque occasion, qu'elle devait tout à ce frère que lui ne connaissait guère à l'époque. Elle ne parlait que de lui, comme si elle n'en avait pas d'autres dans la vie. Et avec tant de ferveur et d'admiration ! Peut-être parce que l'homme connaissait tout un tas de choses à travers ses pérégrinations, et qu'il était un héros, lui qui était allé faire la guerre aux côtés des toubabs contre les fellagas là-bas, en Algérie… Il ne savait pas trop. Mais à chaque fois que l'homme débarquait à Tound Bouki, pour leur rendre visite, passer la journée, et en profiter « pour respirer un peu de l'air de la campagne » comme il se plaisait à toujours le clamer, il ne pouvait s'empêcher de remarquer avec quelle attention son épouse s'occupait de lui. Elle commençait toujours par le convaincre à améliorer l'ordinaire, l'acculant dans ses derniers retranchements, pour le pousser à égorger ne serait-ce qu'un chevreau du troupeau familial. Lui, se battait toujours farouchement tel un peul du Ferlo, pour la convaincre finalement qu'un ou deux poulets, c'était bien suffisant, au lieu de gaspiller de ces biens sur quatre pattes, en ces temps durs où les années de sécheresse sévissaient de façon impitoyable. Il reconnaissait quand même que son frère était un monsieur fort civilisé, qui s'émerveillait de tout, de la vie en campagne, des produits du terroir que sa sœur lui présentait – produits de cueillette surtout – du riz, quelquefois du couscous au poulet. Il appréciait toujours, ignorant ou faisant semblant d'ignorer toutes les peines du monde que sa sœur déployait à chaque fois pour rendre son séjour agréable. Et c'est pendant qu'ils savouraient le thé, le jus d'oseille ou de pain de singe, que le futur parrain se lançait dans la narration de ses voyages et de ses faits d'armes. Et lui, comme Gnilaane accrochée à ses lèvres, se devait d'apprécier avec force exclamations, et des questions à n'en plus finir, souvent pour la forme. Hospitalité oblige !

Et le Bon Dieu lui avait donné un garçon. Et il avait cédé à Gnilaane. Il est vrai qu'il n'avait réellement pas grand-chose à reprocher à cette dernière. Une épouse modèle, soumise et respectueuse, qui ne sortait jamais le moindre mot quand il arrivait qu'il lui crie dessus, qui lui préparait sans faute ses bains de pieds quand il revenait des champs, qui savait si bien s'y prendre pour lui extirper les épines, lui nettoyer ses gerçures avec les écorces du baobab, et qui réussissait, comme une véritable guérisseuse, ses infusions de plantes aptes à vous requinquer, pour vous transformer en vrai homme.

Et ce qui devait arriver arriva. Il est vrai qu'il ne s'y attendait guère. La sollicitation l'avait pris de court, tel le coup de corne en traitre du bélier. Le parrain voulait qu'il lui confie son filleul. Et il y tenait – affirmait-il – c'était le plus beau cadeau que son parent de beau-frère pouvait lui faire, répétait-il sans arrêt. Comment s'opposer à sa demande, surtout avec une épouse déjà ravie, alors que lui, avait la tête qui tournait sous l'effet de surprise ? Il est vrai que l'oncle n'avait pas eu la chance jusqu'ici d'avoir de la progéniture… Il est vrai qu'il n'avait pas lâché le moindre mot sur l'éducation qu'il lui destinait, en bon psychologue, qui connaissait fort bien la mentalité des gens de brousse qu'ils sont. Oui… mais… Toujours est-il qu'il avait cédé. Et l'oncle de Tékhey était reparti avec son protégé, de cinq hivernages seulement, qui lui, se croyait déjà au paradis sur le siège avant de la vieille « Deux chevaux » que tous les petits de Tound accueillaient toujours avec des cris de joie, à chaque visite de l'homme.

Diokel Dione se souvient encore de ces moments pathétiques, comme si les faits s'étaient déroulés hier seulement. Le petit Tékhey, son fils, son premier enfant, dans son cafetan qui ne lui arrivait qu'aux genoux, et avec ses pieds nus, n'avait même pas tourné la tête une dernière fois pour leur faire signe, pour un au revoir, alors que le véhicule, suivi de tout ce que Tound comptait comme bambins, em-pruntait le sentier qui dévale vers la Grande route.

Il avait regagné la concession le cœur gros, pour aller s'engouffrer dans les latrines. Ce n'était ni pour y *verser de l'eau* (c'est à dire uriner), ni pour y prendre un bain. C'était pour y pleurer à chaudes larmes, un homme ne devant jamais faire voir ses larmes. En pensant qu'il n'arriverait jamais à se consoler avec le rejeton que Gnilaane lui avait donné deux ans après la naissance de Tékhey, une fille. Oui, une fille. Et, avec l'espoir que ce qu'il lui semblait voir pousser sous son petit boubou serait un autre garçon. *In cha Allah* !

Il était ressorti bien après, les yeux tout rougis, avec dans la tête l'impression que tout ce qui venait de se passer avait été monté à son insu. Mais Dieu est grand ! avait-il conclu, dans un grand souffle de résignation.

*

**

Les années s'étaient écoulées, apportant leurs moments de bonheur et d'espoir, et aussi leurs cortèges de catastrophes et de déceptions. Jusqu'à la fameuse affaire de cet accident sur la Route du Diable, et jusqu'au jour où, deux ans plus tard, il eut rejoint Keur Massaar dans la banlieue de Ndakaarou, il n'avait jamais cessé de pleurer ce départ. Surtout cette matinée où il lui avait été donné d'assister à cette scène cruelle à l'aéroport international de Dakar-Yoff... Oui... Dieu est grand ! À lui, rien d'impossible !

Tékhey était revenu plus de vingt ans après. Plus de vingt longues années pendant lesquelles il avait traîné derrière son oncle, un peu partout dans le pays. Au départ du moins. L'oncle n'était plus revenu à Tound, mais il leur écrivait quelquefois, faisant parvenir de ses nouvelles par l'intermédiaire de gens de passage. Diokel avait appris ainsi qu'il avait fait inscrire son fils à l'école des toubabs. En fait, il n'en fut que peu surpris... Si c'est Allah qui l'avait voulu ainsi... Il répondait chaque fois aux lettres du parrain, utilisant pour ce faire, les services des maîtres d'école de Keur Birima. Il en profitait alors pour insister sans relâche sur la part d'éducation à la religion de Mohamed qu'il ne fallait jamais oublier d'associer à l'école des toubabs. Il y insistait tel un obsédé, comme si une telle omission dans ses recommandations serait le pire des péchés. Peut-être avait-il encore à l'esprit le comportement de l'oncle, lors de ses visites au village ? Il se souvient aujourd'hui encore que c'était toujours lui-même qui prenait les devants, quand l'heure de la prière approchait. Et tout le temps qu'ils se sont connus, pas une fois il n'a accepté de la diriger lors de ses visites...

Mais le jour où une de ses lettres est venue l'informer qu'il allait envoyer Tékhey poursuivre ses études là bas au pays des toubabs, il avait cru que son cœur allait cesser de battre. Et le fait d'ajouter qu'il serait en de bonnes mains, celles de son frère installé là bas depuis plus de trente années n'y fit rien. Chaque fois que sa pensée y revenait, c'est tout son corps qui se couvrait de sueur. Il ne sut jamais si c'est à Gnilaane la première épouse – elle avait versé sans commenter quelques larmes à cette occasion, – ou à son frère d'ancien combattant qu'il devait en vouloir. Mais il avait pris sa décision, il l'avait juré, aucun, aucun de ses autres bouts de bois n'irait à l'école des toubabs.

Le frère de Gnilaane mourut peu après le départ de Tékhey pour l'Europe. Bien que sa disparition ait eu lieu au pays même, ce fut son fils qui le lui apprit à partir de l'Étranger. Drôle de situation ! Gnilaane et lui-même n'en auraient rien su, si la lettre de Tékhey ne leur était pas parvenue. Gnilaane en fut inconsolable. Elle pleura pendant des jours la mort du frère, sans savoir ce qu'en ressentait son époux. Celui-là se contentait seulement de lui lancer de temps en temps :

— Il faut croire en Dieu, Femme… La mort est notre compagne de tous les jours. Personne n'y échappera… Ou encore :

— Sèche plutôt tes larmes, Femme… Fais tes prières et prie plutôt pour lui, que l'Au-delà soit meilleure pour lui, que sa vie sur terre.

Comme s'il cherchait à apaiser en lui-même un certain ressentiment.

$$* \\ * \; *$$

Il n'avait guère reconnu le Tékhey qui lui était revenu un an plus tôt, ni dans sa physionomie, ni dans son parler et ses comportements. Tékhey avait débarqué à Keur Massaar juste une semaine après avoir annoncé son retour par une courte lettre remise à un *france-naabé* – un de ces nombreux migrants qui semblent n'avoir d'autre occupation que la navette entre le pays natal et celui des toubabs –. Il n'avait pas choisi d'appeler… C'était bizarre… bien bizarre… Le jour du retour, le père avait envoyé un de ses chauffeurs pour aller le chercher à l'aéroport de Ndakaarou, avec pour tout signalement… son seul nom… On avait cherché auparavant en vain une photo de lui.

— Demandez à Gnilaane si elle a encore quelque photo de lui… Dans tous les cas, vous n'avez qu'à vous tenir à la sortie de l'Aéroport, et demander Tékhey Dione… lui avait-il dit… enfin… renseignez vous…

— Heu… Oui Patron…

— Vous… vous ne pouvez pas vous tromper… avait finalement décidé le maitre de céans.

Ce n'était pas si compliqué que ça ! Gnilaane, toute prise de fièvre, n'avait pu sur le moment mettre la main sur le moindre cliché, après avoir déversé tout le contenu de ses paniers et des tiroirs de son armoire.

Le chauffeur pas bête, avait eu quand même la bonne idée d'appeler l'Aéroport pour s'informer de l'heure d'arrivée du vol d'Air Sénégal International en partance de Paris l'après midi. L'information lui fut communiquée : 20 heures 30. Il s'y était rendu alors dès 20 heures, mais avait dû attendre plus d'une demi-heure après l'heure prévue pour entendre annoncer que l'Airbus d'Air Sénégal en provenance de Paris allait atterrir. Inutile de dire qu'il revint bredouille. Avec l'atmosphère de foire qui accompagne la sortie des voyageurs à Dakar-Yoff, les bousculades des parents venus accueillir les leurs, celles des porteurs tirant leur diable, des échangeurs de billets de banque, des marchands de toutes sortes, et des chauffeurs de taxi, il s'est rendu compte qu'il aurait été ridicule de chercher, voire de se mettre à héler le nom de Tékhey Dione dans cette cohue indescriptible. Il avait cependant patienté par acquit de conscience, histoire de pouvoir localiser un quelconque jeune homme à l'air perdu. En vain ! C'est ainsi qu'il avait repris le volant pour Keur Massaar. Le père avait dû confondre, se tromper, c'était sûr... Mais quelle fut sa surprise, lorsque revenu à Keur Massaar peu après 22 heures,– ayant été noyé dans les embouteillages monstres de la soirée –, il avait trouvé Keur Gouye Salaam en fête : Dans la chambre de Gnilaane, toute la concession entourait à l'étouffer, un jeune gaillard chevelu en diable, habillé d'un costume trois pièces, assis sur le lit maternel. Lui, était en train de dévisager tout ce beau monde, l'air de se dire qu'il ne s'attendait vraiment pas à être reçu par autant de frères et de sœurs... un presque village... Il ne manquait à la fête que le maitre de céans.

*

* *

Les rapports entre le père et le fils n'avaient guère tardé à se définir. Sous son air endormi, Diokel n'avait d'yeux que pour le nouveau venu. Si le père s'était attendu à le trouver différent de ses frères qu'il trouvait sur place, le doute et la déception s'étaient bientôt installés en lui, car Tékhey était revenu au pays avec des comportements de vrai toubab. Il faut dire qu'on ne pouvait s'en étonner après toutes ces années d'absence de Tound d'abord, du pays natal ensuite, puisqu'il les avait quittés alors qu'il ne comptait que ses cinq ans. Au total vingt et un ans dont une dizaine à l'Étranger. C'en était assez pour marquer un esprit, si jeune de surcroît… Mais…

Le premier coup qu'il reçut du fils fut de l'entendre réclamer du pain devant son bol de riz, à Gnilaane sa mère. Il venait de se réveiller – vers 15 heures ! –, sortait de la douche presque nu, avec sa tête toujours toute chevelue et hirsute, avait enfilé une espèce de pantalon qui lui arrivait juste aux genoux, puis était allé attendre à l'ombre, vautré sur sa chaise. Le bol de riz au poisson l'y avait rejoint aussitôt, déposé devant lui par une de ses sœurs. La concession avait déjà mangé depuis longtemps, – sans qu'on éprouvât le besoin d'aller le réveiller pour le repas en famille. Ce que l'on n'aurait admis pour aucun autre à Keur Gouye Salaam. Mais il était encore un hôte dans la maison – un mois de présence seulement – Gnilaane lui avait ainsi gardé son plat à part. Le père qui venait d'arriver n'avait rien dit, rien ajouté aux commentaires de la mère mal à l'aise visiblement, sur les habitudes prises à l'étranger par le fils, sur le temps qu'il lui faut pour s'adapter à celles d'ici, et sur d'autres détails auxquels il ne prêta qu'une oreille distraite. Mais c'était déjà çà… Non content de se réveiller deux heures après le repas en famille, voilà que Tékhey, après avoir ouvert le bol et inspecté son contenu d'un air renfrogné, – il en avait bien l'impression –, avait ensuite relevé la tête, cuillère en l'air, avec ces mots incongrus :

— Y a pas de pain, Mère ?

Le père en avait eu le souffle littéralement coupé. Réclamer du pain devant un bol de riz ! Du pain ! Pour le manger avec du riz ! Il s'était légèrement redressé sur sa chaise pliante, les paupières toujours closes, avait tendu l'oreille.

— Ah… Toujours Ndiboor ! Elle a dû encore oublier, avait commenté la mère avant de héler celle-ci.

On avait couru ensuite, pour aller lui en chercher au kiosque du coin de la rue. Le père bouillonnait intérieurement. Du pain au déjeuner ! Du pain pour accompagner le riz ! Ce n'était pas admissible, même pour lui qui fabrique le pain à longueur de journée. Et il aura fallu que ses affaires le fixent à la maison cet après midi là, pour qu'il découvre qu'il s'en passait bien des choses chez lui… Du moins depuis l'arrivée de son fils aîné. Déjà, il l'avait bien remarqué, le fils, à sa sortie de la douche, n'avait pas eu d'autre souci que d'aller s'installer tranquillement à l'ombre pour réclamer à manger, alors que lui s'attendait plutôt à l'entendre réclamer la peau de mouton pour sa prière de *tisbaar*, après qu'il est venu lui serrer la main dans la tenue que l'on sait. Non… Il n'avait pas accompli sa prière du milieu du jour… celle-ci comme celle de *fadjr à* coup sûr. S'imagine-t-on quelqu'un qui n'arrive pas à se soumettre à cette obligation en plein jour, se lever à l'aube pour le rituel des ablutions, afin de se tourner vers la Qibla ? Difficile à accepter. Mais ça commençait bien.

Et puis, – continuait de ruminer toujours le père – cette habitude chez ce disciple des toubabs, à se plaindre de tout et de rien, à tout bout de champs… Au point de perturber le cerveau tout vierge de ses sœurs, comme si le maître des lieux, c'était lui : les mouches sur le plateau à thé… les tout petits qui rampent tout nus dans la cour sur les fientes de la volaille et la bouse des chevaux… les bols et les plats qu'hommes et bêtes utilisent à tour de rôle, l'eau de vaisselle et de lessive déversée partout… ces toilettes surtout, avec ces mouches et ces odeurs… comme il dit.

*
* *

Ce n'est que tard dans la soirée, aux environs de 23 heures que Tékhey Dione rejoint Keur Gouye Salaam, alors que le père rassasié de couscous, somnole déjà, après le dernier verre de thé de Founé, bourré de menthe. De temps à autre, un toussotement suivi de raclement de gorge le fait quelque peu bouger. Les enfants repus digèrent eux aussi leur couscous du soir, ayant réintégré leur baraque depuis longtemps. Seuls les adultes sont encore là à disserter sur les échauffourées de ce jour en ville et les combats de lutte passés et à venir. Founé a profité de l'arrivée de Tékhey pour s'éclipser à petits pas silencieux vers sa chambre, se faisant rattraper cependant par la voix rugueuse du maitre de céans :

— Vois avec Gnilaane si mon infusion est prête… Puis, à Tékhey au moment où celui-ci tend le bras pour tirer une chaise – Ah ! c'est toi ?

— *Salam Aleykoum* Père.

Lorsque le fils aîné ouvre son agenda pour commencer à en feuilleter les pages, le père a retrouvé son attitude endormie. Il a la respiration bruyante, comme si sa toux n'attendait que ce moment. Il a les yeux mi-clos, mais il ne somnole guère. Il reste plus qu'attentif au compte-rendu qu'il s'apprête à entendre.

88

8

Diokel Dione n'avait pas oublié Gouye Salaam du Ndoukoumane. Comment l'aurait-il pu ? Depuis le premier jour où il avait été sorti des griffes des hommes en bleu, l'homme n'est pas resté un seul jour sans avoir une pensée pour le Sage. Cet homme qui, sans bouger, lui avait-on dit, accomplit des prodiges. Cet homme qu'il n'avait jamais vu, jusqu'au moment où il avait gagné la capitale Ndakaarou. Pas un jour où il n'a cherché à se représenter le personnage, à lui donner un visage et des traits, à prier Dieu qu'Il lui donne longue vie afin de lui donner l'occasion, la chance de le rencontrer. Il n'avait pas oublié les paroles du chef Ngotti, cette nuit là où tout le village réuni avec les alliés de tout le patelin, avait procédé à la récitation du Saint Coran jusque tard dans la nuit, pour rendre grâce au Seigneur, et après lui au Sage du Ndoukoumane de l'avoir délivré de ce malheur, et d'avoir préservé Tound Bouki de l'opprobre. Il se souvient encore des mots, toujours du chef Ngotti, le jour de son départ du village pour Ndakaarou. Accroupi sur la natte au milieu de tous les Anciens, il avait tendu les mains, paumes ouvertes avec ferveur vers le ciel pour recueillir prières et bénédictions.

— N'oubliez jamais ce que vous devez, ce que nous devons tous au Sage du Ndoukoumane ! Ne l'oubliez pas dans vos prières, ne l'oubliez pas dans vos bienfaits si Dieu, dans sa Miséricorde, vous gratifie un jour de ses bienfaits !

Deux années après son arrivée chez l'oncle Babou, Diokel Dione n'aurait osé penser qu'il devait se plaindre de la vie. Ses affaires prospéraient à merveille. Dégueune, la deuxième épouse venait de rejoindre Ndakaarou. Gnilaane la première attendait encore au village, et Founé la fille de l'oncle allait bientôt agrandir le cercle de famille. Le parc hippomobile avait grossi à une vitesse déroutante. Il venait d'atteindre ses huit unités au bout de deux années seulement et son petit personnel de cochers, indépendamment de ce qui leur restait au fond de la poche, – il le savait bien –, lui versaient quotidiennement des recettes fort substantielles. Une progression qui en surprit plus d'un parmi les propriétaires de charrettes qui le côtoyaient. On avait commencé à murmurer. Et aussi à jalouser :

— Il doit avoir un bon marabout… sinon, une telle percée… en si peu de temps…

— Il vient du pays sérère, ne l'oublions pas… Là bas, même musulman, on reste païen dans l'âme… Et chez les animistes, en matière de forces occultes, vous savez…

— Hum… C'est que c'est vrai… Ils n'abandonnent jamais leurs *khaambs,* là bas…

— Mais cette baraka, Bon Dieu !

Ce que l'on ne savait pas encore, c'est que cela bouillonnait sans arrêt dans la tête du maître cocher. Dans sa tête, des idées, beaucoup d'idées, des projets, beaucoup de projets qui fourmillaient… Mais il n'avait pas oublié une certaine obligation à respecter, et pour rien au monde, il ne devait trahir sa parole.

*
* *

Lorsqu'un jour d'octobre, il débarqua à Tound au milieu de la matinée à bord d'un taxi-brousse, ce fut une grande surprise mêlée de joie. Le village vivait la fin de l'hivernage. Les hommes et les femmes valides étaient aux champs pour les derniers travaux champêtres faits de récoltes et d'entretien des cultures aptes seulement en queue d'hivernage. Autant dire qu'il ne restait au village que les vieux et les tout-petits. Mais ce fut chez les premiers de vrais cris de joie, lorsqu'on reconnut l'homme qui s'extirpait du siège-avant avec des précautions fort gauches, le regard circulaire parcourant les lieux.

— Diokel ! C'est Diokel !

Le nom avait fusé de partout, sorti de dizaines de poitrines. Comme par miracle, toutes les activités avaient cessé. On avait tout laissé là, pour courir, les vieilles femmes vers l'homme, les enfants vers le taxi-brousse. Les hommes eux, s'étaient levés pour attendre, tous tournés vers les nouveaux arrivants. Il ne sied pas aux hommes de leur âge de s'amuser à courir, même pour aller à l'accueil d'un miraculé, mais ils avaient tous l'air fort heureux et le visage rayonnant. Le chef Ngotti était sorti de sa concession attiré par les clameurs. Lui non plus ne put retenir le cri de surprise qui lui jaillit de la poitrine.

— Diokel !... Diokel !

Diokel s'était avancé, titubant quelque peu, comme si ses membres refusaient d'obéir après ces trois heures de route, recroquevillé sans bouger sur un siège-avant trop étroit pour son gabarit. Il était habillé d'un ensemble trois pièces, un grand boubou bleu indigo, sur un petit boubou et un *thiaaya*, le tout flambant neuf. Des babouches d'un jaune luisant acceptaient difficilement l'intrusion de ses grands pieds.

— Diokel !...

Le chef Ngotti ne put se retenir lui, de faire les quelques pas qui le séparaient de lui. C'est devant sa concession que le véhicule était venu se garer. Les deux hommes étaient tombés ensuite dans les bras l'un de l'autre. L'Ancien du village avait un visage tout ému. Des mots confus faisaient trembloter ses lèvres, comme s'il ne pouvait les retenir.

— Diokel... Tu es là... C'est bien toi ?... Tu es revenu... Tu es seul... Tu es seul ? Où sont ?... Où est... ?...

Tous les autres avaient suivi alors, les hommes comme les femmes... L'accolade avec le chef Ngotti à peine terminée, ce fut autour des autres Anciens, sans exception, pour les hommes du moins. Des embrassades ponctuées de salutations et de mille questions qui n'attendaient pas leurs réponses, et qui sortaient de toutes les lèvres, comme si personne ne voulait être en reste. Des salutations sans fin, comme on sait si bien s'y soumettre en ce monde de paysans. Les deux années d'absence n'avaient fait oublier à Diokel aucun de ces visages qui l'entouraient. Et pas une fois, il n'avait hésité sur les patronymes. Ni sur les Ngom et les Sène, ni sur les Niaane, les Diouf et les Faye... Il les reconnaissait toutes, ces âmes de chez lui, et il le montrait, il tenait à le montrer par ses interrogations à lui aussi.

— Et Farma ? Mahécoor ? Et ma Ndèye Touty ? Elle grandit bien ma future ?

Cela n'empêchait pas le groupe de progresser vers la grande hutte du village, toujours dans la cohue et les murmures. On était allé quérir une chaise. Mais le nouveau venu avait préféré prendre place sur la grande natte étalée sous la hutte. Les échanges se poursuivaient, interminables.

— Et la vie là-bas ?

— Oui... Ndakaarou... Ndakaarou Ndiaaye ...

— Nous avons appris pour l'oncle Babou... Allah ! Que de coups du sort pour un homme si courageux.

— Hélas... Avec la mort tragique de ses deux enfants, et que déjà son épouse n'a pu supporter...

— Le temps n'est pas arrivé malheureusement à tout effacer... Mais avec vous, les enfants qu'il laisse ne seront pas seuls... Grâce à Dieu...

— Grace à Dieu... *Alhamdoulilah* !

— La saison a été bonne ? rétorquait-il.

— Votre attelage... Vous avez toujours votre attelage ?

— Han ? À Ndakaarou même ?

— Dégueune ?... Les enfants ?

C'est une vieille femme qui informa :

— Gnilaane est aux champs... avec les petits...

C'est seulement à ce moment là que l'on se confondit en excuses.

— Mais... C'est que c'est vrai... Gnilaane ! Où avions-nous donc la tête ?

— Elle y est, elle et tous les enfants... On est vendredi, vous savez... Même Birame le petit dernier... Ah... un vrai portrait de son père... un vrai lionceau à la tâche.

Le vendredi est jour de pause pour l'école coranique. Une opportunité que les plus grands des enfants saisissent toujours pour aller prêter main forte aux adultes, et aussi pour aller courir la brousse avec leurs lance-pierres... Ce qui leur permet de rentrer avec les grands, les bras chargés de produits de cueillette, de pigeons sauvages et de mange-mil, et même quelquefois de lièvres.

Diokel Dione savait fort bien qu'on était vendredi. C'est bien le jour qu'il avait choisi pour aller faire connaissance avec le Sage du Ndoukoumane, ce saint homme qui l'avait tiré des griffes des hommes en bleu honnis... ce saint homme qu'il n'avait encore jamais vu...

*
* *

Pendant cette courte étape à son village natal, on parla de tout et de rien. On parla de Ndakaarou Ndiaaye la grande inconnue, des routes dangereuses pour y aller, telle cette Route de la Mort, des échos qui parvenaient jusqu'à Tound sur les difficultés de la vie là bas, de la vie champêtre et de ses éternels problèmes, de l'eau courante et de l'électricité qui se faisaient tant désirer dans le patelin, des bras valides toujours de plus en plus attirés par l'aventure… On évoqua aussi les études des enfants et leur avenir dans ces écoles de toubabs, les mariages, les naissances et les décès… Mais les imaginations se limitèrent à vagabonder seulement, n'osant évoquer semble-t-il les graves évènements qui, quatre ans plus tôt, s'étaient déroulés ici. Des évènements qui avaient mis en émoi tout le patelin, et qui avaient fait se hérisser le caractère paisible des gens d'ici, et éprouvé leur sens de la solidarité, face au déshonneur qui guettait… Ce fut seulement lorsqu'il manifesta le désir de s'entretenir en tête à tête avec le chef Ngotti que les deux hommes purent y revenir, comme s'il n'était pas bienséant d'en parler en présence des autres.

L'hôte du jour et le chef de village avaient donc laissé là tous les autres pour gagner la concession et s'installer dans la chambre même du chef… Ce dernier, tout en l'invitant à prendre place, criait à tue tête :

— De l'eau !... Mais de l'eau j'ai dit ! Où sont donc les femmes ? Han ?

Ils avaient ensuite longuement échangé à voix basse. Pendant tout le conciliabule, le regard de Diokel est resté constamment rivé au sol, tandis que des doigts, il ne cessait de caresser les rainures et dessins de la natte.

— Il nous faut oublier cette parenthèse de la vie de Tound, après avoir rendu grâce à Dieu une fois de plus, de nous avoir permis de subir une telle épreuve, et surtout d'avoir vaincu *Cheytaane*, – avait conclu le Chef – Dieu soit loué. La vérité, elle seule, est éternelle !

Diokel, le regard toujours rivé au sol, était resté un long moment silencieux, comme s'il revivait des scènes connues de lui seul. Il avait dit ensuite :

— Oui mon oncle… Il nous faut oublier… Mais ce ne sera pas une chose facile… Car ces évènements nous ont profondément blessés dans notre chair comme dans notre âme à nous tous, mais surtout à moi… Mais Dieu soit loué… Car ils ont permis de savoir qu'il existe encore sur terre des êtres bons, des êtres généreux et désintéressés, que l'on ne peut oublier…

Ce fut au tour du chef de garder le silence quelques longues secondes. Il s'était ensuite secoué comme s'il se réveillait.

— Je vois que mes paroles de ce jour où vous avez décidé d'aller tenter votre chance en ville ne sont pas entrées dans l'oreille d'un sourd… Et vous m'en voyez fort ravi, Diokel… Et dois-je vous l'avouer ? J'attends depuis votre départ pour Ndakaarou… Et avec une légère inquiétude quelquefois, car ne recevant que des rumeurs et de vagues échos de votre séjour là bas… Cela fait plus de deux ans, vous savez… Deux longues années… Pour nous… surtout pour Gnilaane… et les enfants…

Un air de reproche… peut être… que le chef chercha à adoucir :

— Peut être pas grand-chose pour vous, deux années… Il est vrai que cela fait deux mondes différents… Là bas, le temps ne doit pas attendre… Il doit sûrement passer bien vite, au contraire d'ici où entre deux saisons, c'est toute une éternité… Vous le savez fort bien d'ailleurs…

— Ah mon oncle…Vous ne savez pas si bien dire… Il faut y vivre pour le savoir… Mais… dois-je vous le jurer ? Jamais au grand jamais ma pensée n'a quitté Tound… Et jamais elle n'a oublié ce que vous tous, vous et le Sage du Ndoukoumane avez fait pour moi aux moments les plus difficiles… Jamais !

— Vous savez fort bien que je n'en doute pas un seul instant Diokel…Moi qui vous connais assez…

— *Dieureudieuf* ! mon oncle… *Dieureudieuf* !... Merci !

Un raclement de gorge… Puis :

— C'est d'ailleurs la raison de ma présence ici, aujourd'hui, à Tound… En ce jour saint du vendredi, le plus grand honneur que vous puissiez me faire est de m'accompagner à Gouye Salaam…

— A… A Gouye Salaam !... Gouye Salaam avez-vous dit ! – le chef Ngotti n'avait pas l'air de réaliser.

— Oui mon Oncle… À Gouye Salaam… et si Dieu le veut, d'accomplir la prière de la *jumaa* aux côtés du Sage…

Le chef Ngotti reprenait encore comme s'il avait mal entendu…

— A Gouye Salaam…

— Oui mon Oncle… Tout est prêt… le même taxi-brousse nous y mènera, *In cha Allah* !

*
* *

Auparavant, il y avait quelques formalités auxquelles Diokel devait se soumettre. Avec un plaisir non dissimulé d'ailleurs. D'abord envoyer quérir Gnilaane et les enfants aux champs. On lui dit que c'était déjà fait… Toujours aussi prévenantes, ces bonnes vieilles femmes de Tound !… En attendant leur retour, il y avait une petite surprise qu'il avait réservée au village natal.

Ce furent des murmures à n'en pas finir, lorsque lui et le chauffeur allèrent retirer la bâche à l'arrière du taxi-brousse pour en retirer tout un tas de denrées et d'articles divers : une demi-douzaine de sacs de riz, trois bidons d'huile, un sac de sucre en cristaux, une caisse de tomate en boite, plusieurs sachets plastique au contenu encore inconnu, une dizaine de bouteilles de toutes couleurs, probablement des détergents ou des insecticides, enfin une caisse de biscuits et un jerricane rempli de pétrole lampant.

C'est après avoir débarqué toute cette marchandise, — la moitié à vue d'œil de la caisse du taxi-brousse —, que Diokel s'était redressé, la sueur perlant légèrement au front, mais visiblement satisfait.

— C'est pour mon village… Avec tous mes regrets de n'avoir pu lui offrir plus que ce qu'il mérite...

— Que nous dites vous donc là, *Diambaar* ? Ah quel brave homme ! Han ? Savez vous donc ? Aussi loin que je puisse me remémorer, Tound n'a jamais reçu d'un de ses fils autant de bienfaits en une seule fois. *Alhamdoulilah* ! *Alhamdoulilah* !... Et ces bienfaits sont comme tombés du Ciel… Nous sommes en pleine préparation des chants religieux annuels… Vous souvenez-vous ?

Gnilaane était revenue des champs. Mais elle avait ignoré l'attroupement autour du véhicule, pour s'engouffrer subrepticement dans la concession des Dione, contrairement aux enfants qui eux couraient aux nouvelles… Sûrement pour une toilette à la va-vite, avant la rencontre avec son homme quand on sait que travaux des champs ne rimaient qu'avec poussière, sueurs et odeurs.

Les Anciens entouraient toujours le nouveau venu, revigorés par cette aubaine, cette manne qui tombait à pic, avec force commentaires et remerciements. Et il n'avait pas échappé à Diokel le regard intéressé de tout ce monde pour les sacs de riz surtout. Il n'avait pas oublié qu'en brousse, l'ordinaire se limite presque toujours au mil et au maïs. Il ne lui était pas sorti non plus de la tête les dures périodes de sécheresse des années 1970 – il était encore tout jeune –, pendant lesquelles l'aliment de bétail offert par les Autorités devant l'hécatombe qui frappait le cheptel, avait bien souvent servi à remplir le ventre des hommes. Alors, quand vous leur offrez ce produit de luxe qu'est le riz... et à cette quantité... Ce qu'il éprouva en ces instants là devant tous ces visages épanouis, lui seul le savait...

Ce n'était pas tout. D'une des poches profondes de son pantalon bouffant, il avait retiré une enveloppe qu'il fourra rapidement dans la main du chef Ngotti, accompagnant son geste de ces quelques mots prononcés à voix forte :

— Ma participation aux chants religieux. Si Dieu le veut, j'en serais... Et priez pour moi...

Il n'avait pas attendu, s'était dirigé à grands pas vers sa concession qui ne l'avait plus revu depuis deux longues années, plusieurs paquets sur les bras, saluant au passage, avec de grands sourires et de grands gestes. Une fillette et deux petits garçons presque nus couraient derrière lui.

*
* *

Le chef Ngotti avait accepté de l'accompagner à Gouye Salaam, avec un empressement qu'il dissimula assez mal. Gouye Salaam avait en effet toujours été pour le chef une occasion de se régénérer. L'idée de rencontrer de nouveau le Sage du Ndoukoumane lui procurait comme un nouveau souffle, comme une vraie cure de jouvence... Il s'y était donc préparé à la va-vite, et pendant qu'il s'adonnait à ses ablutions, une de ses vieilles épouses fouillait dans une grande malle en bois pour en extirper une de ses tenues des grands jours. Un ensemble tout blanc, dont elle se mit à inspecter méticuleusement les trois pièces, les passant en revue une à une de ses mains calleuses, pour en redresser les pans collés par l'amidon. Tout en commentant :

— Quel bonheur pour vous que de se retrouver face au Sage... Ah Dieu... Contrairement à nous que toutes ces occupations quotidiennes fixent à jamais en ces lieux... Ah quel bonheur ! Mais vous lui direz bien de prier pour nous tous, n'est-ce pas mon homme ? Pour les enfants aussi, surtout en ces temps incertains… Vous m'écoutez mon homme ?

Le chef Ngotti et Diokel Dione se retrouvaient bientôt l'un à côté de l'autre sur le siège avant du taxi-brousse. Il fallait y aller vite pour ne pas rater la prière du vendredi. Tandis que le chauffeur manœuvrait, le chef lançait à tout va ses recommandations au vieil homme qui venait lui fermer la portière.

— N'oubliez pas… Ceux de Keur Baara doivent passer l'après midi pour les préparatifs des chants… Le vétérinaire de Ndirip aussi… Han ! Nous serons de retour avant le coucher, *In cha Allah* !

— *In cha Allah* ! lui avait-on répondu en chœur.

Le véhicule s'engageait déjà sur le sentier qui mène à la Route de la Mort, devenue la Route du Diable pour beaucoup, suivi comme d'habitude de dizaines de petites jambes. En descendant la piste tapissée de gazon et bordée de hautes herbes, Diokel, tout en balayant le paysage tout reverdi, et le ciel traversé par à-coups de nuées d'oiseaux granivores, revivait les quelques moments qu'il venait de passer avec sa première épouse. Il avait trouvé Gnilaane assise sur le lit, un pan de son mouchoir de tête plaqué sur le visage. Elle pleurait. Il ne chercha pas à savoir s'il s'agissait de larmes de joie ou de reproche. Il s'était assis à côté d'elle, remarquant qu'elle portait son grand boubou des grands jours, et sentait le parfum bon marché. À ses pieds, des sandales durement éprouvées par les chemins épineux de la brousse, les mêmes avec lesquelles elle était revenue tantôt des champs.

— Tiens ! C'est de la part de Dégueune ta petite sœur… Elle t'envoie son bonjour à toi et aux enfants, lui avait-il dit en lui posant sur les genoux un des paquets qu'il serrait aux bras.

Puis, il ajoutait en laissant tomber en vrac le reste des paquets et sacs.

— Voilà ce que je t'ai apporté, pour toi et les enfants…

Ces derniers venaient de se décider à entrer, après quelque moment d'hésitation sur le seuil de la porte, pendant lequel seule leur tête par à-coups, pointait par curiosité. Il lui fourrait ensuite une petite liasse de billets dans la main. Gnilaane était restée toujours silencieuse.

— Nous continuons pour aller à Gouye Salaam, l'oncle Ngotti et moi.

Elle avait condescendu enfin à se redresser, pour tourner un visage tout humide vers l'homme :

— *Nidiaaye*… Hey *Nidiaaye*… Moi qui pensais qu'après tout ce temps là…

— Je sais. L'avait-il coupé… Je sais… Mais nous revenons avant la nuit, *In cha Allah* ! Nous aurons tout le temps de parler. Moi-même, j'ai beaucoup de choses à te dire.

— Comme quoi donc *Nidiaaye* ?

— Ce sera une surprise… une grande.

— Hey *Nidiaaye* !

— Voyons Gnilaane… Aurais tu changé entretemps ? Où est donc passée cette belle patience que je t'ai toujours connue ? Han ? Dis-moi…

La première épouse n'avait pu réprimer un sourire, un franc sourire qui dévoila ses gencives indigo. Elle l'avait tempéré, comme par décence en ajoutant quelques mots :

— Dites au Sage de prier pour nous tous… Pour les enfants… Pour Tékhey…

Pour Tékhey… Sûrement pour Tékhey… C'est sûr qu'il n'oubliera pas de le faire pour le fils aîné, parti se perdre on ne sait où, aux crochets de son farfelu d'oncle…

Alors qu'il prenait congé, les enfants eux, attendaient toujours sagement assis devant les paquets et sachets, tout impatients de tendre la main vers ces merveilles que cet homme dont ils ne semblaient guère se souvenir, leur avait apportées.

*

* *

Les trois passagers étaient restés silencieux, comme si les coups de volant accomplis avec souplesse par le chauffeur sur ce sentier aux interminables virages n'autorisaient guère de commentaires. Ou alors, c'est que le chef avait pris le parti de laisser ce fils du patelin voir par lui-même. Rien n'avait bougé ici en ces deux années. Lorsqu'aux dernières élections, celles-là qui devaient choisir les députés, les politiciens étaient venus défiler ici avec dans la poche leurs longues listes de promesses et leurs liasses de billets, – ceux qui jouissaient des privilèges du pouvoir, comme ceux-là qui convoitaient leurs places –, Tound

Bouki les avait accueillis, et leur avait prêté l'oreille comme toujours. Hospitalité oblige ! Bien qu'habitué à de telles pratiques, le village n'avait pu s'empêcher cependant de croire en quelques-uns d'entre eux. Certains de leurs discours étaient si pathétiques, si vrais !… Ceux qui les sortaient les maniaient, avec tant de science savante, avec tant de beauté surtout quand ils les enrobaient de versets du Saint Coran ! Hélas ! Ils les avaient eus encore une fois… Tound n'avait plus vu l'ombre d'un seul des élus quand tout fut consommé. Tout le profit qu'il avait pu en tirer, c'était les quelques enveloppes que les uns et les autres avaient laissées sur leur passage, en guise de salutations pendant la campagne, en plus de quelques sacs de riz.

Diokel savait tout cela. Les dernières élections l'avaient trouvé ici, peu après les évènements dramatiques qu'il y avait vécus. Il entrait à l'époque dans sa quarantième année. C'est dire qu'il en avait vu et entendu d'autres…

Tound est donc resté toujours le même. Tout le patelin d'ailleurs. De Keur Saadio à Njirip, de Tound à Keur Baara, rien… Pas un seul forage à dix kilomètres à la ronde. Ce sont les femmes qui continuent toujours de trouver l'eau pour les hommes et le bétail. Elles se lèvent à l'aube pour aller la tirer du puits, à vingt, trente mètres de profondeur, ces braves épouses. L'électricité promise, inutile d'en parler. Ici, le premier souci, c'est l'eau et elle seule. On peut vivre sans électricité, mais on ne peut vivre sans eau. Quant aux postes de santé, aux maternités et aux écoles… Et s'il n'y avait pas ce vétérinaire privé de Ndjirip pour le bétail… et dans les cas désespérés pour les hommes… Rien n'avait changé… Jusqu'au décompte funèbre et quotidien des victimes de cette Route du Diable, sur laquelle ils s'engageaient déjà.

Comme s'il était sûr que leurs pensées convergeaient, le chef Ngotti laissait tomber dans un souffle, alors que les roues du taxi-brousse mordaient sur le bitume :

— Il y a encore beaucoup à faire ici… Tout est à faire… Tout…

Diokel avait eu comme l'impression que les mots lui étaient aussi destinés, à lui.

— Si vous me parliez un peu de Ndakaarou. Cela fait longtemps que je n'y ai pas mis les pieds…

Ndakaarou… Ndakaarou Ndiaaye !… Allah ! Que de fois, pendant ses fameuses pérégrinations, il en avait entendu sur Ndakaarou, et aussi sur ces autres villes, grandes comme petites, celles qui jalonnent

la Petite Côte, comme celles qui accompagnent la Grande Route...
Pendant qu'il parcourait cette partie du pays avec ses grains et sa paille
d'arachide, il avait eu à faire la connaissance de beaucoup de monde.
Certains, à ce qu'ils lui racontaient, semblaient bien connaître Ndakaarou.

— Une ville faite pour tous... Elle n'appartient plus aux seuls
lébous de souche... Si ceux-ci ont été les premiers à s'y installer, ils
n'en sont plus les seuls maîtres, la présence du toubab aidant...

— On y compte beaucoup de *Baol-baols* et de *Al Poulaarens*
aujourd'hui... Il y a longtemps que les Lébous y ont été noyés par de
nouveaux arrivants.

— Une ville faite pour ceux-là seuls qui veulent travailler.

— On y trouve du tout... Il y a tous les métiers... Il n'y a qu'à en
vouloir.

— Et tenez-vous bien... Ce sont ceux là que l'on qualifie de *kaw-
kaws* qui y sont parmi les mieux lotis aujourd'hui.

Les *kaw- kaws* ! Il ne pouvait s'empêcher de toujours sourire à ces
mots là... Les *kaw-kaws* désignent les broussards, pour ne pas dire les
bouseux, les originaires de l'Intérieur appelé *kaw*, ceux qui travaillent
la terre. Parmi eux, les *Baol-baols* en premier lieu.

— Les grosses fortunes de Ndakaarou n'appartiennent plus
maintenant aux seuls toubabs noirs... mais aux *kaw-kaws* aussi...
ceux là qui n'ont jamais connu pourtant leur école.

— L'avenir est là bas, il faut le croire.

— Et il semble que Ndakaarou ne leur suffit plus, à ces *kaw-kaws*.
Ils sont maintenant présents dans toutes les villes, et même...

L'avenir à Ndakaarou ! Oui... Et il y avait cru dans ses pérégrinations à travers le patelin. Il avait commencé à y réfléchir, à murir son
idée... Allah... c'est qu'on ne lui avait pas tout dit sur cette ville... Un
autre monde... D'abord le désordre... La pagaille et le tintamarre.

*
* *

Lorsqu'il débarqua de son camion de charbon, lui, sa charrette et
son canasson, tous, tout couverts de poussière de charbon, sous le
regard amusé des *cokseurs* du garage de Thiaroye, il n'avait eu qu'une
idée en tête : se retrancher quelque part à l'ombre et ingurgiter un litre

d'eau avant d'en trouver un autre pour se débarbouiller. Il lui semblait qu'il venait de sortir d'un tonneau de poudre de charbon... Il en avait sur tout le corps, de la tête aux pieds. Sa bouche et ses narines, ses narines surtout en semblaient bouchées. L'air tout perdu, il tenait la bride du cheval – mieux loti que lui, semblait-il –, le regard parcourant tout ce flot mouvant et bruyant qu'il découvrait avec de grands yeux étonnés. On s'approchait déjà de lui, flairant la bonne affaire.

— C'est pour où, Goorgui ?...Vous allez où ?

Il s'était pris à se moucher de nouveau, bruyamment, les jets de morve noircie faisant reculer les autres. Tout en se frottant les doigts sur ses habits, il lâchait :

— Keur Massaar...

— Keur Massaar ? Mais... vous êtes à Thiaroye, Borom Sarett !

— Thiaroye ?... Thiaroye comment ?...

— Vous êtes à Thiaroye, on vous dit... votre camion...

— Ici c'est Thiaroye... Le camion vous a laissé à Thiaroye... vous avez bien dit Keur Massaar au chauffeur ?

— Vous avez dépassé Keur Massaar... Vous ne saviez pas que ce n'est pas sur la grande route ?

— Il n'a pas voulu faire le crochet, votre chauffeur... Il vous a eu, le malin...

— Il faut repartir en arrière... A moins que...

Il les avait laissé parler sans vouloir les interrompre, de peur de paraître idiot, tout en passant en revue tous ces visages venus l'entourer... En fait, il n'était guère objet de curiosité, mais plutôt d'amusement... Ndakaarou en avait bien vu d'autres, et il en verrait sûrement encore, et des situations parmi les plus cocasses... Ici, ce n'était que celle d'un dindon berné par un camionneur véreux.

— D'où vous a-t-il pris ?... Combien vous a-t-il réclamé ?

Il s'était contenté de répliquer, l'air plus que méfiant :

— Je voudrais de l'eau...

À Ndakaarou, tout s'achète. L'eau aussi. Une fillette lui en présenta une grande bouteille de plus d'un litre et bien fraîche, moyennant une pièce de cent francs, et qui fut la bienvenue. Les commentaires lui parvenaient toujours, alors que la tête penchée en arrière, il laissait le liquide miracle glouglouter et aller lui rafraichir les entrailles.

— Il a dû le tuer ce camionneur... Sûrement le triple du prix...

— Ces chauffeurs ont le cœur aussi noir que leur charbon...

Il se redressait vivement ensuite, la bouteille à moitié vidée, comme piqué quelque part ;

— Mon cheval aussi... Mon cheval...

— De l'eau pour le cheval du charretier aussi ! – crièrent quelques voix.

Pour le cheval, il en fallait beaucoup plus. Il accepta de lâcher les trois pièces réclamées par les fillettes, avec moins d'hésitation que pour sa bouteille à lui tout à l'heure. Ce cheval, c'était son trésor à lui... L'une des raisons de ce périple. Les *cokseurs* ne le lâchaient plus. Ils avaient reniflé la bonne affaire. Pendant près d'une heure, ce fut un vrai bras de fer sur le prix à payer pour aller de Thiaroye à Keur Massar. Les gens du garage, très psychologues, le laissèrent là plusieurs fois, pour foncer sur d'autres cars qui déversaient leur monde, semblant l'avoir oublié lui et son canasson. Même pendant ses pérégrinations sur la Petite Côte, il n'en avait pas entendu de si faramineux comme tarifs... Ils finissaient par revenir toujours :

— Vous ne pensez pas monter votre attelage pour y aller quand même... Ici, c'est la fourrière qui vous attend si vous croisez le premier agent de police.

— Comme vous ne connaissez rien ici, seule une camionnette peut régler votre situation...

— Une camionnette vous amènerait jusque devant chez vous...

— On vous met avec un des meilleurs chauffeurs d'ici...

Diokel savait fort bien que la route avait aussi ses prédateurs. Ses deux années de traite lui en avaient déjà beaucoup appris. Mais cela se passait toujours en brousse, en campagne. Ici, en pleine ville, et dans cette effervescence, il avait l'air plutôt perdu. Mais il avait tenu bon, avait négocié ferme. Et ce fut avec un gros souffle de satisfaction qu'il assista au spectacle de tout ce monde de jeunes gaillards s'affairant et se démenant comme de beaux diables pour caser sa charrette ainsi que ses bagages, et hisser son compagnon rétif sur la caisse d'une camionnette brinquebalante.

9

Ndakaarou était à l'époque en ébullition. Quinze années après la retraite du pouvoir de Sédar, le premier président de son histoire, cet homme prodige qui avait obtenu l'indépendance de son pays après seulement une heure de dialogue avec le général De Gaulle, – il le répétait dans tous ses discours –, on attendait toujours que ses promesses et celles de son successeur se réalisent enfin. N'avait-il pas prédit que Dakar serait comme Paris en l'An 2000 ? On n'était plus qu'à trois ou quatre années de l'échéance. Sédar, cet homme si petit par la taille, mais si grand par la tête, lui qui le répétait partout et en tout temps, n'était plus là. Ce grand homme à qui ce frère de Gni-laane cherchait tant à ressembler, avait laissé les rênes du pays à un héritier fort différent de lui. Autant il était petit de taille, volubile et plein d'esprit, autant son héritier était longiligne et peu bavard… Un vrai taciturne… Pourtant, bien des vieux, grands connaisseurs de la nature humaine, se plaisaient à le comparer au palmier rônier. Ce qui n'augurait rien de bon pour le pays. Le palmier rônier, précisaient-ils, ne produit pas d'ombre. Pire, pour accéder à ses fruits, c'est après bien des écorchures aux cuisses et aux bras… Cet arbre ne semble exister que pour le bonheur des chauves souris qui vont y dormir le jour. Pourtant, beaucoup avaient dit espérer en lui, un président musulman, contrairement à son prédécesseur de religion chrétienne… Pour eux, Dieu avait gardé ses bienfaits pour le pays dans l'attente de ce changement. Mais, dans l'euphorie générale, on avait oublié ou mal écouté certains mots du discours d'adieu de Sédar… Le nouveau venu, avait-il précisé, est beaucoup plus ferme qu'il n'y paraît… « Et vous allez apprendre à le connaître », avait-il conclu.

Mais à Ndakaarou, c'est surtout de crise que l'on parlait, à moins de quelques années de l'échéance. Ça geignait de partout du fait du coût de la vie, des salaires insuffisants agressés de partout par tout un tas d'impôts nouveaux, et d'une indifférence mortelle pour les chômeurs et les travailleurs de l'Informel. Si près de l'échéance de la promesse de Sédar, lui qui n'avait en tête que les images des grandes villes toubab, la future Paris sénégalaise présentait aux yeux de Diokel, un visage fort bizarre. C'était partout le désordre et la pagaille, à l'image de cette gare de Thiaroye où le camionneur l'avait débarqué, et de tout ce qu'il lui avait été donné de voir durant son parcours entre Thiaroye et Keur Massaar. Des routes défoncées de partout. Sur de larges pans, il n'y avait pas de bitume. Des routes entrecoupées de creux et de trous, que ce chauffeur, – l'un des meilleurs d'ici – ne semblait guère voir, au grand dam de ses reins et de son compagnon à quatre pattes solidement entravé à l'arrière. Sur tout le parcours, partout, des tas, des montagnes d'immondices sur lesquelles des enfants, par grappes, sont juchés, aux côtés des boucs et des chèvres. Des gens qui leur coupent la route sans un regard pour eux. Plusieurs fois, son conducteur avait fait hurler ses freins pour ne pas écraser d'autres conducteurs qui surgissaient sur leur engin à deux roues. Des hommes et des femmes partout pressés ; à tous les coins de rue, des mendiants, hommes, femmes et enfants, handicapés ou bien portants, la main perpétuellement tendue, jusqu'à vous couper la route, ou qui vous courent après dès que le véhicule ralentit.

C'est cette image là qui longtemps après son arrivée, sera parmi celles qui le marqueront le plus… Ndakaarou ne semblait être peuplé que de visages bizarres ou inquiétants… Sa découverte de Keur Massaar lui en avait aussi appris sur la paresse et l'impolitesse partout répandue. Surtout celles des jeunes. À Keur Massaar, s'ils ne sont pas autour du fourneau et de la théière, dans des discussions perpétuelles, la cigarette aux lèvres, ce sont les rues et les ruelles qu'ils investissent avec leurs ballons, les gaillards comme les tout-petits.

En ville c'est encore plus désordonné. Là, les immondices ont envahi les trottoirs, et de partout, l'odeur est insupportable… Les transports en commun eux, ont fait du moindre espace leur fief, avec des rabatteurs qui vous tirent par le bras, de force, hurlant sans arrêt et à tue tête… Là, on vous bouscule sans vous voir, quelquefois en lisant son journal à grands pas… Là, les trottoirs sont envahis de partout : par les marchands à la sauvette, leurs articles se balançant à leurs bras ou accrochés à l'épaule, par les vendeurs de journaux qui viennent vous le fourrer jusque sous le nez, par les mendiants, encore et partout des mendiants… Là, à chaque pas, des étals de tout : de victuailles et de pacotille, de fruits et de mercerie… Et puis à chaque échoppe, le tintamarre des hauts parleurs, la cacophonie et le vertige…

Tout un peuple des trottoirs qui ne voit guère les immondices qu'il piétine, qui se meut, se croise, se heurte et se crie dessus, toutes dents dehors, prêt à en venir aux mains… L'impression que tout ce qui bouge est pressé, que tout le monde court derrière quelqu'un ou quelque proie insaisissable, les piétons comme les véhicules qui eux, finissent inévitablement par se coincer les uns contre les autres, jusqu'à ressembler au troupeau de moutons et de chèvres autour de l'abreuvoir.

*
* *

De retour de ses rondes d'éclaireurs, toujours en début d'après midi, Diokel s'empressait toujours d'aller rejoindre l'oncle Babou Sène, toujours rivé sur sa peau de mouton, à l'ombre de la palissade. Il fouillait alors dans ses poches, en extirpait quelques sachets d'arachide, avec toujours les mêmes commentaires.

— Elles sont bien meilleures ainsi, mon oncle… Quand elles sont grillées, c'est tout leur secret qui s'en va…

Le vieil oncle approuvait comme d'habitude, le sourire au coin des lèvres, avant d'interpeller :

— Founé !… Founé !

Celle ci accourait :

— Ton cousin Diokel est là…Va donc lui réchauffer son déjeuner… Et prépare nous la théière…

— Oui Père…

Ils en avaient convenu ainsi, et sans se concerter. Au milieu de la matinée, après s'être occupé de son cheval parqué dans l'arrière-cour, Diokel quittait la concession de l'oncle, accompagné des recommandations de celui-ci, et sous l'œil curieux de sa fille de quinze années, – celle-ci semblait toujours guetter la sortie de l'étranger, ce grand gaillard aux habitudes de rustre –, pour s'en aller faire la reconnaissance des lieux, avec beaucoup de patience et de prudence. Ce fut d'abord Keur Massaar et ses environs, des presque villages en réalité… Puis, de façon de plus en plus osée, les grandes agglomérations qui font la banlieue, et le cœur de Ndakaarou lui-même. Il revenait de ses pérégrinations après la prière de *tisbaar*, avalait son bol de riz, et venait s'affaler aux côtés de l'oncle. Commençait alors la séance de thé pendant laquelle, il tendait l'oreille quand l'oncle lui parlait de Ndakaarou, s'il ne lui en demandait pas lui-même, toujours avide d'en savoir.

— Ah…Vous avez été jusqu'au marché Sandaga aujourd'hui… C'est tout un monde… Han ?

— Oui, mon oncle… Un moment, je me suis demandé si je n'allais par revenir dare-dare faire mes bagages et reprendre le chemin de Tound…

— Haha ! Haha… Et vous n'auriez pas été le premier… Cette ville donne des fois l'impression d'être un vrai monstre, vous savez…

— Oh oui… un vrai monstre, Oncle Babou…

— Savez-vous qu'on trouve du tout dans ce marché Sandaga ?

— Ah ?...

— Oui… Du tout… Certaines langues racontent qu'on y négocie jusqu'à des billets d'avion...

— Ah ? Des billets d'*awiyong* ?...

— Et de la Mecque même…

— Des billets pour *Macqua* ?

— Eh oui… C'est un marché qui recèle beaucoup de secrets semble-t-il… Mais il faut être un initié pour s'y mouvoir… Et même plus…

— Han… J'ai à peine pu jeter un coup d'œil… Il y a des coupe-gorge partout… Et ils ont l'air de vous observer tout le temps… Et puis, un tintamarre du diable…

— Vous avez bien fait de rester prudent…Vous verrez avec le temps… car il n'y a pas que des gens bien intentionnés ici… Il y a les honnêtes gens et les autres… Des *tafoukat*, des *siifkat* et des agresseurs de tout acabit…Oui…

Ceux là, les pickpockets et les voleurs à la tire ne semblaient pas déranger notre homme…

— Oui… Mais ce genre là, heureusement, se fait plus prudent avec le ras le bol de la populace, depuis que celle-ci excédée, a décidé de les battre à mort sur place, sans autre forme de procès, quand elle arrive à mettre le grappin sur ces malchanceux…

— Ah ?... On les tue donc ?...

— On les laisse souvent pour morts en tout cas après la correction…

— Et le… Et le commissaire alors ?...

— La police ?... Si vous avez bien observé autour de vous, vous n'avez pas dû en apercevoir beaucoup, de policiers...

— Euh... En effet...

On était quelques années après les graves évènements qui avaient opposé l'Etat à sa police entrée en rébellion, après que certains de ses membres ont été condamnés pour sévices sur un prisonnier, et ayant entrainé la mort de celui-ci. Le président, de qui tout le petit peuple attendait beaucoup, lui qui était musulman, avait pris la terrible décision de radier tous les policiers du pays, en se retranchant, en sournois stratège qu'il est, derrière son Assemblée nationale entièrement acquise à ses causes... Avant de condescendre à réétudier les cas de ces agents, un par un... Une partie infime seulement fut réintégrée, avec la bénédiction dit-on, des bailleurs étrangers dont la seule préoccupation à l'époque était de dégraisser toutes ces fonctions publiques surpeuplées, de ces espèces d'États africains... Pendant plusieurs années,le pays est resté presque sans police... Un terrain devenu fort propice pour les malfaiteurs... C'est à cette époque, dit-on, avec ce vide, que les agresseurs ont fait leur apparition... Bien qu'il y aît eu des recrutements par la suite, on était encore fort loin des premiers effectifs... On raconte que ces évènements de l'année 87 firent beaucoup de suicidés et d'aliénés chez les radiés...

— Ne vous avisez pas non plus à vous mêler des bagarres, pour en séparer les protagonistes... Eloignez-vous en dès que vous tombez dessus...

— Ah ? Et pourquoi donc mon oncle ?

— Parce que ce sont presque toujours des pièges... C'est quand ils ont repéré leur pigeon qu'ils montent leur comédie... Ils se prennent à s'engueuler et à s'insulter copieusement, avant d'en venir aux mains... Gare alors à la bonne âme qui s'aviserait de vouloir intervenir pour chercher à les séparer...

— Ah ?

— C'est après que la bagarre aura pris fin, et que tout le monde se sera éclipsé, qu'il se rendra compte qu'il ne lui reste plus rien dans les poches.

— Ah, mon oncle ?

— Eh oui... Les bagarreurs et leurs complices, – tous ces autres intervenants –, se sont déjà retrouvés quelque part pour se partager le produit de leur butin...

— Han ?

— Toujours se méfier… Même des hommes en uniforme…

— Hum… Sur ce chapitre là, le neveu avait quelque idée…

— Certains d'entre eux, quand ils flairent le broussard, ils s'empressent de l'approcher pour lui réclamer sa carte d'identité… Gare à lui alors s'il ne l'a pas sur lui… C'est tout un tas de prétextes alors pour vous menacer de vous envoyer au poste de police… à moins que vous acceptiez de lâcher un billet… Là, même avec 500 frs, ils vous laissent partir… De vrais rapaces mon neveu…

— Ouf ! Heureusement, moi, j'ai ma carte d'identité, et même ma carte d'électeur…

Les politiciens et le chef Ngotti étaient passés par là… Les premiers s'en étaient occupés aux dernières élections, sans même qu'il ait eu à bouger deTound, le second par ses recommandations dès qu'il avait entrepris de se lancer deux ans plus tôt déjà dans ses pérégrinations sur la Petite Côte.

— Ah… j'allais oublier… Les transports en commun. Ne donnez jamais des billets aux apprentis… Ils oublient toujours de vous rendre la monnaie…Vous m'avez compris… S'ils ne nient pas avoir reçu votre billet… Et quand ils s'accrochent en jurant par Allah et son Prophète, inutile d'insister… C'est vous-même qui finissez par être l'arnaqueur… Ayez donc toujours de la menue monnaie en poche.

— Pour ça mon oncle, soyez tranquille…

— Et prenez soin de ne jamais exhiber de billet en public… Certains malfrats vous prendraient pour quelqu'un qui en aurait les poches bien pleines… Bien des imprudents ont payé de leur vie, rien que pour un billet de cinq cents francs.

— Allah !

Il en fut ainsi tous les jours, tous les après-midi après ses tours en banlieue et en ville. Par deux fois, en deux mois cependant, l'hôte avait pris congé pour deux voyages improvisés semblait-il, pour Fatick dans le Sine… Il les annonçait le matin, partait l'après midi, – malgré les appréhensions de l'oncle pour ces voyages de nuit –, pour ne revenir qu'au petit matin, en en profitant pour se ravitailler en grande quantité de paille d'arachide, et de grains et autres produits du cru aussi, pour la famille.

Jusqu'à ce que les réflexions de l'oncle pour lui trouver le meilleur parti possible dans le transport hippomobile aboutissent… Ce fut un vieux charretier de Keur Massaar, qui connaissait la banlieue comme sa poche. Un vieux cocher fort agréable de nature, qui ne vit aucun inconvénient à l'initier et à l'imprégner.

Il en avait appris ainsi tous les jours, sur Keur Massaar et sur la banlieue, sur les modes de transport hippomobile, ceux des voyageurs et des marchandises, leur organisation, leurs destinations et leurs tarifs, sur les besoins quotidiens de toutes ces masses de gens pressés, sur les pièges et risques qui guettent les uns et les autres… Il observait en même temps tout par lui-même, en vrai broussard curieux et méfiant, ne se privant jamais d'interroger, au risque de susciter quelquefois la surprise par la naïveté – simulée ou réelle – de ses remarques, avec cette désagréable manie – propres aux ruraux – de reprendre inlassablement les réponses qui lui étaient faites… Comme pour se les imprimer au cerveau, de façon définitive.

Au bout d'un an déjà, il en savait assez sur ce qui l'intéressait… Mais il avait surtout retenu les sempiternelles mises en garde de l'oncle sur cette ville d'où l'amitié, la fraternité et la solidarité avaient semble-t-il, disparu ; où la principale préoccupation est la recherche effrénée de sous, peu importe les moyens, et quitte à écraser tout sur son passage.

*
**

Il ne restait plus aux voyageurs que quelques kilomètres pour arriver à Gouye Salam. Ils avaient traversé Kaolack, sous son soleil accablant et dans sa poussière salée et étouffante, laissant la transgambienne sur leur droite, puis la localité de Birkélane assoupie sous le chaud soleil d'octobre, avec ses immenses troupeaux de moutons. Bientôt Kaffrine et Dianké Soûf… Le chef Ngotti trépignait littéralement sur son siège. Il avait le visage rayonnant de l'adolescent qui va retrouver son épouse. Cette espèce de fièvre qui s'était emparée de son guide n'avait pas échappé à Diokel. Il avait cru en déceler la raison : la perspective de prouver au Sage que ceux de Tound n'oublient pas. Il rompait le silence :

— Gouye Salaam doit sûrement figurer parmi les lieux saints les plus importants du pays, mon oncle…

— Ah si vous saviez, Diokel… Mais, Gouye Salaam, c'est un

endroit qui trompe son homme, en réalité... Il n'est pas comme s'y attendent la plupart de ceux qui y vont... Un des lieux saints parmi les plus grands certes, mais pas par son aspect... On s'y tromperait. Et beaucoup s'y sont trompés déjà. Gouye Salaam est grand, mais seulement par la sagesse et la puissance de son guide, et l'austérité de la vie qu'on y mène...

Un silence qui s'installait, pendant quelques dizaines de mètres, puis :

— Vous en avez certes entendu déjà parler, mais il y a des choses qu'il faut toujours avoir à l'esprit lorsqu'on foule le sol de ce lieu saint... Faudrait-il rappeler que l'on ne fume pas à Gouye Salaam ? Heureusement, nous, nous ne fumons pas... Même pas la pipe... Nous ne prenons même pas le tabac prisé... À Tound, nous avons bien d'autres préoccupations que de... – il s'arrêtait, se tournait du côté du chauffeur – à moins que... Chauffeur ?

— Oui mon père... Je connais bien Gouye Salaam et ses interdits... j'y viens souvent...

— Ah... Heureusement alors.

— Moi je fume bien de la cigarette, mais je prends chaque fois mes précautions quand j'y vais...

— Ah... Voilà qui est bien ainsi...

Il ne précisa pas lesquelles précautions... Mais cela suffisait pour rassurer le chef Ngotti. D'autant plus que depuis le départ, l'homme n'avait pas une seule fois sorti une seule cigarette.

— C'est bien alors. Il faut savoir aussi qu'à Gouye Salaam, tout s'arrête quand le muezzin appelle à la prière, avait repris le chef de village.

— Comme à *Macqua*..., renchérit le chauffeur...

— Oui... On rejoint la mosquée et on prie sur place, en commun... Ici tout le monde suspend son occupation à chaque heure de prière... Les hommes comme les femmes, les vieux, les jeunes, les tout jeunes... Il n'y a pas d'âge pour prier, à Gouye Salaam...

— *Eskeuy* ! S'exclamait le chauffeur...

— Autant dire que tout non-musulman sensé s'interdit de lui-même d'y venir... C'est au chant du coq que tout le monde se lève pour la prière de *fadjr*... La mosquée retient ensuite tous les vieux, adultes et adolescents pour la séance de récitation matinale du Saint Coran... C'est après seulement que chacun peut aller vaquer à ses occupations… Les femmes au foyer, les adultes et les adolescents aux champs, les enfants aux *daaras*… Et pendant la morte saison, c'est comme chez nous… avec une vie beaucoup plus greffée au Livre saint.

— Et… Et le Sage alors… est-il facile de le rencontrer ?

Ils arrivaient à l'intersection reliant Kaffrine à Dianké Soûf. Ici, contrairement à la route Kaolack-Kaffrine, c'est une bretelle bien bitumée qui prend le relai. Des poteaux électriques l'accompagnent sur tout le parcours, eux-mêmes servant de supports aux câbles téléphoniques de la Société de Téléphonie nationale. Peu de monde sur cette route. Ce qui semble réveiller quelque inquiétude chez le chef Ngotti.

— Accélère donc un peu, chauffeur… sinon, nous allons rater la prière de *jumaa*.

Ils avaient traversé le village de Dianké Soûf en trombe. Gouye Salaam se situait à un kilomètre environ au nord de ce village. L'injonction du chef Ngotti fut fort utile, puisque, lorsque la camionnette déboucha sur la place du village saint, le muezzin lançait son premier appel, et les hommes comme les femmes pressaient le pas vers la mosquée. Le chauffeur garait alors à côté de plusieurs autres véhicules, tout en commentant :

— Gouye Salaam reçoit aujourd'hui des hôtes de marque, on dirait… Quelles belles bêtes alors !…

Il s'agissait de trois Pajeros et de deux Mercedes toutes rutilantes.

*

* *

Ils avaient alors gagné la mosquée à grands pas, s'étaient adonnés rapidement au rituel des ablutions – des dizaines de bouilloires remplies d'eau attendaient les fidèles –, et avaient pénétré dans les lieux. Il n'y avait presque plus de place pour les retardataires. Le chef Ngotti savait que le jour saint du vendredi, c'est tout le patelin que la mosquée de Gouye Salaam accueille. Tous les villages et hameaux des environs y convergent pour participer à la prière, car c'est le seul jour où le Sage la dirige. Il ne fut guère donné aux nouveaux arrivants d'apercevoir une seule fois celui-ci pendant les deux *raakas*, étant placés aux derniers rangs des fidèles. Mais jamais de sa vie, Diokel Dione n'avait encore entendu réciter des versets du Saint Coran, avec autant de beauté et de ferveur.

À la fin de la prière, c'est tout un monde qui avait foncé vers le *mihrab,* la place réservée à l'Imam pendant la prière. Les trois hommes eux, avaient préféré aller l'attendre dans son immense concession. Puisqu'ils étaient là pour le rencontrer, ils avaient le temps. Lorsqu'ils furent sur les lieux, le chef Ngotti était allé directement se pencher à l'oreille d'un des surveillants et gardien des lieux, le chambellan en chef apparemment, chargé du protocole, un homme qu'il sait incontournable dans le fonctionnement des affaires des lieux. Il n'échappa pas à Diokel que le chef en avait profité pour lui glisser quelque chose dans la main. Il avait bien vu que le chambellan se-couait la tête plusieurs fois et avec vigueur. Mais ils ne se doutaient pas sur le moment qu'ils ne quitteraient pas Gouye Salaam de si-tôt.

Le marabout recevait en effet plusieurs hôtes ce jour-là. Des po-liticiens, des hommes d'affaires ou de simples talibés, peu importait, mais c'était de grandes personnalités, de gros calibres à coup sûr. Cela n'allait pas être simple. Ces gens-là, ils le savaient, sont de vraies sang-sues. Et quand ils se résolvent à aller rendre visite à un marabout, surtout ceux de la trempe du Sage, ce n'est pas par simple courtoisie. La plupart du temps, c'est parce qu'ils ont le feu aux fesses…

Ils durent ainsi faire preuve de grande patience. Plusieurs fois, le chauffeur avait dû les laisser là pour aller jeter un coup d'œil dehors, un manège qui avait fini par attirer l'attention d'un des chambellans. Ce dernier s'était approché de lui pour s'informer, avant de se redres-ser le sourire aux lèvres.

— Ne vous faites plus de souci pour cela, avait-il dit… Personne ne touchera à votre camionnette. Il n'existe pas de voleurs à Gouye Salaam… Et quand c'est un non averti qui s'y risque … Il se retirait sur ces paroles sibyllines, l'air mystérieux.

Le chauffeur, se penchait alors à l'oreille du chef Ngotti, qui dut le stupéfier par sa réponse, au vu des yeux tout ronds qu'il fit ensui-te. Lui qui affirmait tantôt bien connaître le village saint…Un grand parleur comme bien des chauffeurs de brousse. Il ignorait qu'à Gouye Salaam, lorsque vous touchez au bien d'autrui, vous ne pouvez bou-ger de là tant que le propriétaire n'est pas de retour. Dans ce cas, ce qu'il faut souhaiter, c'est que celui-ci ne mette pas trop de temps à revenir… En attendant que les chambellans décident de votre sort.

Ils s'étaient cependant fort bien restaurés avec tous les autres – du riz à la viande en abondance –, avaient siroté les trois verres de thé à la menthe, s'étaient laissé bercer par les versets de coran issus de haut-parleurs invisibles, puis avaient gagné de nouveau la mosquée pour la prière de *Asr*, – le milieu d'après-midi – dirigée cette fois par le bras droit du Sage, l'imam attitré.

Ils étaient revenus ensuite attendre. Intérieurement, le chauffeur vouait aux gémonies tous ces visiteurs qui les avaient précédés ici, lui qui avait toujours pensé que cette heure-ci les trouverait sûrement sur le chemin du retour. Cette immobilisation, c'étaient des courses ratées, d'autres affaires qui lui échappaient, après cette aubaine inespérée que cet homme d'affaires lui apportait aujourd'hui. Ce fut seulement après la prière du crépuscule qu'ils purent être reçus, le chambellan venu les chercher ne pouvant s'empêcher de commenter :

— Vous en avez de la chance… beaucoup de chances… En général, à cette heure-ci, le Sage s'est déjà retiré pour sa retraite nocturne. Et vous seriez obligés de passer la nuit.

— Dieu est grand, se contentait de répéter le chef Ngotti peu décidé à en lâcher encore.

*

* *

Ils avaient laissé là le chauffeur, avaient suivi leur guide qui les fit introduire avant de ressortir. Lui-même fut suivi quelques minutes plus tard du chef Ngotti. Celui-ci, le visage tout rayonnant, était revenu reprendre sa place aux côtés du chauffeur, l'attitude empreinte d'une grande solennité.

La rencontre intime entre le Sage et Diokel Dione prit plus d'une demi-heure, que les deux hommes endurèrent sans bouger. Tous ceux qui fréquentent les marabouts savent que pour ces derniers, le temps n'existe pas, ou plutôt, que ce dernier leur appartient. Qui donc oserait leur faire l'affront de manifester quelque impatience, quand on doit attendre leur bon vouloir ? Il faut assister aux cérémonies familiales du village. Le temps qu'y prend un mariage ou un baptême est interminable. C'est l'occasion pour les familles des intéressés de se livrer à de véritables passes d'armes par le truchement de discours dithyrambiques et kilométriques sur leurs origines, les faits d'armes de leurs ancêtres, ou sur leurs alliances avec les grandes familles maraboutiques ou les politiques au pouvoir… Quand il s'agit de deuil, cela devient une véritable torture… Ce sont tous les marabouts de tout le patelin et de tous les villages et hameaux alliés qui s'arrogent le droit de discourir, avant de défiler à tour de rôle devant la tombe, chacun avec ses prières spécifiques. Et c'est toute la foule qui est contrainte de subir leur loi et de répéter après eux, au point qu'à la fin de la cérémonie, ce sont des personnes exténuées qui quittent le cimetière.

Le chef Ngotti savait, lui qui vivait depuis toujours à ce régime. Le chauffeur aussi sûrement. Les deux hommes avaient donc pris le parti d'attendre, sans le moindre signe d'agacement, – une vraie performance chez le chauffeur –, d'autant plus qu'ils se savaient au bout de leur peine. C'est donc après ce qui leur parut une éternité que le guide est revenu les quérir. Ils trouvèrent leur compagnon accroupi face au Sage, l'air d'un talibé qui vient de s'offrir corps et âme. Ils vinrent se mettre à genoux à ses côtés, sans un mot.

Cette deuxième séance ne fut pas aussi longue. Les trois hommes s'étaient trouvés réunis dans une grande pièce en dur, couverte de tôles ondulées et éclairée d'une simple ampoule. Les lieux étaient accueillants et respiraient une grande impression de sérénité. Il n'y avait ni poste radio ni téléviseur. Un seul lit encadré d'étagères sur lesquelles trônaient un combiné de téléphone et trois à quatre piles de livres constituait le seul luxe des lieux. Entouré de trois ou quatre oreillers de grande taille, le Sage était assis sur une immense peau de mouton toute blanche. Il n'avait rien de particulier, sinon que tout en lui était blanc, le boubou, les cheveux, les sourcils et la barbe fournie. Diokel et le chauffeur, la tête enfoncée dans l'épaule et respirant à peine, entendirent le chef Ngotti adresser à voix basse ses remerciements au vieil homme, tout en sollicitant de nouvelles prières avant qu'ils ne prennent congé. Le regard du Sage n'avait pas une fois quitté les visiteurs, allant de l'un à l'autre sans discontinuer. Puis il avait dit, d'une voix au timbre grave, fort différente de celle qu'il leur avait été donné d'entendre lors de la prière de *jumaa* :

— Rendons grâce à Allah, Lui qui nous a permis de nous rencontrer en ce jour béni ! Et continuons toujours de prier, en toute occasion, afin qu'il ne cesse de nous couvrir de ses bienfaits, sur le chemin du Vrai et du Juste, lui le Maître des Univers, dans sa miséricorde infinie.

Il avait tendu ensuite les mains, paumes tournées vers le ciel. Les trois hommes se bousculèrent presque pour joindre les leurs aux siennes, jusqu'à lui toucher le bout des doigts. Ils l'entendirent murmurer, de façon indistincte, longuement, avant de relever la tête et de souffler à la ronde. Diokel ne s'était pas privé en ce moment-là de marmonner à la suite du Sage, sans chercher à savoir si ses compagnons s'y mettaient aussi... Comme si quelque chose lui tenait terriblement à cœur.

— Qu'Allah soit remercié, et qu'Il nous protège, de jour comme de nuit... Concluait le Sage.

Ce fut tout. Diokel et le chauffeur se mirent debout, tandis que le chef Ngotti, toujours à genoux, lui parlait à voix basse. Il se fouillait ensuite, extirpait fébrilement de son boubou une enveloppe volumineuse qu'il déposa avec précaution devant le Sage. Pas une fois, le regard du marabout ne s'y posa. C'est à reculons que les trois hommes sortirent.

Une fois dehors, le chef Ngotti se dirigea vers celui qu'il avait toujours pris pour le chambellan en chef, tandis que Diokel, le visage au ciel, contemplait les étoiles en silence.

— Mettez-moi avec quelques talibés... Ils vont décharger la camionnette...

Ce fut le même rituel qu'à Tound, mais en plus varié. Du riz, de l'huile, du sucre et du savon, de la farine, plusieurs caisses de biscuits, et aussi du pain, des dizaines de baguettes visibles dans de grands sacs en plastique... Le tout sous le regard souriant du chambellan, debout à leur côté, les bras croisés dans le dos. Quelques minutes après, le chauffeur manœuvrait pour gagner la bretelle. Il semblait avoir oublié ses projets perturbés, ne tarissait pas en remerciements.

— Que Dieu vous accorde ses bienfaits, mon père, pour m'avoir permis de rencontrer et de toucher de mes mains le Sage du Ndoukoumane ! Quel privilège !... Quelle chance de l'avoir rencontré, lui dont on dit que toutes ses prières sont agréées. Ce voyage d'aujourd'hui sera l'un des plus beaux de ma vie. Comment vous remercier ? Hein ? Dites-moi donc comment !

Diokel qui finissait d'échanger avec le Chef Ngotti, retrouvait enfin la parole.

— Vous retournerez à Tound pour y déposer mon oncle... Moi,

je prends le premier car en route pour Ndakaarou.

Le chef Ngotti nourrissait encore quelques scrupules :

— Ah… Mais qui donc va encore sécher les larmes de Gnilaane, mon fils… Vous lui avez pourtant bien promis, ce matin.

— Gnilaane nous rejoindra bientôt à Ndakaarou, mon oncle… Bientôt, *in cha Allah* ! Se contenta de répondre Diokel.

IIIe PARTIE

« IL N'Y A QUE LES MONTAGNES QUI NE SE
RENCONTRENT PAS »

10

C'est une drôle de visite que Diokel Dione reçoit aujourd'hui à la quincaillerie Borom Ndoukoumane de Keur Massaar. C'est cette matinée de lundi de janvier, le jour faste du lundi qu'il a choisi pour aller procéder à son rituel sacré à la banque. Il venait de se retrancher dans l'arrière-boutique de sa première quincaillerie, celle-là qu'il préférait à toutes les autres, – car étant celle qui fut le témoin de ses premiers pas, pour ne pas dire de ses premières réussites dans les affaires – il y était arrivé tôt le matin, avait garé en grimpant sur la moitié du trottoir avant de s'engouffrer à grands pas dans la boutique.

Makhtar, le préposé, un de ses neveux, venait tout juste d'ouvrir. Il l'avait trouvé s'affairant à remettre de l'ordre au comptoir. L'employé avait interrompu sa tâche, pour courir à sa rencontre récupérer ses deux mallettes, tandis que l'homme s'affairait avec son trousseau de clés devant la porte intérieure. Il était entré ensuite dans la pièce étroite, une espèce de cagibi faisant office de bureau, récupérait ses deux charges qu'il déposait sur une petite table qui hébergeait déjà tout un tas d'objets hétéroclites.

Le préposé sait qu'il en est ainsi tous les lundis. Il sait que le patron va s'enfermer pendant une bonne heure pour s'y adonner à une occupation qui ne déplait à aucun commerçant. Compter et aligner les billets et les pièces de monnaie. Diokel procède à ce rituel une fois par semaine, et toujours le jour du lundi. Plus qu'une croyance, une véritable superstition… À Tound Bouki, à partir du moment où il eut à discerner les choses, il en avait toujours entendu sur le caractère sacré de ce jour. Le jour préféré pour voyager, pour négocier diverses affaires telles celles liées au négoce, aux liens du mariage et autres… Car c'est le jour du lundi qui marqua le plus les grands évènements de la vie du Prophète de l'Islam, de sa naissance à son rappel à Dieu… Heureuse coïncidence, c'est toujours le lundi, après la pause des samedis et dimanches, qu'il se retrouve avec les plus grandes recettes. C'est en effet pendant le week-end que la clientèle est le plus disponible, et que les travailleurs profitent de ces deux journées pour faire leur marché. Avec le produit des ventes de ses magasins et boutiques disséminés en banlieue, des quincailleries et boulangeries, auquel s'ajoutent les recettes des véhicules de transport de marchandises et de voyageurs urbains, sans oublier celle des charretiers, il se retrouve chaque dimanche avec des sommes considérables. En fin de mois, avec le cumul des produits des locations, ce sont ses valisettes qui débordent littéralement de billets de banque.

C'est dans cette arrière-boutique de sa toute première quincaillerie Borom Ndoukoumane, d'où ne lui parviennent que les bruits étouffés de la rue, que Diokel s'adonne à cette activité favorite : faire les comptes. Et c'est avec méticulosité, avec une quasi-ferveur qu'il s'y prend. Les billets sont classés d'abord par catégorie, des grosses coupures aux plus petites. Ils sont ensuite rassemblés de sorte à faire des liasses du montant voulu. Les liasses sont ensuite comptabilisées une par une, avant d'être soigneusement couchées au fond de la mallette. Au fur et à mesure, l'homme mentionne sur son calepin, comme il s'y prend quotidiennement, avec une grande application, ses chiffres à lui. Ce sera ensuite autour des pièces de monnaie. Après avoir déversé tout le contenu des sacs sur la table, il reprend le comptage, toujours par catégorie, brassant ensuite chaque tas dans un sachet. Il appartiendra au préposé de les rassembler avant de les enrouler en tubes, comme ceux de la banque le lui ont suggéré tant de fois, avant qu'il se résolve à s'y conformer. Mais, après l'opération, pas un billet, pas une pièce n'ont échappé à sa vigilance. D'ailleurs, par réflexe, l'homme inspecte toujours le parquet, pour le cas où… Et toujours, en attendant que l'employé en termine avec sa tache ennuyeuse, c'est son téléphone qui prend le relais.

Ce lundi-ci, c'est avant qu'il en termine avec les billets que le préposé est venu taper à la porte, mais sans entrer.

— Qu'est-ce que c'est ?
— Un monsieur… Il dit qu'il veut vous voir…
— Fais-le attendre… J'arrive…
— Heu… Tékhey a appelé de la boulangerie des Parcelles…
— Tékhey ?
— Oui… Il a dit qu'il rappellera…

Il avait bien entendu le téléphone sonner tout à l'heure, avait cru ensuite entendre discuter dans la boutique. Un échange qui n'en finissait pas, comme cela arrive souvent avec des clients d'une certaine catégorie, sans grands moyens, mais qui veulent coûte que coûte ressortir avec la marchandise voulue. Ce n'était donc pas cela… Peut être alors, un de ces fonctionnaires, indécrottables emprunteurs, de véritables sangsues quand ils s'accrochent, un genre que son employé flaire souvent, pour faire barrage ensuite.

L'interruption de Makhtar lui était ensuite sortie de la tête. Et c'est en faisant irruption dans la boutique avec ses sachets de pièces sur les bras qu'il aperçoit l'homme juché sur un des tabourets.

— Ah… *Assalam aleykoum*, Gorgui !

— *Aleykoum salam…*

— Où avais-je donc la tête ?… Un instant s'il vous plait… Makhtar, voilà…Vous me les classez comme d'habitude…

— Oui patron.

— Faites vite alors… *Serigne bi…* Venez…

L'homme, le regard fixé sur lui, se lève pour le suivre en silence, avec un léger sourire aux lèvres. Diokel réintègre alors l'arrière-boutique pour pousser ses deux valisettes sous la table. Pendant ce temps, le nommé Makhtar a fourré les sachets de pièces sous le comptoir, avant de soulever la partie mobile de celui-ci afin de céder le passage au visiteur.

Tout en lui tirant une chaise, le propriétaire des lieux poursuit ses salutations interminables. Une vieille habitude acquise en monde rural, où les échanges de civilités ne prennent jamais fin, où leurs retours répétés interrompent la conversation à tout bout de champ, tels des refrains…

— Les épouses ? Les enfants ?… La santé ?… *Alhamdoulilah* !… Les enfants ? *Alhamdoulilah* !… La paix ?… Les parents ?…

Une minute plus tard, les deux hommes sont en face, l'un de l'autre. Diokel Dione a alors comme un léger choc. Quelque chose au fond de son être qui se met à remuer soudain… Le visiteur est un vieil homme chétif, à la tête et à la barbe toutes blanches, mais aux moustaches encore grises. Le tout est hirsute. La peau est noire et luisante. Il a les joues creuses de l'homme qui a perdu beaucoup de ses molaires. D'ailleurs, quand il ouvre la bouche pour répondre aux salutations, on s'aperçoit que celle-ci n'héberge plus beaucoup de ses dents… Sur ses gencives, les rangs sont clairsemés. L'homme est habillé d'un ensemble à la saharienne beige, à la propreté douteuse et au col élimé.

Le veston a encore tous ses boutons, mais cousus indifféremment de fils de couleurs… Il laisse apparaitre un bout de sous-vêtement de couleur grise. Il porte des souliers d'un noir luisant qui fait penser qu'il vient de sortir des mains d'un cireur… Il a un regard expressif qui semble jauger l'homme assis en face de lui, et qui le domine de sa forte corpulence. Un regard dansant et qui, dirait-on, refuse de se fixer.

— *Alhamdoulilah Serigne bi*… Un parent d'où ?… Moi, c'est Dione…

C'est comme si le regard toujours rieur du visiteur prend de l'intensité dans son expression. Diokel semble de plus en plus mal à l'aise devant cet éclat qui pourtant ne lui semble pas inconnu.

— C'est que cela fait bien longtemps, depuis que j'ai fait mes adieux à ce bon vieux coin de Tound…, se décide enfin le visiteur.

— Han ? Tound… Tound Bouki ?

Diokel se redresse un peu, les mains sur la table, comme si cette drôle d'impression se précisait.

— Oui… Comme pour vous aussi, Diokel Dione… Combien d'années encore ?

Voilà Diokel qui se redresse alors carrément, et le buste en arrière, un léger sourire aux lèvres, se prend à fouiller dans ce visage devant lui, à scruter dans ses yeux inquisiteurs, les seuls qui semblent encore vivre chez son visiteur… Pourtant il hésite encore… Ce visage, ces yeux…

— Heu…Vous m'avez connu à… à Tound ? Lâche-t-il de nouveau.

L'homme marque une pause, se met à fouiller dans une des poches latérales de son veston, pour finir par en sortir un mouchoir à jeter roulé en boule. Il se prend ensuite à cracher dedans avec force éternuements, comme savent si bien le faire les fumeurs invétérés.

— Disons que nous nous y sommes connus, et bien connus d'ailleurs… Le sourire qui revient aux lèvres…

— Heu… Il est vrai… Je suis bien originaire de Tound… Mais…

Le voilà qui se remet à fouiller dans ce visage qui se veut souriant, empruntant cet air de l'homme bienveillant à qui on pose une colle ennuyeuse et sans intérêt, et qui chercherait à faire plaisir à son interlocuteur, en faisant semblant de réfléchir… Il craint de paraître ridicule en se lançant, pour se tromper ensuite. Ce vieil homme avec ses joues creuses, avec ses...

La voix de l'homme lui parvient de nouveau, lointaine, comme dans un rêve.

— Vous allez vous rappeler sûrement... Tout le village avait pris l'habitude de tempêter contre les pétarades de ma moto bien-aimée...

« Les pétarades de sa moto... Oui... oui... »

— Surtout de bon matin, quand elle refusait de m'obéir, tel un âne rétif...

« Les matins... Oui... Il ne peut s'agir que de... »

— Oui, c'est bien moi, monsieur Dione... M. Niang, le directeur d'école... de Keur Birima.

Suivit un éclat de rire grasseyant, accompagné d'éternuements et de toussotements...

— M. Niang... Allah... M. Niang... Comment ma mémoire a-t-elle pu faillir donc à ce point ? Niang... Niang ... Ah, c'est que cela fait si longtemps... Le temps... Le temps... Niang... la famille ? Les enfants ? La santé...

La révélation se poursuit, toujours agrémentée des mêmes grands éclats de rire et des mêmes raclements incongrus. C'est un flot de souvenirs qui jaillit alors soudain de son être. M. Niang, le directeur d'école de Keur Birima, qui avait choisi de venir s'installer à Tound, plutôt que là-bas, pour des raisons de commodités disait-il. Contrairement aux autres maîtres qu'il commandait... M. Niang au regard fuyant... C'est qu'il avait changé entretemps, le directeur...Beaucoup changé... Qui aurait donc pu deviner qu'en ce vieil homme à l'air si... humble, se cache celui qui fut le fringuant directeur d'école de l'époque, ce directeur si soigneux dans sa mise, celui-là que toutes les jeunes filles de Tound admiraient sans vouloir le montrer, et que tous les enfants couraient accueillir, pour toucher sa moto et courir derrière lui, chaque fois que les pétarades de sa machine annonçaient son arrivée... Allah ! Quelle métamorphose alors !

— Vous savez, – l'interrompt de nouveau le visiteur dans ses réminiscences –, j'ai quitté Tound et Keur Birima un an seulement après votre départ pour Dakar... Mais moi, je n'ai pas gagné la capitale directement... Vous savez, ce n'est pas si facile chez les fonctionnaires, les affectations... La capitale surtout, c'est toujours difficile.

Diokel retrouve de nouveau la parole que la surprise lui avait ravie.

— M. Niang... M. le directeur...

— Hé oui...

Il ne peut se retenir d'avouer :

— C'est que... C'est que...

— C'est que je ne lui ressemble plus du tout, au directeur de l'époque... C'est bien ça ?

— Heu...

— Et vous auriez raison, monsieur Dione...Vous auriez bien raison de le penser...

— Heu... Pas beaucoup pourtant, Niang... Les enfants ? La santé... C'est que ça remonte à très loin, tout ça, han ?

— Dix-huit ans exactement... Dix-huit ou dix-neuf bonnes années...

— Dix-neuf !... Comme cela va vite, Allah ! Dix-neuf ans !...

— Hé oui... Surtout quand on vit en ville... En ville, ça va très vite, trop vite même, vous savez... Le temps est trop précieux en ville... C'est pourquoi ça va si vite...

— C'est vrai... J'en ai bien une idée aujourd'hui...

— Contrairement à la brousse où il semble s'écouler si lentement...

— Çà, vous avez bien vu, Directeur... Je me souviens encore de la morte saison en brousse... Entre deux hivernages, c'est interminable...

— Çà oui... Et j'y ai perdu bien des années de ma vie, en brousse... Quand on y sert, vous savez, ça vous endort quelquefois. On est coupé de tout. On ne se rend compte de rien, et c'est à la veille de la retraite seulement que l'on découvre que c'est terminé...

— Han ? *Alatraité* ? Déjà *alatraité* ?... s'exclame Diokel.

Voilà que son visiteur s'arrête de parler pour se mettre à l'observer de nouveau, avec des yeux inquisiteurs, un regard bien moins fuyant maintenant, l'air de se demander si l'ancien paysan et cocher n'est pas en train de se payer sa tête.

Puis :

— Hé oui... Et vous me voyez bien maintenant... Il n'y a que la retraite pour vous transformer son homme en un rien de temps... C'est dur vous savez, la retraite, monsieur Dione...

— Ha… Ha… C'est que… Il n'y a que chez les toubabs que ça existe, les *alatraités*…

Sa pensée est allée à tous ces retraités de l'État, ces éternels débiteurs qui passent leurs journées sur leurs *bancs du tourment* des places publiques, à échanger des coups sur la politique, et le *laamb,* – cette lutte avec frappe si vulgaire et si différente de celle de sa campagne natale, une espèce de pugilat entre bourricots sur deux pattes –, et à parler de football, à jouer à la belote, et à lorgner les fesses des femmes d'autrui et des minettes… M. Niang lui, semble tout à coup ressembler à ce genre-là.

— Eh oui… Eh oui… Et je le constate bien aujourd'hui… Mais puisque nous avons tout retenu de ce qu'ils nous ont apporté… le bon et le moins bon…

— Oui… Et vos autres *sourgas,* que sont-ils devenus ?

— Ah… mes adjoints ? Je les ai tous laissés là bas, vous savez, quand je suis parti… Mais aujourd'hui, ils doivent être….

L'ancien directeur s'arrête soudain de parler comme coupé dans sa réponse.

— Heu…Vous n'allez donc plus au village, monsieur Dione ?

— Oh… Que si ! Bien sûr que si… monsieur Niang… Mais, vous savez… l'école est toujours à Keur Birima… Et mes voyages à Tound, c'est toujours pour quelques heures.

— Çà doit être ça…Vous savez, les fonctionnaires, c'est ça leur lot… pour ne pas dire leur malheur… Ils ne font que bouger dans leur carrière… Affectations sur affectations… Surtout chez nous autres les maîtres d'école. On n'a guère le temps de se fixer. À l'heure qu'il est, mes adjoints de l'époque ont dû tous se disperser à l'intérieur du pays… À voir même s'ils se souviennent encore les uns des autres. Vous savez, dix-huit ans, ce n'est pas hier…

— Oui… oui… Mais il faut toujours rendre grâce à Allah… C'est lui qui décide.

Un vide semble vouloir s'installer ensuite, que Diokel cherche à combler en reprenant les civilités. Le fond paysan qui revenait.

— Niang… Et les épouses ?... Les enfants ?... La santé ?...

L'homme a un léger sursaut, comme surpris…

— Les épouses ? Vous avez bien dit les épouses ?... – il s'esclaffe de nouveau, comme amusé ; puis après quelques secondes de réflexion –, vous savez, c'est seulement en brousse qu'on peut se permettre d'en avoir plus d'une… Ou alors quand on est dans les affaires. Pointant le pouce par-derrière, par-dessus son épaule, il ajoute : « Je me souviens que vous en aviez déjà deux à Tound… Non ?… Gnilaane la première, et… et…»

— Gnilaane et Dégueune…

— C'est ça… c'est bien ça… Dégueune, la deuxième… Elles sont avec vous ici, à Dakar ?… Vous en avez combien aujourd'hui ? ajoute-t-il avec un sourire en coin complice.

— Heu… une troisième seulement…

— Une troisième !… Et seulement, dites-vous ? Hum… hum… – comme s'il cherche à ironiser – cela voudrait-il dire… hein ?… Ils se mettent à rire tous les deux ensemble.

— Et vous alors, Directeur, vous en êtes à combien ?

— Moi ? – il reste un instant l'air pensif, puis – hélas, je n'ai plus d'épouse… plus de compagne…

— Ah ?… Ah ?… , il se prend à l'observer d'un air curieux, n'osant lui poser la question qui lui brûle les lèvres.

Diokel se rend compte que le temps est en train de filer. Voilà bientôt une demi-heure que le visiteur est là, comme vissé à sa chaise, parlant sans arrêt de tout et de rien, son attitude réveillant par à-coups comme une légère inquiétude en lui. Makhtar le préposé a dû déjà, depuis belle lurette en avoir terminé avec la tâche qu'il venait de lui confier, et lui, a bien envie d'entendre son hôte prendre congé. D'accord, avec ces retrouvailles, il y aurait sûrement bien des choses à se raconter après ces presque vingt ans de séparation, mais il y a bien plus important à faire pour le moment… Il doit aller à la banque pour y déposer ses sous, avant de faire le tour quotidien de ses affaires. Et la banque, les lundis, c'est comme les vendredis. Comme si ce sont tous les clients qui s'y donnent rendez-vous. S'il y arrive tard, il sera encore obligé de passer par son homme là-bas pour ne pas avoir à faire la queue… Or, son homme là bas, il n'est toujours pas facile de lui mettre la main dessus.

Il ne semble plus prêter l'oreille aux propos du visiteur, décidément fort hésitant à aborder le motif de sa visite… S'il en a un… C'est peut-être parce qu'il s'est pris à bouger sur son siège, sans arrêt et sans le chercher réellement, que son visiteur semble se rendre compte de la situation…

— Bon, termine-t-il sa tirade. Je vais devoir vous laisser

monsieur Dione... Je sais que vous, dans les affaires, vous n'avez guère le temps... contrairement à nous autres sur la touche, qui passons les journées à *compter les poteaux*...

Toujours le même éclat de rire, en se levant.

— Quel bonheur que de vous revoir monsieur Niang... Après si longtemps...

— Quel bonheur pour moi surtout, monsieur Dione... Si vous saviez...

Diokel Dione est en train de fouiller, une à une, dans ses nombreuses poches. Il sort sa main fermée de l'une d'elles, qu'il fourre dans celle de M. Niang.

— Pour la cola...

— Voyons...Voyons...

— C'est que... votre visite m'a pris de court... Mais... *In cha Allah*... *In cha Allah*...

Ils sortent de l'arrière-boutique, M. Niang devant. Diokel l'entend s'adresser à Makhtar.

— Merci jeune homme...Vous avez été bien gentil...

— De rien, mon père... Heu Patron... Madame Diallo aussi a appelé.

— Oui...

Lorsque Diokel ressort de la quincaillerie, une valisette en main, suivi de Makhtar avec l'autre, plus un lourd sachet en toile, monsieur Niang est toujours là, comme en admiration devant la Pajero grise...

— Ah... Si je peux me permettre, monsieur Dione... Si c'est du côté du Plateau que vous allez...

— Euh... Oui... oui...

— Merci... merci...

C'est quelques minutes après qu'ils se sont retrouvés en plein dans la circulation de la bretelle, que M. Niang, toujours très loquace, laisse tomber à la vue d'un gendarme qu'ils viennent de croiser juché sur une moto immense :

— Ça, marche fort pour l'uniforme, dirait-on aujourd'hui... Ce n'est plus comme à la vieille époque... Ils en ont pris du galon et du fric avec le temps.

— Et du ventre aussi..., renchérit Diokel.

Ils ne peuvent s'empêcher de rire, avant que M. Niang ajoute tout bas :

— J'espère que leurs fameuses tracasseries de Tound ne sont plus qu'un mauvais souvenir pour vous...

Diokel Dione ne répond pas. Il a soudain comme le cœur qui bat un peu plus vite. Et M. Niang qui ajoute :

— De vrais salauds en réalité, ces soi-disant hommes de loi... De vrais sans foi ni loi.

*
* *

Il revoit encore dans son rétroviseur l'ancien directeur d'école, lorsqu'il l'a déposé à l'avenue du Président Lamine Guèye. Il avait prétexté le temps perdu dans les embouteillages et la pollution grandissante, dans cette circulation où l'on avance pare-choc contre pare-choc, pour se glisser dehors au carrefour de l'avenue Faidherbe.

— Encore un grand merci M. Dione... Et à un de ces jours...

Il l'avait bien vu, qui s'était mis à observer la Pajero qui repartait se noyer dans le flot de véhicules, comme si ses coups d'œil en coin bizarres qu'il n'avait cessé de lui lancer pendant tout le trajet, n'avaient pas suffi... Et il avait le sourire aux lèvres... Pour lui surement, un ancien borom sarett au volant d'une voiture, cela devait faire bien incongru...

Beaucoup de détails de la rencontre qu'il venait d'avoir avec le vieux directeur d'école n'arrivent pas à le quitter. Plusieurs fois au cours des échanges à la quincaillerie comme sur le chemin du Plateau, il y était allé, du *Monsieur* Dione... *Monsieur* Dione ! Comme s'il le prenait pour un amnésique... *Monsieur* Dione ! Aujourd'hui, il n'est plus l'idiot de Tound... Ou alors, lui et ses *sourgas,* ils ont toujours cru que le paysan n'est pas doté d'oreilles. Car en fait, il ne pouvait compter le nombre de fois où il les avait entendus en casser sur son dos, ces maîtres d'école. Combien de fois ne les a-t-il pas entendus le traiter... d'âne. Oui d'âne... Parce qu'il leur a toujours refusé sa progéniture. Parce qu'il les a toujours renvoyés, poliment certes, mais fermement, surtout lui, le directeur, lorsqu'ils venaient taper à la porte de sa concession à la veille de chaque rentrée des classes. Et ils étaient collants, et fort têtus, ces maîtres-là. D'accord... Tékhey lui avait échappé. Son oncle, ce frère de Gnilaane qui s'habillait et parlait comme le président Sédar avait eu raison de sa résistance. Il l'avait eu surtout parce qu'il ne s'attendait pas à son coup fourré. Et le fils aîné, dont il avait

eu l'imprudence d'accepter d'en faire le parrain, lui avait échappé…
Mais il lui restait les autres… Et ceux-là, c'est au travail de la terre
et à l'éducation islamique qu'il les destinait…garçons comme filles.
« Ils sont aux champs… les récoltes… elles ne peuvent attendre… »
« Ils sont à l'école… chez leur maître coranique… » ne se lassait-il
jamais de le leur rétorquer. Il les entend encore, ces toubabs noirs, ces
moussés, lorsqu'il venait faire lire ses lettres à Keur Birima, ou bien en
faire rédiger. Ils riaient toujours sous cape. Et ils se laissaient toujours
berner par son air endormi qui les encourageait à parler. Tandis que
l'un d'eux, au moment de la recréation, s'isolait pour s'occuper de lui,
avec toujours la moue aux lèvres, les autres, assis sur leur banc s'en
régalaient toujours sur son dos, en croquant leur arachide grillée.

— Maître Aliboron qui nous revient…

— Hélas… Et puis, quel charabia, ces correspondances…

— On te plaint, mon gars… Quelle corvée ! Et ses réponses à
lui ?

— Quoi ? Ses réponses ? Vous ne les entendez pas d'ici ?... C'est
encore pire…

Puis, sur le banc, entre eux, et tout bas :

— Et son *wolofal* alors… À quoi il lui sert ?

— Qui s'amuserait donc aujourd'hui à lire le wolof transcrit en
caractères arabes ?

Et de nouveau, à l'adresse du rédacteur :

— Propose-lui donc des cours du soir de toubab…

— Pourquoi pas ? Sûr qu'il va accepter. Si on le paie pour ça…

Et ces toubabs noirs se mettaient tous à rigoler, toutes dents dehors.

— Les grands perdants dans tout ça, ce sont ses pauvres
rejetons.

— Et dire qu'il n'arrête pas d'en faire, Maître Aliboron.

— Heureusement pour l'aîné… Lui, l'a échappé belle.

Son air endormi les a toujours trompés, ces toubabs noirs. Il ne
comprenait pas tout leur discours, mais il en saisissait toujours l'essentiel. Ses pauvres enfants, disaient-ils… Ses pauvres *bouts de bois de
Dieu* d'alors n'ont rien à envier à ceux d'aujourd'hui. Il faut se prome-
ner dans Ndakaarou pour s'en rendre compte. Et des *bouts de bois de
Dieu*, il continuera à en produire tant que cela plaira à Allah… Pour
accroitre la grande famille du Prophète de l'Islam.

Diokel continue de manœuvrer pour remonter l'avenue Faidherbe. Tout à ses réminiscences, il n'entend pas les klaxons rageurs des usagers de la route ni les récriminations des piétons qui la leur disputent. Aujourd'hui, il en compte vingt-sept, de *bouts de bois*, avec dix-neuf filles, et tous vivants, *Alhamdoulilah*. Et de tous les garçons, Tékhey est le seul à lui créer des difficultés aujourd'hui. Car le seul à lui avoir échappé. Aujourd'hui, pour goorgui Niang, il n'est plus l'âne, celui qui refusait de leur confier ses enfants, et qui venait les solliciter pour faire lire ou rédiger ses lettres, sans savoir d'ailleurs s'ils s'y prenaient honnêtement. Aujourd'hui, c'est monsieur Dione… *Monsieur* Dione… – il se prend à rire soudainement – Et c'est *moussé* Niang, l'ancien directeur qui vient aujourd'hui lui servir du monsieur. Mais aujourd'hui, lui Diokel Dione, l'âne d'antan, le leur rend bien, à tous ces toubabs noirs. Ce sont eux aujourd'hui, tous ces fonctionnaires qui viennent ramper à ses pieds. Et puis… Et puis… Tout à l'heure, pour il ne sait dans quel but, cet hypocrite qui revient sur ces mauvais souvenirs comme il dit, et en profiter pour injurier la gent en uniforme. Comme si lui Diokel a oublié… Han ? Comment oublier cette attitude fumiste qui fut la sienne pendant ces évènements de Tound ? Han ? On lui a tout rapporté à l'époque, surtout son attitude bizarre et louche face à la gent en uniforme, quand les jeunes et les adolescents se sont levés pour s'opposer à eux, ce fameux jour où ils sont revenus avec leurs renforts. Le menteur… Le fieffé menteur… Aujourd'hui, c'est lui qui ose les insulter.

Diokel est parvenu au niveau de la place de l'Indépendance, sans même s'en rendre compte. Il n'y a plus une seule place de libre pour se garer, comme toujours. Trois laveurs de véhicules, tous de jeunes Toucouleurs d'à peine seize ans, foncent déjà sur lui, et se bousculent pour offrir leur service.

— Faites le tour et revenez Patron… La 4X4 blanche va sortir…

— Là… là… Vous pouvez y entrer.

Là, c'est impossible… Trop étroit… Il lui faut en fait accomplir trois fois le tour de la Place pour trouver à se caser. Pour y arriver, il lui fallut attendre de longues minutes qu'un vieil homme, de type libano-syrien au volant d'une 4X4 s'extirpe fastidieusement de la rangée de voitures. Le temps pour lui d'admirer les deux rutilants bolides qui l'encadraient, et dont il ne reconnut pas la marque, malgré ses efforts.

Depuis que le successeur de Sédar,– celui-là que les vieux savants du pays assimilaient à un palmier rônier, cette palmacée si avare en ombre, – avait été renversé aux élections, près de vingt ans après que le pouvoir lui a été généreusement offert par son prédécesseur, son remplaçant s'était fait semble-t-il, le pari de frapper les imaginations de ses compatriotes en submergeant le pays de véhicules de luxe de tous les calibres, pour en équiper les innombrables institutions qu'il a mises en place pour asseoir son régime. Cela donne toujours quelque impression du changement promis et tant attendu.

Mais, pour une toute autre raison, ces belles bêtes qui accaparent aujourd'hui les routes de la Capitale ne laissent pas Diokel indifférent. Tout pris dans l'admiration des deux grosses cylindrées aux vitres teintées, hautes sur leurs quatre roues motrices, c'est à peine s'il perçoit les cris des deux laveurs de voitures, peu disposés apparemment à accepter que la place lui soit ravie par un autre...

Quand quelques instants plus tard il s'engouffre dans la banque, ses deux valisettes en main, celle-ci, comme il le craignait, est bourrée de monde. C'est un grand ouf de découragement qu'il lâche en fusillant du regard les longues files bruyantes, avec une pensée méchante pour le directeur Niang. Pour lui, ce sont toujours ceux-là qui posent problème à la banque qui l'encombrent. Tous ces fonctionnaires qui y font passer leur salaire, ces petits employés qui raclent tout et en une seule fois en fin de mois, et qui reviennent une semaine plus tard pour emprunter. Des découverts, toujours des découverts... Rougui, madame Diallo, lui a tout expliqué. Beaucoup d'entre eux, il le sait, se trouvent empêtrés dans des combines inextricables d'argent, jouant à cache-cache tout le temps, au point de n'avoir plus de temps à consacrer à leurs devoirs.

En attendant qu'une certaine de ses connaissances dans cet établissement montre le bout du nez, Diokel avise une place vide sur un canapé et s'y affale, ses deux valisettes entre les jambes. Après un regard circulaire discret autour de lui, il les recouvre sans en avoir l'air d'un pan de son grand boubou. Les guichets servant ici à la fois aux paiements comme aux versements, il sait le tollé qui se déclencherait dans les rangs, quand il s'agira pour le caissier en question de se lancer dans la longue opération qui consiste à compter les milliers de billets qu'il vient verser. D'autant plus que le mauvais œil et la mauvaise langue sont partout aux aguets.

*

* *

Ce sont les mauvais souvenirs qui continuent d'affluer. Il faut dire que la visite de ce matin en a réveillé beaucoup. Comment peut-il en être autrement, après tout ce qu'il a subi à l'époque ? Les cicatrices sur ses bras, sur l'intérieur de ses cuisses et sur son dos, sont toujours là pour lui rappeler ces instants terribles. Mais c'est que la visite de l'ancien directeur d'école a comme déclenché quelque chose de nouveau, quelque chose de plus net. Comme si elle venait de dégager d'un coup de brosse la nappe de poussière qui voile le regard à travers un pare-brise. Comment peut-il oublier ? Surtout que, chaque fois qu'il repasse à proximité des lieux, pendant ses visites traditionnelles à Tound et à Gouye Salaam, il ne peut s'empêcher de fouiller du regard le bas-côté de la route. En hivernage, avec l'herbe haute qui colonise toute la brousse, impossible de distinguer quoi que ce soit. Le regard a beau chercher à percer la muraille verte, on n'aperçoit que des têtes cornues de bovins qui en émergent, et qui s'y meuvent paresseusement. Mais pendant la morte-saison, quand le soleil a tout brûlé, et qu'il ne reste plus sur le sol que quelques souches éparses de la graminée, il l'aperçoit toujours de loin. L'épave du véhicule est toujours là, une masse informe de tôle rouillée sur laquelle perche la gent ailée, au milieu des caprins qui y ont élu domicile. À une époque déjà lointaine dans le passé, la découverte de cette épave lui a tant coûté. Dans sa chair comme dans son âme et sa dignité. Mais aujourd'hui, grâce à Dieu…

C'est un grand souffle que Diokel Dione laisse échapper. Le regard tranquille se met à parcourir de nouveau les rangs et les visages, ceux des femmes portant le voile surtout. C'est ici, devant cet établissement qu'il a fait la connaissance de l'une d'elles, une certaine Rougui Diallo, dans des circonstances parmi les plus saugrenues, mais aussi les plus révélatrices des réalités de cette grande ville. Elle avait appelé tout à l'heure sur le fixe, alors qu'il échangeait avec cette vieille connaissance de Niang. Elle avait dû sûrement essayer sur son numéro de portable, et en vain bien entendu… car encore une fois, il a oublié d'allumer ce dernier depuis ce matin, à sa sortie de la mosquée.

Il se met à fouiller ensuite dans les nombreuses poches profondes de son boubou, pour l'extirper de l'une d'elles. Lorsque la musique qui accompagne l'allumage se déclenche, ce sont plusieurs têtes qui se tournent vers lui, et plusieurs regards qui convergent vers la merveille en miniature logée dans sa main.

11

— Ce n'est pas possible ! Non… Le cocher ! Ce n'est pas vrai ! Il vient encore de nous le faire ! Encore une fois, Koli !

Koli Yang Yang semble lui, moins ébranlé.

— Pourquoi ne pas dire les choses telles quelles, Samba ? Il vient à nouveau de nous niquer, l'ancien cocher.

— Et c'est toute la racaille des affaires de la banlieue qui en fait des gorges chaudes… Çà se raconte partout.

— Pour sûr…

C'est encore une fois le clan Galgal qui se trouve réuni à son Quartier général, au fin fond de l'arrière-boutique de la place Daarou Rahmaane de Keur Massaar.

— Et c'est comme s'il n'en a qu'après nous, et nous seuls, ce vautour…

— C'est bien ça apparemment… Combien de chauffeurs a-t-il encore arrachés à Goor ?

— On dit qu'il leur propose beaucoup mieux…

— C'est sûr ça… Mais ce qui me dépasse moi, ce sont les moyens dont ce bougre dispose, fulmine toujours Samba Galgal… Aujourd'hui par exemple… Sortir autant de briques, comme ça, en une seule fois… Vous vous rappelez, son parc auto… la rapidité avec laquelle il a fait intrusion dans le transport, jusqu'à faire dérailler complètement notre gars.

Goor Yomboul n'est pas présent dans les lieux cet après-midi. C'est le trio composé de Samba Galgal le marchand d'occasions, Koli Yang Yang de l'immobilier, et Coumba Fitna du mareyage qui campe sur la place, toujours autour du cérémonial du thé.

— Soixante-quinze briques, d'un coup… Faut le faire, renchérit Koli. Soixante-quinze briques ! Et pour un vieux bâtiment, presque en ruines.

— Un bâtiment en ruines… Hum… Tu sais bien qu'il a flairé comme toi la bonne affaire, mon cher ami… Et il a été plus rapide…

Vous allez voir ce qu'il va en faire bientôt.

— C'est un homme maudit, ce Dione... Comme tous les cochers... Il en porte bien la marque.

— En tout cas, maudit ou pas, la baraka semble bien aller avec lui.

Diokel Dione venait de réussir un grand coup dans une affaire de transaction d'un vieil immeuble d'habitation. Koli Yang Yang qui était lui aussi sur le coup, était en négociation fort avancée avec le représentant des héritiers d'une grande famille de Saint-Louis dans le nord, que le transfert de la capitale à Dakar en 1958, à la veille de l'indépendance, avait contraint à venir s'installer ici, et qui avait dé-cidé de quitter cette agglomération bruyante et étouffante, pour aller rejoindre la région natale. L'immeuble, d'un âge fort avancé, situé sur la route de Rufisque, dans le quartier populaire de Hann, hébergeait encore des locataires qui obstinément, refusaient d'en sortir. Crise du logement oblige ! Dakar n'arrêtait toujours pas de recevoir ses flots de migrants, et les prix du loyer de grimper en courbe exponentielle. Les vieux immeubles – et même de tout nouveaux – continuaient de s'effondrer et d'ensevelir leurs habitants. Mais rien n'y fit. Lorsqu'il parvenait à obtenir ses quelques mètres carrés, plus rien ne pouvait en faire déloger le locataire. Quitte à *monter et descendre* – les escaliers du tribunal – pendant des mois, chez le juge, *là où le bonnet est un*, pour y affronter le propriétaire... Dans cette affaire-ci, les héritiers avaient décidé de vendre. Il est vrai qu'ils avaient tous réussi dans la vie, et qu'ils avaient déjà chacun son chez-soi dans la ville natale.

Koli Yang Yang avait eu vent de l'affaire. Koli est un de ces hom-mes d'affaires *baol-baol*, – d'une ancienne province de l'intérieur –, de ceux-là qui ne savent ni lire, ni écrire, du moins dans la langue de Molière, qui évoluent dans un informel total, n'ayant ni bureaux, ni secrétariat, mais qui ont cette ressource incroyable qui peut leur permettre de réunir en quelques heures des dizaines de millions chez leurs comparses des affaires, sous forme de prêt, du fait de la forte solidarité de tradition qui lie ces originaires de la région natale du Baol... Le genre d'informels qui, à force de se serrer la ceinture, de se nourrir d'arachide, de patate et d'eau, et de porter le même ensemble boubou et *thiaaya* toute l'année, arrivent à vous bâtir un empire, avec la patience de la fourmi, à la barbe de tous...

La principale activité de Koli – il avait eu à faire les bancs, lui, contrairement à la grande majorité des *baol-baols* – se résume en pratiques spéculatives portant sur la location, sur l'achat et la revente de terrains, de maisons et d'immeubles. Son sens aigu des affaires a fait de lui un spéculateur fort téméraire, qui n'hésite guère à se fourrer dans les types de transactions les plus compliquées, voire les plus louches. Il possède déjà plusieurs appartements dans la Médina et dans la Sicap – la Société immobilière du Cap-Vert –, plus récemment dans la monstrueuse agglomération de la banlieue qu'est Pikine-Guédiwaaye, et dans la partie de Dakar dite des Parcelles Assainies. Et dire qu'au tout début, personne ne voulait de ces zones déshéritées, infestées de bestioles et de moustiques, que l'on n'acceptait que la moue aux lèvres.

Il fut ainsi parmi les premiers à flairer que l'avenir de Dakar est dans la banlieue. De Pikine, Koli a glissé du côté de Petit Mbao et de Keur Massar, une terre pratiquement vierge à l'époque, et que les gens de Dakar qui fuient le cœur de la capitale viennent investir aujourd'hui en s'y bousculant sauvagement, n'hésitant guère à y mettre le prix. Aujourd'hui, Pikine, Guédiawaye, les Parcelles, Petit Mbao, keur Massar et autres hébergent les trois quarts de la population de Dakar. Leurs zones restées inoccupées sont l'objet de spéculations sauvages et de concurrence féroce, où l'arnaque et la loi du plus fort, arme privilégiée des politiciens, règnent en maitresses. On se souvient encore du drame terrible de la cité dite Millionnaire sous le régime de celui que les anciens comparaient au palmier rônier. Ici les spéculateurs s'en sont donnés à cœur joie. Et la faim de terre et d'un chez soi pour leur famille avaient fait des intéressés des pigeons cuits à point. Les terrains de cette zone située sur la route de l'Aéroport, après le quartier dit Grand-Yoff furent vendus par les arnaqueurs avec tous les actes et cachets, tous authentiques, des services de l'État et de ses démembrements. Ce qui fut suffisant pour convaincre les banques de la place à accorder les prêts sollicités, soit pour l'achat, soit pour la construction. En un rien de temps, ce furent des villas et des immeubles qui se mirent à pousser comme des champignons sur les lieux. Les familles sont venues s'installer ensuite, et les affaires commencèrent à y prospérer. Un nouveau quartier venait de naître. Hélas ! Cet espace avait son propriétaire attitré : l'État. Et ici, on le sait, l'État est inexistant tant que ses intérêts ne sont pas en jeu. Mais quand il se décide à reprendre son dû, il n'y va pas par quatre chemins. Les interpellations adressées aux nouveaux propriétaires à peine formulées, les bulldozers entrèrent en action. Ce fut en un clin d'œil un champ de ruines à la place des constructions, et des milliards partis en poussière. Certains acquéreurs ne s'en sont jamais remis, avec les traites dues aux banques, signées pour des logements qui n'existaient plus. Des rumeurs firent état de plusieurs cas de suicide.

Koli Yang Yang est de la même trempe que ces spéculateurs. Il est d'une témérité qui frise quelque fois même la folie. Il lui est arrivé deux fois déjà, lorsque ses informateurs ou courtiers sont venus lui souffler l'existence de terrains vierges quelque part, aux propriétaires inconnus ou invisibles, de débarquer sur les lieux avec un entrepreneur, descente aussitôt concrétisée par un… plan de construction. En quelques semaines, sur chaque site, un immeuble n'a guère tardé à surgir de terre… pour être aussitôt mis en location. L'homme d'affaires a ensuite attendu tranquillement que les propriétaires légitimes veuillent bien se manifester pour… négocier. Avec toute une paperasse en bonne et due forme, prouvant que lui-même a été victime d'une arnaque… Et, chance ou appui d'en haut, dans les deux cas, l'homme s'en est tiré en procédant tout simplement au remboursement du prix des terrains… avec en appoint quelque dédommagement sur le préjudice subi. Une pratique qui commençait à faire école semble-t-il à Dakar, et de plus en plus dans les régions, des émules d'une telle pratique surgissant de partout.

Mais concernant l'affaire du vieil immeuble de Hann, il en est allé tout autrement. Koli, qui avait reniflé chez le courtier du jour un intermédiaire un peu trop gourmand, avait pris le parti de jouer au chat et à la souris avec lui. Mal lui en prit. Lorsqu'il crut avoir eu à l'usure son homme, et qu'il l'eut au téléphone pour un autre rendez-vous, quitte à lâcher un million supplémentaire sur les soixante-cinq qu'il proposait face aux soixante-dix auxquels s'accrochait l'intermédiaire, il était déjà trop tard.

— Dommage Goorgui… L'immeuble a trouvé acquéreur, s'était-il entendu répondre.

— Quoi ? Mais… Mais, attendez… nous nous étions pourtant bien dits.

— Oui… Mais l'acquéreur lui, n'a pas hésité à en lâcher soixante-quinze.

— Soixante-quinze ?

— Oui… Soixante-quinze.

— Mais bon Dieu… c'est qui ce ?…

Son interlocuteur n'avait pas cru utile de lui fournir le nom du nouveau propriétaire. Il le saurait tôt ou tard. En bon homme d'affaires, il avait jugé bon d'ajouter avant de couper :

— Vous savez ce que ça me rapporte ce surplus ?... Mais c'est les affaires, Tonton Yang Yang… Ça n'a pas été votre chance cette fois-ci. Mais Dieu est grand… Il nous réserve sûrement mieux… Prions…

*
**

Koli Yang Yang n'avait pas tardé à connaître le nom du nouveau propriétaire.

— Borom Sarett ! C'est le cocher !

Bien sûr. Ce que le nouveau propriétaire allait faire de ces ruines ?... Sûr que ce n'était pas seulement pour le plaisir de leur rafler ce marché, qu'il avait sorti tous ces millions. Si la terre est devenue objet de tant de spéculations, de coups fourrés, de spoliations et de drames, c'est bien parce que tout le monde sait ce qu'elle peut rapporter. Surtout au niveau de certains sites. La route de Rufisque est un prolongement du port de Dakar, donc de la zone dite industrielle. Dans le site de Hann qu'elle traverse, les immeubles servent à la fois pour les affaires et l'habitat, et les prix y grimpent sans arrêt. On place en location les affaires au rez-de-chaussée, et on loge les hommes et les bureaux aux étages. Au point où vont les choses dans cette capitale en éternelle ébullition, Borom Sarett ne tarderait guère à rentrer dans ses fonds.

Koli Yang Yang est toujours en train de fulminer contre le mauvais sort, lorsque quelques raclements de gorge les tirent, lui et Samba Galgal de leur prostration. C'est Coumba Fitna, jusque là oubliée dans la conversation, qui se décide à se rappeler au souvenir des deux hommes.

— Et moi donc dans toutes vos histoires d'hommes ?

— Coumba…

— Que de générosités chez ces porteurs de *thiaaya*… Tout, rien que pour eux !

Coumba Fitna porte bien son nom… Coumba la Débrouille. Toujours sur la brèche… Elle garde le silence encore quelques secondes, le visage tout renfrogné, tandis que les deux porteurs de pantalons bouffants, cet attribut du sexe fort, sont en train de l'observer, l'air quelque peu surpris.

— S'il n'y avait que ce borom sarett.

— Ah bon…

— Moi, c'est toutes mes affaires qui sont en train de péricliter… Quand je pense que vous n'avez jamais voulu me prêter l'oreille, à moi aussi.

— Heu… C'est-à-dire ?

— Ce n'est pas lui qui m'intéresse… mais ses deux pondeuses paysannes, et l'autre, la Sène…

— Ses trois épouses, vous voulez dire ?

— Oui… Vous ne savez donc pas qu'elles sont entrain de me mener à la faillite ?… C'est tout le marché du demi-gros, et tous les détaillants du marché du poisson sec et salé qui me tournent le dos maintenant.

— C'est-à-dire ?

— Je ne sais pas. Mais elles sont entrain d'inonder le marché de Keur Massaar. C'est du poisson sec, du poisson salé et du *yeet* à profusion, qu'elles déballent maintenant devant nous, tous les jours que Dieu fait. Et de la vraie qualité s'il vous plaît… Vous les hommes, ne vous y connaissez peut être pas, mais ce que nous les femmes recherchons avant tout, c'est cette denrée qui nous vient du sud, de la Casamance précisément… Pour trouver du poisson sec, et du *yeet* de cette qualité,- le cymbium local- il faut se lever de bonne heure, je vous dis. Et ce n'est pas tout… Non seulement elles en disposent quand elles veulent, mais elles offrent le produit à des prix incomparables… Si bien que…

Samba Galgal et Koli Yang Yang sont entrain d'échanger des coups d'œil surpris. Cette nouvelle donne était, il est vrai, fort loin de leurs préoccupations.

— Et moi, la Coumba, qui y suis depuis toujours, ma famille et moi, que suis-je dans tout ça, et qu'est-ce que je vais devenir sans mes denrées ? Hum ?

Ce qu'elle allait devenir sans ses denrées, les deux hommes n'en ont, semble-t-il, pour le moment, aucune idée.

— Quand je pense qu'il y a quelques mois encore, elles ignoraient tout du poisson sec. Ce n'est que du légume qu'elles proposaient à la clientèle.

C'est Samba Galgal qui reprend, après une longue inspiration :

— Il n'est pas difficile de comprendre. Leur homme a les moyens. Ses gros porteurs… Il en a un vrai parc aujourd'hui et ils sillonnent tout le pays. Et le bougre a les sous… Autant d'atouts pour ses bergères.

— Ses bergères ou lui-même… Ce genre-là, quand il a pris goût à l'argent, il ne dédaigne rien. Et ce créneau-là aussi est fort porteur… J'en sais quelque chose moi…

— Et moi donc ? – c'est Coumba qui riposte – Han ?… En tout cas, *moussé* ou *madame*, c'est la même chose pour moi.

Koli est en train de réprimer un sourire naissant. Samba Galgal lui, continue de réfléchir.

— Évidemment… Toute cette hargne vers l'un ou l'autre d'entre nous, ça n'est plus qu'un secret de polichinelle…, finit-il par lâcher.

Ce sont toutes leurs pensées qui convergent encore une fois vers leur comparse Goor Yomboul le transporteur, l'absent du moment, avec cette histoire nébuleuse vieille de quelques années maintenant, et dans laquelle il s'était empêtré jusqu'au cou, les éclaboussant tous par la même occasion. Une histoire qui par ses prolongements, continuait à faire mal dans leur rang, avec cette persécution qui semblait ne pas vouloir prendre fin, de cet homme qui faillit en être la victime.

— Ce qui est vrai, renchérit la mareyeuse. Ce n'est pas possible autrement. Et je suis la mieux placée moi, pour le savoir… Vous vous souvenez ? Mais après ? Est-ce çà l'important aujourd'hui ? Han ? Allons-nous rester les bras croisés ? Han ? Allons-nous rester sans riposter face aux provocations d'un parvenu de broussard et de ses pouilleuses ?

— Surtout un parvenu de son genre… Lorsqu'on n'éprouve aucun scrupule à spolier comme il l'a fait la propriété de son propre oncle, celui qui vous a accueilli, protégé et initié, quand vous n'étiez qu'un moins que rien…

— Après avoir capturé sa fille pour en faire sa troisième épouse…

— Comme génitrice et main-d'œuvre servile, oui…, assène de nouveau la dame Coumba…

— Oui… Après tout ça, on ne recule plus devant rien, c'est sûr…
– conclut Koli Yang Yang.

Goor Yomboul l'absent, Goor Yomboul l'irascible, était le mieux
placé pour savoir le pourquoi de toute cette persécution, de tous ces
coups que le groupe encaissait sans répit de la part de l'ancien cocher,
et sans aucun moyen semble-t-il, de les parer… Mais l'avouerait-il
jamais ?

12

Lorsque tout au début, il eut compris que la source de ses ennuis, c'était celui-là que tout Keur Massaar appelait Borom Sarett, – le cocher –, lui qui semblait vouloir le mener à la ruine, Goor Yomboul avait pris la décision de s'intéresser à ce gêneur. Car en fait, lui, était bien installé, et bien tranquillement dans son petit coin de banlieue, avec sa société « Goor Yomboul et Fils ». Devant le vide créé par la faillite de la Sotrac, la société de transport de l'État, et face aux besoins croissants de la banlieue, où c'est tout un flot de populations nécessiteuses qui montent en ville dès l'aube pour en redescendre le soir, il n'avait pas cru urgent de se pencher sur le renouvellement de son parc. La société « Goor Yomboul et Fils » possède des dizaines de cars pour le transport en commun. Mais les moins vieux de ce parc sont âgés de plus de dix ans. Sa société ne possède pas de garage d'entretien et de maintenance, comme beaucoup d'autres dans le secteur. Quand quelque pépin surgit au plan mécanique, – et Dieu sait qu'avec l'état des véhicules et celui des routes entre la banlieue et le centreville, les pannes sont innombrables –, chaque fois, c'est après avoir abondamment engueulé les chauffeurs fautifs qu'il consent à faire appel à quelque garagiste du coin… Il est vrai que ces derniers pullulent sur les routes, où ils se veulent spécialistes en tout genre. Malgré l'âge de ses véhicules et les impairs au quotidien, aux heures de pointe, lorsqu'il arrivait que la clientèle aperçoive le bout du nez d'un « Goor Yomboul », ça a été toujours le rush, une bousculade à mort pour s'y engouffrer, ou se jucher faute de mieux sur le marchepied à l'arrière… Alors, à quoi bon se presser ? À quoi bon se lancer dans ces opérations de renouvellement d'un parc qui lui rapporte déjà tant ? C'est que l'immobilisation d'un seul véhicule lui coûterait par journée la rondelette somme de vingt-cinq à trente mille francs… Oui… Pas question donc d'y penser pour le moment… Se débrouiller au jour le jour, en attendant… Le nouvel intrus lui était inconnu tant qu'il ne s'était pas inséré dans le circuit « Transports en commun ». Ses cars bruyants et sans couleur continuaient d'aller et de venir vaille que vaille, et de lui rapporter plus qu'il n'en espérait… Jusqu'au jour où ses recettes commencèrent à baisser, quelques-uns de ses chauffeurs à le quitter, et qu'il en eut l'explication… Il avait décidé alors de s'intéresser au nouveau venu.

Les renseignements obtenus sur l'intrus lui révélèrent le portrait d'un drôle de bonhomme. Un ancien charretier originaire de la localité du Sine, en pays sérère, et qui était venu s'installer à Keur Massaar, à la périphérie sud de la banlieue il y a quelques années déjà, avec pour seul bagage sa charrette, et pour seul compagnon son canasson. L'homme s'était installé chez un de ses oncles, du nom de Babou Sène, un vieux pêcheur qui avait perdu deux de ses enfants lors des pogroms de Mauritanie de 1989. L'oncle l'avait mis en rapport avec un vieux cocher qui allait lui faire faire le bain en banlieue. Mais il semblait que l'homme n'était pas venu de sa brousse natale que pour le transport hippomobile. Ce dernier ayant rapidement prospéré, il est passé au transport motorisé. Soit qu'il ait un bon marabout, soit qu'il ait eu quelque secret qui lui confère sa baraka, le sieur, qui semble avoir un flair du diable, a vu ses affaires décupler à la vitesse de la lumière. Dans le transport et ailleurs. L'homme agit comme un *baol-baol*. Tout ce qui génère les sous semble l'intéresser. Mais essentiellement dans le domaine des besoins les plus vitaux pour l'homme : la bouffe, le logement et ses accessoires, le transport… Ce n'était donc pas un hasard si ses affaires grossissaient, et s'il était devenu le propriétaire déjà de deux quincailleries, d'une boulangerie, et de deux ou trois boutiques de denrées en banlieue, et aussi de terrains et d'appartements en location dont le nombre lui échappait… Mais ses affaires semblaient surtout prospérer dans le transport de voyageurs et de marchandises… Les informations fournies à Goor Yomboul précisaient que l'homme, tel le paysan parvenu, raffole de belles voitures et de gadgets, sans pouvoir cependant l'édifier clairement sur ses rapports avec les femmes… Sur ce chapitre, tout ce qu'on savait, c'était que l'homme s'était empressé de prendre une des filles de son oncle comme épouse, et que ce dernier disparu, il s'est retrouvé propriétaire de sa concession, une propriété qu'il s'est empressé de baptiser « Keur Gouye Salam », au même titre que ses autres affaires qui portent le label « Borom Ndoukoumane ». Aujourd'hui, ce sont trois épouses et toute une progéniture qu'il a parquées à Keur Gouye Salaam, dans

Keur Massaar.

Goor yomboul n'est jamais allé à Gouye Salaam du Ndoukoumane, mais il a déjà entendu parler de son Sage. Un marabout pas comme les autres. L'explication des succès du trouble-fête était peut-être là. Mais qu'à cela ne tienne…

*
* *

L'homme raffole – lui a-t-on rapporté –, de belles voitures. Comme tous les broussards qui, pendant toute leur enfance, en ont rêvé, pour s'être émerveillés chaque jour, à la vue de toutes ces bêtes motorisées qui traversent leur village, leurs seuls liens visibles avec le reste du monde. Il en sait quelque chose, lui. C'est humain. Et il n'est pas plus étonnant de constater que tout ce monde qui gravite autour des gares routières est un des produits de l'exode rural.

Le premier piège qu'il conçut pour éliminer ce concurrent dangereux alla donc tout naturellement aux belles voitures. C'est ainsi qu'une matinée, un vieux chauffeur bien mis et fort présentable s'était présenté à Diokel Dione, au parc installé sur la bretelle qui relie Keur Massaar à la Route nationale. Diokel venait d'acquérir le terrain, ses oreilles n'en pouvant plus face aux récriminations des voisins de la concession de Keur Gouye Salaam contre ses véhicules et ses charrettes, qui bouchent chaque jour toutes les rues avoisinantes, contre le tintamarre quotidien et infernal de ses « poids lourds », et surtout l'indiscipline et les tracasseries de ses chauffeurs et apprentis. De guerre lasse, il s'était résolu à s'éloigner des lieux pour aller aménager un parc où garer ses véhicules. Celui-ci lui avait coûté les yeux de la tête, mais il n'avait pas regretté. Le vieux chauffeur – il lui donnait l'impression d'être un *alatraité* de l'Administration – s'était donc présenté à lui ce matin-là, avec une Toyota Cherokee, flambant neuve, après avoir garé à l'entrée et attendu fort patiemment que le maître de céans en eut terminé avec la revue de ses engins. Il s'était approché ensuite de lui pour lui parler. Diokel Dione avait marqué quelques secondes de réflexion, l'air tout pensif, puis avait pris le parti de suivre l'autre au-dehors. Son regard s'était éclairé aussitôt d'un éclat particulier à la vue de la Toyota. Un Tout-terrain flambant neuf, rutilant de son rouge vif, et haut perché sur ses quatre roues motrices. Une belle bête. Il en avait fait le tour, tâtant et caressant sans arrêt la carrosserie, ouvrant les portières une à une pour admirer le tableau de bord et tout l'intérieur… Le vieux chauffeur était ensuite entré dans le vif du sujet.

— Elle appartient à mon patron… Un de ses enfants installé en Europe vient de lui en faire parvenir une, pratiquement la même… Il ne peut conserver celle-ci…

Il était fréquent qu'on vienne lui faire ce genre de propositions. Des véhicules d'occasion… Une bonne partie de son parc en était constitué d'ailleurs.

— Quel âge a-t-elle ?

— Moins d'un an… Mais le patron la brade pratiquement…

— Hum… C'est ce que l'on dit toujours…

— Je vous assure, Patron…Vous verrez…

Diokel Dione continuait d'observer la voiture, franchement conquis, comme s'il allait se laisser convaincre.

— La carte grise ?

— Oui… Attendez… Elle est là…

Il était allé ouvrir la boite à gants pour la lui tendre. Diokel l'avait gardé en main tout en continuant de s'informer :

— C'est qui votre patron ?

— Mon patron, c'est M. Dacosta… Emmanuel Dacosta… Il est dans les Assurances…Vous devez peut-être le connaître…

Dacosta… Le nom ne lui disait rien… Il avait levé la carte au niveau du visage, pour la forme. C'est en la baissant sans avertir que son regard avait accroché celui du vieux chauffeur. Ce dernier était en train de l'observer d'un drôle d'air. Ses yeux avaient fui aussitôt, comme pris de faute. Diokel s'était ensuite repris à faire le tour du véhicule, avant de conclure :

— Si vous le permettez… Je vais faire un tour avec…

— Je vous en prie, M. Dione… C'est tout naturel…

Il avait fait héler un de ses apprentis pour trouver une chaise au visiteur, puis s'était installé au volant et avait démarré. Il était revenu dix minutes plus tard.

— Oui… Elle semble bien toute neuve… Excellent moteur aussi…

— Il n'y a aucun doute là-dessus Patron… Parole de chauffeur professionnel…

Diokel avait pris quelques autres secondes de réflexion, puis :

— Bon… Si vous pouvez repasser après demain, le temps que j'y réfléchisse un peu plus...

— Il n'y aura sûrement aucun problème à cela... Je vais informer M. Dacosta.

— Je serai à la quincaillerie Borom Ndoukoumane...Vous connaissez ?

— Oui... C'est là bas que je suis d'abord allé... avant que le garçon au comptoir m'ait orienté...

— *Alhamdoulilah*...

Diokel lui avait tourné le dos sans attendre. Il semblait avoir fort à faire ce matin-là dans le parc. Aussitôt le vieux chauffeur parti, il s'était mis à se fouiller pour finir par extirper d'une de ses poches profondes un téléphone mobile, et s'installer à l'avant d'une camionnette.

Le surlendemain, fidèle au rendez-vous, l'envoyé de M. Dacosta s'était de nouveau présenté, à la quincaillerie Borom Ndoukoumane, toujours dans ses airs de professionnel. Diokel Dione l'avait fait attendre quelques minutes, avant de sortir. Il avait été bref :

— *Hé bin... Serigne bi...*Voilà... J'ai bien réfléchi...Votre offre est fort intéressante... Mais c'est bien dommage... Mes affaires pour le moment ne me permettent pas une telle acquisition...

Le chauffeur avait cherché à insister :

— Pourtant Patron... Une telle affaire... c'est une vraie aubaine, et...

— Oui... Je m'en suis fort bien rendu compte... C'est une belle occasion... Mais pour ces temps-ci...Vous comprenez.

Les choses semblaient devoir s'en arrêter là. Mais aussitôt après que la Toyota eut démarré, un des chauffeurs de Diokel démarrait à son tour derrière lui. Il revenait deux heures plus tard rendre compte de sa filature :

— J'ai suivi la Toyota comme vous me l'avez demandé Patron... J'ai dû patienter, car le chauffeur s'est arrêté plusieurs fois en ville devant des maisons de commerce, et près d'une demi-heure à un kiosque de PMU...

Diokel lâchait un vrai juron, en entendant ce dernier mot.

— Il est finalement entré dans le garage d'une villa de la Sicap, d'où il est ressorti un quart d'heure après, sans le véhicule, pour aller prendre le bus... Un vrai *naarou goor* Patron, cette Toyota.

Vrai pur-sang ou pas, Diokel lâchait un gros souffle, comme pour se libérer.

— Ensuite ?

— Je me suis informé... La villa héberge la deuxième épouse du transporteur bien connu, Goor Yomboul... Goor Yomboul est dans le...

Diokel Dione ne l'écoutait plus... Goor Yomboul ! Bien sûr... Ils ne se connaissent pas, Goor Yomboul et lui. Ils ne s'étaient même jamais rencontrés. Mais il l'avait souvent entendu s'exprimer à la radio, et même vu à la Télévision une ou deux fois, où ça bougeait dans les transports...C'était donc lui, le bonhomme. Il rendit grâce à Dieu, mentalement pour avoir eu du flair dans cette affaire.

Lorsque l'avant veille, il avait proposé au chauffeur d'aller tester la Toyota, il en avait profité pour s'arrêter à un *Télécentre*, et faire faire une photocopie de la carte grise. Dès que le chauffeur fut reparti sur la promesse de cet autre rendez-vous, il avait empoigné son téléphone portable. On n'est jamais trop prudent avec les occasions. Surtout quand il s'agit de véhicule, et de ce calibre-là... Heureusement !... Le service des Mines avait été catégorique. Il y avait bien un bon nombre de Toyota de cette catégorie enregistré à leur niveau, mais il n'existait pas dans leurs archives de carte grise d'une Toyota Cherokee portant le nom d'Emmanuel Dacosta. Son homme avait été formel :

— C'est une pratique assez courante dans les affaires louches – avait-il ajouté – surtout dans les histoires de vol. Et tous les cachets, toutes les signatures sont à chaque fois authentiques. De vrais *djinnés,* ces truands. La plaque minéralogique elle, est bien authentique, mais elle appartient à la société d'Électricité. C'est la plaque d'un de ses véhicules de service, une L 200.

Des diables, oui, de vrais diables. Une voiture volée ! Sûrement... Mais comment ! Une voiture volée aux mains d'un monsieur officiant dans les Assurances... Hum... Le problème, c'est que, lorsqu'il a cherché à en savoir plus, tous ses contacts au niveau de la gendarmerie et de la police avaient été formels. Parmi le lot de plaintes ou de rapports relatifs aux vols de véhicules, il n'y en avait pas un concernant une Toyota Cherokee. C'était sûr. Dans les cas de vols de véhicules, les signalements sont diffusés automatiquement et partout. À tous les postes de gendarmerie, de police et de douanes... et même des Eaux et Forêts. La situation la plus plausible était que le propriétaire n'avait pas encore dû signaler le vol... Ce qui d'ailleurs apparaitrait comme fort étonnant pour un véhicule de cette valeur. À moins qu'il ne s'en soit pas encore rendu compte…

Bizarre…Vraiment bizarre, une telle histoire…Un véhicule appartenant à un certain Dacosta, mais un monsieur qui se révèle être fictif, qui n'existe pas en tout cas pour le service des Mines dont il détient pourtant une de ses cartes grises, et des plus authentiques apparemment. Un véhicule portant la plaque d'un autre véhicule, et qui roule tranquillement en ville, pour aller se garer ensuite chez un transporteur comme lui, un concurrent, il fallait bien le reconnaitre. Diokel Dione y avait réfléchi une semaine durant, tournant et retournant l'affaire sans répit, et sous tous les angles. C'est sur sa natte de prière, alors qu'il égrenait le chapelet en marmonnant inlassablement, que la réponse avait jailli soudain dans son cerveau :

— Allah ! Dieu Tout Puissant !

Une réponse simple, toute lumineuse. La Toyota avait bien un propriétaire. Celui-là s'appelle bien Goor Yomboul. Et elle n'avait jamais été volée. Du moins sur le moment, tant qu'elle n'avait pas changé de propriétaire. Le plan de ce monsieur consistait tout simplement à lui fourguer le véhicule, avec ses faux papiers et sa fausse plaque, pour aller ensuite en déclarer le vol. En aiguillonnant bien entendu et adroitement au besoin, les recherches dans sa direction. Ici, la pratique est courante. On négocie et on achète d'abord de peur que l'occasion vous échappe, et c'est bien après que l'on s'attelle aux formalités de mutation. Les délais accordés étant fort longs, on a toujours le temps de se présenter aux services compétents pour s'y soumettre…Et si bien entendu l'acquéreur n'a pas pris la précaution de vérifier avant de payer, le risque d'être pris pour un receleur en cas de vol est là. Il y a plus grave. Beaucoup d'acquéreurs sont fort conscients que le véhicule qu'on leur présente est d'origine douteuse. Mais ils achètent les yeux fermés, avec la ferme intention de maquiller au plus vite le bien d'autrui pour le rendre méconnaissable, et le faire ensuite circuler avec les vrais papiers d'un autre véhicule.

Receleur ! Être pris pour un receleur ! Lui, Diokel Dione ! Lui qui était entrain de se forger sa personnalité en cette banlieue si difficile, à force de se battre. Être pris pour un receleur… Être détruit à jamais dans sa dignité comme dans ses affaires…Voilà que ce monsieur Goor Yomboul, – il ne savait à quelles fins – a décidé de le mouiller dans cette affaire plus que louche. On le classerait facilement dans le camp des maquilleurs, en ces lieux hostiles où tout le monde est convaincu qu'on ne peut réussir de façon honnête dans les affaires. Et si son coup avait réussi ? On n'irait pas chercher loin à coup sûr. Et pendant qu'on y serait, pourquoi ne pas aller plus loin, au fond des choses, et se permettre de fouiller un peu plus dans ses affaires ? Allah !

Allah ! C'est qu'il allait voir le goorgui, de quel bois il se chauffe !

*
* *

Goor Yomboul avait-il reniflé l'origine des premières tuiles qui lui tombaient sur la tête, après que son premier complot eut été éventé ? Cela avait commencé par une série de débauchages dans les rangs de ses chauffeurs. Plusieurs de ceux-là le quittaient sans avertir. Il y eut ensuite plusieurs marchés de matériels, – pièces de rechange et moteurs d'occasion – qui curieusement, lui passèrent sous le nez, et cela chez ses fournisseurs habituels.

En avait-il reniflé la source ? On l'eut cru, puisqu'il ne se décida guère à baisser les bras. Ou alors, c'est parce qu'il avait cherché à savoir, et qu'il avait su.

*
* *

Quelques semaines s'étaient écoulées depuis. Ce jour-là, vers les coups de treize heures, en sortant de son arrière-boutique de la quincaillerie de Petit Mbao, le regard de Diokel Dione tombait sur une jeune femme debout, sur l'autre trottoir face à la Quincaillerie. Elle portait le voile. Devant elle, tout un attirail composé de matériel destiné à l'installation d'une antenne parabolique. Trois paraboles de tailles différentes, deux énormes rouleaux de câbles, blanc et noir, une caissette contenant probablement les accessoires, décodeurs, attaches et autres. Sous le chaud soleil de juin, la dame qui venait apparemment de se procurer tout cet attirail dans sa boutique, semblait attendre quelqu'un. Diokel s'installait au volant, se fouillait instinctivement à la recherche de ses innombrables trousseaux, lorsqu'il la vit lever le bras au moment où deux taxis qui se suivaient venaient dans sa direction. Il avait vu les conducteurs ralentir par réflexe, l'un après l'autre, puis appuyer de nouveau sur l'accélérateur à la vue de tout son attirail trop encombrant, surtout avec ces trois plateaux. Ils faisaient la fine bou-

150

che. Il est vrai qu'on était en fin de mois, période où, malgré ces temps de galère, même le citoyen lambda pouvait se payer le luxe du taxi avec ses quelques sous en poche, fuyant pour un jour où deux, l'enfer des cars rapides et des bus. Diokel l'entendit rouspéter vaguement, ce qui attira de nouveau son attention sur elle. Elle portait le voile, un tissu jaune vaporeux qui lui couvrait toute la tête, et faisait ressortir son visage ovale de teint noir. Son accoutrement était fort décent. Un petit boubou d'un noir brillant, sur lequel scintillaient et dansaient comme de minuscules perles et paillettes dorées, un boubou qui s'arrêtait aux genoux, pour laisser apparaitre un pagne de même couleur que le voile. Rien de ses bras n'était visible, le boubou portant des manches lui arrivant jusqu'aux poignées. Avec des babouches assorties, aux couleurs multiples, au cou un collier de grosses perles tout aussi multicolores, deux ou trois séries de bracelets argentés aux poignées, et un minuscule sac à main noir qu'elle serrait sous le bras, elle offrait le portrait parfait de la Mauresque noire.

De la Pick-up d'où il s'apprêtait à démarrer, Diokel l'observait toujours. Il avait bien vu passer deux autres taxis, l'avait vue secouer encore le bras, en vain, puis reprendre stoïquement sa position d'attente. Il eut soudain comme une pulsion qui le projetait vers elle. Quelque chose d'irrésistible à la vue de ce spectacle, cette dame à l'air si convenable et si courageuse, debout sous le chaud soleil de cette veille d'hivernage, devant sa quincaillerie à lui, et qui attendait avec cette patience propre à ceux qui croient. Et puis, c'est qu'elle venait bien de l'enrichir de quelques dizaines de milliers de francs, s'il en jugeait par tout ce matériel entassé devant elle. Sa pensée allait de but en blanc vers le préposé, ce garçon si peu serviable qui venait d'empocher ses billets, et qui la laissait ensuite à son sort, là devant ce flot de monde indifférent qui passait sans un regard pour elle, au lieu de sortir pour l'aider à trouver un véhicule. Le jeune ingrat… Alors que lui, chaque jour que Dieu fait, ne cesse de les abreuver sur les bonnes manières à adopter vis-à-vis de la clientèle.

De son siège, il avait alors hélé ce dernier. Le préposé arrivait au pas de course, l'écoutait avec grande attention, penché à la portière, avant de se redresser et de traverser la rue pour se diriger vers l'intéressée. Ils n'eurent à échanger que quelques mots, un sourire épanoui éclairant soudain le beau visage. Tiens… Des gencives à l'indigo… Le préposé se saisissait alors du matériel, en commençant par le plus encombrant, les plateaux, tandis que la secourue s'y mettait elle aussi, s'emparant du moins pesant.

Quelques instants plus tard, Diokel mettait le contact. Elle allait vers les Parcelles. Lui, avait programmé une de ses boulangeries pour des vérifications sur des versements dont il doutait de la comptabilité. Mais qu'à cela ne tienne ! Il reporterait cette tâche pour après. La jeune femme se confondait toujours en mille excuses :

— Vraiment *Alaadji*... Non... J'aurais bien fini par trouver une camionnette...

— C'est vrai. Mais puisque je vais moi aussi dans les environs, avait-il menti.

— Comment vous remercier, *Alaadji* ?

— Mais... Ce n'est rien Hadja... Et puis... C'est la moindre des choses pour quelqu'un qui vient d'ajouter ses quelques billets à mes maigres ressources. Et puis, avec cette chaleur...

Elle avait eu un sourire bref, suivi d'une moue qui se voulait de surprise.

— Hum... hum... Elle est donc à vous la quincaillerie ?

— Oui... Elle m'appartient... Mais ne vous y fiez pas trop Hadja, ces boutiques là posent en réalité beaucoup plus de problèmes qu'elles n'en règlent.

— Ah bon... Les dettes qui ne rentrent pas, sûrement.

Il n'avait pas répondu à la remarque, poursuivait :

— Les affaires qui marchent au ralenti... Il n'y a plus d'argent dans ce pays, semble-t-il. Les employés indélicats... les difficultés pour trouver la marchandise de qualité avec toutes ces imitations de ces articles qui nous viennent d'Asie...

— Pourtant, elle semble fort bien fournie, votre magasin...C'est ce qui m'a convaincue à m'arrêter d'ailleurs. Je passais par hasard, venant de chez une cousine... Mais j'y ai trouvé tout ce que je voulais.

— Disons donc... *Alhamdoulilah* !

En cette heure-là de la journée, la circulation, sans être fluide, était beaucoup moins difficile qu'à ces fameuses heures de pointe du matin et de la fin d'après-midi, où il faut des nerfs d'acier et une patience tout asiatique. Diokel menait la Pick-up avec une adresse remarquable, sans aucun signe d'agacement, sourd aux coups de klaxon rageurs. Telle une bête domptée, elle répondait docilement aux sollicitations du conducteur.

— En tout cas, pour une femme toute seule et sans ressources, une telle boutique est un rêve.

Diokel n'avait pu retenir un coup d'œil en coin.

— Hum… Ne me dites pas que les hommes n'ont pas d'yeux pour vous.

— Oh que si ! *Alaadji*… Surtout quand ils savent que vous sortez d'un mariage… Chaque jour avec son prétendant… – elle laisse échapper un petit rire enjoué – mais, vous savez… sur dix qui se présentent, les neuf ne sont jamais sérieux…

Diokel gardait le silence, comme s'il réfléchissait.

— Ah… les hommes d'aujourd'hui, surtout ceux de Ndakaarou, lâchait-elle encore d'un air dépité… Je me demande si je n'aurais pas mieux fait de rester dans mon Fouta natal. Là-bas au moins…

Un autre coup d'œil en coin de Diokel.

— Ah ?… Comment n'ai-je pas pu me rendre compte avec cette façon de s'habiller… que c'est une de mes captives que j'ai à mes côtés, lâcha-t-il de nouveau. Une *Al pulaar*…

— Oh, Dieu… Ne me dites pas que je suis tombée sur un sérère… Depuis quand savent-ils donc conduire ?

— Mais… Depuis qu'ils ont donné à ce pays son premier président, Hadja !

Ils avaient rigolé ensuite de bon cœur. Ce fut seulement à ce moment qu'il pensa à se présenter.

— Je suis un Dione… Diokel Dione… Les Dione, vous le savez sûrement, sont de la lignée des *boûrs Sine*… des rois du Sine…

Ils éclatèrent de rire de nouveau… Elle lui dit être une Sy… Tabara Sy… Pure *Hal pulaar*, originaire de la Vallée, plus précisément de Saldé.

Ils étaient entrés dans l'agglomération populeuse des Parcelles Assainies sans même avoir eu conscience de tout le parcours accompli entre Petit Mbao et la Patte d'Oie. Les Parcelles, avec leurs innombrables « Unités » qui prétendent vouloir servir de repères. Diokel y possédait déjà une boulangerie et un magasin de ravitaillement. Il avait garé devant une villa anonyme à la façade colonisée par du bougainvillier aux fleurs violet et jaune. Devant la maison contiguë, un trio de jeunes garçons causaient autour d'un fourneau sur lequel trônait une théière. À côté d'eux, à même le sol, un immense poste radio d'où fusait un *mbalakh* tonitruant. Ils n'avaient eu, semble-t-il, pas le moindre regard pour eux. Même quand la jeune femme, après avoir ouvert, était venue prêter main-forte à l'homme.

« Ah... les jeunes d'aujourd'hui... » – n'avait pu s'empêcher de ruminer l'homme.

À deux, ils avaient transféré le matériel en quelques minutes, se croisant et se recroisant dans le couloir menant de la véranda au salon, l'homme ne prêtant qu'une oreille distraite à la jeune femme décidément intarissable. Elle se plaignait de tout, pour la forme semblait-il, de ces bonnes qui s'absentent sous tous les prétextes, de ce jeune frère étudiant, un vrai égoïste, qui refusait de venir vivre avec elle, préférant la jungle du campus de Fann, de ce...

Quand après avoir tout rangé dans un coin du salon, Diokel voulut prendre congé, elle l'avait attrapé par la manche.

— Vous n'allez pas me faire une telle insulte, *Alaadji*... Non... Non...Vous allez prendre quelque chose... Mais si... c'est votre esclave qui vous l'offre.

L'homme avait dû accepter, après une légère protestation, et se résigner à attendre, assis sur un fauteuil. Elle courut lui servir un coca. Ils avaient bu, d'abord en silence, Diokel parcourant des yeux les photos accrochées aux murs, elle, s'étant remise à son monologue anodin, tout en lui jetant de temps à autre des coups d'œil en coin.

L'homme avait ensuite pris congé, suivi toujours des remerciements de la jeune femme. Elle avait ensuite attendu devant la porte, qu'il démarre, pour lui faire un petit salut de la main, accompagné d'un large sourire, avant de refermer... Le trio de jeunes était devenu entretemps un quatuor. Ils les avaient observés se dire au-revoir cette fois-ci, mais toujours sans le moindre intérêt semble-t-il.

13

Diokel avait oublié cet épisode, tout pris par ses diverses occupations. À l'époque, – c'était environ quelques années après son arrivée à Keur Massaar, ses affaires commençaient à prospérer à grande vitesse, l'écartelant littéralement entre la gestion de ses véhicules hippomobiles, – il n'avait jamais accepté de s'en séparer –, de celles de transports de voyageurs et de marchandises, de ses premières boulangeries, boutiques et quincailleries. Sans parler de ses spéculations sur l'immobilier. C'étaient surtout ses personnels qui lui posaient le plus de difficultés. La plupart de ses employés n'étaient là, semble-t-il que pour guetter chez lui la moindre inattention afin de lui faire des entourloupes. Il en avait déjà chassé des dizaines, mais rien n'y faisait. Si la gestion des boulangeries était celle qui lui posait le moins de soucis, elle lui prenait en tout cas trop de temps. Par contre, celle des magasins et quincailleries semblait de jour en jour plus touffue. Il suffisait de négliger quelque peu les inventaires, pour que la voie soit ouverte aux indélicatesses. Quant aux véhicules de transport, le transport interurbain surtout, c'était tout juste s'il n'en perdait pas le sommeil. Leurs chauffeurs semblaient les plus coriaces, les plus difficiles à gérer, parce qu'on ne les a pas sous la main. Et c'était avec eux que les pannes étaient les plus fréquentes, les justifications les plus alambiquées, et les factures pour réparations les plus imaginaires. De vrais casse-têtes pour lui, les vérifications étant quasiment impossibles. Bien qu'il les ait obligés, de haute lutte à se doter de téléphones portables, – c'était une des conditions du recrutement – il a toujours eu la désagréable impression que l'on se payait à chaque fois sa tête, à chaque appel.

En ces moments là, c'est vers Tékhey le fils aîné qu'allaient toutes ses pensées. Oui... Si Tékhey était là... Lui au moins pourrait l'épauler, et il ne serait pas sujet chaque matin à ces réveils avec la tête lourde et bourrée de tant de choses à faire à la fois... Tékhey ! Dieu seul savait quel genre de vie il menait en ces pays lointains, chez les toubabs… Car les quelques bribes de nouvelles qu'il recevait de temps en temps, il n'y croyait guère… Tékhey qui ne perdait rien pour attendre...

C'est en faisant le tour de ses quincailleries, qu'il avait trouvé à celle de Petit Mbao, une enveloppe en son nom.

— C'est *la madame* de l'autre jour qui l'a déposée hier matin, juste après votre départ, lui avait expliqué le préposé.

Hum… C'était sûr qu'il devait s'agir de quémande. Avec les dames… Il s'agissait en fait d'une carte d'invitation à une conférence religieuse, s'il en jugeait par la photographie d'un des plus grands dignitaires religieux du pays, logée en un coin de la carte. Mais c'était tout comme… Les invitations et demandes de soutien de cette nature n'ont d'autre but que de chercher à soutirer de l'argent aux invités… Surtout quand ils vous parrainent pour des conférences et chants religieux, pour des séances de luttes, et tout et tout.

Il l'avait ensuite laissée tomber négligemment sur le comptoir pour s'atteler à sa tâche… Ce fut au moment de partir, alors qu'il était déjà installé au volant, que cela lui revint.

— Vois-moi cette carte, Amar… C'est de qui encore, et pour quand ?

Amar s'était mis à lire à haute voix. Un nom d'association religieuse, kilométrique, tout en arabe trancrit, puis :

— Voilà Patron… C'est pour le samedi 15 juin à la place du jardin public de Djamalaaye. Et là sur un coin de l'enveloppe, c'est écrit « de la part de Tabara Sy ».

Diokel avait eu comme la réaction de quelqu'un qu'un moustique venait de piquer. Tabara Sy, il s'en souvenait bien, c'était son esclave *hal pulaar* à l'antenne parabolique, de l'autre jour, celle qui portait le voile. Puis :

— Bon... Apporte-la-moi…

*

* *

Il avait été fort bien accueilli le samedi 15, par un comité d'organisation composé uniquement de femmes, et qui semblait fort bien le connaître. Évidemment, sa naufragée de l'autre jour était là. Elle semblait même en être l'une des chevilles ouvrières. Toutes des dames, et des jeunes filles en voile, toutes en frou-frou, couleurs et larges sourires. On l'avait installé en bonne place. Il chercha souvent du regard celle qui l'avait fait venir là, la localisa quelquefois, toute mobile et affairée parmi ses compagnes. Elle l'avait comme oublié. Puis, estimant venu le moment de se soumettre au cérémonial secrètement attendu par toutes ces dames, il l'avait fait interpeller par l'une des jeunes filles qui passaient. Tabara était venue à lui, toute en sourires, avec au visage, une expression de grande satisfaction. Tandis qu'il lui glissait dans la main sa participation sous enveloppe, elle en avait profité pour lui souffler :

— Ne partez surtout pas sans m'avertir… J'ai à vous dire…

Diokel entendit-il seulement ce qui se dit pendant tout le temps qu'il condescendit à consacrer à ladite conférence ? Ce fut comme le même sentiment qui le poussa l'autre jour vers la jeune femme, qui revint le visiter. Plusieurs fois de suite… Il ne sut exactement si ce fut ce sentiment, ou le crépuscule qui approchait, qui le propulsa. Il s'était levé soudain, avait temporisé quelques longues secondes à sa place, avant de se frayer un chemin vers la sortie en dehors de la tente. Tabara Sy avait surgi devant lui dès qu'il fut dehors.

— J'ai regardé partout… Je n'ai pas vu votre Pick-up.

— Non… Je suis venu avec la 307… Elle est là.

Elle attendit ensuite debout, au niveau de l'autre portière, alors qu'il cherchait ses clés. Il s'était installé, puis lui avait ouvert tout naturellement.

— Ouf ! Je suis morte… morte de fatigue… Ah là là… Ces organisations où l'on vous laisse tout sur les bras… Ouf !

Une centaine de mètres après avoir démarré, il interrogeait, l'air pensif :

— Vous allez où ?

— Je rentre… Ouf ! Je n'en peux plus, dit-elle en se défaisant de son voile.

*

* *

Diokel Dione planait comme dans une atmosphère éthérée. Les sens apaisés, il semblait flotter comme sur un nuage. Comme s'il baignait dans un matelas de coton qui se balancerait en douce dans les airs. Une impression de bonheur, de paix intérieure indicible. Une

sensation quasi immatérielle, un souffle de bonheur après la bourrasque qui l'avait enveloppé pour noyer tout son être.

Au volant de la 307, il avait succombé d'un coup, lorsque le voile
arraché, la chevelure de jais avait jailli, se répandant comme une vague
déferlante sur les épaules de la jeune femme. Un choc... Un choc
terrible qui le remua dans tout son être, au point qu'il faillit s'emmê-
ler dans les pédales. Cette femme... Surtout sans son voile... Non...
C'était la première fois de sa vie qu'il se retrouvait au lit, avec une
femme autre que ses épouses... La première fois que *Cheytaane* s'engouffrait dans son ménage, lui qui croisait chaque jour des dizaines
de femmes sans avoir un regard pour elles. C'est que cette Tabara Sy
n'était pas une femme ordinaire, avec cette métamorphose si soudaine, ses mimiques colorées, ses sourires mi prudes, mi fripon, la musique de ses bracelets dans tous ses gestes... Et surtout, cette façon de
lui parler avec le nez, sans le regarder. Et encore, cette exquise odeur
de parfum s'exhalant de tout son être, chaque fois qu'elle le frôlait en
passant. Et puis, ses aisselles... ses aisselles au duvet si suggestif, à
chaque fois qu'elle levait le bras... Ce parfum, ce corps parfumé de
partout, c'était si loin de ces odeurs du marché qui accompagnent ses
brebis quand elles sont de retour de là-bas, le soir. Ces odeurs mêlées
de celle de leur sueur âcre et désagréable, et qu'elles traînent partout
derrière elles, malgré tous leurs bains, le matin comme le soir. Et puis,
cette manière de marcher, cette démarche ondoyante dans ses va-et-
vient dans sa chambre à coucher, alors que lui, étendu sur le lit moel-
leux, les yeux clos, l'observait évoluer. Non... Elle ne marchait pas...
elle ondulait... elle dansait... Elle dansait, et ses perles multicolores
aux reins dansaient avec elle, sur le tissu soyeux du petit pagne qui
donnait en même temps un effet diabolique à sa croupe de femme
mure. Quant à ses mamelles ! Satan ! Ses mamelles... Cette échine et
cette croupe ! Une vraie jument ! Oui, une vraie jument ! Il avait alors
tout chassé de sa tête, tout, loin de ses premiers regrets d'avoir cédé à
son insistance... Et ce fut au lit, une bataille épique.

Et puis, après, bien après, dans la torpeur qui l'avait envahi de partout, ce ronron, comme si elle lui parlait.

Il avait ouvert les yeux, les laissant parcourir du regard le plafond,
les murs tapissés de photos, comme dans son salon, des images des
marabouts du pays en grande partie. Il lui vint soudain à l'esprit qu'il
aurait fort à faire en matière de bains rituels et de prières pour obtenir

l'absolution. Des dizaines de bains et de génuflexions n'y suffiraient pas. Allah ! Quelle force maléfique que celle de *Cheytaane* !

Quelqu'un parlait en effet, mais la voix ne s'adressait pas à lui. Elle était lointaine et comme étouffée. Mais il n'y avait pas de doute. C'était bien la voix de Tabara. Elle provenait de la salle d'eau. Tabara était en train de parler à quelqu'un. Çà ne pouvait être que ça. Tabara entrain d'échanger avec quelqu'un dans cette villa où il était censé être seul avec elle, alors que lui, tout nu sur le lit, comme le jour où sa mère l'avait mis au monde ! Allah !

Il s'était catapulté hors du lit, avait foncé sur ses habits qui traînaient sur le parquet. Il ne sut comment il s'y était pris pour les mettre. Puis, les pieds nus, il s'était approché de la porte de la salle de bains, avait plaqué l'oreille dessus. La jeune femme parlait toujours, mais il n'entendait pas son interlocuteur… Il avait alors compris. Elle parlait au téléphone.

Ce fut toute sa tension qui tombait soudain. Ah les femmes et le téléphone portable ! Diable… c'était donc cela… Tabara papotait au téléphone, et comme toutes ses semblables, quand elles s'y mettent, c'est pour des heures. Évidemment, leurs cartes de recharge, c'est toujours dans la poche des autres qu'elles vont les pêcher. Il lâchait un long souffle et allait décrocher, lorsque certains mots le retinrent. Il se remit à écouter de nouveau, l'oreille plaquée sur la porte. Et il se sentit alors littéralement fondre. Ce fut comme si la Terre allait s'arrêter de tourner.

— … Ah ! Haha !… Qu'est ce que vous croyez donc ? Han ? Vous ne m'aviez pas dit qu'il est doté d'une vraie queue d'âne, votre homme. Une queue d'âne je vous dis. Et puis, tous ces gris-gris autour des reins et aux bras… Brrr…

— …

Ensuite, comme un gloussement.

— Il a failli me tuer, je vous dis, avec ses mains gigantesques et rugueuses. De vrais racloirs. Et exigeant avec ça, le soudard ! Comme chez les bêtes… Oui, un vrai animal… Et cette odeur aigre de parfum bon marché qui puait de partout… *Laa ilah* ! Bon Dieu…

— …

— Comme convenu dites-vous ? Non… Attendez un peu… Vous me prenez donc pour qui ?

— …

— Et figurez-vous qu'il en redemandait, le bougre ! Il a fallu que je prétexte un peu de repos, et que je lui serve son verre pour l'endormir.

— …

— Oui… Heureusement, aucun problème de ce côté-là… Yakhya a eu largement le temps de prendre tous les clichés qu'il désirait… Non… non… sans difficulté… Mais je vous le répète… Il me faut un supplément… Si si… C'est entre les pattes d'un âne à jeun que vous m'avez fourrée. Il n'y a pas de « on verra » Oui oui… OK ! On fait comme ça… Bye… À demain…

Lorsque quelques cinq minutes plus tard Tabara Sy sortit de la salle de bain, son téléphone portable en main, plus affriolante que jamais sous son peignoir rose, elle avait trouvé Diokel Dione à moitié habillé, assis sur le lit, le regard rivé au sol. Il avait tout le visage couvert de sueur. Elle s'était approchée de sa démarche ondulante comme si elle glissait sur le parquet, pour venir s'accroupir à ses pieds, un bras sur un genou de l'homme, telle la femme soumise, et lever un visage interrogateur vers le sien.

— *Alaadji* ? Déjà habillé ?

Les deux bras de l'homme s'étaient alors brusquement déployés tels deux cobras à l'attaque, pour se refermer sur le frêle cou de la jeune femme. Et les grandes mains rugueuses avaient enserré la gorge jusqu'à se toucher. Elles se mirent à serrer jusqu'à à lui couper le souffle. D'instinct, Tabara avait accroché ses doigts longs et minces à ceux de Diokel, pour desserrer l'étau, dans une tentative qu'elle sut désespérée. Elle ne reconnut plus l'homme. Le visage baigné de sueur de celui-ci était devenu méconnaissable, avec des yeux couleur rouge-sang… La respiration était devenue lourde, bruyante, comme échappée de soufflets de forge.

— *Al… Alaadji…* lâchait-elle dans un vrai râle.

L'homme qui venait de lui emprisonner le cou s'était mis alors à la regarder, longuement, dans un silence inquiétant, un silence de mort, avant de se mettre à lui parler, les lèvres remuant à peine. Mais la voix était devenue rude, le ton pesant, comme sorti du fond de la gorge.

— J'ai tout entendu !

— …Heu… Han ?

— Tout ! Je sais tout… Tout !

— Que…. Que…

Elle chercha à insérer ses doigts minuscules entre ceux de l'homme et son cou, tout en grimaçant. En vain.

— Chienne ! Espèce de chienne !

— Heu… Al… !

— Qui t'a envoyée ?

— Vous me faites mal… râla-t-elle.

— Qui t'a envoyée ? Qui ? Une nouvelle tentative, tout aussi vaine.

— Att… Attendez *Alaadji*… Vous… vous n'allez pas me…me tuer…

Il avait imprimé une pression supplémentaire… Toujours la même question…

— Qui t'a envoyée ? Parle… Parle…

À son regard injecté de sang, qui lui vrillait le sien, elle céda.

— C'est… C'est… G… Goor Yomboul.

— Comment ?... Comment ? – Une voix rude, inquiétante.

— Il… Il se nomme… Goor Yomboul…

Goor Yomboul ! Allah ! Encore ce suppôt de *Cheytaane* !

— Pourquoi ?

— Pourquoi ? Mais lâchez-moi… Je ne peux plus respirer…

— Pourquoi ?

— Je ne sais pas *Alaadji*… Je le jure sur la tête de ma mère… Je n'en sais rien.

Il s'était arrêté de l'interroger, pour plonger ses yeux rougis dans les siens, lui injectant une véritable décharge. Un temps interminable, pendant lequel l'homme se mit à ruminer les paroles blessantes entendues tout à l'heure, à travers la cloison de la salle de bain attenante. Tabara Sy crut sa dernière heure arrivée… Elle paniqua alors, lâchant tout dans un débit saccadé, ses mains griffant de façon saccadée celles de l'homme.

— Ne me tuez pas… *Alaadji*… Ne me tuez pas… Par pitié… Je ne sais rien à vos histoires. Goor Yomboul… il m'a proposé ça et… il m'a payée. Il vous en veut… La concurrence… Vous lui volez ses chauffeurs… Ses affaires… en baisse… La faillite le guette… Oui… C'est…C'est tout… Je le jure… Sur le Coran… *Alaadji*… *Alaadji*.

— Ce… Ce Yahya… Il se trouve où actuellement ?

— Yakh… Yakhya ?

— Tu fais la folle ?

— Non… Oui… Yakhya… Attendez… Le photographe… Je… Chez Bérada… qu'il développe.

— Bérada… Celui de la Passerelle de l'Autoroute ?

Elle remua la tête pour toute réponse, vigoureusement, s'étant reprise à souffler bruyamment.

— Il est parti depuis quand ? Vite !... Parle… Vite !

— Heu… Bientôt… une demi-heure.

— Il a un véhicule ?

— Oui… Un scooter.

— Son numéro…

— Qui ?... Quoi ?...

— Son téléphone !

— Heu… Attendez…

Elle le lui communiqua, ajoutant qu'il est facilement reconnaissable. Le type maure métissé… Teint très clair…Il lui demanda de répéter le numéro de téléphone, trois fois de suite…Puis il resta là à la regarder, comme s'il la voyait pour la première fois, toujours sans rien desserrer de son étau. La panique s'installait alors de nouveau chez la jeune femme, lui déformant les traits jusqu'à la rendre toute laide. Un filet de morve lui sortait d'une narine, coulant jusqu'à la lèvre.

— *Alaadji* ! reprenait-elle, la voix implorante… *Alaadji*… Je le jure… sur la tête de ma mère.

Le regard de l'homme ne voyait plus rien du corps splendide à moitié nu, de ce noir d'ébène qui l'avait tant remué, et dont les gesticulations de la femme dévoilaient par à-coups les cuisses volumineuses et les bouts de sein. Il lui fallait faire vite ! Vite !... Non !... Il n'avait pas l'intention de la tuer. Son cerveau avait rapidement fonctionné. Quelle erreur cela aurait été… Le photographe ! Il y avait le photographe… Celui-là qui a attendu qu'il soit là, nu comme un ver, sur ce lit, avec cette femme, pour les filmer… Le témoin idéal… Allah !

À cette pensée, ses yeux s'étaient mis à lancer des éclats meurtriers, amplifiant chez la jeune femme l'effet de panique… On eût dit la chèvre que l'on égorge…

— *Alaadji* ! *Alaadji* ! Par pitié… *Alaadji*… Je ne suis qu'une…

Malgré l'urgence du moment, il ne put résister à l'envie de l'humilier, en repensant à ses paroles blessantes de tout à l'heure, au téléphone.

— Dis-le ! Dis-le donc ! Tu n'es qu'une une *thiaga,* une putain !

— ………..

— Répète ! Je suis une *thiaga*…

— Oui… *Aladji*… Je suis une *thiaga*.

— Tu es une bâtarde !

— Oui *Aladji*… Je suis une bâtarde.

— Ta mère aussi est une bâtarde.

— Oui, ma mère aussi… est une…est une bâtarde.

— Ta mère aussi est une *thiaga*…

— Oui… *Aladji*… ma mère aussi est…est…une *thiaga*.

— Qui se donne même aux ânes…

Elle lâchait un râle chargé de désespoir… Une longue plainte jaillie du nez. Et la voix toute rauque :

— *Alaadji*… Pitié *Alaadji*.

— Répète !

— Oui… je répète… Ma mère se donne même…même…aux ânes.

Encore le regard injecté de sang qui lui vrillait le sien. Puis l'homme se mit à lui cracher au visage, abondamment, se raclant la gorge pour aller aspirer la salive gluante profonde, répétant sans arrêt.

— *Thiaga* !... Produit de l'âne !... Espèce de *Thiaga* !... Tu as été enfantée par un âne… Répète ! Répète !

Elle répétait tout, docilement, ahanant, soufflant du nez et de la bouche, la morve lui coulant du nez, les yeux hors de la tête et tout chargés de larmes… L'homme s'arrêtait de parler pour la regarder intensément, de ses yeux injectés de sang… puis il reprenait, sourd aux supplications de la jeune femme.

— *Alaadji*… *Alaadji*…

— Répète !... Répète !...

Mais il lui fallait faire vite. Le temps pressait. Et si jamais ce…ce Yakhya lui échappait… Il avait alors libéré brusquement une main, pour lui asséner un violent coup de poing à la tempe. Elle devint tout à coup toute flasque entre l'autre main. Il la laissa choir alors sur le parquet, et sans plus un regard pour elle, se leva. Vérifier d'abord. Il s'était mis à se fouiller pour sortir son mobile. Puis il s'appliquait à taper sur le clavier, lentement, méticuleusement, les doigts tout tremblants, avant de se plaquer l'appareil à l'oreille. Une voix chaude au bout du fil :

— Allo ?

— Allah !... C'est qui ? Yakhya ?

— Oui... Moi-même à l'appareil... Qui...

Puis un bip-bip désagréable. Le réseau...La communication avait été interrompue, mais la *thiaga* ne lui avait pas menti. Le téléphone portable de la jeune femme était tombé sur le plancher. C'était un beau bijou, comme les femmes les aiment, – comme lui-même les adore –, et qui avait dû coûter les yeux de la tête. Il avait alors chaussé ses babouches et posé un pied dessus. Il l'entendit craquer sous son poids. Puis, soufflant comme un bœuf, il était allé jeter un coup d'œil dans la salle de séjour, puis dans une deuxième pièce. Pas de téléphone fixe. Ensuite, après avoir tourné plusieurs fois sur lui-même comme à la recherche d'un objet perdu, il était sorti sans un regard pour le corps étendu au milieu de la pièce.

*

* *

Diokel Dione était en réalité paniqué et tout en émoi. Allah ! On avait failli l'avoir cette fois-ci. Et, tout méfiant et rusé qu'il est, il s'était laissé pourtant piéger comme un jeune homme. Et l'arme utilisée, c'était la femme, celle-là dont Kothie Barma, l'un des sages parmi les plus sages de ce pays a déjà dit, il y a bien longtemps déjà, que *l'on peut toujours les adorer, mais sans jamais leur faire confiance...*

Il était donc ressorti dans la rue, alors que la dernière prière du soir venait juste de prendre fin, une rue à peine éclairée par la lumière diffuse émanant des vérandas des maisons environnantes. Deux petits groupes, de fidèles probablement, étaient passés alors qu'il se fouillait à la recherche de ses clés... Il avait démarré pour virer au coin de la rue, et appuyer aussitôt sur le frein. Il puisait ensuite son téléphone de la grande poche ventrale de son grand boubou. Il lui fallait de nouveau ce Yakhya. Il avait eu son correspondant dès la première sonnerie... Le photographe était déjà chez Bérada, sûrement envahi comme d'habitude par sa clientèle de photographes amateurs-professionnels... Bérada est propriétaire d'un labo-photo. Il s'agit du « Labo-Express-Bérada ». Il est devenu une grande maison connue dans toutes les Parcelles. Son succès : En vingt minutes, il vous fait tout le travail et vous remet vos tirages, et à des coûts fort modiques. Une aubaine pour toute cette armée d'amateurs-professionnels qui pullulent aujourd'hui

164

dans la capitale. Diokel connaissait bien les lieux. Il en est ainsi tous les samedis et dimanches, et aussi les jours de fête. Ici à Ndakaarou, chaque jour qui arrive a ses nouveaux dans ce métier. Pas besoin d'apprentissage. Il suffit d'avoir le matériel. Et ce dernier transite avec une facilité inouïe à travers les frontières, celles de la Mauritanie et de la Gambie, qui sont de vraies passoires. Souvent d'origine douteuse et sans papiers, des affairistes viennent le brader pour une bouchée de pain… Un gagne-pain qui rapporte, avec ces cérémonies innombrables dont on veut faire graver les images sur pellicule, et de plus en plus aujourd'hui sur CD. Sûrement la bousculade aujourd'hui aussi, car ces amateurs et professionnels adoptent tous la même formule aujourd'hui, qui consiste à développer, à reproduire et à retourner sur les lieux de la cérémonie avant que celle-ci prenne fin. Les recettes sont ainsi glanées à la va-vite, et tout le monde est content.

C'est pendant qu'il patientait sur son banc que le deuxième appel de Diokel Dione était parvenu à Yakhya le photographe. Son correspondant lui semblait quelque peu pressé. Enfin ! Il arrivait à le joindre ! – lui expliquait-il – Depuis dix bonnes minutes qu'il essaie, avec ce réseau qui fuit tout le temps. Quelqu'un le lui avait recommandé, lui précisément, pour son sérieux, et il avait fait appel à lui pour couvrir une cérémonie qui allait lui rapporter beaucoup. Un mariage, qu'un grand marabout venu spécialement de son fief de l'intérieur va célébrer dans quelques minutes entre sa propre fille et le fils d'un ministre de la République. Oui…Un mariage de nuit, juste après la prière de *Ishaa*, ainsi que le préfèrent les plus grands marabouts. Ah ? Trop pris en ce moment ? Bon bon… Dommage alors…Puisqu'il en est ainsi...

— Heu… Non Non… Attendez – avait hésité le photographe – C'est que… C'est que j'ai une commission urgente à remettre. Mais… Où que ça se situe, la maison en question ?

Le cœur de Diokel avait bondi un peu plus, la sueur lui inondant de nouveau tout le corps.

— Je passe vous prendre ? Vous êtes où ?

— Heu…

Il hésitait encore. Et il y avait de quoi. Il avait une centaine de clichés à faire reproduire et à restituer à leurs propriétaires avant qu'ils décrochent, dont la presque moitié à cette conférence religieuse de l'association des Tabara Sy et autres. Or, il commençait à se faire tard, et ses clients allaient lui échapper. Il y avait surtout sa caméra numérique avec son film précieux qui attendait dedans, une fructueuse affaire que lui avait dénichée cette diablesse de Tabara, nageant encore dans on ne sait quelle combine.

Il avait hésité encore quelque peu. Puis l'appât du gain avait pris le dessus. Il avait pris sa décision.

— Bon… Puisque ce n'est pas si loin… Moi je suis aux Parcelles… Chez Bérada… Ah vous connaissez ? Parfait alors… Je vous y attends, au pied sud de la Passerelle… Vous me reconnaitrez facilement… je suis en blouson de couleur jaune… Bon bon. Pas de problème… Mais vu l'heure et les circonstances, ce sera tarif, disons… amélioré.

— Pour ça… – avait dit l'autre.

Il n'en doutait guère. Quand quelqu'un vous répond au téléphone « Allah ! » au lieu de « Allo », c'est qu'il doit s'agir d'un homme de Dieu.

— Votre véhicule, il est de quel… ?

Son correspondant avait coupé, comme s'il n'avait pas entendu. Yakhya avait ensuite hélé une connaissance, lui avait confié sa pellicule en même temps que quelques mots à l'oreille. Il s'était levé ensuite pour gagner la Passerelle. Il lui restait la caméra dans sa sacoche mise en bandoulière, avec l'appareil photo et quelques autres tirages déjà effectués… Décidément cette journée du samedi s'avérait une journée faste. Encore un mariage ! Et quel mariage bon Dieu !

L'idée avait effleuré Diokel Dione que le sieur Yakhya pourrait le reconnaitre. Mais entre un homme tout nu étalé sur son lit, plongé de surcroît dans son sommeil du juste, et celui qui se présenterait à lui, il serait à mille lieues de se douter… Quant à la 307 qui l'attendait devant la villa, il se fit bonne conscience, se disant qu'avec la perspective de la tâche confiée, on doit avoir dans la tête bien autre chose que de regarder les détails de la rue. Qu'il les ait attendus à l'intérieur de la villa, ou que Tabara Sy lui ait ouvert après leurs… ébats, c'était la même chose. Et puis, la rue en question, avec son éclairage diffus… Dans tous les cas, les dés étaient jetés, et il n'y avait plus de place à la réflexion. Et il l'avait juré. Par la ceinture de son père, il allait écraser ces boukis. Avant de redémarrer, il s'était mis à fouiller dans les nombreuses pochettes du véhicule, fébrile et pressé.

L'homme qui ouvrit la portière au jeune photographe avait bien l'aspect d'un de ces chambellans qui vivent aux crochets de leurs maîtres marabouts. Il était habillé d'un grand boubou et d'un *laafa*, un bonnet à la gambienne, et portait des lunettes teintées. Exactement comme leurs maîtres marabouts auxquels ils cherchent à ressembler. Yakhya avait pris place à ses côtés sans hésiter, lâchant en guise de bonjour :

— *Serigne bi* ?

— *Aleykoum salaam* – avait répondu l'homme.

— J'espère que ce n'est pas loin, comme vous avez dit. J'ai un tas de rendez-vous urgents ce soir.

— Non… Çà ira vite, *In cha Allah*. Tout juste pour la cérémonie… Le marabout doit rentrer tout de suite après.

— Ah… C'est parfait alors.

Diokel venait de mettre la main sur son gibier… pour se retrouver ensuite comme tout perdu. Oui. Il n'y avait pas encore réfléchi. Car en fait, depuis qu'il avait découvert le jeu de cette femme du diable, il n'avait fait qu'improviser… Il avait embrayé, instinctivement, arrivait au grand Rond-point, s'arrêtait comme pour réfléchir, quand l'idée lui vint, toute lumineuse. Il avait alors fait le tour du Rond-point, puis avait redressé pour emprunter la bretelle qui mène à l'Autoroute. Il existe beaucoup de vergers et de petites exploitations avicoles ou maraichères qui accompagnent cette portion de route. Il s'était mis à filer, croisant sans les voir les phares en direction du carrefour, la tête penchée en avant, se parlant comme à lui-même.

— Voilà… Çà doit être… Voyons… Ah ! C'est ici…

Il donnait alors un vif coup de volant, abordait la pente, et fonçait sur un petit chemin menant vers une lumière blême tout au fond, à une centaine de mètres de la bretelle, peu soucieux des secousses qui obligeaient le jeune homme à s'appuyer au tableau de bord, les bras tout tendus. Le sentiment d'être arrivé au bout de ses peines… Diokel freinait au bout d'une cinquantaine de mètres seulement, sans couper le moteur. Alors que le photographe tournait la tête vers lui, sans avoir le temps de réaliser, le bras de l'homme se détendait déjà. Sa large main l'avait saisi à la gorge, et il l'avait attiré à lui, serrant avec une rage folle, avant de lui projeter la tête avec une violence inouïe sur le rebord du tableau de bord. Yakhya avait perdu connaissance, sans un cri. L'homme lui décrocha alors sa sacoche de l'épaule. Elle comportait une demi-douzaine de fermetures. Il se mit à les tâter une à une, avant que l'idée d'allumer la veilleuse lui vint. Dans la lumière blafarde, il parvint à repérer la fermeture éclair de la pochette la plus volumineuse. Un rapide coup d'œil, un grand souffle de satisfaction, et il referma. Il avait ensuite ouvert la portière. Il allait le jeter à bas du véhicule, lorsque son instinct le retint. Le fouiller d'abord. Il s'était mis à lui palper les poches de son blouson, en retirait tout ce qu'il y trouvait, avait ensuite redressé le corps de façon à pouvoir faire la même opération avec celles du jean… Puis, sa prospection terminée, d'un bras vigoureux, il avait projeté le corps dehors. Au moment de démarrer, il se ravisait, s'éjectait du véhicule pour contourner celui-ci. Il arrivait sur la forme inanimée, s'était mis à l'observer pendant quelques instants, puis, pris d'une rage folle, s'était pris à lui piétiner la tête, à lui donner de violents coups de pied sur les côtes, agrémentant sa furie de crachats et d'insultes sorties du fond de la gorge.

— Enfant de *thiaga* ! Tiens ! Tiens ! Rejeton d'âne.

Comme si sa colère n'avait été que réprimée chez la Tabara, pour se déchaîner de nouveau ici. Dans sa tête, le spectacle qu'il s'était imaginé chez Tabara la *thiaga,* lui, nu comme sa mère l'avait mis au monde, étendu sur ce lit, avec cette femme à ses côtés, faisant sûrement semblant de dormir, tous les deux en train d'être filmés par ce salopard. Ce *doomu haram* qui avait posé les yeux sur ses attributs.

À quelques mètres de là, sur la route toute proche, les phares passaient et se croisaient, loin de se douter de ce règlement de compte au milieu de ce verger plongé dans la semi-obscurité, et baignant dans sa forte odeur de terre mouillée et de végétation piétinée.

*

* *

L'endroit idéal pour procéder à l'inventaire de son produit de chasse était le parc, sur la bretelle de Keur Massaar. Lorsqu'il y arriva, sur les coups de vingt-trois heures, il avait eu à attendre une bonne dizaine de minutes, avant que le gardien vînt tirer le verrou. Ce dernier devait dormir. Ou alors, cet éclat de voix étouffée qu'il avait cru percevoir, lorsqu'il avait frappé une première fois… Comme celui d'une femme. Il s'était engouffré, se contentant de lâcher :

— Ma parole… Elles ont dû voyager, tes oreilles.

Il n'entendit guère les balbutiements du vigile qui dansait sur ses pieds, l'air d'un voleur pris sur le fait. Il était allé à grands pas vers le réduit qui lui sert de lieu de travail, trois pans de mur, pas de porte, une table rudimentaire et un banc. Il avait allumé, avait pris place, et s'était appliqué à passer en revue le continu de la sacoche que le produit de ses fouilles avait rejoint. Pochette par pochette…Les détails, trousseaux de clés, téléphone portable, pièces d'identité, cartes professionnelles, billets de banque, pièces de monnaie, mouchoirs à jeter et sachets de préservatifs ne retinrent guère son attention. Il s'intéressa plutôt à l'attirail professionnel du photographe : appareil photo, caméra, à trois ou quatre tubes de pellicules, cordons et ampoules, plus une cinquantaine de photos en couleurs… Il s'était arrêté à celles-ci, pour les passer en revue rapidement, les faisant défiler entre ses grandes mains. Des femmes, rien que des femmes, en groupes, en gros plans, fardées et colorées comme des filles hindoues. Il ne s'attendait pas à y figurer. Mais deux précautions valant mieux qu'une… Il était ressorti de son réduit avec tout son attirail sur les bras, tout en lançant au vigile :

— Si tu veux garder ta place ici, il te faudra être plus sérieux que ça. On se comprend ?

— Oui Patron… *Dieureudieuf* Patron… Merci.

Le patron se doutait bien qu'il avait dû profiter de ce qu'il était occupé dans son réduit, pour évacuer celle qui, c'était sûr, lui tenait compagnie. Tous les mêmes, ces gardiens… Il avait donc quitté le parc et ses odeurs tenaces d'huile et de carburants, s'était ensuite mis au volant, avait circulé sans but, comme si de nouveau, il n'avait plus aucune idée de ce qu'il lui fallait faire de sa récolte. Mais, redevenu tout serein, il avait vite réfléchi et trouvé, avec un grand souffle de satisfaction. Mbeubeuss ! La décharge de Mbeubeuss ! Là où tout Ndakaarou vient se débarrasser de ses pourritures.

Plus tard, parvenu à la décharge, lorsqu'il freina à une cinquantaine de mètres des lieux, il avait aperçu une dizaine de petits foyers isolés, que des formes engoncées dans des couvertures entouraient. Il faisait encore frais ici, semblait-il, dans cette nuit pré hivernale de juin. C'étaient des *boudioumanes*, des sans-logis ceux-là, – ils ne l'étaient pas tous –, cette race de sous-éboueurs que le développement urbain avait fait naître, et qui accueillent chaque jour les centaines de camions-bennes qui font le va-et-vient entre la capitale et ce site. Leur site… Ces hommes dont l'activité consiste à fouiller, à chercher dans les tas d'immondices ce dont ceux de la ville ne veulent guère, et qui les fait survivre eux… On sait qu'ils forment ici des groupes fort structurés, et qu'ils sont fort jaloux de leur manne. Mbeubeuss, c'est leur terrain à eux seuls, qu'ils ont conquis de haute lutte.

Deux d'entre eux s'étaient approchés à la vue du véhicule, pour venir à sa rencontre.

— C'est pour une offrande…, leur avait-il simplement dit. En fouillant dans sa poche ventrale, il empoignait les billets de banque et les pièces de monnaie récupérées des effets du photographe, et les fourrait dans les mains du plus proche.

— Heu… Goorgui ?

— Prenez…C'est pour vous… Ils n'en avaient pas cru leurs yeux – Mon *serigne* m'a recommandé ce lieu pour sa discrétion.

— Faites… Faites *El hadji*… Allah vous vienne en aide, et exauce tous vos vœux… Amine !

On eût bien dit que des offrandes en ces lieux et en ces heures, ce devait être chose courante. En tout cas, ils avaient compris, s'en étaient allés rejoindre leurs congénères avec cette aubaine de la dernière heure. Lui, s'était démarqué avec sa bouteille pleine d'essence et sa sacoche, s'était accroupi pour vider le tout sur le sol humide, avait saisi une grosse pierre pour écraser un par un le matériel épars sur le sol, puis en avait fait un tas. Quelques secondes plus tard, une flamme vivace s'élevait, éclairant son visage jubilant. Il avait attendu ensuite patiemment, une quinzaine de minutes, à l'écoute du feu qui pétillait… Il rêvait, tout satisfait.

Ne sait-elle donc pas, cette Tabara, cette *thiaga* de Tabara, que l'on court toujours le grand risque, quand on se prend à faire du mal à un *gamou*, un parent à plaisanterie ? Parole des Sages de chez nous !

$$*$$
$$*\ *$$

Goor Yomboul lui, avait été obligé de se saigner sans broncher dès le lendemain, et pour bien plus que ce qui était prévu, pour étouffer le scandale. Ce fut une Tabara Sy folle de rage, et le visage tout tuméfié et sans fards qui vint le trouver à son domicile de la Sicap. Elle était au bord de la crise de nerfs. La peur quasi mortelle qu'elle avait eue de cette aventure, l'humiliation que ce soudard lui avait fait subir, et surtout vivre le sentiment d'avoir échappé de si peu à la mort

– elle était convaincue que son bourreau avait voulu la tuer et avait cru l'avoir fait en la laissant inerte sur le plancher –, en avaient fait une vraie tigresse, agressive, acerbe et amère à la fois. Sa voix hystérique la rendait méconnaissable. Ce fut tout juste si elle n'insulta pas de mère son commanditaire, qu'il contraignit à la suivre dare-dare pour aller régler cette affaire en tête à tête.

Yakhya le photographe quant à lui, ne s'en priva guère. Lorsque dans la soirée du même jour, Tabara dans tous ses états l'eut trouvé chez lui, alité, dans sa chambre de la Médina, souffrant de deux côtes cassées, mais avec un grand ouf de soulagement – si elle avait échappé à la mort, ce pouvait ne pas être le cas pour son acolyte –, le photographe, complètement perdu, avait enfin compris ce qui lui était arrivé. Le visage tout tuméfié, et le cou tout couvert de bandes de sparadrap, le bras en écharpe, la respiration toute sifflante, il avait écouté les explications de la jeune femme, dépitée et découragée, le regard tout humide. Quand celle-ci eut terminé, il avait dit froidement, le ton chargé de rancune sourde :

— C'est deux briques qu'il va dégueuler, ton imbécile de transporteur ! Avec ses magouilles à la con. Deux briques, sans parler de mes frais d'hôpital. Tous mes matériels y sont passés, mes pièces, mes clés, mon fric, et encore tout un boulot de plusieurs jours dans mes appareils. Merde ! S'il ne les vomit pas, et tout de suite, c'est sa mère que je vais baiser, et lui, je vais le détruire à jamais ! Foi d'enfant de Régueibat !

14

Bien qu'il ait eu toujours une claire conscience de l'idée que les autres se faisaient, quant à la façon dont il avait fini par devenir propriétaire de la concession de son oncle, Diokel Dione lui, restait la tête bien froide. Il n'a eu à faire aucune combine, n'avait rien arraché, rien spolié, n'avait ôté le pain de la bouche de quiconque. Ce fut d'une manière régulière, d'une façon toute licite que ce qui allait devenir « Keur Gouye Salaam » lui était revenu.

Lorsqu'il avait débarqué chez l'oncle Babou, il y a environ une vingtaine d'années, d'une camionnette brinquebalante, conduite par un vieux chauffeur de Thiaroye maugréant sans arrêt, il avait laissé échapper un grand souffle de soulagement. Oui... Car malgré son air débonnaire, avec ses moustaches grisonnantes et son mégot à sa lèvre pendante, le vieux chauffeur avait commencé à rechigner, quand pour la énième fois, on lui avait répondu avec presque toujours les mêmes formules :

— Sène ?... Babou Sène vous avez dit ?... Heu... non... non... Voyez donc du côté de...

— Heu... Non... Il fait quoi ce Babou Sène ?

Ou encore :

— Vous vous êtes renseignés du côté des mosquées ?... Il faut voir les imams... Avec eux...

Le vieux chauffeur ne cachait plus ses gestes d'agacement et de découragement. Il lui signifia même plusieurs fois cela, en y mettant à peine la forme. Lui, avait bien accepté de le prendre pour l'aider, entre musulmans, car il sait bien ce qu'est la solidarité. Quand ils reniflent qu'il s'agit de quelqu'un de la campagne, et qui n'y connaît rien ici, les arnaqueurs sont tous là, autour de lui comme des mouches autour du pot de miel... Il n'a qu'à se rappeler son arrivée tantôt au garage. Ils étaient tous là, prêts à le bouffer tout cru... Hein... Mais lui, est intervenu parce qu'il sait ce que c'est, que de débarquer à Dakar pour quelqu'un qui n'y connaît personne... Hein... Parce que lui, est un musulman et entre musulmans, il faut bien s'entraider... Seulement...

seulement… voilà… Lui aussi est père de famille, avec ses deux épouses et ses douze rejetons à nourrir. Et il n'a que le versement quotidien que lui verse un patron plus pingre qu'un *baol-baol*. Un patron qui n'accepte de payer qu'au pourcentage. Se faisait-il comprendre ? Or, sa ferraille là qu'il a entre les mains, c'est comme une vieille épouse. Pleine de rhumatismes, acariâtre, plaintive et exigeante à la fois. Des maux à n'en plus finir… Comprenait-il donc ? Et ce qui l'ennuie surtout, c'est que ça consomme le carburant et l'huile comme un rescapé du désert devant un seau d'eau. S'il ne s'agissait que d'eau encore ! Et lui, tout à l'heure, il n'a vraiment pas forcé sur le prix. Un musulman… Un vrai croyant. Parce que transporter quelqu'un à ce prix-là, avec sa charrette et son canasson aussi indiscipliné, – une demi-heure pour arriver à le faire grimper avec ses ruades et ses hennissements, qui ont fait fuir tous les types venus à la rescousse –, pour se mettre ensuite après tout ça à taper à toutes les portes de Keur Massaar avec ses rues sablonneuses… C'est que le risque qui le guettait lui, c'était de rentrer avec pas grand-chose à verser… Ou alors hein… Il faudrait un effort supplémentaire, revoir à la hausse ce tarif dérisoire qu'il a condescendu à lui accorder, lui qui fut si sensible devant sa détresse.

Diokel écoutait tout ce flot de récriminations, sa pensée tiraillée entre son paisible Tound Bouki qu'il venait de quitter avec un petit pincement au cœur, et ce qu'il lui était donné d'avoir sous les yeux en ces instants même. Tound Bouki, la Butte à la Hyène, ce patelin si tranquille, avec ses paysages apaisants, ses activités champêtres si saines, et ses gens simples. En cette heure-là, les femmes devaient en être à leurs préparatifs pour rentrer de la brousse avec leurs fagots, leurs produits des récoltes et ceux de la cueillette dans leurs paniers, avec comme d'habitude, leurs commentaires intarissables sur tout. Avec Gnilaane et Dégueune dans le groupe… Pensaient-elles à lui, comme lui pensait à elles en ces moments ? Sûrement… Elles avaient versé tant de larmes au moment du départ, Dégueune surtout, Gnilaane ayant préféré s'enfuir dans la concession pour cacher les siennes. Sous la grande hutte de la place du village, le chef Ngotti et ses compagnons des longs jours d'ennui devaient en être à leurs ablutions, pour se préparer à la prière de *Asr*… Et les enfants derrière les cases, à courir après leur ballon de chiffon… Oui… Quelle différence avec ce qu'il avait là, sous les yeux.

Un autre monde, d'autres spectacles, faits de tohu-bohu, de poussière et de fumée, dans un grouillement inouï, sur cette route défoncée de partout, où se croisaient et se heurtaient des femmes et des hommes de tous âges, et des enfants en guenilles, aussi nombreux que des fourmis autour de la termitière. Des gens tous pressés, comme s'ils avaient quelques boukis à leur trousse, avec leur marchandise sur les bras, sur la tête, ou pendant à l'épaule... Sans parler de tous ceux-là qui les exposaient à même le sol. Des immondices à chaque pas... De l'eau partout, par dizaines de flaques, gluante et puante. Avec des mouches tout autour, aussi nombreuses que des essaims d'abeilles... Partout des mains tendues, des mains appartenant à tous les âges... Oui... Quel contraste là, sous ses yeux.

Heureusement pour lui... Après une randonnée qui semblait ne pas vouloir prendre fin, agrémentée de plaintes redoublées, ce fut une vieille femme assise devant son bol de cacahuètes qui les délivra finalement :

— Si vous voulez parler de Babou Sène le vieux pêcheur, poursuivez tout droit, tournez sur votre droite à la troisième rue, et demandez au premier riverain que vous rencontrez. C'est dans cette rue qu'il vit.

— C'est bien lui... avait lâché Diokel dont le cœur avait fait un grand bond.

— Ouf ! Ce n'est pas trop tôt, avait laissé échapper son conducteur, comme pour lui-même.

Il avait aussitôt embrayé, faisant grincer et gémir la vieille carcasse qui fumait du derrière, telle une cheminée. Ils n'avaient même pas pensé dire merci à la vendeuse, qui leur avait lancé alors qu'ils repartaient :

— *Waaw* ! Oh bonnes gens...Vous n'achetez donc pas de mes *thiâfs* ?

*

* *

Babou Sène, l'oncle, vivait à l'époque une grande amertume. Il venait de perdre en l'espace de quelques mois, d'abord deux de ses enfants, ses seuls espoirs après Dieu, son épouse unique ensuite. Babou Sène était originaire lui aussi de Tound Bouki. Il avait choisi de quitter le patelin natal à une époque où peu de personnes là-bas se laissaient tenter par l'aventure, – il y avait une trentaine d'années aujourd'hui –

une ou deux avant que Sédar s'en retourne en France pour y prendre un repos bien mérité. Diokel s'en souvenait encore, lui qui comptait déjà ses vingt-cinq hivernages, alors que Tékhey venait d'avoir juste ses deux ans. Le pays vivait ses terribles années de sécheresse, un malheur que la menace de cette autre calamité que sont les criquets pèlerins assombrissait encore plus. À Tound Bouki, on ne sut réellement pas quel genre de vie Babou Sène menait à Dakar. On ne chercha sûrement pas, puisque l'évènement n'avait finalement rien de particulier. Mais, dans les raisons de son départ, beaucoup virent les deux fausses couches et les deux mort-nés qui avaient suivi la naissance de Diégaane, son deuxième garçon. D'ailleurs, moins d'un an après être parti, Babou revenait à Tound récupérer son épouse ainsi que ses deux enfants, Massaar l'aîné et Diégaane le cadet. Le prochain n'allait pas être conçu en ces lieux déshérités où les malheurs de ce genre sont le moindre mal, puisque souvent, ce sont les mères elles-mêmes qui y laissent leur vie. C'est ainsi que la naissance suivante, – elle fut la bonne celle-là – aura lieu à Dakar même, après que toute la famille y fut installée. C'était une fille. Elle porta le nom de Founé Sène.

Toujours est-il que l'on apprit un jour, que Babou était devenu pêcheur... Ce ne fut pas là non plus une grande surprise. Pêcheurs, les Sérères *niominka* le sont déjà depuis la nuit des temps. Pourquoi pas un sérère des terres *dior* ? Babou menait donc sa vie dans cette presqu'île du Cap Vert, sûrement pas au départ comme propriétaire de pirogue, ce qui devait le contraindre à échanger ses services un peu partout sur la côte, à Soumbédioune, Ouakam, Ngor, Cambérène et Yoff, Rufisque et Bargny de même, de temps en temps de façon plus osée jusqu'à Kayaar un peu plus loin en remontant vers le nord. Ses deux premiers enfants, les grands frères de Founé adoptèrent le plus naturellement du monde le métier du père, comme il est de tradition dans les familles de pêcheurs, chez les lébous du Cap-Vert ou chez leurs cousins de Guet Ndar, à Saint Louis dans le nord. Ils avaient grandi, tout en se forgeant dans la dure vie de pêcheur traditionnel, en embarquant avec les adultes, à toute heure du jour ou de la nuit, le plus souvent sans la moindre protection – sinon les gris-gris confectionnés par les vieux –, luttant perpétuellement contre le froid, la force des alizés et celle des vagues agressives des marées d'équinoxe. Babou Sène et famille vivaient à ce régime là, quand ses deux enfants devenus gaillards vinrent le trouver un jour. Ils avaient décidé d'aller tenter leur chance à Gaanaar, la Mauritanie voisine. Oui… Il est vrai que les campagnes, les pérégrinations selon les saisons, le long des côtes du pays, de Saint Louis à la presqu'île du Cap-Vert, et du Cap-Vert à la Petite Côte, et plus au sud en Casamance, rapportaient bien leurs fruits. Mais elles en rapportaient de moins en moins. Car les toubabs, à qui des tas d'autorisations de pêcher avaient été accordées par le gouvernement avide d'encaisser ses taxes, leur raflaient le pain de la bouche, chaque jour de plus en plus, avec les moyens gigantesques qu'ils utilisaient. D'énormes chalutiers avec leurs sennes, des thoniers et des sardiniers venaient leur ravir leur gagne-pain sous le nez, et impunément. Ils venaient racler l'océan jusqu'à lui arracher ses algues et même ses saletés. Pire, ils ne trouvaient pas mieux que leur proposer de se mettre à leur service, pour la capture de certaines espèces dont ils savaient qu'eux, les traditionnels, avec leurs embarcations légères, sont de fins connaisseurs. Et à moindres frais. Avec ceux-là donc, les ressources de la mer se raréfiaient. Beaucoup de leurs semblables étaient déjà partis, soit vers la Guinée Bissau du côté sud, soit vers le nord dont on disait à l'époque que les eaux étaient quasi vierges, les *Naars*, les maures de Mauritanie, hommes des sables, ignorant tout de la pêche en mer.

Massaar et Diégaane Sène avaient opté pour le nord. Le père, respectant leur choix, les avait laissés partir, après les avoir bénis. Hélas ! Il était dit que le sort n'avait pas fini de s'acharner sur sa famille. Quatre années après leur départ, les évènements dits de Doundé Khoré éclataient. Un banal incident foncier, banal, parce que millénaire et quotidien, entre les chameliers berbères de la rive droite du fleuve Sénégal, et les agriculteurs négro-africains de la rive gauche, dont beaucoup possédaient leurs terres en pays maure. Des incohérences laissées là après la reconnaissance réciproque des frontières au moment des Indépendances. L'incident né sur la Haute vallée, et qui y fit quelques victimes chez les Négro-Africains, s'amplifia avec les rumeurs, les versions et les médias, la Télévision nationale en tête, jusqu'à évoluer en crise entre les deux États mauritaniens et sénégalais.

En fait, pour beaucoup, la source du conflit avait eu une réalité tout autre. Les barrages sur le fleuve frontalier que les états riverains avaient décidé d'édifier en commun à Diama et à Manantali étaient en voie d'être achevés. Et avec eux, les appétits étaient nés du fait des énormes perspectives qu'ils faisaient entrevoir. Les visées du président mauritanien de l'époque Ahmed Ould Taya étaient sans équivoque : Avec l'incident de Doundé Khoré, le prétexte était tout trouvé, à moins que la crise n'ait été sciemment provoquée. Ces évènements de la Haute vallée allaient avoir de graves répercussions dans la famille Sène. Ils allaient emporter l'épouse déjà affaiblie physiquement et psychologiquement par ses nombreuses maternités ratées. L'épouse Sène n'avait pu en effet supporter. Quand les premiers rapatriés de Mauritanie débarquèrent à l'aéroport de Dakar-Yoff, les mains nues, ils racontèrent des choses terribles : À Nouakchott, Atar, Nouadhibou et Rosso, les plus grandes villes, de véritables pogroms avaient été organisés par les *beydaanes*, les Maures blancs, pour chasser les Négro-Africains de la rive droite et récupérer leurs terres. Leurs bras armés étaient les *hartaani*, ces esclaves et descendants d'esclaves, métis de Berbères et de Négro-Africains, qui leur vouent une fidélité sans limites. Toutes les villes, tous les villages, bourgs et bourgades de la vallée furent concernés. Un plan longuement et mûrement réfléchi. Les biens des Négro-Africains pillés ou incendiés, leurs femmes violées puis éventrées, leurs bébés piétinés à mort, les cadavres jetés au fleuve, leurs champs confisqués. C'est du moins ce qui sortait de toutes les bouches. Certains avaient pu échapper aux massacres en prenant la mer. Ce furent en majorité des pêcheurs. Mais Massaar et Diégaane ne furent pas de ceux-là. On les attendit en vain dans la famille, des jours et des jours. De longs jours d'angoisse, d'insomnie et de prières. Lorsque la famille apprit que lors de l'investissement du port de pêche et des plages de Nouakchott par les *hartaani*, plusieurs pêcheurs originaires du Cap-Vert qui avaient voulu résister avaient été tués, découpés en morceaux et jetés à la mer, le cœur de l'épouse Sène lâcha. Ce retard dans le retour de ses enfants ne pouvait avoir d'autres explications. Elle avait été convaincue qu'elle les avait perdus pour toujours, et dans ces circonstances atroces.

On ne sut en fait vraiment jamais la réalité et l'ampleur des massacres en terre mauritanienne, les Négro-Africains qui y vivaient n'étant pas tous originaires du seul pays sénégalais. Ils étaient aussi maliens, guinéens, gambiens... En pays sénégalais aussi, il y eut des représailles tout aussi féroces. Et pour la première fois dans ce pays où l'on a toujours aimé clamer qu'il ne connaîtrait jamais les drames sanglants que leurs voisins africains vivent chez eux tous les jours, on vit des cadavres humains, de Maures blancs précisément, attachés par les pieds, et traînés sans état d'âme à travers les rues de Dakar, sous le regard des curieux et des enfants. On raconte toujours que ce fut l'État lui-même qui organisa en secret la riposte, en ouvrant les portes des prisons, la plus célèbre de Rebeuss au cœur de la capitale en premier, pour en confier la tâche aux détenus criminels parmi les plus dangereux, et aussi en habillant en civil parmi ses militaires les plus aguerris, les paras commandos. Il est vrai que ceux que les populations ont vu sévir étaient de drôles de casseurs. De vrais gaillards forts comme des Turcs, et qui vous défonçaient d'un seul coup d'épaules les portes des boutiques derrière lesquelles ceux qui allaient devenir leurs victimes s'étaient barricadés. Certaines langues revanchardes aiment jusqu'à nos jours rappeler que ces tueries inconnues dans nos mœurs se déroulèrent du temps où régnait encore celui dont les Anciens disaient qu'il ne pouvait porter bonheur à son peuple.

On ne le dit pas souvent non plus, mais de part et d'autre, beaucoup de Négro-Africains furent sauvés par des Maures blancs mauritaniens, et beaucoup de sénégalais en firent autant pour leurs voisins du nord.

Le drame pour l'oncle Babou Sène, ce ne fut pas seulement la perte de ses enfants et de son épouse. Le drame pour lui, ce fut qu'il avait cessé toute activité lorsque Massaar et Diégaane avaient commencé à lui envoyer régulièrement des subsides, des sommes souvent importantes. Il est vrai qu'il commençait à prendre de l'âge, et que la dure vie en campagne d'abord, ajoutée à celle qu'il avait ensuite menée en mer, commençait à faire voir ses effets. Les billets reçus de ses deux gaillards, des garçons courageux qui n'avaient pas oublié leur famille, apportaient avec eux de gros souffles de soulagement. D'autant plus qu'à l'époque, leurs sœurs et frères étaient encore trop jeunes. Hélas ! Le fil vital allait être coupé. Et il allait l'être en un moment où la concession de Keur Massaar acquise de haute lutte, mais à crédit, en une époque de spéculation foncière plus que féroce, n'avait pas fini d'être payée. Le vieux pécheur devenu veuf, sans plus aucune possibilité de ressources, était obligé de jouer à cache-cache avec ses créanciers auxquels s'étaient adjoints les boutiquiers du coin. Miné par l'âge et la maladie, il était au bord du désespoir. Et l'idée d'un retour au terroir natal avait commencé à le taquiner, se précisant de jour en jour, quand Diokel Dione le neveu prodigue débarqua avec son attelage.

*

* *

On ne sut en réalité ce qu'il en fut entre l'oncle et le neveu. Ce que l'on constata, ce fut qu'au fil du temps, pendant les mois qui suivirent, on vit de moins en moins de va-et-vient de créanciers dans la concession. À l'époque, Founé Sène, la plus grande des enfants comptait ses quinze hivernages. Deux longues années passèrent encore, quand le neveu émit le vœu d'en faire sa troisième épouse. L'union fut rapidement scellée, comme nous l'avons vu, sans tambour ni trompette. Dégueune, la seconde épouse qui avait débarqué à Keur Gouye Salaam un an plus tôt, n'y avait guère vu d'inconvénient. De même, la concession, avec sa baraque et son petit bâtiment en dur de deux pièces se faisant de plus en plus étroite, l'oncle reçut fort bien la proposition du neveu d'y ajouter une pièce supplémentaire à laquelle il allait adjoindre des toilettes. Ce fut vite fait. Diokel Dione ne s'en arrêta pas là. Le premier enfant qu'il eut de Founé un an plus tard porta le nom de l'oncle Babou. Ce dernier voguait de ravissement en ravissement, lorsqu'une courte maladie vint le faucher sans avertir. La douleur de Founé ne s'était pas encore éteinte, que la cérémonie consacrant le partage de l'héritage du défunt, dirigée par l'imam du quartier, révéla ce dont peu de personnes seulement se seraient peut être doutées : Le disparu était redevable au neveu de tant d'argent, que le montant avait atteint pratiquement la valeur de la concession qu'il laissait. Et comme aucun de ses enfants – tous mineurs – ni aucun parent allié ne disposait de ressources qui puissent permettre de rembourser la dette, on ne vit aucun inconvénient à proposer la cession de la propriété au neveu, d'autant plus que ce dernier appartenait déjà au clan. Ce dernier accepta l'invite, pour ensuite se soumettre sans tarder aux formalités de la transaction. Le gap fut remis à une Founé Sène qui n'y comprenait pas grand-chose, elle qui était la plus âgée des héritiers, et en même temps troisième épouse de l'acquéreur.

Ce fut à partir de ce jour que Keur Massaar commença à regarder d'un autre œil celui qu'il avait surnommé Borom Sarett (le charretier) Un qualificatif qui ne lui déplaisait guère, ce qu'ils ne savaient pas. Borom Sarett ! S'ils pouvaient savoir à quel point son métier de cocher lui avait porté bonheur ! Il savait bien lui ce qu'il faisait, lorsqu'en quittant Tound Bouki, il avait tant tenu à partir avec son attelage. Il lui avait toujours porté bonheur.

Borom Sarett ne sembla donc guère se préoccuper des nouvelles attitudes qui se manifestèrent autour de lui, de la rumeur de plus en plus persistante selon laquelle il avait tout simplement dépouillé son oncle de sa propriété, que ce dernier avait acquise à force de se battre, malgré son âge et ses maigres moyens. Et cela, sans scrupule aucun. Il s'était toujours fait bonne conscience, au contraire. Dans sa nouvelle propriété, les enfants de l'oncle, ses cousins, n'étaient-ils pas toujours chez eux, protégés, nourris et habillés par lui même ? Et ils y étaient sûrement heureux avec ses propres enfants à lui, de Dégueune, et ils le seraient à coup sûr avec ceux qui allaient y arriver avec Gnilaane la première épouse, et avec lesquels ils ne tarderaient guère à se familiariser.

Et puis, il en était certain. En donnant à la concession le nom de Keur Gouye Salaam, il était sûr que cela lui procurerait protection, tel un bouclier.

181

15

Ce matin-ci du lundi, Borom Sarett est en train de fulminer en s'emparant du combiné. C'est qu'il semble bien répondre à l'image qu'il s'était faite de lui, le *moussé*... un vieux *alatraité*, avec sûrement ses éternels problèmes de survie. C'est la quatrième ou la cinquième fois que Makhtar le préposé à la quincaillerie Borom Ndoukoumaane lui fait part de l'appel de ce maître d'école qu'il n'avait jamais porté en son cœur.

— Monsieur Niang a appelé ce matin.

Le matin, le milieu du jour ou l'après-midi, c'est du pareil au même. Ce dont il est certain, c'est que l'homme, qui est passé l'autre jour soi-disant pour un simple bonjour – il ne sait toujours pas d'ailleurs comment il avait découvert son existence ainsi que son adresse à Ndakaarou –, commençait à l'agacer avec ses appels incessants. Il y réfléchissait depuis, et en avait conclu que ce ne peut être que pour venir le taper. Il le revoit encore faisant semblant de faire la fine bouche, et de jouer à l'homme surpris et désintéressé, l'autre jour, alors qu'il lui glissait dans la main un gros billet « pour la cola. » Et il n'ose toujours pas croire, que c'est parce qu'il avait ajouté que sa visite le prenait par surprise, qu'il avait pris ça pour une invite à revenir. Pas si bête quand même, le directeur. Ce n'était là que façon de parler, qu'un toubab noir comme lui devait fort bien comprendre. Car, par les temps qui courent...

Aujourd'hui, M. Niang est bien tombé. Makhtar vient de taper à la porte de l'arrière-boutique :

— C'est M. Niang à l'appareil !

« Si c'est pour ce que je pense », se met-il à ruminer en se levant. C'est à grands pas qu'il passe la porte, arrive au comptoir et arrache vivement le combiné.

— Allah !

— Monsieur Dione ?

Encore du *monsieur* Dione !

— Allah !... C'est moi.

— C'est monsieur Niang à l'appareil.

— Ha ! *Salaamou aleykoum*, Goorgui Niang.

— Ah ! Enfin… Dieu merci.

Il s'ensuit de longues secondes de salutations… Des Niang… Des enfants et des épouses… de la santé et des parents… À n'en plus finir avec le directeur comme contraint de subir cette pratique surannée. Puis, une longue pause chez Borom Sarett, et qui laisse supposer que son interlocuteur est entré dans le vif du sujet. Une écoute agrémentée de : Heu… heu… Han ? … Encore de Heu…heu… que suivent de vrais grommellements… C'est au bout de cinq longues minutes que Diokel Dione consent enfin à reprendre la parole. Makhtar, qui l'observe du coin de l'œil, et qui l'a vu grimacer plusieurs fois, sait fort bien ce qui va suivre. Cela fait déjà assez longtemps qu'il assiste à ce genre d'échanges, depuis qu'il s'est retrouvé à ce poste grâce à cet oncle qui avait eu la chance de découvrir des lointains liens de parenté avec le maitre de céans. Des échanges qui, à force de lui parvenir à l'oreille, l'ont édifié depuis longtemps sur le caractère plus qu'intransigeant de son patron. Il est le troisième préposé à ce poste en une année, ses deux prédécesseurs, pourtant des parents proches, ayant été chassés comme des chiens, avait-il entendu dire. Un homme méfiant, très près de ses sous, ferme et rancunier, avec qui donc il faut jouer franc jeu. Un homme volontaire et ambitieux. Makhtar l'entend se racler la gorge plusieurs fois, devinant bien ce qui va suivre.

— Heu… oui… oui… C'est vrai, Goorgui Niang…Vous dites vrai, et je suis bien placé pour le savoir… C'est difficile par les temps qui courent… fort difficile, je le sais… Et pour tout le monde Goorgui… Très difficile même… Oui oui… Mais si vous saviez… – un raclement de gorge, long et rugueux – c'est derrière plusieurs créanciers que je cours depuis plusieurs mois, vous savez… Beaucoup de sous, je vous dis… Beaucoup… Et tout çà, à cause des mauvais payeurs... Allah m'en est témoin ! Toujours eux… Ah la confiance… la confiance…

L'autre semble l'avoir interrompu. Il y a une nouvelle pause pendant laquelle ses grimaces et ses grognements ont repris… Puis :

— Oui oui… Ahan… Je sais… Je sais tout ça, Goorgui Niang… Mais ces temps-ci, ce n'est vraiment pas facile… Si je vous disais… Trois camions à l'arrêt… *Waawaaw*… Trois… Des pannes à n'en plus finir, et graves… Pas un jour sans que ces fieffés chauffeurs ne

184

viennent pleurnicher, et me casser les oreilles, avec des explications à n'en plus finir… Et puis…

Makhtar le préposé n'écoute plus. Il sait comment cela va se terminer. Effectivement, au bout de quatre à cinq autres minutes, il voit son patron raccrocher, écrasant littéralement le combiné, avec forces commentaires, comme s'il n'avait pas été là…

— *Waye* ! *Waye* ! Quoi ! Pour qui il me prend donc ce toubab noir ? Han ? C'est qu'il ne s'est pas renseigné avant de m'appeler, ce Goorgui… Par la ceinture de mon père !…

C'est en gesticulant et en fulminant qu'il rejoint l'arrière-boutique.

« Sûrement ça, – est en train de se dire le préposé – Le monsieur n'a pas dû se renseigner… Il aurait su que Diokel Dione ne prête jamais de son argent, qu'il ne donne jamais sa marchandise à crédit… Il ne l'a jamais fait, et il ne le fera jamais, tel que je le connais »

Le préposé ne s'est pas trompé. Il s'agit bien de ça. Dans l'arrière-boutique, son patron est toujours en train de fulminer.

« Un drôle de profiteur, ce Goorgui Niang… C'est qu'il se prend pour un saint, le sieur, Han ? Quoi ?… Cinq tonnes de ciment, qu'il me dit… Cinq tonnes ! Vous vous rendez compte ? Et puis quoi encore ? Six cents kilos de fer, seize mètres cubes de basalte… Hein… Quoi encore, pour la plomberie et les sanitaires… Et j'en oublie… J'ai failli étouffer au point de ne plus lui prêter l'oreille, à ce prétentieux. Sa maison qu'il me dit… Sa maison à finir… Sa maison… Tiens ! Mais qu'est ce qu'il a donc fait de tous ces sous que le gouvernement lui a versés pendant toute sa carrière ? Dites… Hein dites… Sait-il… Sait-il seulement ce que nos quelques arpents de terre nous rapportaient à l'époque ?… Han ? Nous, c'est sous le soleil que nous raclions la terre rien que pour des miettes… Ce ne sont pas ceux-là qui y sont encore qui me démentiront… Tandis qu'eux, c'est à l'ombre, dans leur salle de classe bien aérée qu'ils se pavanaient, qu'ils se pavanent toujours, toute la journée avec leur bâton de craie à la main et la cigarette aux lèvres. Et à la fin du mois, ils n'avaient qu'à gagner la ville et se présenter au bureau de poste pour empocher en une fois ce que nous nous gagnions en une saison. Hé… Mais… mais…

Diokel a repris sa place sur sa chaise. Il est tout en sueurs. Plusieurs fois, il s'est repris dans le comptage des billets… un fait rare… C'est comme s'il va étouffer…

« Tékhey me l'a expliqué une fois… Par rapport à nous, les fonctionnaires sont plus que des privilégiés. Eux, les députés, les ministres et tout ce monde costumé qui leur tourne autour. Ils gagnent en un an, ce que nous, nous gagnons en vingt ans… Et qu'est-ce qu'il me propose ce malin ? Hein ? De me payer le tout, par traites s'il vous plait… Par traites… Et il a déjà fait ses calculs, le truand… Vingt mois pendant lesquels mon argent va dormir chez lui. Et pendant qu'il va en jouir, moi je vais continuer de trimer… Vingt mois ! Et pour combien encore ? »

Borom Sarett agrippe sa calculette, se met à y pointer un doigt rageur, avant de la remettre à sa place.

« Mais qu'est ce qu'ils font donc de leurs sous, tous ces gens-là que le gouvernement arrose de tous ces avantages à tout bout de champ, surtout quand leurs syndicats s'en mêlent ?… Dites-moi donc… Évidemment, si l'on ne travaille que pour courir ensuite derrière les fesses… ou à fréquenter les bistrots… *Haram* ! Et puis, ce que ce Goorgui semble ignorer, moi, j'ai toujours ma tête, et je me souviens toujours et fort bien de leurs ricanements à Tound Bouki, quand je me présentais à eux avec mes *lettars*, et que je leur dictais mes réponses… Leurs rires sous cape, leurs ironies… L'âne… J'étais l'âne pour eux, le vieil imbécile analphabète et balourd ! Hey ! Maintenant… Maintenant que l'âne a de quoi préserver sa *téraanga,* sa respectabilité, les voilà qui sortent tous de leur trou pour venir roder autour de lui. Mais moi j'ai appris des choses dans la vie… Je sais que lorsque l'on devient riche, tous les autres cherchent à vous voler ou à vous ruiner… Ou alors c'est tous les malheurs du monde qu'ils vous souhaitent. C'est dans la nature humaine. Mais c'est qu'il ne me connaît pas encore, ce Goorgui Niang… Il doit bien le savoir pourtant, ce soi-disant maître ou savant… Ici, c'est le crédit qui tue les affaires. Oui, à cause des mauvais payeurs. Oui… Et tant pis pour lui s'il n'est pas content. »

Il avait bien cru deviner comme de l'amertume dans la voix de monsieur Niang, au moment où celui-ci raccrochait. À moins que ce fût de la colère. Mais la *colère du poulet laisse le cuisinier imperturbable.* Ce n'est pas lui qui le dit.

*
* *

Certaines catégories de personnes de la société n'ont jamais été en odeur de sainteté auprès de Borom Sarett. Parmi celles-là, les fonctionnaires comme on les nomme, avec leurs symboles que sont les maîtres d'école, – ceux-là qu'il a connus surtout en brousse –, et aussi ceux du monde politique. Voilà des espèces qui ne se satisfont jamais de ce qu'Allah leur a réservé sur cette Terre, et qui courent du matin au soir derrière les sous… Une espèce jamais à jour… Jamais…

Borom Sarett ne voit dans les fonctionnaires que des maîtres de la magouille. Voilà des gens qui se sont singularisés eux-mêmes avant qu'on n'ait eu à le faire à leur place. Leur salaire, proclament-ils à qui veut les entendre, ils ne font que « le toucher ». À peine ont-ils posé les doigts dessus, qu'il passe en d'autres mains. De celles là dont ils se plaignent à longueur d'année de leurs propriétaires : les commerçants. Pour eux, les coupables, ce sont les commerçants, ceux-là qui, disent-ils, leur fourguent leurs marchandises, en ajoutant à volonté des intérêts plus que salés à celles qu'ils leur donnent à crédit. Le monde à l'envers ! Car, comment vouloir se ravitailler chez les autres pour que la famille vive, et se mettre ensuite à rechigner et à geindre, quand il s'agit de *toucher la poche* ? Hein ? Et ils sont d'autant plus audacieux à se servir chez le fournisseur, quand la marchandise existe à foison. Le comble, c'est quand ils se font accompagner par madame, surtout quand il s'agit de la deuxième ou troisième épouse. Le petit carnet en main, les voilà qui deviennent de vrais prétentieux. Tous les tissus riches y passent, plus le reste... Et, tenez-vous bien… il existe en leur sein une certaine espèce, une espèce particulière qui préfère se présenter toujours toute seule, comme en catimini, pour traiter sans bruit. Ceux-là, quand ils s'y mettent, y vont comme des détraqués. Poste téléviseur, chaine à musique, cuisinière, frigo, tout y passe, toujours à crédit bien sûr. Mais de la marchandise qu'ils bradent comptant au premier coin de rue, où l'acquéreur les attend avec ses billets en poche. Et en fin de mois, c'est la course au guichet de la banque ou de la poste, avant que le bienveillant créancier ne s'y présente avec son chèque. Du jeu de cache-cache perpétuel. Comment peut-on être à jour avec de telles pratiques ? Certains parmi ceux qui se sont présentés à lui, ou à ses préposés, tout miel et tout sourire, avec le chéquier bien en vue, ont dû être bien déroutés quand ils ont appris que chez Borom Ndoukoumane, on ne fait pas de crédit. Même en y greffant des intérêts. Quelle subite transformation alors ! Et quelle hargne Allah ! Il n'a manqué que l'insulte à la bouche, entre les multiples qualificatifs désobligeants sortis de langues chargées de venin. Quand il pense que certains d'entre eux poussent leur indignité jusqu'à se présenter en compagnie de leur *madame*, afin de l'émouvoir lui. Comment doit-on appeler ça ? Hein ? Mais ce qu'il sait lui, c'est que s'il y a des pratiques qui tuent les affaires, le crédit lui en est... Oui, à cause des mauvais payeurs... Et il n'y a plus que des mauvais payeurs, en ce monde de malhonnêtes...

Pour Borom Sarett, il n'est donc pas étonnant que ce soit eux, toujours eux, que l'on voit se bousculer à toute heure du jour et de la nuit autour des kiosques du Pari Mutuel Urbain. En tout cas, à Keur Massaar, ce n'est même plus un secret pour les enfants. D'ailleurs, les intéressés ne s'en cachent guère. Encore une pratique honnie par la religion et à laquelle ils s'adonnent allégrement, ce qui ne les empêche guère de se précipiter vers la mosquée à chaque heure de prière, pour se tourner vers la Qibla. Les hypocrites ! À Keur Massaar, les adeptes du Pari Mutuel sont si nombreux qu'ils ont fini par former, dit-on, une Association des Parieurs. Il en a entendu parler plusieurs fois. Et il semble qu'il n'y a pas qu'eux seuls dedans. Il en sait d'ailleurs quelque chose. À quelques dizaines de mètres de Keur Gouye Salaam, il existe un kiosque du Pari Mutuel fort fréquenté, la nuit surtout. Pendant ses promenades nocturnes, il en a déjà surpris plus d'un parmi les dignitaires du quartier, et parmi les plus inattendus. *Haram* ! Allah ! Ce que l'appât du gain peut faire faire aux êtres humains ! Quelques fois, ce sont même des mères de famille du Quartier qu'il y aperçoit, se camouflant sous le voile, et qui se font aider par des habitués du jeu, pour cocher leurs numéros. Si on lui avait dit qu'ici, les chevaux, c'est à cela qu'ils servent !

Diokel Dione se plait aussi souvent à attendre que les *moussés* de l'école du quartier se regroupent autour du kiosque de la demoiselle de la société de téléphonie mobile, pour s'y ravitailler en carte de recharge de crédit de leur téléphone portable, pour se rapprocher d'eux et leur prêter l'oreille. Les jours de promotion surtout, quand les valeurs sont majorées de 50 ou 100 pour cent, des périodes que ces messieurs guettent comme des mendiants à l'affût du bienfaiteur. Évidemment, il n'est jamais surpris de ce qu'il entend ces jours fastes pour eux :

— Une carte de mille francs, Sally !

— Mettez-moi cinq cents francs. Voici mon numéro.

Ou encore, toujours à l'intention de la vendeuse :

— À quand la promotion prochaine ?

— C'est qu'il y en a de moins en moins.

Sally la vendeuse est toujours débordée ces jours-là. Lui, se plait à chaque fois à se placer derrière eux, à jouir du spectacle et à les écouter, le sourire aux lèvres, avant de lancer par-dessus leur tête, et d'une voix forte :

— Une carte à dix mille, Sally !

Et de se réjouir en voyant toutes ces têtes se tourner vivement vers lui, avec des yeux tout brillants. Des yeux envieux et méchants. Il attend ensuite, tout jubilant, que les maîtres aillent rejoindre leurs ouailles après la recréation, et que les rangs s'éclaircissent autour de Sally, pour se rapprocher d'elle et lui glisser dans la main son téléphone, ainsi que le gros billet. Sally la vendeuse s'y connaît désormais. Elle va récupérer le tout et s'atteler à lui charger le code au téléphone. Elle sait que, tout amateur qu'il soit des téléphones–mobile dernier cri, des marques les plus célèbres, cet homme riche comme Crésus ignore royalement la façon de s'y prendre pour entrer un code.

*
* *

L'homme ne porte guère non plus en son cœur, cette autre catégorie de citoyens que sont les gens de la politique. Pour lui, il ne peut exister sur terre de gens plus abjects. Voilà des hommes et des femmes prêts à vendre père et mère pour avoir accès aux prébendes. Des hommes prêts à pousser leurs épouses dans le lit d'autrui, des femmes prêtes à se prostituer pour obtenir le poste convoité. Des gens prêts à vous planter le poignard dans le dos, ou à offrir ce qui leur est le plus cher en sacrifice rituel, pour éliminer un adversaire gênant. Il en a appris sur eux, beaucoup sur eux, pendant la vingtaine d'années vécues à Ndakaarou. Beaucoup plus que ce qu'il savait déjà sur eux à Tound Bouki, de leur duplicité et de l'art de mentir que chacun d'eux a en lui.

À Tound Bouki déjà, et dans tous les patelins environnants, on en savait assez sur eux… leurs défilés incessants quand ils ont besoin de vous, leurs sourires mielleux, leurs discours solennels et leurs promesses mirobolantes. Ici à Ndakaarou, c'est pire. Parce qu'à Tound, on est à mille lieues des réalités, et que certains aspects de la vie politique vous sont encore inconnus. Mais ici… En fait, ici, la politique, c'est quelque chose de quotidien et de perpétuel. C'est à croire qu'il n'y a que ça à faire tous les jours que le Bon Dieu fait. Il est vrai que la ville compte beaucoup plus de désœuvrés que de travailleurs, surtout chez les adolescents, garçons comme filles. Il est vrai qu'ici, tout le monde arrive à se faire entendre, car Ndakaarou est une ville qui croule sous les journaux. De la paperasse vendue à cor et à cri, et à toute heure du jour par des enfants, garçons et filles qui vous assaillent jusqu'à vous les fourrer dans les bras. S'il ne sait pas parcourir ces pages écrites dans la langue des toubabs, lui sait par contre ce qu'il y a dedans, car il existe aussi toute une prolifération de radios locales qui émettent dans beaucoup de langues du pays, et surtout en wolof. Il n'y a pas que les gens de la politique qui s'y expriment. On y raconte des tas de choses sur la vie de Ndakaarou et de l'intérieur. Mais ce sont eux qui les accaparent pour n'y conter que des choses nauséabondes sur leurs adversaires, comme si, faire de la politique ne consiste qu'à chercher des poux sur la tête de l'adversaire. Ainsi, ceux qui, grâce à leur maitrise de cet art, sont parvenus à se hisser sur les épaules des autres, et qui se prélassent dans le *ngoûr,* les prébendes que leur offre le gouvernement, en entendent-ils de tous les sons de cloches ?

Si leurs pratiques ne se limitaient qu'à cela, il n'aurait en fait rien à redire sur ces gens-là, que déjà il ne portait pas sur le cœur, se contentant des commentaires des autres dans les grands-places, de prêter de temps à autre quelque oreille à la radio, ou de les observer dans leurs jeux favoris de *golos,* quand il lui arrive de les voir à la télévision… L'affaire, c'est que, plusieurs fois déjà, ici à Keur Massaar même, il avait déjà eu à se frotter à certains d'entre eux. Il le sait, et il l'a toujours dit. Quand par la grâce de Dieu on devient riche, tout le monde se bouscule pour chercher à prendre sa part, ou alors à vous voler ou à provoquer votre ruine. Tout le monde, et surtout ceux-là qui découvrent un beau jour votre existence, après que vous vous êtes battus contre l'adversité, et que vous avez sué sang et eau pour bâtir votre fortune.

Tenez… La dernière fois, c'est un de leur groupe qui est venu le trouver à Keur Gouye Salaam, – encore une fois – peu après la prière de *Ishaa,* la dernière du jour. Il venait de finir une journée bien remplie. Bien vautré dans sa chaise longue, devant la porte de son bâtiment à lui, avec sur les genoux, Thioro la dernière que Founé lui avait faite, il digérait le couscous que venait de lui présenter Gnilaane la première épouse, celle que les deux autres ne sont pas prêtes d'égaler en matière d'art culinaire. Ils étaient arrivés en grande pompe, inondant toute la rue des vrombissements des moteurs de leurs 4X4, et faisant jaillir dans la rue les habitants de toutes les concessions voisines. Des salutations à n'en plus finir, les plus mielleuses pour Gnilaane trouvée sur place, et pour Dégueune et Founé alertées par tout ce tintamarre. Ils étaient là, engoncés dans leur costume ou leur grand boubou en basin riche, les dames avec des mouchoirs de tête immenses et des lunettes comme des pare-brise. Tout l'air de la concession était parfumé de leur présence. Ils étaient là encore une fois, infatigables demandeurs, tels des mendiants, avec leurs beaux sourires, ces hypocrites. Avec des tapes à n'en plus finir pour la progéniture accourue de tous les coins de la concession. Les dames qui les accompagnaient surtout, avec leur « mignon-mignon ! » et leur « dis-moi ton nom, petit, hum ?… hum ?… dis-moi »… Lui, s'était levé pour aller à leur rencontre et les accueillir, les maudissant intérieurement pour ce dérangement imposé, et à l'idée qu'il allait devoir supporter ces empêcheurs de digérer, car leur discours, il le connaît déjà fort bien. Il avait condescendu à les recevoir dans le nouveau bâtiment, celui qu'il avait édifié pour lui et pour lui tout seul. Et ils y étaient allés, les malins, avec force précautions et détours, dans leur wolof succulent :

— C'est que nous avons tant à faire, *Alaadji,* hun ? Hier à cette heure-ci, nous étions encore en pleine brousse, dans le Ferlo plus précisément. Vous connaissez, la zone des éleveurs… Ah… Ce qu'ils sont courageux, nos parents peuls. Il faut les voir braver le soleil et l'harmattan. Pour eux, il n'y a que le bétail qui compte… rien que le bétail… Mais que serions-nous sans eux ? Toutes ces catégories de viandes sur nos étals à Dakar et ailleurs, c'est eux, et rien qu'eux. Mais heureusement, les forages promis seront bientôt là. Au moment où nous vous parlons, une mission est au Japon pour régler cette affaire. Vous savez, ils excellent dans l'art de forer des puits, nos partenaires japonais.

— *Eskeuy* !... avait-il lâché, politesse oblige.

— Avec eux, toute la zone du Ferlo va être couverte et va reverdir... et même...

« Au fait... au fait... », continuait-il de ruminer. Et ils en étaient venus au fait, finalement, après maints détours, banalités et autres civilités...

— Pas encore décidé, El hadji ? Hun ?... Vous savez... Il n'y a qu'à regarder autour de vous... Plus personne dans le monde des affaires n'est en reste... Ils ont tous compris... Ils ont compris qu'il n'y a rien à perdre à militer dans le Parti... Au contraire, il y a tout à gagner... Et l'un des cadres de notre cellule de réflexion vous l'a bien expliqué l'autre jour... Vous vous souvenez ? Celui qui vient d'Amérique...

Lui, continuait d'opiner...

— Ahan... Ahan...

— Voilà... Lui et beaucoup d'autres sont revenus au pays pour se mettre à son service... Oui... Pourtant, là-bas, c'est tous les avantages qu'ils avaient... D'énormes privilèges, on vous dit.

— *Eskeuy* !

Et ils y étaient encore allés, infatigables, se relayant les uns après les autres. Le Parti, quand vous y adhérez, il devient un bouclier pour vous. Il vous protège contre vents et marées. Mieux, pour un homme d'affaires comme lui, c'est toutes les perspectives qui s'ouvrent, avec les marchés de l'État. Et des marchés, il y en a à n'en plus finir. Sans parler des quotas sur les importations. Et avec tout ce que le pays importe, bon Dieu... S'il savait, ce que ça peut lui rapporter des quotas sur le riz par exemple. Il n'y a qu'à s'informer auprès de ses pairs. Quant aux impôts et au fisc...

Il n'écoutait plus que d'une oreille distraite. De ce côté-là, aucune crainte. Le jour où il avait assisté à la ruine d'une des plus grandes familles commerçantes de Ndakaarou, le « Groupe THIAM », à qui le fisc avait tout pris, il avait pris ses précautions. C'était à ses débuts. Il se souvient encore que tout le monde leur était tombé dessus, les malheureux. Surtout les journalistes, qui avaient trouvé là un gros tas de merde dans lequel ils allaient pouvoir fouiller à volonté. « Ainsi donc, ces célèbres milliardaires, c'est cela leur secret ! Ils trichent tous avec les Impôts, ces grands alliés des gens de la politique qui avaient décidé de leur tourner le dos. De vrais arnaqueurs en fait, ces gens qui roulent sur l'or. Et patati patata. » Diokel avait appris plus tard que le chef de famille, excédé par les sollicitations innombrables des gens du Parti, qu'il avait intégré, – un véritable chantage –, avait fini par se rebiffer. Il en supportait les conséquences.

Lui, avait réfléchi à tout ça pendant longtemps. Et il avait fini par trouver. Il s'était rapproché du Bloc fiscal où les employés, très nombreux, se bousculent autour de vous telles des mouches autour du pot de miel, quand vous vous présentez. Il en avait déniché un, pas trop gourmand, à qui il prête toujours une oreille fort attentive quand il lui explique les tenants et les aboutissants des choses, et qui fait pour lui toutes les opérations nécessaires et avant terme. Et il les fait bien, le monsieur puisqu'il tient tant à son mouton de Tabaski, qu'il reçoit chaque année, sans compter les enveloppes qui lui tombent dans la main de temps en temps, pour arrondir ses fins de mois. Cela lui coûtait bien entendu… Mais par rapport aux risques… Heureusement, le retour de Tékhey avait mis fin à tout cela.

Encore une fois, il les avait raccompagnés avec des promesses fort vagues, et sous une avalanche de « *In cha Allah* ! et de *Eskeuy* ! ». Et il les avait raccompagnés, plutôt *poussés* jusqu'au grand portail. Leurs coups d'œil curieux et amusés pour ses charrettes garées là, avec leurs brancards pointant vers le ciel, ne lui avaient pas échappé… Toute la rue avait retenti de nouveau des vrombissements de leurs 4X4, dès que les chauffeurs les virent sortir. Ce n'était pas leurs grosses cylindrées qui allaient l'ébranler. Et ils devaient bien le savoir, ces grands champions de l'arnaque, qui affirmaient bien le connaître à chaque détour de leur conversation… ces grands messieurs sans scrupules, dont les épouses vont accoucher à Tougal, pour faire de leurs rejetons des toubabs noirs, et qui choisissent tous d'aller mourir toujours chez les toubabs, quitte à se faire ramener dans des caisses, à coup de millions, aux frais du pays.

Il en a toujours été ainsi, des pratiques de ces gens-là qui se sont hissés au pouvoir à force de mensonges et de tromperies. Du temps de celui que les Anciens assimilaient au palmier rônier, comme de celui de ces *nouveaux chauves* qui venaient d'accéder au pouvoir. Il est vrai qu'avec ces derniers, c'est devenu pire. Car, pour trouver plus pressés et plus affamés… De vrais goinfres qui n'ont pas trouvé mieux que de se camoufler derrière les vitres teintées de leurs monstres de la route, pour ne pas se faire voir par ceux-là qui les avaient hissés au sommet de l'échelle.

Tiens… Il n'avait même pas pensé demander aux femmes de leur servir à boire, lors de leur visite, ne serait-ce que de l'eau de canari.

16

Le jour où il lui fut offert de tomber à l'Aéroport international de Dakar Yoff, sur ce spectacle déchirant de deux jeunes filles accrochées comme des folles à ce cercueil qui venait d'être débarqué d'un vol d'Al Italia, Diokel Dione avait juré que Tékhey lui reviendrait, et le plus tôt possible. C'était l'année où les *nouveaux chauves* – se coiffer chauve était devenu la mode – venaient d'accéder au fauteuil présidentiel si longtemps convoité. Ce fut par pur hasard qu'il était tombé sur la scène. Son attention avait d'abord été attirée par un petit attroupement, deux femmes et deux vieux en tenue traditionnelle, avec à leur côté, trois messieurs en costume et cravate, dans une posture d'attente fort anxieuse semblait-il, auprès d'un portail situé à une trentaine de mètres de la sortie des voyageurs, du côté des hangars. Leur attitude, celle surtout des femmes, avait quelque peu aiguisé son attention. Si les deux vieux avaient une mine fort triste, les femmes elles, pleuraient en silence, le mouchoir collé au visage. Diokel s'était arrêté au moment de s'engouffrer dans sa berline, comme si quelque force l'avait retenu. Puis une ambulance était arrivée, sans actionner sa sirène, pour se garer silencieusement devant le portail, ce qui l'intrigua encore un peu plus… Quelques minutes plus tard, il y avait eu comme du remue-ménage de l'autre côté de la clôture grillagée, et un chariot était apparu ensuite, poussé par deux hommes en bleu de travail. Derrière eux, suivaient deux policiers en tenue. La forme de la charge sur le chariot ne pouvait prêter à confusion. Il s'agissait d'un cercueil. Un douanier arrivait derrière tout ce monde, avec plusieurs feuilles de papier en main.

Aussitôt le portail ouvert, il avait vu les deux jeunes filles se détacher sans avertir de l'ombre d'un mur, à quelques mètres du groupe d'hommes et de femmes, et se mettre à courir comme des possédées vers les nouveaux arrivants avec des cris perçants. De véritables hurlements de désespoir. Les deux agents de police, pris de court, ne purent les stopper. Elles les avaient repoussés avec une force que l'on ne soupçonnait guère chez elles, pour se jeter ensuite sur le cercueil.

Elles s'y agrippèrent comme à une bouée, et se mirent à l'inonder de cris perçants et de larmes, telles des pleureuses. À travers le brouhaha, on pouvait discerner les mots :

— Moussa... Moussa... Notre Moïse... Notre Moïse est parti !

— Ils nous l'ont tué... Ils nous l'ont assassiné...

Le reste de la famille s'était approché, fort gêné et ému. Diokel et quelques autres curieux aussi. Mais les policiers avaient fait barrage. Diokel avait entendu l'un d'eux dire, sur un air de reproche :

— Quelle idée que de les avoir traînées ici ! Qu'on en finisse avec ces formalités...

Les porteurs n'avaient pas attendu. Aussitôt que les deux policiers eurent arraché les deux jeunes filles à la caisse, dans les débattements et les cris rauques, celle-ci avait été hissée sans ménagement dans l'ambulance. On eut là encore beaucoup de peine à retenir celles qui ne pouvaient être que les deux sœurs du défunt, qui voulurent coûte que coûte s'y engouffrer. Finalement, l'ambulance avait pu démarrer aussitôt que la portière-arrière se fut refermée derrière les policiers. Deux véhicules démarraient aussitôt derrière elle. C'était la famille qui suivait.

Diokel était resté là, quelque chose d'indéfinissable remuant profondément en lui, suivant des yeux le cortège qui s'en allait, lorsque des bribes de commentaires commencèrent à lui parvenir.

— Encore un, Bon Dieu !... Mais ne me dites pas que c'est dans ces caisses-là qu'ils vont tous finir par rentrer au pays, nos gosses là...

— Tous, oui ! Tous !...

— Et encore... Aujourd'hui, ça a été moins discret, surtout avec ces deux jeunes filles... D'habitude, on attend la nuit pour les faire sortir... Quelquefois, c'est deux, trois cercueils à la fois...

— Ce gosse doit appartenir à une famille influente...

Diokel s'était approché, hésitant encore sur l'attitude à tenir. Un des jeunes parmi les commentateurs s'était tourné vers lui, comme pour le prendre à témoin.

— Moi, jamais je n'irai là-bas.

Il n'avait pu se retenir :

— Mais... heu... Là-bas... Où çà ? – Le jeune homme devait être un fin connaisseur.

— Mais... là bas, Père... À *Tougueul*, chez les toubabs. Surtout

196

chez les Italiens. Ils s'y font tuer comme des mouches…

— Mais… mais… qui ?…

— Les *France-naabés*, Père… Les émigrés, surtout les jeunes…

D'autres commentateurs, volubiles en diable, étaient venus les rejoindre.

— Vous dites qu'ils s'y font… tuer…

— Oui ! vous ne savez pas Père ?… Beaucoup de jeunes qui arrivent à se débrouiller pour entrer là-bas veulent s'enrichir sans attendre. Surtout quand ils n'ont pas de métier, comme la plupart d'entre eux… Alors…

— Alors ils se font marchands ambulants…Vous savez, c'est pratique là bas, dit-on… Il paraît qu'on arrive à s'en tirer.

— En réalité, pour beaucoup d'entre eux, ce n'est qu'une couverture… Quand la chance leur sourit.

— Ce qu'ils croient être la chance, oui !…

— Oui, si tu veux… Quand la chance leur sourit, c'est dans la filière de la came qu'ils s'insèrent… La came… la drogue… vous connaissez ?…

— Heu…

— Cette marchandise rapporte gros là bas… Il paraît que tous les toubabs s'en servent… Tous.

— La drogue vous enrichit en un rien de temps… On le dit.

— C'est les salaires mirobolants de nos footballeurs partis là bas qui leur montent à la tête…

— Surtout que les toubabs adorent ça…

Diokel avait repris, mécaniquement, pour répéter :

— La drogue… la drogue…

Il en avait bien sûr entendu parler, de la drogue. Dans ses premières randonnées, les deux années qui suivirent ses démêlés avec la Gendarmerie, alors qu'il parcourait les localités de Sandiara, Nguékhokh, Sindia et autres, il avait beaucoup entendu parler du *Yambaa*. Un de ses compagnons le mettait sans cesse en garde contre certains négociants parmi eux. Ne jamais tâter du chanvre indien ! Même si ça vous rapporte gros et vite… Danger ! C'est très sévèrement puni par les juges… Et surtout, ne jamais accepter de transporter quelque sac que ce soit pour un autre, sans en connaître le contenu. Beaucoup de paysans cultivent de cette herbe pour l'écouler en même temps que leur récolte.

En tout cas, à Tound Bouki, cette pratique était inconnue. Il pouvait même le jurer. Là bas, depuis des temps immémoriaux, ça a toujours été les cultures saines, le mil, le maïs, l'arachide, le manioc, le gombo et les cultures de case... Rien d'autre... Mais ça lui semblait bizarre, cette histoire de drogue à *Tougueul*... Il ne comprenait pas trop... Les toubabs cultiveraient donc eux aussi du *yambaa* chez eux ? La réponse lui était parvenue, toujours de ses informateurs volubiles :

— C'est en laboratoires qu'ils la fabriquent, celle-là... On l'appelle drogue dure... À côté, le *yambaa,* c'est de la simple cigarette...

— On la consomme en l'aspirant par le nez... comme pour le tabac prisé...

— Il y en a qu'on injecte aussi directement dans le sang, avec des seringues.

— C'est ça... des piqures... Les toubabs adorent çà... Et ils la payent cher pour en trouver...

Diokel croyait rêver.

— Il paraît que rien qu'avec quelques grammes, on devient millionnaire...

— Oh si ! Tout le monde sait ça...

— Alors quand ces immigrés d'Africains veulent s'y mettre aussi, croyez bien que ça les dérange.

— Beaucoup ignorent que c'est très organisé là bas, ce commerce... C'est des bandes qui contrôlent toutes les filières...

— Oh tu parles ! Même quand ils le savent, beaucoup n'hésitent guère... Ils prennent le risque... Quoi... Devenir millionnaire en un temps deux mouvements !

— Alors on n'hésite pas à les éliminer purement et simplement. Et ne croyez pas que c'est chez nous seulement que les cercueils débarquent. À Bamako, Banjul, Abidjan, partout ils se font tuer.

— Eh oui... et ce gars-là, ce Moïse, il devait faire partie des candidats au suicide.

— C'est sûr... Les morts naturelles, on les annonce... Et quand leurs cercueils débarquent à Dakar, ce n'est pas par les portes dérobées qu'on les fait passer.

Diokel en avait appris beaucoup encore, sans même le chercher. Là-bas, leurs autorités s'en foutent. Tu parles... Des nègres vendeurs de drogue, et chez eux, le pays d'accueil, et qui se font trucider par d'autres truands comme eux. C'est par les vols de nuit que les caisses arrivent presque toujours. C'est la publicité que l'on fuit. L'État, comme les parents des victimes. Pour ceux-ci, il y a de la honte qu'on apprenne que les euros que le fils courageux envoyait régulièrement de là-bas, ce n'était en fait que le produit de ce sale commerce. Les deux jeunes filles là devaient en recevoir aussi, leur part d'euros, les pauvres. Les moins malheureux se retrouvent en prison. Et là bas, essayez d'imaginer un peu. Un négre dans une prison de toubabs. Allah ! Il y'en a aussi des chanceux parmi eux, il faut le dire. Et ces grosses cylindrées, quand ces bienheureux débarquent avec…

Alors qu'il se mettait au volant, tout tournait autour de lui. Tékhey Dione… Le fils aîné…Celui que ce frère de Gnilaane lui avait pris… celui que ce parrain lui avait volé.

*
* *

Tékhey ne vit pas dans la concession familiale. Depuis qu'il était revenu de France, le père avait cru bon lui céder la pièce qu'il s'était réservée pour lui-même à une rue de là, dans le premier appartement qu'il y avait fait construire, pour la placer ensuite en location bien avant le retour du fils aîné. Il avait fait de cette pièce son refuge, – le premier –, excédé qu'il était par les défilés incessants des quémandeurs professionnels… Sa première quincaillerie se situe en effet à l'entrée de Keur Massaar, et il n'était toujours pas commode de faire le déplacement quand il lui fallait s'isoler. Il avait donc réfléchi à tout ça, et avait trouvé cette solution fort pratique.

La coexistence avec le fils aîné avait montré dès le départ ses limites. Tékhey était revenu d'Europe non seulement sans métier clairement défini, en tout cas par rapport à ceux connus ici, mais avec de drôles d'idées, des comportements dérangeants pour l'ordre déjà établi à Keur Gouye Salaam. Ce garçon qu'il avait commencé à peine à façonner, il est vrai, à l'époque de ses cinq hivernages, était revenu du pays toubab avec le cerveau complètement dérangé.

Tékhey ne semble pas savoir que rien de ce qui se passe chez le maitre de céans, n'est ignoré de ce dernier. Hier encore, lorsqu'il a appris la décision du père concernant Birame, le fils aîné de Dégueune, il en a fait un tintamarre de tous les diables dans la concession. Des choses sûrement pas bonnes à entendre, car il parlait surtout toubab, d'après la concession. Pendant toute une demi-heure – lui a-t-on rapporté –, il a fait le va-et-vient dans la cour, contraignant tous les enfants, ses frères et sœurs à se terrer, et il a même boudé le repas.

Aujourd'hui donc, le père semble en avoir assez. Aujourd'hui, il a encore un compte à régler avec le fils aîné. Encore une fois, car...

C'est en début d'après-midi donc qu'il pénètre dans ledit appartement. Ce sont de petits commerçants qui l'occupent en grande partie. En cette heure-ci de la journée, ils en sont tous à leurs occupations, la tradition n'étant pas pour ce genre-là, de passer le temps à faire la sieste. Diokel éprouve secrètement de l'admiration pour eux. De braves *goorgoorlou*, des débrouillards, travailleurs et pieux, qu'il croise toujours à l'aube à la mosquée, des gens honnêtes qui n'accusent jamais de retard pour le paiement de leurs location, de braves gosses dont le voisinage n'a jamais eu à se plaindre, et qui n'ont pas le temps de courir derrière les filles. Lorsqu'on consacre son temps à travailler, on n'a que faire de certaines futilités.

En entrant dans l'appartement, le père trouve la porte de la chambre du fils ouverte. Il semble qu'il n'y a personne sur place. Tout en parcourant du regard les lieux, Il se met à humer l'air ambiant et à froncer les narines, l'air pénétré, inspirant fortement dans tous les sens, telle la bête de proie humant les traces du gibier. Non... Pas d'odeur de présence féminine... Évidemment, ce ne sera pas aujourd'hui qu'il reniflerait ces odeurs caractéristiques que laissent les femmes sur leur passage. Évidemment, avec tous ces produits que garçons et filles utilisent ensemble, sans discernement, et qui embaument tout leur environnement... Ce n'est pas aujourd'hui qu'il le prendrait sur le fait, pour mettre fin à ses prétextes. Ses prétextes, car ce n'est pas possible qu'il n'ait pas de fréquentations, à son âge, et qu'il ne pense pas encore à se trouver une compagne.

Ses yeux tombent sur l'écran de l'ordinateur placé sur une petite table en un coin de la pièce. Il a tout à coup un haut-le-corps. Là, sur l'écran, c'est lui, le père, lui Diokel Dione qui se tient assis sur son éternelle chaise longue, avec Thioro la petite dernière sur les genoux. Il est en train de lui sourire. La petite fille a le visage levé vers le sien, et un bras tendu vers son menton à lui... Oui, lui-même, le père Diokel dans cette machine. Quoi !... C'est à tâtons qu'il se saisit d'une chaise pour s'asseoir. Mais comment diable ! Assis là tout seul dans cette chambre, il est en train de s'observer, l'air à la fois curieux et inquiet... Ce bonnet qu'il porte sur l'image... c'est qu'il n'a jamais eu un bonnet de cette couleur, lui... Des bonnets, il en a bien une dizaine, bonnets carrés, bonnets en laine, bonnets carrelets à la gambienne... des bonnets toujours de couleur noire ou rouge-bordeaux, mais jamais de cette couleur violette qui lui donne cet air de... de... Et ces babouches d'un rouge vif donc ? Han ? Des babouches rouges ! En existe-t-il d'ailleurs ? Il ne se souvient guère en avoir vu, ne serait-ce qu'une seule fois, sur les étals des maroquiniers. Pourtant, c'est lui-même qui en porte ici, dans cette machine-là... Il est en train de s'observer, l'air de plus en plus étonné, passant en revue ses cheveux gris qui débordent du bonnet violet, ses sourcils fournis et son nez brillant, se demandant si c'était là l'objet de cette machine qu'il lui avait convaincu de lui acheter pour lui faciliter son travail, lorsque soudain il disparait de l'écran. Il a à peine le temps de sursauter que l'image bizarre d'un objet curieux aux formes et couleurs changeantes se met à tournoyer sur l'écran... Une chose comme une boule faite de mille couleurs, sertie d'épines de toutes parts. La chose est en train d'aller et de venir, de buter sur les parois et de tournoyer, offrant tantôt une face, tantôt une autre... Et elle n'arrête guère de tournoyer, devenant carrée, ronde, grappe de fruits, grappes d'épines, se gonflant et se rapetissant... Le père est là, subjugué, le regard planté sur l'écran, se disant que Tékhey lui doit bien des explications sur tout ça, quand le fils surgit soudain dans la pièce.

— Père ! Ah Père ! – Tékhey a autour des reins une serviette, et il a le corps encore tout couvert de gouttelettes – *Salaam aleykoum* Père !

— *Salaam* !

Une réponse qui l'édifie d'emblée. Il n'a plus à chercher. Il sait ce que lui vaut l'honneur de la visite du paternel. C'est à la va-vite qu'il s'empare d'un pantalon et d'un T-shirt qui traînent négligemment sur le lit pour aller se placer dans le dos du père. Celui-ci ne lui donne guère le temps de finir. Il est d'autant plus pressé de lui sortir ses quatre vérités que cette rencontre n'était pas du tout prévue dans ses activités de ce jour, et que son objet le fait littéralement bouillonner. Tekhey est en train de meubler, tout en s'habillant :

— Çà va à la maison, Père ? Ma mère et mes tantes ?... Les...

— Tékhey ! le coupe-t-il sans se retourner... Termine et viens t'asseoir là.

Dix secondes plus tard, le père et le fils sont en face l'un de l'autre.

— Tékhey !

— Oui Père !

Trois fois de suite.

— Combien de fois t'ai-je appelé ?

— Trois fois, Père…

— Tékhey ! Quand donc comprendras-tu que Keur Gouye Salam n'est pas une famille de canards ?

— ……… ?

— Quand donc comprendras-tu que chez moi, tant que je serais vivant, les parents ne suivront jamais leurs enfants dans leurs désirs ? Que Keur Gouye Salaam n'est pas une famille de canards où ce sont les canetons qui mènent leurs géniteurs par le bout du bec ? Han ?

— Père ! Il n'a jamais été de mes…

— Laisse-moi continuer et ne me coupe plus, j'ai dit. Inutile de nier… Tu es assez grand pour savoir que ce n'est pas pour t'écouter, mais pour te mettre en garde, encore une fois, que je suis là. Tu sais ce que tu as fait et moi aussi je le sais. Me crois-tu donc disposé à accepter tes manières de toubab ? Alors, écoute-moi bien ! – il a enlevé son bonnet et le tient des deux mains posées sur les genoux – Tu me suis ?...

— Oui Père…

— Bien… Lorsque tu surprends un garçon et une fille la nuit, en une heure où tout le monde croit cette dernière au lit, en un coin de rue, entrain de chuchoter, de quoi veux-tu qu'ils parlent ? Han ? De quoi veux-tu donc qu'ils parlent ? Dis-le-moi… Dans la bonne vieille tradition de chez nous, les filles dévergondées ou entêtées, c'est aux femmes les plus âgées qu'on les confiait. Et tu sais comment elles procédaient pour les redresser ? Le sais-tu ? *Hébin*, je vais te le dire, moi…C'est à trois ou quatre qu'elles s'y prenaient pour les coucher sur le dos, les maitriser fermement, et pour leur écarter les jambes sans ménagement… Et c'est du gros piment rouge bien cuit qu'elles leur frottaient dans l'entre-cuisse bien ouvert. Et elles y allaient sans pitié, sourdes à leurs hurlements et à leurs supplications, sans recevoir aucun secours du voisinage ou d'ailleurs. Et elles ne s'arrêtaient dans leur besogne que lorsque d'épuisement, elles cessaient de hurler. Afin qu'elles sachent une fois pour toutes, qu'il s'agit là d'un domaine sâcré, réservé au futur époux, et à lui seul… Et c'est au milieu de la concession qu'on les laissait ligotées toute une journée, exposées à tous les regards, et loin de toute eau salvatrice… Le savais-tu ?

Il s'arrête un instant, le regard rivé au sol, avant de reprendre.

— Avant-hier, si ce n'avaient été les hurlements de ta mère, je le jure, par la ceinture de mon père, ta sœur Ndiboor aurait goûté de ma propre main, du piment rouge, après que je l'ai surprise dehors, au cœur de la nuit.

Le père ferme de nouveau les yeux, un long moment, comme pour méditer, avant de poursuivre :

— Lorsqu'un de tes chauffeurs, toujours le même se présente chaque soir chez l'employeur que tu es, pour exhiber toujours des factures et rien que des factures, et jamais le versement attendu, et que excédé, tu vérifies, pour découvrir que toue sa paperasse, c'est du faux, que dois-tu en conclure ? Han ? De tels boukis qui ont choisi de s'enrichir sur mon dos, je les chasse comme des malpropres qu'ils sont… Même s'ils ont trois épouses, dix enfants et une mère malade… Et il en est de même de tous les autres, qu'ils soient cochers, boutiquiers ou boulangers… Tous… Ils pourront ensuite aller où bon leur semble. Mais sache que le plus habile des avocats ou des inspecteurs du travail n'a jamais pu me soutirer le moindre sou, lorsque je me débarrasse de tels voleurs.

Encore un moment de méditation…

— Pour en venir à ton cinéma d'hier – Tékhey a toujours la tête baissée –, je vais t'enseigner encore une chose sur l'honnêteté de l'homme. Tu en auras sûrement besoin entre autres leçons, toi qui n'as pas encore démarré dans la vie, me semble-t-il… Lorsque tu confies un billet de dix mille francs à un de tes agents, et qu'il te le restitue sur ta demande, quinze jours plus tard, mais en deux billets distincts de cinq mille, que dois-tu en déduire ? Han ? Lorsque cela t'arrivera, mon fils, débarrasse-toi au plus tôt de ce pou… C'est ce qui vient d'arriver à ton frère Birame qui venait de me restituer, hier seulement, – ce petit truand – le billet que me devait un confrère commerçant. Et tiens-toi bien, cinq jours après qu'il l'a reçu… Il ignorait, le petit cachottier, que l'intéressé m'a appelé aussitôt qu'il est passé à la boutique, pour me dire qu'il y avait déposé une enveloppe avec mon billet dedans… Et ce que tu ignores, les autres aussi, c'est que Birame ton frère est un coutumier de ces indélicatesses. Plusieurs fois, j'ai eu à en faire le constat, mais sans rien laisser paraître... Cette fois-ci a été la goutte d'eau...

Tékhey a le regard toujours rivé au sol. Il a bien envie de dire quelque chose, semble-t-il, mais c'est comme si quelque chose le retient.

— À propos des femmes dont tu prends si généreusement la défense, poursuit le père, elles qui doivent veiller sur le foyer en l'absence du maître, quelle serait donc ta réaction si, au retour du travail, tu trouvais ta petite sœur Thioro tranquillement assise sur les genoux de cette Mame Wouri ? Tu la connais ? La folle de la rue ! Cette vieille ganache en guenilles, habitée par les poux, qui traîne cette odeur pestilentielle, et qui bave à longueur de journée ? Ta sœur ! Je ne dis même pas ta fille... si tu en avais... Hein, dis-moi, que ferais-tu ? *Hébin*, moi, je l'ai vécue, cette scène. Et tiens-toi bien, cette vieille folle était en train de lui faire avaler de ses biscuits tout noircis de je ne sais quoi... Quand je lui ai arraché l'enfant, elle s'accrochait à elle comme une sangsue en me traitant de voleur... Et les gosses accourus à cette scène m'ont informé. Ils m'ont appris que tous les jours, il en est ainsi... Tous les jours ! Allah !

Une longue inspiration, les yeux clos... Ensuite :

— Et moi qui étais le seul à tout ignorer ! Allah ! Que peuvent-elles donc bien trafiquer quand je ne suis pas là, elles ou celle de tour conjugal ? Hein, dis-moi !

Une autre inspiration, longue et profonde, le regard toujours rivé sur l'écran de l'ordinateur, avec sa boule magique et virevoltante :

— Chez moi, à Keur Gouye Salaam, il ne sera jamais dit que Diokel Dione est un ingrat... Jamais... La famille... le clan d'abord ! Les Dione et alliés d'abord ! Mes propres enfants, qu'ils soient filles ou garçons, les neveux, proches parents et alliés. Et cela, tous ceux qui me connaissent le savent. Tout ce qui est droit peut aller avec moi. Par contre, quand on cherche à me faire de l'entourloupe... Birame, ton frère, l'aîné de Dégueune, je lui ai donné sa chance en l'envoyant dans le Ndoukoumane. J'ai bien dit sa chance... Car il va y parfaire son éducation, en y menant la même vie que celle des talibés, faite d'obéissance, d'humilité, de droiture et de travail. Comme tous ses prédécesseurs qui ont eu déjà dans le passé, à dévier du droit chemin... Et crois-moi, ils en reviennent toujours pétris de bonnes mœurs. De l'apprentissage tout simplement... un complément d'éducation pour la vie.

Diokel Dione s'arrête de parler, comme pour reprendre du souffle... Au même moment, tout devient soudain tout noir sur l'écran de l'ordinateur. C'est alors comme s'il s'oublie à l'observer, dans un silence que ne troublent par à-coups que les bruits de la rue, pour ensuite se réveiller tout à coup.

— Toi-même tu aurais vécu à ce régime, si tu avais grandi ici... – un silence comme teinté de regrets – Tékhey est le fils aîné, celui qui aurait pu lui être si utile – Quant à Keur Gouye Salaam, tant que je serais vivant, tant que Allah m'en donnera la force, elle sera ma concession à moi, et elle marchera tel que je le veux... Les femmes y feront la cuisine au feu de bois, et toute la concession y mangera, ensemble, à tous les repas du jour... Et celui qui ne veut pas de mon diner quotidien de couscous n'aura qu'à aller se coucher le ventre vide... Tant que je serais là, les miens, c'est chez les rebouteux et chez eux seuls qu'ils se feront soigner, comme mes ancêtres le faisaient. Eux savaient que lorsque Dieu vous fait naître dans un milicu, quel qu'il soit, il y a toujours créé les conditions nécessaires pour y vivre...Les rebouteux connaissent la nature comme leur poche ; ils y ont grandi et n'en ignorent aucun des secrets transmis de père en fils...Les effets bénéfiques, tonifiants, curatifs ou préventifs des plantes, je suis bien placé pour les connaître... Mes chevaux continueront à vivre avec moi, à mes côtés. C'est à eux que je dois tout. Tu entends ? Tout ! Ce sont eux qui ont fait ma chance. Et ce n'est pas l'odeur de leur bouse qui me gênera un jour. Sache aussi que chez moi, les femmes n'ont guère besoin de domestiques. Elles savent tout faire par elles-mêmes, et elles ne s'en portent que mieux... *Alhamdoulilah* !... Mes enfants, c'est à l'école coranique qu'ils vont, et non à celle des toubabs, ce qui ne les empêchera guère de se défendre dans la vie, comme leur père le fait aujourd'hui, s'ils veulent vraiment servir à quelque chose sur cette terre... Et chez moi, ce que j'admets, c'est que l'on ne se met devant la télévision que lorsque cela est utile. Ce qui ne m'empêche guère d'être tranquille avec ma conscience.

Le père se lève comme pour partir, son bonnet toujours en main. Le fils aussi, par politesse.

— Je serai toujours tranquille avec ma conscience, mon fils. Sais-tu pourquoi ? Parce que je ne suis pas prêteur à gages. Pas plus que je ne pratique la rétention de denrées, et la hausse des prix en cas de pénurie. Mes boulangeries vendent le pain en respectant son poids, et cela, j'y tiens ; je paie mes impôts, et je prélève de mes biens la *zakat* pour la distribuer à ceux qui y ont droit, et sans tricher sur ce que je leur dois… J'ai appris à ne plus avoir besoin ni de bras droit, ni de bras gauche, et je n'ai de leçon à apprendre de personne, serait-ce de mon propre enfant avec ses connaissances étrangères. C'est pourquoi je n'ai guère besoin de syndicats pour prendre ma défense, comme tous ces transporteurs et commerçants qui gigotent et larmoient matin et soir à la télévision et à la radio… Sache enfin, Tékhey, que ma réussite dans la vie, après la grâce d'Allah, je l'ai obtenue par ma sueur et ma volonté. Et pas en jouant à ces jeux de hasard, ces jeux d'argent honnis.

Il va pour sortir. Sur le seuil, le voilà qui s'arrête et qui fait volte-face, comme pour asséner un dernier coup.

— Au fait Tékhey, sais-tu seulement ce qu'il peut en coûter à un fils de défier son géniteur ? Han ? Sais-tu ce qu'en disent les Saintes Écritures ? Sais-tu seulement ce qui t'a fait revenir de chez les toubabs ? Han ? Le sais-tu vraiment ? Crois-tu donc que moi je l'ignore ? Eh bien, jamais je n'ai douté moi, que tôt au tard, tu reviendrais sur la Terre de tes Ancêtres. N'es-tu pas revenu, dis-moi, même si tu ignores pourquoi ? Tékhey, sache qu'un bon fils doit savoir rester à la place qui est la sienne. Et que, maintenant que tu es revenu, il est de ton intérêt de m'écouter, et non de t'opposer à ma volonté.

Tékhey était resté toujours debout, la tête enfoncée dans les épaules. Quand il la relève, le paternel n'est plus là. Ce sont les pas de ses babouches qu'il entend décroître dans le couloir. Il ne lui a pas laissé placer un seul mot.

*
* *

Ce qui lui reste des mots du père, se trouve dans sa dernière tirade : « Sais-tu seulement ce qui t'a fait revenir de chez les toubabs ? Crois-tu donc que moi, je l'ignore ? »… Non… C'est impossible… Comment diable le paternel pouvait-il savoir ? Comment pouvait-il être au courant de ce que lui seul sait ? Impossible… Non… Mais aussi… Défier son paternel… Non jamais ! On ne défie pas son paternel chez nous, en Terre africaine… On ne provoque même pas son courroux. Tout le monde sait ce qu'il peut en coûter à un fils d'être maudit par son géniteur…C'est dans tous les livres saints…Et cela se vérifie tous les jours… Non, pas lui Tékhey… Cela serait trahir la mémoire du frère de son parrain. Celui-là à qui il avait été confié, et qui là-bas en Terre de France, au cœur du pays gaulois, n'a jamais cessé de lui insuffler sa morale, lui qui, après tant d'années là-bas, a su préserver intacte sa culture sérère. Non… Ce qui le perturbe le plus, lui, c'est cette allusion à son retour. Ce retour précipité.

Le fils aîné de Diokel Dione reprend place sur le lit, comme s'il ne peut plus supporter le poids de ses souvenirs.

17

Parti de Tound Bouki pour Dakar, à la traine de l'oncle, à l'âge seulement de cinq ans, – au grand désespoir du père –, il avait été inscrit deux ans après à l'école primaire des Manguiers, et avait grandi dans le quartier populaire de Gueule Tapée qui accueillait régulièrement beaucoup de populations originaires de l'intérieur, et qui s'accrochaient à la ville en y pratiquant tout un tas de petits métiers dédaignés par les habitants de la Capitale. Ce fut une dizaine d'années plus tard, à l'âge de seize ans, alors qu'il venait d'obtenir son brevet, que le parrain, celui-là qui cherchait tant à ressembler au président Sédar, lui annonça un jour qu'il allait l'envoyer en France, et qu'il en avait déjà averti les siens. En France ! Lui, Tékhey Dione, fils de paysan, né au plus profond de la brousse, là bas à Tound Bouki dans le Sine !...Il n'avait pas fini d'en frémir et de jubiler, de laisser courir son imagination, qu'il se retrouvait déjà en train de faire ses bagages, avec l'impression que tout avait déjà été préparé à son insu. C'était avant que Diokel le père ait décidé de venir s'installer à Keur Massaar...Il était dit qu'il n'était pas encore près de revoir le paternel, lui qui depuis qu'il avait quitté le village, n'y était pas retourné une seule fois.

Ce n'est qu'en foulant la terre d'Europe qu'il comprit enfin. Mignaane, le frère consanguin du parrain venait de perdre ses deux fils uniques dans un accident de voiture, une perte cruelle pour cette partie de la famille installée en Europe. Mais une décision comme prémonitoire du parrain, lui qui, après avoir mijoté ce voyage, devait rejoindre les Ancêtres quelques mois seulement, après son arrivée en France.

En France, ses études se firent sans difficulté aucune, avec l'impression que dans son pays d'accueil, tout était bien plus facile qu'au pays natal. Inscrit dans une école d'Etudes commerciales, il en était sorti haut la main. Mignaane, le frère du parrain n'en fut que plus heureux. Là bas dans l'Au-delà, il n'aura pas à baisser la tête devant son frère, le jour où ils se retrouveraient, lui qui, par solidarité familiale, était allé jusqu'à lui confier son filleul en un pays où il savait bien qu'il ne devait guère être facile pour un Noir de vivre… Pourtant, il devait bien en avoir besoin de ce garçon, lui qui est resté sans enfant après son unique mariage, une union bien malheureuse…

Le nouveau diplômé allait lui-même bientôt se rendre compte de cela, dans sa quête d'emploi. Que ce fut difficile en effet ! Surtout, chaque fois qu'il déclinait son identité au téléphone – c'était du moins son impression :

— Monsieur Dione…

— Comment dites-vous ?

— Dione ! Tékhey Dione !

— Vous êtes… heu… ?

— Je suis originaire du Sénégal…

— Ah bon… Du Sénégal…

Il est vrai que le *Dione* pouvait facilement prêter à confusion. Puis, pour la forme :

— Heu…du Sénégal…Quel diplôme dites-vous ?

— Le CAP madame… Etudes commerciales…C'est dans le dossier…

— Ah oui… Heu… Attendez…

Le vieux Mignaane l'avait bien mis en garde. Beaucoup de patience ! Et ne rien dédaigner. Il patientait quelques deux à trois minutes pendant lesquelles il croyait entendre le bruit caractéristique de la paperasse qu'on feuillette. Puis :

— Bon… heu… C'est toujours à l'étude… On vous tiendra informé. Au revoir monsieur.

Ils ne rappelaient jamais. Et Tékhey ne dédaigna rien au départ. Plongeur et balayeur, surveillant de parc d'attractions, cours particuliers dans des familles, groom… jusqu'au jour où enfin il obtint cet emploi de caissier dans un libre-service. C'était dans le XIème. Et ce fut là que son avenir allait se jouer.

Là, en plein cœur de Paris, rue de la Roquette, tout allait bien dans le meilleur des mondes possibles. Les horaires fort rigoureux, il les respectait scrupuleusement, de même que la tenue devant la clientèle, le sourire commercial, le contrôle rigoureux de la monnaie à rendre, et le « au revoir et merci » obligatoire. Tout y était, dans une bonne ambiance de famille, quand un jour, à l'heure de la fermeture, quatre loubards étaient entrés dans la supérette le plus naturellement du monde, au moment où justement il faisait sa caisse. Ils étaient tous encagoulés. Des capes toutes noires percées de deux trous, d'à travers lesquels leurs paupières roses bougeaient sans arrêt. Deux d'entre eux les avaient aussitôt mis en joue, lui et sa collègue, une autre caissière installée à quelques mètres de lui, à l'autre issue :

— On ne bouge plus !…Et faites surtout pas les cons ! C'est un braquage !

Les deux autres truands brandissaient en même temps leur pistolet, tout en hurlant à leur tour, à l'intention de la clientèle :

— Tous à terre ! Et à plat ventre, vite…vite j'ai dit !

Les quelques clients présents sur les lieux, des femmes surtout, ne se le firent pas répéter. En quelques secondes, tout le monde s'était aplati pour faire corps avec le parquet. Tékhey lui, avait eu comme un réflexe, en voulant faire glisser quelques liasses de billets à terre. Ce fut l'erreur à ne pas commettre. Son braqueur qui semblait s'être détourné de lui, avait vivement pivoté dans sa direction, pour pointer son arme sur lui en hurlant :

— On veut jouer au petit malin, petit négro ? Hein ? Hein ? Mais c'est que je vais te buter moi, mec ! T'entends ? Tu piges petit con ?…

Il l'avait braqué entre les deux yeux. Tékhey avait senti à travers les deux trous de la cagoule, le regard meurtrier de l'autre percer le sien, les pupilles remuant comme des asticots géants dans la chair du cadavre, tandis que l'œil noir de l'arme se rapprochait de son front.

— On joue à quoi ? À Zorro ? Hein, dis petit singe !…

Il était pétrifié. Il entendit comme une voix féminine toute hystérique qui lui criait :

— Obéis Tékhey ! Fais ce qu'il te dit !

Une autre voix coupait celle-ci :

— La ferme toi ! Merde ! Tu la boucles oui ? Toi, prends ce sac et vite ! Tout dedans ! Tout ! Magne-toi ! Tu as compris Zorro ?

Sa collègue caissière recevait son sac à elle aussi. Un silence de mort planait alors soudain sur les lieux. Tandis que les deux autres jetaient sans arrêt des coups d'œil inquiets au-dehors, Tékhey faisait passer les billets de sa caisse au sac, les mains tremblantes comme des feuilles sous l'orage.

— Fais gaffe à ce qu'il ne reste pas un bifton… Et vite…Vite je te dis !

L'opération terminée, tous les quatre gagnaient la sortie, avec les deux sacs, hurlant toujours à tue-tête, brandissant leurs armes bien visibles.

— On ne bouge pas, sinon on flingue !

Tékhey avait entendu ensuite quelques secondes plus tard, une voiture démarrer sur les chapeaux de roues. On avait compris. Les clients à terre s'étaient relevés dans de grands éclats de voix. On criait avec un bel ensemble :

— La police !… Appelez la police… L'hôtel de police ! Il est tout près…

Tékhey lui, ne bougeait toujours pas. Il était là, tétanisé, avait le regard rivé au sol, obstinément. Jamais de sa vie, il n'avait vu la mort d'aussi près. Sa collègue de la caisse voisine avait cru comprendre. Elle s'était levée pour courir vers lui, et se mettre à le secouer vivement par les épaules.

— Tékhey ! C'est fini Tékhey ! Allons ressaisis-toi…Tékhey !

Ce fut à ce moment que sa peur rétrospective se déclencha. Il se mit à trembler de tous ses membres avec comme l'impression qu'il allait se soulager sur place. Personne ne comprit le langage qu'il se mit à bredouiller, avec des yeux devenus fous.

— Tékhey !

*

* *

Non ! Ce ne doit pas être à cet épisode de sa vie en France que le père devait faire allusion. Il ne pouvait savoir… Il ne pouvait savoir qu'il n'était plus retourné au Libre-service, qu'il ne savait plus où étaient passées toutes ses pièces et son téléphone portable, qu'il était resté à la maison où il s'était cloîtré toute une semaine dans un silence buté, répondant à peine aux mille questions inquiètes du vieux Mignaane et de son épouse, et que un jour, sans avertir, il était venu lui annoncer qu'il devait rejoindre le pays natal…Le vieux couple avait cru comprendre. Le mal du pays. Quand là bas, en Terre natale, les Anciens font secouer les *khaambs,* – les fétiches –, pour exiger des fils du pays partis depuis trop longtemps, qu'ils reviennent se ressourcer, se soumettre aux exigences des génies protecteurs, tels les bains rituels et les offrandes, nul ne peut résister à leur appel. Le vieux couple avait cru comprendre, et lui avait souhaité un bon voyage au pays, et un prompt retour parmi eux.

Non ! Le paternel ne pouvait savoir. Lui seul savait pourquoi il était revenu, pour ne plus vouloir repartir.

Non…Mais ce qui l'a toujours dérangé chez le paternel, ce sont ses façons de procéder. Et d'abord cette drôle de voie choisie pour redresser ceux de ses frères et demi-frères qui dévient du chemin qu'il a tracé pour eux. Pas un à l'Ecole des toubabs, comme il dit… Et dans ce type d'éducation qui lui est propre, tous ceux qui transgressent ses lois se retrouvent dare-dare à Gouye Salaam dans le Ndoukoumane, pour y être forgés dans ses *daaras*. La peine peut durer deux, trois ans pendant lesquels le coupable se soumet à la vie de talibé faite d'études des livres saints et de travaux champêtres. Le temps pour lui de réfléchir sur ses bêtises et de se repentir, tout à son avantage.

Ensuite cette interdiction formelle faite aux femmes de visionner la télé, depuis cette nuit où il a surpris tout Keur Gouye Salaam, – femmes et enfants –, devant le petit écran, au moment où un couple de toubabs s'ébattaient sur leur lit, nus comme ils étaient venus au monde. Il avait failli écraser le poste, et le hurlement de colère qui lui échappa retentit encore dans les oreilles. Il en avait pris prétexte pour confisquer le poste, et ne plus l'allumer que lorsque les programmes annonçaient quelque cérémonie religieuse, ou quelque combat de lutte traditionnelle. Là, il fait alors apporter le poste jusqu'au seuil de sa chambre, et toute la concession réunie dans la cour peut alors assister à ces spectacles sélectionnés. En dehors de ces séances, les nuits de Keur Gouye Salaam ne sont que de longs moments d'ennui pendant lesquels on digère le couscous, étalés sur les nattes, en se racontant les faits divers de la journée. Et c'est tout Keur Gouye Salaam qui vit aujourd'hui à ce régime, en attendant que le maitre de céans découvre, ou qu'on vienne lui rapporter qu'en son absence, ce sont toutes les femmes et les jeunes filles qui courent visionner les séries télénovas chez les voisins.

Il n'y a pas que cela… Convaincu que le paternel roule sur l'or, Tékhey ne peut comprendre qu'un ordinaire aussi pauvre soit le lot quotidien de Keur Gouye Salaam. Passe encore pour le riz à chaque déjeuner… Mais, du couscous, rien que du couscous, tous les soirs… Du quinquéliba, rien que de l'infusion de quinquéliba, chaque matin, et jamais de lait pour les petits.

Et puis, dans les affaires, ces sautes d'humeur, ces improvisations…Tel jour, c'est tout un container de pneus d'occasion qu'il fait

213

débarquer au parc, pour les y stocker comme s'il ne sait qu'en faire, avant que commencent les défilés incessants des petits repreneurs qui viennent tout rafler, tout contents de l'aubaine…Tel autre jour, c'est tout un chargement de moteurs d'occasion ou d'autres pièces détachées, avec toujours le même scénario.

Il n'y a pas si longtemps encore, le paternel est venu sans avertir, avec une équipe d'ouvriers accompagnés de leur patron visiter le bâtiment qui héberge l'une des deux boulangeries des Parcelles. Trois jours plus tard, les ouvriers sont revenus décharger tout un tas de matériel devant le bâtiment, du sable blanc, du ciment, du gravillon, des barils et des planches, pour ensuite commencer à monter des échafaudages. À sa question, le « chef de chantier » lui révélait :

— Ton père ajoute un étage au bâtiment…

Un étage au bâtiment ! Comme ça, sans avertir, sans études, sans plan conçu, rien…Il avait eu la réponse le lendemain. À une rue de là, un autre commerçant du nom de Ndiawar Saar était en train de bâtir un R+1 !…

Les grosses cylindrées elles, le paternel les acquiert comme des petits pains. Peu importe le prix. Une fois, à l'époque où la Mercedes E-300 avait commencé à sillonner les rues de Dakar, il l'avait retenu alors qu'il venait de lui faire le point sur les boulangeries, pour lui demander :

— Ce nouveau *naarou goor* qui circule depuis quelque temps dans Ndakaarou, tu connais ?

Le *naarou goor*, c'est le nom donné au pur-sang chez nous. Le paternel lui en avait fait la description précise, ajoutant même sans en avoir l'air, qu'il avait cru voir le sieur Moor Sylla, le grossiste en friperie au volant d'une de ces nouveautés, l'autre vendredi devant la grande mosquée de Thiaroye… Tékhey connaissait bien, et il avait compris.

— Oui Père… Sûrement pas moins de 40 millions – avait-il lâché comme ça, sans rien en savoir du reste.

La semaine d'après, le paternel est venu en garer un devant la concession, d'un bleu métallisé, et flambant neuf. Il avait eu la curiosité de lui demander, après avoir fort bien apprécié le choix :

— Ça a dû coûter cher ça, Père ! Hein ?

— Bôf… avait-il lâché sans même le regarder… Du *thiaaf* ! Des cacahuètes…

Quant aux téléphones portables, il ne peut savoir combien de modèles le vieux en a tenus en main, depuis qu'il a fait connaissance avec cette petite merveille…Il lui est arrivé de penser que finalement, ce qui l'intéresse le plus dans ces gadgets, c'est le coût et non le modèle :

— Je l'ai acquis à trois cents mille… Pour ajouter ensuite : c'est le dernier modèle…

Et puis chaque soir, tous les jours que Dieu fait, ces défilés des cochers, ces défilés incessants et agaçants des employés pour faire les comptes, jusqu'au cœur de la nuit, pour compter les sous, les billets et les pièces, de vrais comptes d'épicier. Un paternel rompu à la tâche, il est vrai. Un paternel solide comme un baobab, infatigable et hermétique à toutes les facilités. Un batailleur, mais prudent comme *leuk* le lièvre, qui ne connaît guère le repos, et que personne à ce qu'il sait, n'est jamais parvenu à arnaquer dans les affaires.

Mais un paternel tout près de ses sous… un paternel méfiant en diable, et qui n'a confiance qu'en lui-même… Tékhey sait que toute la racaille de politiciens aura beau défiler ici, et user de toutes les astuces imaginables, user de la carotte et du bâton, il sait qu'ils auront beau discourir pour lui soutirer de ses sous, il continuera à les rouler tous dans la bouse de ses chevaux, quel que soit le bord auquel ils appartiennent.

Tékhey ne lui connaît d'ailleurs pas d'amis… Aucun ami… Rien que des partenaires…Un paternel qui n'arrivera jamais à se laisser convaincre, que ce n'est pas parce que l'on cherche à être moderne que l'on se détache de la morale.

Tékhey se souvient du jour où il était venu l'entretenir de ses projets d'informatisation du travail au niveau des boulangeries dont il lui avait confié la gestion, espérant par ce premier pas, l'amener petit à petit à en comprendre l'intérêt, pour l'étendre ensuite à toutes ses affaires. Puisque lui étant là, peut faire un tel travail grâce à ce qu'il a acquis là bas dans ses études. Le père venait d'en finir avec son diner de couscous, et somnolait sur son éternelle chaise longue, les bras croisés sur le ventre, les paupières closes, attendant son digestif de thé à la menthe. À sa réaction, Tékhey avait compris qu'il ne lui avait prêté qu'une oreille, fort peu attentive pendant tout son discours :

– Hé !… Hé !… – Des exclamations de dépit à ce qu'il avait cru comprendre. Puis, après quelques longues secondes de silence.

— Tu sais mon fils… les diplômes… Ah les diplômes… Depuis

que le toubab est parti, combien de diplômés le pays compte t-il donc aujourd'hui ? Han ? Les enfants vont apprendre à Tougueul, chez les Américains et les Japonais, et même chez les Chinois aujourd'hui… Quand ils en reviennent, ils disent tous qu'ils ont obtenu tous leurs diplômes, et qu'ils sont devenus des ingénieurs. – Il avait eu ensuite cette interrogation, qui lui en boucha un coin, le rendant coi – mais dis moi, avec tout çà, combien d'entre eux savent-ils fabriquer une aiguille aujourd'hui ? … Et combien en ont-ils fabriquées à ce jour ?

Et il avait attendu la réponse, les paupières toujours closes, l'air tranquille et tout serein…Une réponse qui ne vint pas.

— Pas une ! avait-il conclu pour lui-même. Toutes ces études et tous ces discours autour, je me suis toujours demandé à quoi cela peut bien servir – et comme pour mettre fin à l'entrevue – Tu continueras à me faire le travail comme d'habitude… Nous n'avons jamais eu de problèmes que je sache, en travaillant ainsi… Han ? Et n'oublie pas… Il me faut être à la banque lundi.

Tékhey s'était levé, fort gêné, emportant sa chaise avec lui. Il avait le cœur gros. La banque ! Toujours la banque… Pourtant, avec la mentalité qu'il lui connaît, – s'est toujours dit le fils, – on ne confie pas ses sous à la banque.

En regagnant sa chambre dans l'appartement de la même rue, à la vue de cette pièce meublée seulement d'un lit, d'une table et d'une chaise, avec ses habits accrochés à un porte-manteau et à quelques clous fichés au mur, son découragement n'avait fait que grandir.

Il est vrai, le vieux avait peut être continué à y réfléchir, conscient probablement du fait que l'ironie dont il avait enrobé ses réponses avait pu faire mal… Du temps avait passé, et Tékhey réfléchissait sur la façon de se débrouiller pour dénicher un Pentium d'occasion avec le peu qu'il recevait du père, quand un jour celui-ci s'en vint sans avertir le trouver dans sa chambre.

— Çà revient à combien encore, la machine dont tu me parlais l'autre jour ?

Tout surpris, il n'avait pas tout de suite compris…Et il s'est souvent demandé ce qui avait pu décider le vieux à condescendre à lui donner satisfaction. Pourtant, en lui remettant la somme, le paternel n'avait pu s'empêcher de commenter :

— Le chemin qui est le mien depuis que j'ai atteint mes quarante années, c'est celui-là qu'Allah a choisi pour moi, comme Il a tracé sa voie à chacun d'entre nous. Et je Lui en rends grâce, car j'ai ce qu'il me faut, avec ce qu'Il m'a donné… Pourquoi alors chercher à tenter *Cheytaane* ?

Il avait bien vu. Il avait vu juste, depuis longtemps d'ailleurs. Il n'arrivera donc jamais à convaincre le paternel que ce n'est pas parce que l'on cherche à marcher avec son temps que l'on se détache de la morale.

IVe PARTIE

« CE N'EST PAS À UN VIEUX SINGE QUE L'ON
APPREND À FAIRE LA GRIMACE »

18

— C'est monsieur Niang qui appelle !

Décidément ! – se met à ruminer Diokel Dione – ce vieux maître d'école a bien du flair, il faut le croire. C'est comme s'il est là à l'affût, à quelques pas, guettant ses va-et-vient. Un indécrottable ! Ce devait être le quatrième ou le cinquième appel en deux semaines, comme si ce monsieur est devenu dur d'oreille. À moins qu'il ait le cerveau quelque peu dérangé... Une tique... une vraie tique, ce maître d'école.

C'est encore une fois Makhtar le préposé, qui vient de passer la tête à la porte entrebâillée pour le lui crier... Aujourd'hui, il en est vraiment excédé. C'est que ce n'est pas possible avec ce vieillard ! Mais il est bien obligé de se lever pour passer dans la boutique où l'appareil trône sur le comptoir. En se disant qu'il est grand temps de faire prolonger la ligne jusqu'à l'arrière-boutique. Car il s'est rendu compte depuis longtemps du caractère fort incommode de tous ces déplacements, à chaque appel, et surtout à traiter de toutes ces affaires aux côtés des oreilles indiscrètes, celles de la clientèle que ces appels trouvent sur place, comme celles toujours là, de Makhtar le préposé. Parce que le numéro du téléphone portable, il l'a souvent entendu dire, ce n'est pas à tout le monde qu'on le donne... C'est en grommelant qu'il se saisit du combiné :

— Allah !

Salutations polies en préambule. Salutations sur salutations. Salutations que lui-même par nature rend interminables, avec ces questions passe-partout sur la santé et les enfants, les enfants et les épouses, les épouses et les parents... Quelque deux minutes plus tard, on semble enfin en venir au fait... Et toujours, la même réponse qu'il sert à l'enquiquineur :

— Ah... Oui oui... C'est que rien n'a changé depuis votre... Çà a même empiré, croyez-moi...Voyez-vous, hier encore...Comment ? Comment dites-vous ? Ah ? Han ?...

C'est comme si les traits de Diokel Dione se figent soudain.

— Je ne… Je ne… Je saisis de moins en moins, goorgui Niang… Je…

Puis, se rendant compte de la présence de Makhtar à deux mètres de lui, un Makhtar devenu soudain attentif :

— Heu… Makhtar, tu vas attendre un peu, dehors… Va…Va manger quelque chose… Tu as pris ton petit déjeuner ?

Le préposé fort surpris de cette prodigalité soudaine, quitte à grands pas les lieux, direction le *tangana* du peul Fouta du coin, avec sa pièce de cinq cents francs en main. Diokel Dione reprend position sur le tabouret. La sueur commence à lui inonder le visage.

— Heu… vous disiez, goorgui Niang ?

L'ancien directeur d'école, à l'autre bout du fil, doit sûrement jubiler. La petite interruption, agrémentée de ce dialogue en sourdine entre son interlocuteur et son employé, ne lui a pas échappé. Il laisse passer quelques secondes avant de reprendre.

— Ai-je besoin de me répéter, monsieur Dione ?

— Heu… – Encore une petite hésitation – c'est que je ne comprends pas ce que vous dites , goorgui Niang…

— Ah bon ? Vous êtes sûr ?

— Heu…

— Alors, ouvrez bien vos oreilles, Diokel Dione…

— Han ?

Quoi… ce toupet soudain !

— À moins que vous préfériez que je vous nomme Borom Sarett… Hun ? Alors, disons… Borom Sarett ! décide-t-il sans attendre. Mais vous savez, c'est que là-bas à Tound, tout le monde est Borom Sarett… tout le monde est cocher… Là-bas, il est vrai, en brousse, ça passe inaperçu… Mais ici à Dakar, entendre quelqu'un se faire appeler Borom Sarett…

Diokel l'entend rire doucement au bout de la ligne. Il le sent plein d'assurance soudain, très sûr de lui…

— Mais quand ce quelqu'un l'accepte de bon cœur…

Diokel l'entend encore s'interrompre et se mettre à éternuer fortement, de façon agaçante, jusqu'à le pousser à éloigner le combiné de son oreille. Il l'entend ensuite se moucher bruyamment, avant de revenir en se raclant la gorge.

— Je disais donc… Il est vrai que c'est cet attelage qui a fait de vous ce que vous êtes aujourd'hui, hein… Une vraie aubaine…

Que dis-je ? La Providence, cette manne qui vous est tombée du Ciel en ce jour béni… Dites donc ! C'était bien tentant ! L'occasion fait le larron ! Hé ! Et tenez-vous bien. Tout le monde, je dis bien tout le monde aurait agi de même à votre place… Tout le monde… Et là, je vous le dis, vous n'avez pas tort de vous faire la conscience tranquille… Hein ? Allo ? Vous êtes toujours là monsieur Dione ?

— Heu… Si vous me… si vous me…

— Ah… Écoutez… Je viens de penser à quelque chose… Je vous rappelle… dans une heure. OK ? Dans une heure. Ou bien, si vous préférez, sur votre portable… Votre numéro… ?

Monsieur Niang a raccroché sans attendre la réponse, comme s'il sait qu'il ne l'aurait pas… Diokel Dione a encore le combiné en main. Il est toujours là, tout inondé de sueur, le cerveau en ébullition, les allusions de l'autre l'ayant projeté soudain à quelque vingt années en arrière, comme dans un gouffre… Lorsque le préposé Makhtar est de retour de son *tangana* une vingtaine de minutes plus tard, il ne trouve pas mieux que de lui dire :

— Bon…Tu peux ramasser tes affaires. Je te donne congé le reste de la matinée… Je reçois du monde tout à l'heure ici.

Aussitôt le préposé parti, il s'empresse de tout fermer, se cloitrant à l'intérieur tel un voleur qui se cache. C'est au bout d'une quarantaine de minutes que l'ancien directeur le rappelle. Entretemps, le téléphone a sonné trois ou quatre fois, le faisant à chaque fois tressaillir. C'était toujours le préposé que l'on demandait.

— Voilà ! Vous m'excuserez bien, Borom Sarett, mais c'était nécessaire. Il me fallait avoir sous les yeux certaines coupures de journaux de l'époque, vous voyez. Vous vous rappelez ? Toute la presse en avait abondamment parlé, de ce drame sur cette Route du Diable comme on l'appelle toujours, et de…de cette disparition insolite. Heureusement… – quelques toussotements, discrets cette fois – nous les maîtres d'école, la paperasse, on la conserve toujours, même si ça attire les cafards. C'est notre défaut, voyez-vous. On ne jette jamais nos papiers, nous, surtout quand il s'agit de grands évènements comme celui-là. Je les ai encore là, sous les yeux, tous ces numéros qui ont suivi cette affaire pendant des jours avant de l'oublier. Tous parlaient de ce charretier, de ce *borom sarett* arrivé le premier sur les lieux de l'accident. Il y a même la photo de l'épave et celle du village. Il ne manque que la vôtre. Attendez un peu que je vous en traduise quelques passages… Écoutez…

Il s'y met, choisissant, semble-t-il, les passages les plus marquants, y allant comme s'il racontait une histoire à un enfant. Un moment de silence ensuite, comme si l'ancien directeur est en contemplation devant les images… Puis :

— Mais nous, – Diokel tressaute de nouveau au retour de la voix – nous deux, on n'a pas besoin de photo… N'est-ce pas ?

Voilà que Diokel a soudain comme un sursaut. Ce *goorgui*, c'est lui et lui seul qui parle, qui parle comme si lui, Diokel doit le subir. Surtout qu'il fait dans l'ironie, avec de la vraie impolitesse de surcroît. Il profite alors de ce que l'autre reprend sa respiration :

— Pourquoi me parlez-vous de tout ça, Directeur ? Han ? Pourquoi ? Moi, s'il y a quelqu'un qui ne doit pas oublier ces journées de malheur, c'est bien moi Diokel Dione… Moi qui suis le seul à avoir souffert dans ma chair et dans mon âme, dans ma dignité, de ces évènements. Mais moi, par la grâce d'Allah, j'ai pardonné et j'ai oublié.

Un véritable hennissement au bout du fil.

— Ces journées de malheur ! Haha ! Vous avez bien dit, ces journées de malheur. Voyons… Voyons Borom Sarett… Vous me prenez donc pour qui ? Hein ? Hein ?

Diokel l'entend respirer fort, comme s'il va suffoquer. Puis :

— Vous vous foutez de ma gueule ? Hein ? Mais c'est que vous avez pris tout le monde pour des ânes finalement…Même ces pauvres innocents de Tound, tout un village qui innocemment a fait bloc autour de vous ? Même le bon chef Ngotti et ses compagnons ? Hein ? Vous n'avez pas eu quelque petit pincement au cœur, en les voyant se lever, faire front pour se battre et prendre votre défense sans hésiter, contre les gendarmes ? Hein ? Dites donc… Mais voyez-vous, le crétin, le seul crétin, c'est vous ! Un crétin et un ingrat !

Voilà Diokel qui se rebiffe de nouveau. Il hausse même le ton.

— Goorgui Niang, par Allah ! Je ne vous permets pas de m'insulter.

L'ancien directeur le coupe. Il a la voix péremptoire. C'est comme s'il se trouve devant ses élèves, comme excédé d'avoir été refoulé tant de fois, ces semaines dernières :

— Silence ! Et écoutez-moi bien Borom Sarett. Voilà bientôt dix bonnes minutes que je vous parle, et il n'est pas dans mes intentions d'enrichir ces gérants de télécentres. Vous m'entendez ? Alors que vous, vous êtes là entrain de vouloir me convaincre que c'est des légendes que je vous raconte. Il ne s'agit pas d'un conte, et vous l'avez fort bien compris. Ce fut en effet un jour de malheur, un grand jour de malheur pour ces quatre truands… Mais pas pour vous. Au contraire ! Pour vous, ce fut la chance de votre vie. Moi, il ne m'a pas fallu beaucoup de temps pour comprendre, surtout quand je me suis mis à reconstituer les faits. Hein ! Tout le temps écoulé entre le moment de l'accident, et celui-là où vous êtes arrivé à Keur Birima pour ameuter les vôtres. Hein ! Il n'y a qu'un charretier pour ignorer que les voitures ont des horloges, et vous, vous ignoriez que celle de ce véhicule s'est bloquée au moment du choc… Pourtant les journaux en ont parlé…les radios aussi…Vous ne le saviez pas, hein ?

Diokel l'entend respirer bruyamment, comme s'il a de nouveau les bronches bouchées. La tête commence à lui tourner, et il éprouve une drôle d'impression, comme si cette histoire-là qui lui revient du bout du fil, avait été vécue par tout le monde, tel que *goorgui* Niang est en train de la relater.

— Vous le savez bien aujourd'hui Diokel Dione, puisque vous voilà en train de rouler en 4X4 et en Merco… Mais à l'époque, l'ignorant que vous étiez ne savait rien de tout ça… Or, vous êtes arrivé à Keur Birima à cheval… À cheval, mon cher ! Moi j'étais là-bas, en train de secourir les vôtres, moi et les autres maîtres quand vous êtes arrivé tout essoufflé et tout en sueurs. Si vous ne vous en rappelez pas, ces bonnes femmes avaient foutu malencontreusement de l'herbicide dans leurs marmites de bouillie de mil. J'étais là mon cher Diokel. Et heureusement pour nos écoliers, eux attendaient leur sortie pour avaler leur part qui attendait… Évidemment, vous, vous deviez avoir la tête ailleurs pour ne pas vous en souvenir. Hein ? N'est-ce pas ? À cheval, quinze minutes auraient suffi… Quinze seulement ! Et j'exagère… Pourtant, il vous a fallu deux bonnes heures entre la Route du Diable et Keur Birima. Deux heures ! Comment les avez-vous donc passées ces deux heures ? Dites-moi ? Vous êtes toujours là ?

Pas de réponse du côté de Diokel. Comme s'il n'entend plus son interlocuteur. Mais aux bruits diffus de la rue, qui lui parviennent en fond sonore, M. Niang sait qu'il est toujours là. Il comprend fort bien d'ailleurs cette absence de réaction. Son interlocuteur a dû tomber des nues. Il poursuit :

— Ce n'était pas plus compliqué que ça... Au fait, les gendarmes aussi avaient fort bien compris. Et vous en avez bien eu une idée, vous-même. Cette pugnacité avec laquelle ils vous ont traqué. Hein ? Mais quelle résistance bon Dieu ! Quelle peau dure, Diable ! Du vrai cuir, un vrai coriace. Avec tout ce qu'ils vous ont fait subir ! Vous voulez que je vous dise ? Hein ? Ce n'est pas une peau d'humain que vous avez, mon cher. C'est de la peau d'âne, de la vraie peau d'âne – encore quelques secondes de pause pendant lesquelles sa respiration se met à siffler –, mais, si ce n'avait pas été cette entreprise des Anciens avec le chef Ngotti en tête, pour vous tirer d'affaire, vous auriez cédé. À coup sûr, je vous l'affirme. Les méthodes de la Gendarmerie, moi je connais...Par contre, ce que je n'ai jamais réussi à deviner, c'est l'endroit où vous êtes allé planquer cette mallette, avant d'arriver à bride abattue à Keur Birima. Les gendarmes non plus d'ailleurs... Un vrai casse-tête... Et ce n'est pas faute d'avoir essayé. Ils ont fouillé partout. Il est vrai, il y a tant de cachettes en brousse. C'était finalement chercher une aiguille dans une charretée de foin.

L'ancien directeur rehausse le ton. Borom Sarett sait qu'il va terminer son monologue :

— Mais ne vous imaginez pas que vos pérégrinations de soi-disant négociant en produits agricoles autour de Fatick et sur la Petite Côte ont trompé tout le monde. À la limite, c'était même naïf. Et en réfléchissant sur votre itinéraire, on ne peut qu'être surpris. Comment diable peut-on s'enrichir aussi vite et aussi facilement, en débarquant dans une ville comme Dakar avec son unique charrette et ses quelques ballots comme bagages ? Hein ? Et à Keur Massaar ! Mais quel coin idéal pour se camoufler ! Un presque village... un vrai bled, surtout à l'époque... une banlieue naissante où tout grouille constamment, où tout passe inaperçu. Pas bête du tout, finalement. Voilà ! Et ne vous fatiguez surtout pas pour nier l'évidence, n'est-ce pas ? Et sachez surtout, qu'il y a tout un tas de gens qui seraient fort intéressés d'apprendre qui se planque à Keur Massaar, dans cette fameuse concession dite Keur Gouye Salam. Surtout ces affamés du pouvoir actuel, qui seraient fort heureux de voir rouvrir cette affaire, et qui ne se laissent guère ébranler par les marabouts influents.N'est-ce pas, Borom Sarett ? À bientôt donc, mon cher.

Il raccroche ensuite violemment. Du moins, c'est l'impression qu'en a l'ancien cocher. Il est là, le combiné en l'air, avec son bip-bip désagréable, le corps maintenant tout inondé, le regard fixe. Ce sont les images qui défilent dans sa tête, nombreuses et confuses. À peine vient-il de raccrocher, mécaniquement, que la sonnerie retentit de nouveau :

— Ah ! En attendant... Pour mon affaire, mon bâtiment à finir... Vous y réfléchissez ? C'est que ça presse, nom de Dieu...

Cette fois, c'est Diokel qui raccroche avec une violence inouïe, comme si l'appareil lui brûle la main. Ou alors, ce faisant, c'est son interlocuteur, goorgui Niang, l'homme au regard fuyant, qu'il écrase ainsi avec une telle rage. Ce n'est pas la première fois qu'il l'entend le traiter d'âne. À Keur Birima déjà, lorsqu'il arrivait à son école avec sa paperasse sous le bras...

*
* *

Aujourd'hui, Diokel Dione a tout l'esprit tourné vers Sangalkam. L'image de ce patelin situé sur la route des Niaayes à la sortie de Nda-kaarou est associée à une autre, celle d'une certaine madame Diallo, Rougui pour lui, une image fort apaisante pour son cerveau éprouvé. Rougui venait de l'avoir enfin au bout du fil, pour se plaindre de ce que sa nouvelle connaissance soit restée tout un bail sans donner de signe de vie. Elle qui est obligée d'appeler tout le temps sur le fixe, avec ce mobile tout le temps éteint... Ce n'est pas pardonnable. À moins que ce soit son préposé qui soit toujours dans les nues, et qui oublie à chaque fois. Non. Elle sait que ce Makhtar est bien sérieux, et qu'il a toujours transmis.

— Alors, cette promesse ? se met-elle à insister. Ce sera donc pour quand ? Ce week-end ? C'est sûr ? C'est bien sûr ? Alors, c'est d'accord...

Diokel Dione, il faut le dire, en a grandement besoin. Il a besoin de s'isoler, de fuir Ndakaarou, ses bruits et ses odeurs, ses bruits de machines de toutes sortes auxquels s'associent dans toutes les rues et dans toutes les places, le tintamarre, le ramdam perpétuel de ses musiques, comme si la grande ville n'a d'autre préoccupation que de danser.Il a besoin de fuir sa pollution et ses puanteurs, les tracasseries de ses quémandeurs. Ndakaarou avec ses populations désœuvrées et insouciantes, que les tracas de la vie quotidienne n'empêchent guère de se trémousser au moindre son du tam-tam et du *tama*. Tels des singes… Hommes et femmes… Grands et petits… Et de toutes les conditions, que diable !...

Il en a bien besoin, lui qui depuis quelques jours, n'arrête pas de vérifier que le vieil adage ne se dément guère… Ne jamais crier victoire trop tôt… Il n'avait pas encore fini de jubiler en effet, après un nouveau coup porté à ses adversaires, étant parvenu à rafler à Samba Galgal ses deux containers de pneus et de moteurs d'occasion, que l'homme au regard fuyant était venu ôter le masque, et troubler sa quiétude, en déterrant cette vieille histoire qui lui avait tant coûté. Il venait en effet de couper l'herbe sous les pieds du clan quand il eut appris que Samba Galgal convoitait deux containers que les Autorités douanières du port de Ndakaarou s'apprêtaient à liquider, l'importateur, un *baol-baol* du marché de Sandaga étant frappé de pénalité. Une affaire confuse à l'issue de laquelle la Douane qui avait mis la main sur la marchandise, avait décidé de tout saisir. Samba Galgal avait eu vent de l'affaire. Une occasion inespérée pour lui d'acquérir de la marchandise qui lui tombait pratiquement du ciel. C'était sûr. Dans de pareils cas, personne ne l'ignore, la pratique dans les services de la Douane est de brader la marchandise saisie, à concurrence du montant de l'amende qui frappe le coupable. Récupérer ce qui est dû à l'État. C'est tout. Il pouvait donc acquérir le tout à moindre coût, et en tirer un bénéfice monstre. Surtout en ces temps-ci où le prix des pièces neuves de véhicules étant inaccessible avec les taxes qui les frappent, c'est une véritable ruée vers le marché de l'occasion. Quelle ne fut la surprise du marchand d'occasions quand, se présentant au port le jour prévu, on lui avait appris que la marchandise avait déjà trouvé acquéreur… un certain Diokel Dione.

Pour Diokel, le clan adverse n'a encore rien vu. Par la ceinture de son père ! Pour avoir cherché sa perte à plusieurs reprises, surtout avec l'épisode de Tabara la *thiaga,* il allait subir ses foudres et tâter du bois dont il se chauffe, jusqu'à être convaincu que l'on ne s'attaque pas impunément à lui.

Goorgui Niang le directeur d'école, l'homme au regard fuyant venait de se dévoiler. Une terrible menace dont il n'a pas encore fini de définir les contours, avec ces allusions sur cette fameuse histoire à déterrer, que d'autres nuages noirs se mettent à planer à leur tour au-dessus de sa tête.

*
* *

Diokel Dione a imposé à tous ses routiers le téléphone portable. Son flair, sa méfiance maladive le lui ont suggéré. Même s'il sait qu'avec cet outil, brouiller les cartes est plus que facile. Avec un parc de gros porteurs – semi-remorques et remorques – grandissant, il a été obligé de s'organiser, l'œil du maître étant irremplaçable en matière de gestion des sous. C'est ainsi qu'il ne se prive guère d'appeler tous les jours et sans arrêt pour s'informer sur les positions respectives de ses chauffeurs. Il arrive ainsi à exactement les localiser, – du moins cherche-t-il à s'en convaincre – sur les Nationales qui les mènent à Gaanaar (la Mauritanie), en Casamance par la Transgambienne, ou à Tambacounda vers le Mali. Pour lui, il est toujours bon d'appeler. Il en sait l'utilité, surtout quand il les joint à l'improviste. Tous les routiers se sucrent sur le dos de leur patron. Ils se débrouillent toujours pour ramasser de la clientèle sur leur itinéraire, et arrivent toujours à caser la marchandise de celle-ci en récupérant le moindre espace dans leur véhicule. Diokel sait que cela peut leur rapporter jusqu'à des dizaines de milliers de francs par voyage, quelquefois. Et il sait le sentiment de malaise que peuvent faire naître chez eux les appels du patron : celui d'être observé de loin à l'autre bout du fil. Cela peut toujours servir à réfréner certaines envies.

Aujourd'hui, c'est lui plutôt qui reçoit un appel d'un de ses routiers, sur les coups de midi, à son bureau de la quincaillerie de Keur Massaar.

— Patron ?

— Allah !

— C'est Baïla…

— Baïla ? Pas de problème j'espère ?

— Heu… non… Pas moi… Mais il s'agit de Amar…

229

— Amar ? Justement... il devait être à Ndakaarou depuis hier après-midi... Un accident ? Une panne ? Il n'a pas appelé, et je n'arrive pas à le joindre.

— Ah... Mais... À moins que je me trompe, c'est bien sa Scania que j'ai cru avoir aperçue s'engageant sur le pont Noirot vers la Transgambienne...

— Comment çà ? Heu, vous dites bien sur la Transgambienne ?

— Oui Patron.

— Amar devait venir de Tamba, par Kaolack...

— Heu... Je me le disais bien, Patron...

Quelques secondes de silence, que l'autre interrompt, comme pressé d'en finir. Çà coûte cher le crédit-téléphone.

— Allo ? Allo Patron ? Bon je sors comme ça de Kaolack...Si tout se passe bien, je rentre à Dakar avant ce soir...

— *In cha Allah* !

C'est le routier qui coupe la communication. Le patron lui, a l'esprit déjà ailleurs. Amar avait quitté Ndakaarou il y a cinq jours de cela, pour une livraison de fer et de ciment à Tambacounda, et il devait rentrer aujourd'hui même avec des balles de coton pour l'usine textile de Dakar-Route de Rufisque. Hier, il l'avait appelé pour voir où il en était. D'après lui, les balles de coton étaient en train d'être chargées, avec un petit retard. Il avait appelé la direction de l'usine, qui avait confirmé. Mais depuis... Pourtant la direction de l'usine jointe de nouveau avait bien confirmé son départ... Mais alors... Et que diable venait faire ce détour de son itinéraire normal ? Avec ce silence au téléphone qui sonne sans qu'il réponde... Qu'est-ce que pouvait bien avoir en tête ce routier en déviant de sa route ?

Diokel est en train de former encore une fois le numéro de Amar, s'y reprenant deux ou trois fois, tout en réfléchissant rapidement. Problème ! Le portable du routier est maintenant fermé. Deux, trois autres tentatives. Rien. Curieux, vraiment curieux, vraiment louche. Le sieur Amar se livrerait à du transport clandestin de marchandise que cela ne le surprendrait guère. Oui ! Mais lui sait bien que les routiers ne s'adonnent à cette pratique qu'occasionnellement, et quand l'aubaine se présente à eux sur leur route. Ils n'ont pas besoin de détour pour cela. Alors... Un casse-tête qui l'oblige à s'asseoir pour réfléchir. La méfiance... l'instinct... le sixième sens... Au bout de quelques minutes, il se saisit de nouveau de son téléphone portable, pour interpeller ensuite le préposé :

— Makhtar, trouve-moi le numéro du bureau des Douanes de Kaolack !

Le préposé le lui fournit quelques instants plus tard, en gros caractères sur un bout de papier. Son patron se met à tripoter aussitôt sur le clavier, avec sa lenteur habituelle, les lèvres pincées.

*

* *

Tout le reste de la journée, l'homme continue de vaquer à ses affaires : finir le tour traditionnel des quincailleries et des magasins, celui des dépôts de matériels et du parc des véhicules en y englobant deux boulangeries, pour voir. C'est à Tékhey qu'il a confié la gestion des boulangeries. Jusqu'ici, le fils s'acquitte de sa tâche avec bonheur. Avec une certaine aisance d'ailleurs – il en a l'impression – les comptes sont méthodiques, les difficultés cernées et les prévisions toujours bien recensées. Au point que le père, bien des fois, s'est mis à réfléchir sur le projet de lui confier aussi la gestion de ses immeubles et appartements en location. Un domaine qui lui pose des difficultés inimaginables, et qui lui fait perdre à chaque échéance un temps précieux. C'est ici qu'il a eu à découvrir certains vrais aspects de la nature humaine, en matière de roublardise surtout. De vraies histoires à dormir debout quand la location n'est pas disponible, ou que le locataire n'est pas en mesure de la verser en entier. Avec Tékhey, ce serait sûrement pour lui beaucoup moins de temps perdu, de colère rentrée et de risques d'en venir aux mains avec les mauvais payeurs. Pourtant, pendant tout le reste de la journée, ce petit quelque chose, ce petit clignotant en quelque coin de son cerveau ne l'a pas quitté. Quelque chose comme une menace sourde et permanente qui l'accompagne, pour s'effacer pendant quelques instants, le temps d'appeler ou de répondre au téléphone, et qui ressurgit aussitôt la communication terminée.

C'est sur les coups de dix-huit heures que l'appel du bureau des Douanes de Kaolack lui parvient.

— Monsieur Diokel Dione ?

— Allah ! C'est moi !

— Le transporteur ?

— Oui, c'est moi.

— Ici le bureau des Douanes de Kaolack… Ne quittez pas avec le chef, s'il vous plait.

Le bureau des Douanes de Kaolack ! Son flair lui aurait-il donné raison, encore une fois ? Il a le chef au bout du fil, quelques secondes plus tard.

— *Salam aleykoum*, Chef ! C'est moi Diokel Dione, qui vous ai appelé en fin de matinée, Chef !

— Oui, et je crois que vous avez bien fait d'attirer notre attention sur les curieux agissements de votre chauffeur.

— Ah… Ah ?…

— Nos hommes du Pont Noirot ont procédé à un contrôle du véhicule, alors qu'il revenait du côté de Nioro. Ils l'ont interrogé avant de fouiller tout le chargement de coton… – une petite pause, pour faire effet sûrement – Et savez-vous ce qu'ils y ont découvert ?

— Heu…

— Trois sacs remplis de *yambaa*…

— Que… quoi ? Par Allah ! Du *yambaa* ?

— Eh oui… Du chanvre indien, et pour près de cent vingt kilos.

— Allah ! Cent vingt kilos de *yambaa*… Dans mon véhicule à moi !

— Il nous a fallu du temps pour le dénicher… N'eût été l'entêtement de nos chiens renifleurs…

— Allah !... Et le… Et Amar ?

— Le chauffeur ? Le chauffeur est entre nos mains… Il est entrain d'être interrogé. Mais – l'interlocuteur marque de nouveau quelque hésitation semble-t-il, avant de reprendre – savez-vous ce qu'il nous a raconté sans en démordre ?

— Quoi donc ?

— Qu'il s'agit d'une commission qui vous est destinée !

Diokel Dione en a le souffle coupé. Le voilà qui se met à bégayer, la langue nouée, au point de provoquer comme un rire étouffé chez son interlocuteur. Celui-ci vient finalement à son secours.

— La commission lui aurait été remise par un monsieur au village de Konk Saaré sur la route de Nioro, quelqu'un qui l'aurait appelé sur son téléphone portable, pour lui demander de faire ce crochet moyennant une forte récompense.

— Allah ! Allah !

— Le problème, c'est qu'il dit tout ignorer de ce commission-naire... jusqu'à son nom dont il ne se souviendrait plus.

Voilà Diokel Dione qui se hérisse, toutes dents dehors.

— C'est un menteur ! Ah l'être infernal ! Un fieffé menteur ! Un suppôt de Satan, Amar Seck ! Allah ! Avec tout ce que je fais pour lui, ses deux femmes et ses enfants... Le... le...

— Mais il faut que vous vous rapprochiez de nous, monsieur Dione ! – le coupe le chef douanier – et le plus tôt serait le mieux... L'affaire est grave ! Tout çà est trop confus pour le moment. Et comme le véhicule qui a servi à transporter l'objet du délit, c'est à vous qu'il appartient...

— Heu...Heu...

— Et ça, c'est assez ennuyeux, goorgui Dione.

Allah ! Diokel Dione en est là à évoquer le Bon Dieu, à se tenir la tête entre les mains, à s'essuyer le visage avec son bonnet, à le poser sans discernement sur la tête comme sur les genoux, et à traiter Amar Seck de tous les noms des bêtes sauvages de la savane... C'est celui de bouki l'hyène qui y revient le plus souvent. Allah ! Du *yambaa* dans ses camions !... Dans ses camions à lui, car c'est tout d'un coup que la réalité toute entière se dévoile à ses yeux. Amar n'est sûrement pas le seul. Il ne peut être le seul. Ce sont tous ses chauffeurs, tous, qui lui font des entourloupes. Ce sont tous ses chauffeurs qui s'adonnent à ces malversations ! Si encore ils le faisaient sans le mouiller, lui. Si encore ils se limitaient à ce transport clandestin, sur ses camions à lui, mais avec de la marchandise ordinaire ! Han ? Mais ce produit prohibé ! Du *yambaa* ! Allah ! C'est dare-dare qu'il va les convoquer tous ! Tous ! Pour leur tenir son langage à lui. Pour les avertir encore une fois de façon solennelle... C'est bien lui qui a découvert le jeu de leur comparse, et qui a mis les douaniers sur ses traces. N'est-ce pas ? Il le leur a toujours dit, toujours répété. Ils ne le connaissent pas lui, Diokel Dione, et ils ne le connaîtront jamais... C'est un bouclier, une muraille qui le protège, qui le préserve de tous les dangers, de tous ses ennemis... La preuve... Tous ceux qui se sont frottés à lui s'en sont sortis couverts d'épines ou de boue... Qu'ils aillent donc demander à Amar Seck, le disciple de Cheytaane...

C'est le langage qu'il leur tiendra, oui... Mais, en attendant, il y avait ce nuage noir au-dessus de sa tête. Cette allusion du chef de la douane de Kaolack... Une allusion fort ennuyeuse, comme il a dit...

*
* *

C'est une série de recoupements fortuits qui va tirer d'affaire Diokel Dione. Lorsqu'il arrive à Kaolack le lendemain, vêtu d'un trois-pièces en basin, parmi les plus riches de sa garde-robe, et chaussé de babouches de Fez et d'un bonnet de la même ville marocaine, il est reçu dans le bureau du chef des Douanes qu'il trouve en compagnie de deux adjoints. On lui a apporté une chaise et il y a déposé délicatement son postérieur en lançant un tonitruant « Dieureudieuf Chef ! ». À la façon dont les adjoints qui l'encadrent des deux côtés de son siège se mettent ensuite à l'observer, il a tout d'un coup l'impression de se trouver devant un tribunal. Et c'est sans ciller que ces messieurs s'y prennent, dans un silence inquiétant. L'un d'eux a une machine à taper devant lui. Le chef lui, est entrain de téléphoner, ignorant royalement sa présence, avec de temps en temps de grands éclats de rire agrémentés de tapes sur les cuisses. Diokel a soudain le sentiment de revenir vingt ans en arrière devant les gendarmes de la brigade de Keur Baara. Ceux-là qui lui avaient fait subir tant de sévices, comme s'ils avaient eu un animal sauvage entre leurs mains.

Le chef a fini de téléphoner, et il se tourne enfin vers lui pour lui faire face :

— *As salaam aleykoum*, goorgui Dione !… Vous avez fait vite, à ce que je vois…

— *Aleykoum salam*, Chef ! c'est que c'est un homme totalement perdu que vous avez devant vous… Avec toute cette histoire ! Ah ces chauffeurs !

Les deux adjoints sont toujours silencieux, toujours en train de le disséquer.

— Hé oui… Il n'y a pas que des saints sur nos routes, vous le devinez… Nous, ici, nous sommes bien placés pour en savoir quelque chose.

Il tire ensuite un tiroir pour y saisir une chemise qu'il ouvre, pour en parcourir rapidement le premier feuillet, avant de relever la tête, de croiser les bras et de les poser sur le dossier.

— Nous allons tout reprendre dès le début, dit-il en lui plantant un regard perçant dans le sien. Coly ?

234

Coly est l'un des adjoints. Il prend la parole, comme dans un scénario organisé d'avance, tandis que lui continue de l'observer. L'adjoint commence à relater les faits, que l'autre transcrit à la machine dans un grand bruit de frappe. Il débute par l'appel téléphonique que lui-même, Diokel, leur avait adressé, entrant dans les moindres détails, revenant sur le blocage du véhicule attendu de pied ferme par la brigade mobile, à la sortie du pont Noirot. Il y a eu ensuite les questions habituelles posées à tout conducteur de véhicule, en situation douteuse. La décision fut prise alors de procéder aux contrôles pour voir, suivie du démarrage de la fouille, avec l'appui des chiens renifleurs, jusqu'à la découverte des sacs de chanvre. L'adjoint ironisait au passage sur l'étonnement du chauffeur qui avait au préalable déclaré ne transporter que des balles de coton… pour avouer ensuite que le destinataire, c'est son patron. Le véhicule a donc été placé en fourrière, et le chauffeur mis aux arrêts, en attendant que tout cela soit clarifié.

Lorsqu'il a fini sa relation, ils restent là encore dans un silence toujours tout aussi inquiétant, à l'observer, toujours bizarrement, telle une bête curieuse. C'est lui qui rompt le silence.

— Allah ! Qui l'eût cru ? Et moi qui passe tout mon temps à les réunir, pour leur rappeler leur devoir ? Chaque jour que Dieu fait ! Chaque jour, je vous le jure, Chef, sur le Saint Coran ! Je sais… Je sais que beaucoup de chauffeurs font des affaires sur la route avec les véhicules qui leur sont confiés. Mais de là à pratiquer le trafic de *yambaa*… Han ?

— Un délit pour lequel nos lois sont impitoyables, le coupe le Chef.

— Amar Seck m'a porté un tort que je ne lui pardonnerai jamais ! Ni en ce monde, ni dans l'au-delà. Je le jure, par la ceinture de mon père.

C'est le chef qui l'interrompt de nouveau :

— Nous avons quelques questions à vous poser. Mais je vous avertis. Toutes vos paroles seront consignées dans ce procès verbal que mon agent est en train de taper, et elles vous engageront entièrement… Ce sera à nous de juger ensuite. Est-ce clair, *goorgui* Dione ?

C'est le moment que choisit Diokel Dione pour ôter son bonnet d'un geste vif, dévoilant ainsi sa tête grisonnante, et pour se mettre à le triturer nerveusement entre ses doigts potelés.

— Oui Chef !

— Bon ! C'est bien vous qui nous avez appelé hier à douze heures treize minutes exactement pour nous signaler qu'un de vos chauffeurs du nom de Amar Seck conduisant la remorque de marque Scania, immatriculée DK-6869-CAD vous inquiétait par son comportement bizarre ?

— Oui Chef !

— Et que vous souhaitiez que nous le contrôlions pour savoir pourquoi il avait dévié de sa route ?

— Oui Chef !

— Comment pouviez-vous être au courant de ce détour alors que vous, vous vous trouviez à Dakar ?

— Je vous l'ai déjà expliqué au téléphone, Chef !

— Je le sais… Mais je veux que vous repreniez ce que vous nous avez dit.

— D'accord Chef !

Diokel revient sur l'appel du chauffeur Baïla Guissé, et sur les détails que ce dernier lui avait fournis, répétant, en recherchant bien ses mots.

— C'est bon… Je voudrais une autre précision. Quelqu'un d'autre était-il au courant de cette information que vous a fournie votre chauffeur ? En avez-vous parlé autour de vous ?

— Quelqu'un d'autre ? – il réfléchit rapidement – Non… Non… je n'en ai parlé à personne.

— Et… votre chauffeur ? A-t-il pu en parler à un autre ?

— Baïla ? – la question semble le rebuter quelque peu – Heu… Je ne sais… Mais je ne crois pas. Baïla est un homme fort discret, un père de famille tout ce qu'il y a de rangé, un de mes meilleurs chauffeurs… Non je ne le crois guère, Chef…

À cette précision, les trois hommes se mettent à échanger des coups d'œil entendus, et comme de connivence… C'est le chef qui reprend :

— Hé bien… le problème, c'est qu'hier la compagnie de gendarmerie de Mbour nous a aussi saisis vers 15 heures. Quelqu'un les a appelés pour leur demander de procéder au contrôle de ce même véhicule, lorsqu'il passerait là-bas… Car ce dernier ne transporterait pas que des balles de coton.

— Par Allah !

— Il n'a pas donné d'autre précision, d'après les gendarmes de Mbour… Et eux, comme de bonne guerre, ont diffusé partout l'information qu'ils ont reçue, deux précautions valant mieux qu'une.

— Par Allah ! Et… Et… comment se nomme ce monsieur ? Han ?

Nouvel échange de coups d'œil entre les trois hommes. C'est encore le chef qui le renseigne en lui assénant le dernier coup.

— Il ne s'agit pas d'un homme, mais d'une dame ! Et qui n'a pas donné son nom.

Diokel en perd littéralement le souffle, estomaqué.

— Une dame… Une femme dites-vous ? Allah !

Sa réaction est en train d'arracher le sourire aux trois hommes, celui affecté à la machine s'arrêtant même de taper, de peur sûrement de déraper. Une affaire apparemment élémentaire… En spéculant sur cette affaire, les deux appels téléphoniques, la découverte du produit prohibé, les déclarations fumeuses du chauffeur Amar Seck, et en observant bien leur homme en vrais psychologues, les douaniers se sont trouvés confortés dans leur première hypothèse… Une affaire de prime abord pas trop compliquée. Quelqu'un savait ce qu'il y avait de camouflé dans le camion de cet homme d'affaires, et ce quelqu'un ne devait pas être dans l'ignorance de ce qui l'y avait mis. Apparemment, ils ne se sont pas trompés… On a cherché à couler ce brave homme, pour des raisons qu'ils ignorent.

L'enquête se poursuit encore pendant quelques longues minutes, sur le mode de la conversation banale, allant des questions sur quelques antécédents similaires, sur ses rapports avec ses chauffeurs, sur les enquêtes qu'il mène avant de les recruter, etc,etc. Questions auxquelles un Diokel toujours tout méfiant fournit les réponses attendues.

*

**

C'est quelque peu rasséréné que Diokel reprend sur les coups de onze heures, la Nationale 1 qui doit le mener à Ndakaarou, avec l'esprit encore plein d'images et de mots, et le sentiment diffus que tous ces hommes en uniforme ne sont pas finalement tous les mêmes. Il en existe qui ont le sens des civilités. Tels ces agents de la Douane avec qui il venait de faire connaissance. Leur chef surtout, un monsieur fort affable, du nom de Sambou, de l'ethnie diolaa… Des gens quelque peu compliqués dans leurs interrogations, toujours les mêmes, répétées inlassablement et sous toutes les formes, mais des gens finalement comme il faut. Il se promet aussitôt arrivé à Keur Massaar de prendre un bon bain, de faire ses ablutions, et de prier deux *raakas* pour rendre grâce à Allah, et remercier le Sage. Il l'avait appelé au cœur de la nuit, et il avait décroché aussitôt, comme s'il ne lui arrive jamais de dormir. Ce dernier après l'avoir écouté sans l'interrompre, lui avait ensuite rappelé ses mots de leur première rencontre, toujours les mêmes… « Prier… Toujours prier, afin qu'Allah ne cesse de nous combler de ses bienfaits, lui le seul Maître, sur la voie du Vrai et du Juste… » Avant de lui dire d'y aller sans crainte, et dans la sérénité.

Entre autres suppositions, la douane pouvait fort bien conclure que le chauffeur Amar Seck avait cherché à les berner, et que le seul coupable dans ce micmac, c'était lui-même. Quelqu'un avait découvert son jeu et l'avait dénoncé, et lui, pour s'en sortir, a cherché à mouiller son patron, propriétaire du véhicule, donc tout désigné…Mais sans savoir que celui-ci avait déjà attiré l'attention de qui de droit.

Mais lui, Diokel, n'est pas dupe. Il sait en son for intérieur qu'il y a du monde derrière. Du monde qu'il croit fort bien connaître. Et, il en est fort convaincu.Mais, par la ceinture de son père, il allait rendre coup pour coup.

Pour le moment, il fonce sur une route rendue toute étroite par les ravinements sur ses flancs, une route toute cabossée, entrecoupée de nids-de-poule et de vrais cratères, qui laissent entrevoir sous le noir du bitume son soubassement ocre de latérite. Il a baissé sa vitre pour profiter de l'air encore frais de janvier à cette heure de la mi-journée. Bientôt, il le sait, malgré la saison, la chaleur sera insupportable sur cette route. Il a bien besoin de respirer. La pique du chef douanier Sambou, au moment de se quitter, n'avait pas été sortie au hasard. Tout le temps qu'il est resté devant les gabelous, et malgré les assurances du Sage, il a sué tel un condamné devant le peloton d'exécution.

Au bout de quelques kilomètres après la sortie de Kaolack, il doit tempérer son euphorie et réduire les ardeurs de la Mercédès E-300. La voie est traversée sans cesse de bovins, isolés ou par groupes, souverainement indifférents, et par des hordes d'ânes en cavale. La brousse est en effet encore verte de sa dernière graminée, de ses euphorbes et de ses arbustes de *nguer*, des dernières pluies d'un hivernage particulièrement pluvieux quelques mois plus tôt. Leurs bergers restent invisibles, et ils semblent être les maîtres de la route. Mais les quelques carcasses qui jalonnent par endroit ses flancs semblent bien montrer que certains géants de la route ne se font guère de scrupules, lorsque ces drôles de quatre pattes toutes bêtes, leur barrent la route en les observant tranquillement venir. Bientôt Fatick, la Route de la Mort et l'embranchement qui mène à Tound. Depuis sa sortie de Kaolack, sur les pistes qui sillonnent parallèlement la Nationale, des charrettes à la queue leu leu, dans toutes les directions, tractées par des chevaux ou des ânes, et lourdement chargées de foin et de sacs, probablement d'arachide et de mil. Avec des hommes et des femmes juchés sur les banquettes, ou assis à même le plateau, les jambes pendantes, vers quelques *loumas* probablement dans les parages. Des images qui le renvoient comme à chaque fois, à quelque vingt ans en arrière, l'inondant d'un sentiment diffus. Pourtant à la hauteur de l'embranchement, il n'a qu'une pensée fugace pour le patelin natal. Celle-ci est ailleurs.

Une heure plus tôt, l'adjoint préposé à la machine avait retiré de celle-ci deux feuilles qu'il avait tendues à son supérieur. Ce dernier y avait jeté un coup d'œil, avant de les présenter à Diokel.

— Vous pouvez lire, goorgui Diokel ?

— Heu... l'arabe, oui... l'arabe seulement.

Le chef n'en fut que peu surpris. Il les tendit à l'autre adjoint pour une traduction rapide.

— Écoutez attentivement alors.

Après la traduction, en langue wolof, et qu'il écouta religieusement, le chef était revenu à lui :

— Si vous êtes d'accord sur ce que vous avez entendu, signez ici alors.

Il avait alors apposé son nom, avec une grande application, en caractères arabes.

— Voilà ! – lui avait ensuite dit le chef. On va vous laisser partir. Mais il n'est pas dit qu'on ne fera plus appel à vous pour cette affaire... s'il y a des choses à clarifier encore.

— Oui Chef... Je serai toujours là.

Le chef Sambou, en le raccompagnant, s'était même permis quelque pique sur ce cousin à plaisanterie, un de ses *esclaves* sérères, de vrais mange-mil qui, par ce temps pourtant clément de janvier, avait les habits tout inondés… Il ne se souvenait plus de la réponse qu'il lui avait faite. Il pensait à la liasse de billets dans la poche profonde de son pantalon bouffant, et qu'il y avait glissée par précaution, avant de se lancer tôt le matin sur la route de Kaolack. Il avait eu le flair de ne pas y toucher. Il n'avait échangé finalement avec le chef Sambou qu'une simple, mais chaleureuse poignée de main.

Au moment de se quitter, le chef Sambou lui avait lancé :

— Nous gardons le véhicule encore quelque temps pour les formalités. Nous vous ferons signe après, pour que vous envoyiez un autre chauffeur le récupérer.

— *In cha Allah*, Chef !

— Dommage pour ce Amar… Trop imprudent ou trop gourmand… Si ce trafic n'est pas de lui-même, c'est qu'on a dû lui proposer gros pour le pousser à tremper dans cette affaire… Les routiers sont d'habitude plus éveillés que ça.

— Vous l'avez dit Chef ! De la vraie pratique de boukis.

— Mais il faut dire que vous devez une fière chandelle à ce… comment il se nomme encore ?... À ce Baïla… Supposez une minute qu'il n'ait pas eu le flair de vous appeler !

Allah ! Il n'osait y penser. Cela en tout cas lui avait permis de couper l'herbe sous les pieds de ses ennemis, toujours à l'affût. Mais Baïla, c'était sûr, son mouton de Tabaski était assuré pour cette année.

C'est seulement à ce moment qu'il se rendit compte qu'il n'avait même pas eu à se préoccuper du sort de Amar Seck, ni de l'endroit où il devait être détenu. C'était bien fait pour lui. Lorsqu'à son arrivée à Ndakaarou, il les réunira encore une fois pour leur cracher ses quatre vérités, Amar Seck sera sa référence. L'occasion pour lui de leur démontrer encore une fois que l'on ne s'attaque pas impunément à Diokel Dione. Parce que l'imprudent qui s'y risque en sort toujours couvert d'épines… ou de boue….

Il avait quitté le bureau des Douanes sur des « Merci Chef… *Dieureudieuf* Chef ! »… à n'en plus finir. Devant le perron du bâtiment, les bras croisés sur la poitrine, tous les préposés l'observaient se mettre au volant, avec des regards sans expression… Comme si l'épilogue de cette histoire les laissait encore sur leur faim.

En attendant, il avait besoin de se remplir plein les poumons, d'air de la campagne. Une journée à Sangalkam, auprès de Rougui Diallo ne lui ferait pas de mal.

19

Sur la route cahoteuse de Sangalkam, avec la jeep Cherokee tout terrain, Diokel Dione n'a pas encore fini de ruminer cette fumeuse affaire de drogue de la route de Kaolack. Autant que les douaniers de cette capitale régionale du centre du Pays, ville-carrefour entre Dakar et Thiès au nord, la Gambie au sud et le Mali vers l'est, via Tambacounda, ville cosmopolite qui doit son expansion à la culture arachidière pendant l'époque coloniale surtout, il a réfléchi longuement à cette affaire pour en tirer une première conclusion. Et ses recherches ne sont pas allées loin… S'il est vrai que dans la jungle de Ndakaarou, il s'est fait bien des ennemis, sûrement beaucoup d'entre eux inconnus de lui, les plus motivés de ceux-ci ne peuvent être que ceux du clan Galgal. C'est une femme qui a appelé la gendarmerie de Mbour. Une femme… L'épisode de Tabara Sy la *thiaga* voilée commençait à dater. Leur rencontre a eu lieu il y a sept, huit ans déjà. Peu probable que l'esprit de vengeance qui avait dû probablement l'animer à l'époque l'ait accompagnée pendant tout ce temps, jusqu'à aujourd'hui. Évidemment, on ne peut jurer de rien. Et dans la série de pépins, d'accidents et d'agressions qui lui sont tombés sur la tête depuis, il ne peut réellement savoir lesquels furent vraiment accidentels ou provoqués. Et par qui...

*
* *

Ainsi, quelques jours après la correction infligée à la vamp et à son jeune acolyte de photographe, alors qu'il venait de quitter la mosquée à l'aube, deux énergumènes avaient brusquement surgi d'un coin de mur pour lui barrer la route. Ils étaient habillés d'espèces de blousons qui leur donnaient des airs de costauds – tel celui du photographe –, et ils portaient chacun une casquette à longue visière vissée jusqu'au front. Diokel fut tout surpris de les découvrir là, debout et silencieux, les mains dans les poches, bloquant tout le passage de l'étroite ruelle. Il était en train de se demander à quoi rimait tout cela, quand il les vit extirper soudain les mains de leur poche et brandir alors deux longs poignards, pour se mettre ensuite à danser sur leurs jambes. Ce fut le plus grand qui parla :

— Stop Borom Sarett !... On te connaît...

Borom Sarett ! Il avait bien dit *Borom Sarett* : Il avait lâché un cri de surprise en même temps que son chapelet.

— Han ?... Han ?

— Stop on te dit !

— Han ?... Qu'est-ce que vous voulez ? Han ?

— Tes poches ! Et vite !

Ses poches ! Il avait bien entendu... Ses poches... Il avait bien raison l'oncle disparu, le vieux Babou. Ne jamais sortir la nuit sans une arme en poche. Ne jamais... Son sang n'avait fait qu'un tour. Il se reculait, libérant ses pieds de ses babouches, tandis que sa main plongeait vivement dans la poche de son petit boubou pour en ressortir à la seconde même, armée d'une espèce de filin dont le bout traînait au sol. Le plus grand, placé devant l'autre ne comprit que lorsque l'objet, en fils métalliques tressés, tournoya au-dessus de la tête de l'homme avant de s'abattre en sifflant pour lui labourer le cou. La morsure fut si vive que le jeune homme lâcha son poignard avec un hurlement de douleur. Il se reculait vivement, laissant un vide qui permit au filin de siffler de nouveau. L'autre le reçut sur le buste où il s'enroula. Son cri fut si perçant qu'il lui vrilla les tympans.

— Fils de *Cheytaane* ! Je vais vous couper les couilles de vos pères ! Attendez donc rejetons d'ânes !... Attendez !

Ils n'attendirent guère. L'instant d'après, les deux agresseurs lui tournaient le dos et filaient à grandes enjambées. L'homme les avait suivis pendant quelques mètres, continuant de les invectiver et de les injurier. Il s'arrêta finalement pour revenir sur ses pas, en soufflant comme un bœuf. Dans l'obscurité de la ruelle, il se mit à chercher ses babouches et son chapelet. Il finit par les retrouver, ainsi que les deux poignards de ses assaillants. Dans l'aube naissante, et malgré le grabuge, il n'avait pas entendu une seule porte s'ouvrir, ni une lumière s'allumer, de l'une des maisons avoisinantes. Il déboucha sur la rue principale, en se disant qu'il faut vraiment être naïf pour croire que les fidèles vont à la prière de *fadjr* avec des sous en poche. Mais il ne regretta pas d'avoir gardé avec lui ce filin en métal souple tressé, ramassé un jour dans son garage de la bretelle de Keur Massaar.

Il y a eu ensuite cet accident fort insolite sur l'Autoroute Malick Sy-Patte d'oie. Oui, sur l'Autoroute ! Et fort insolite ! La remorque qui l'avait percuté roulait en sens inverse sur l'autre voie. Il revenait de Dakar-ville après son versement du lundi, sur les coups de onze heures, et la semi-remorque roulait dans le sens de Patte-d'oie vers le Centre-ville. Juste au moment où il tentait de doubler un car rapide, le gros porteur qui filait à une vitesse folle avait brusquement quitté sa voie pour chevaucher le parapet de séparation piqueté de gazon et d'arbustes, et foncer sur sa gauche. Diokel avait vu le bolide arriver sur lui, sans pouvoir se rabattre au risque de percuter le car et sa vingtaine de passagers. Ce fut un immense cri d'effroi qui jaillit de toutes les poitrines. Le choc fut effroyable, mais la tôle plus que solide de la Mercédès avait heureusement servi de bouclier. Comme dans un rêve, Diokel avait vu la nature défiler à une vitesse extraordinaire. Lorsque la Mercédès s'immobilisa enfin, et que pris de vertige il tentait de s'en extirper, il entendit toujours comme dans un rêve les voix entrecoupées de tout un monde qui courait vers lui.

— Il détale ! Le salaud… Il fuit !

— Encore un chauffard sans permis… Sûrement un apprenti !

— Ses freins ont lâché ou quoi ?

— Il doit être en morceaux le goorgui !

— C'est son volant… Il a dû se coincer…

— Ce n'est pas possible ! Quel choc infernal alors !

Les sapeurs étaient arrivés ensuite, précédés de leur pin-pon rituel. Ils furent suivis des gendarmes peu après. Entretemps, on l'avait aidé à se tirer de l'épave. Quand ses yeux se posèrent sur celle-ci, il avait failli s'évanouir. Mais il s'en était tiré sain et sauf. Par miracle ! Plus tard, arrivé à Keur Massaar en taxi, – ayant vigoureusement refusé de se faire amener à l'hôpital –, sa première pensée fut de faire ses ablutions et de prier deux *raakas*, pour rendre grâce à Dieu et remercier le Sage.

Sans parler, quelques semaines plus tard, de ce mystérieux incendie qui éclata au parc, le jour où, tous les personnels réunis à Keur Gouye Salaam pour célébrer la naissance de son vingt-cinquième enfant, il n'y avait personne, absolument personne sur les lieux. Ce fut le Peul Fouta vendeur de fruits du coin qui débarqua d'un taxi avec des cris confus, interrompant tout ce monde en train de déguster son *laakh* rituel, la bouillie de mil au lait caillé.

— Patron ! Patron !… Le feu… Au garage… Incendie !

Le repas matinal fut oublié. Les plus prompts composèrent le 18. Ce fut le branle-bas. Chauffeurs, boutiquiers, boulangers et cochers, tous avaient couru, qui vers son véhicule, qui pour alerter un taxi, qui vers les attelages… À leur arrivée sur les lieux, les sapeurs n'étaient pas encore là. La porte fut défoncée à grand-peine, le gardien des lieux étant parmi les retardataires. Le feu avait pris dans un minicar stationné là, attendant d'être réparé. Il n'avait heureusement pas eu le temps de se communiquer aux autres véhicules. Mais des flammes avaient commencé à lécher dangereusement la remorque la plus proche. Heureusement. Car le parc servait aussi de lieu de dépôt de carburant, une demi-douzaine de fûts de deux cents litres. Les flammes furent maitrisées par toute une foule qui entoura le minibus, qui se mit à y jeter du sable, rien que du sable, la seule solution qui se présenta à eux.

Oui… Il y avait bien eu toute une série de coups fourrés et d'accidents… Mais, pour ce qui est de cette dernière affaire-là, celle de Kaolack !... Sa pensée revient un moment sur le piège si savamment tendu par cette Tabara, cette femme au visage de sainte. Non ! C'était trop loin déjà. Mais cette femme qui avait appelé… cette femme… Qui d'autre pouvait-elle être, sinon cette mégère d'un certain quatuor qu'il connaît bien ? Celle-là qui en veut tant à ses épouses. Pourquoi pas ? Et derrière elle, il ne peut y avoir que les autres, ses ennemis jurés.

En tout état de cause, se dit-il, il se devait de multiplier ses précautions. Réunir au plus tôt tous ses chauffeurs, ceux de l'interurbain d'abord. Ils sont les premiers concernés, car les plus mobiles, et donc les moins saisissables. En outre, ce sont eux les plus vulnérables, car les plus exposés aux tentations de la route. En faire de même avec les autres, tous les autres. L'occasion pour lui de leur rappeler son discours coutumier : « On ne peut lui vouloir du mal, à lui et aux siens, et s'en sortir ! Tous ceux qui l'ont essayé se sont mordu les doigts.» Un discours qui fait toujours son effet, s'il en juge par leur mine pensive, à chaque fois. Et il ajouterait de son air le plus tranquille et le plus mystérieux : « Amar Seck en dernier lieu »

*
* *

Diokel a connu ce coin du Cap-Vert grâce à celle que son préposé de la Quincaillerie nomme toujours « madame Diallo », et que lui, adore appeler Rougui. Rougui Diallo. Ils se sont connus il y a quelques cinq, six ans, environ un ou deux ans après l'épisode de la vamp Tabara Sy, et dans des circonstances fort saugrenues. C'était un lundi – le jour préféré de ses versements. Il venait de surgir de la masse compacte de véhicules agglutinés dans un embouteillage monstre aux Allées Robert Delmas. Il débouchait ensuite Place de l'Indépendance où l'attendait une autre épreuve, le carrousel habituel des voitures débouchant des avenues Léopold Sédar Senghor et Albert Sarraut, et de la rue Carnot, celui surtout des taxis urbains jaune et noir qui pullulent ici, faisant de toutes ces artères leur domaine attitré. Il n'y avait pas que les véhicules. Il y avait aussi les Deux-roues, les motocyclettes, et surtout ces scooters d'occasion aussi nombreux que des fourmis, depuis qu'il a été donné libre cours à leur importation. Il s'agit de vrais kamikazes, ceux qui les chevauchent, qui disputent la voie aux voitures comme aux piétons, qui cherchent à s'infiltrer au moindre passage, et qui finissent souvent par se faire écraser, ou par entrer dans le véhicule qui les précède, quand ce n'est pas la chute inévitable, mais fatale, puisqu'il est impossible de leur faire porter le casque.

Il venait donc de s'extirper de la masse de véhicules qui l'avaient capturé dans les Allées Robert Delmas, avec un ouf de soulagement, et il lorgnait déjà du côté de la rangée de ceux en stationnement sur sa gauche pour y dénicher la place salvatrice… Hélas ! C'était à croire que les lundis, c'est tout Ndakaarou qui se donne rendez-vous ici. Il s'était résolu à faire comme d'habitude et comme les autres. Tourner autour de la Place, butant sur les véhicules surgissant sur sa droite, freinant et redémarrant, le regard braqué sur les bras levés de ces autres agents de la circulation, des gosses qui passent toute la journée à trouver de la place à ceux qui cherchent à se garer, une bonne occasion pour eux de ramasser quelques sous, en leur nettoyant le pare-brise et la tôle pendant leur absence. Il avait pu enfin trouver à se garer offrant le derrière à l'avenue Albert Sarraut. Il lui fallut ainsi couper à travers la place de l'Indépendance, avec ses deux mallettes, sa banque se situant de l'autre côté. Il lui avait fallu encore deux à trois minutes pour traverser, les conducteurs se faisant sans pitié pour les piétons. En attendant un bienveillant coup de frein qui leur laisserait enfin la voie, il se mit à se demander, – idée saugrenue – s'il lui arrivait à lui aussi, de se comporter comme ces vulgaires chauffeurs, dans des cas similaires.Il était enfin parvenu à atteindre le hall de sa banque où squattaient tout un monde de petits cireurs, de vendeurs à la sauvette de journaux, de cartes de crédit de téléphone, de lunettes, de sacs et valisettes, de maillots sportifs, de toutes sortes de pacotille, ainsi que tout un autre monde de mendiants, de l'aveugle au cul-de-jatte, en passant par le sourd-muet, et toute une troupe d'autres handicapés.

C'est devant un mendiant aveugle qu'il s'arrêta pour déposer ses valisettes devant lui, et se mettre à se fouiller. Une opération qui sembla prendre du temps. Il n'oublie jamais de faire l'aumône, comme cela est recommandé à tout croyant. Au petit matin surtout. Tout petits déjà, à l'école coranique, celle de Tound Bouki, leurs maîtres le leur répétaient souvent. L'aumône est une recommandation du Livre saint. Elle permet de s'entraider tout en préservant le donneur du mauvais œil, de la langue qui tue, du malheur en général. Ne jamais repousser le nécessiteux. C'est pourquoi il n'hésite pas à faire le geste, et cela plusieurs fois par jour, dans cette Ndakaarou et sa banlieue qui regorgent de mendiants. Il s'agit de ceux, bien reconnaissables, qui tendent la main ou l'écuelle, se dévêtant de toute dignité. Ce sont les aveugles et les borgnes, les sourds-muets, les manchots et unijambistes, les culs-de-jatte… Il en existe aussi un genre bien particulier celui-là, des mères de famille qui se font entourer ostensiblement de leurs jumeaux ou de leurs triplés. Les donneurs sont en général fort sensibles à ce spectacle-là. Ce qui est curieux, c'est que le nombre de mères mendiantes est devenu fort croissant par les temps qui courent, à croire que les maternités de la ville oublient aujourd'hui de convoquer la presse comme de tradition, promptes qu'elles ont toujours été à le faire, pour annoncer l'heureux évènement de la venue au monde de triplés. Certaines mauvaises langues affirment qu'en réalité, ces jumeaux et triplés sont l'objet de tractations singulières, et que les soi-disant mendiantes se les font louer en réalité auprès de leurs mamans, et à longueur de journée. Il peut ainsi arriver à ces malheureux bébés d'avoir trois mamans différentes dans la journée, et qui vont les exposer aux feux rouges, devant les banques, les mosquées et les avenues les plus passantes. Ainsi, les vraies mamans n'éprouveraient même plus le besoin, dit-on, d'y aller elles-mêmes, se contentant d'encaisser deux ou trois fois la journée, le prix de la « location. »

Il y a enfin les milliers de jeunes apprenants des écoles coraniques, les talibés, devenus de nos jours plus nombreux que les criquets pèlerins, depuis que les différents gouvernements proclament partout vouloir réorganiser les *daaras* de leurs maîtres coraniques, et que des ONG qui prétendent se pencher sur leur sort, ont poussé de partout comme des champignons. Ces enfants sont eux aussi l'objet d'exploitation éhontée, une exploitation multiforme dont tire profit tout un monde de gens sans scrupules, en premier lieu leurs marabouts. Ceux-ci, tout le monde le sait, exigent d'eux des versements quotidiens obligatoires de sommes fixées par eux. Il y a aussi ces associations attirées par les alléchantes subventions des bailleurs étrangers, et qui sans vergogne aucune, les réquisitionnent pendant les journées organisées périodiquement à leur intention, pour leur faire prendre le bain, les vêtir de T-shirts et les présenter aux caméras, à table, en train de se restaurer avec leur fourchette, ou sur quelque terrain, en train de jouer au football.

Son mendiant à lui semblait un vrai. Il s'agissait d'un non-voyant, apparemment, puisqu'il portait des lunettes, tenait à la main droite une canne blanche, et à la main gauche son écuelle à recevoir les pièces. Il était en train de chanter une litanie à la gloire d'un grand marabout du pays. Diokel venait enfin d'extirper de sa poche profonde toute une poignée de pièces de monnaie, lorsqu'il entendit un téléphone portable sonner. Ce n'était pas le sien. La sonnerie qui s'était déclenchée était fort bruyante. Il vit en même temps l'aveugle reposer rapidement sa canne à un pilier, puis se mettre à se fouiller avec fébrilité. Il ne tarda guère à tirer de la poche latérale de son cafetan un téléphone mobile, en tâter le clavier avant d'enfoncer une touche. Diokel qui avait suspendu son geste, l'entendait converser :

— Allo oui ! avait-il fait.

Puis :

— Ah ! Amy Collé... C'est toi Collé chérie ?... Ah bon... Çà va comme il faut à la maison ? Han ? Qui çà ?... Quel oncle ? Oncle Babacar ? Han ? *Alhamdoulilah* ! – il répète plusieurs fois – Ah ? Avec son épouse ? Laquelle ? La dernière... que je ne connais pas encore ? Et le petit... Que dis-tu ? Mon homonyme ? Ah, Dieu ! Quel beau jour que celui-ci ! Ah… ils se reposent au salon ? Ne les dérange surtout pas, et éloigne les enfants… Tu les laisses récupérer…Écoute, ma Collé ! Je termine ma matinée et j'arrive dare-dare. Oui, je me trouve à la place de l'Indépendance ce matin…

— Quoi ? Bien sûr ! Deux… Deux oui, et choisis les plus gras. Tonton Babacar adore le yassa au poulet… C'est son plat préféré… un vrai connaisseur, Tonton – rires – Tu les feras griller, c'est comme ça qu'il les aime. Moi, en revenant, je passerai à Sandaga pour le dessert… De la mangue, ça va ? Hein ? Du melon… Du melon de Sébikotane ? OK ! du melon alors… À tout à l'heure, ma chérie… Hein ? de la menthe… pour le thé… D'accord, je n'oublierai pas… *Alhamdoulilah.*

L'aveugle avait coupé et remettait le portable en poche, l'enfonçant tout au fond, avec un grand sourire de satisfaction. Diokel l'entendit, comme se parlant à lui-même :

— *Alhamdoulilah* ! Ah ! Quel beau jour ! Heureux ceux qui ont encore leur tonton !

Il récupérait ensuite tranquillement sa canne et reprenait sa litanie, à la gloire de son marabout. Diokel était là, le geste suspendu, le visage tout renfrogné. Il était plus que surpris, lui qui croyait avoir déjà tout vu et tout entendu dans Ndakaarou. Il était là en train d'hésiter, se demandant s'il n'allait pas replonger la main dans la poche, quand il perçut derrière lui un petit rire clair. Il s'était retourné pour se retrouver en face d'une jeune femme au visage moulé dans un beau voile bleu. Celle-ci avait une main plaquée sur la bouche, et elle s'efforçait visiblement de se retenir de rigoler… Il avait laissé retomber le bras, pour lui dire tout bas de peur d'être entendu de l'autre :

— Vous avez entendu… heu… ce que j'ai entendu ?

Elle eut le temps de lâcher, entre deux roucoulements :

— Donnez-lui quand même son aumône…c'est sa chance.

— Han ? Vous dites ?

Le rire clair avait augmenté d'intensité.

*
* *

C'était Rougui. Madame Diallo pour Makhtar le préposé à sa première quincaillerie. Elle aussi était venue à la banque. Ils s'étaient donc retrouvés naturellement côte à côte, quelques instants plus tard en train d'attendre que les rangs s'éclaircissent.

— Ce que ça peut faire comme monde dans cette banque avait-il commenté en prenant place. C'est à croire qu'il n'y a que des riches dans cette ville.

— Pensez-vous ! Lui avait répondu la jeune femme. Je parie que sur dix clients faisant la queue, les neuf sont là pour un découvert.

— Un… un quoi ?

Elle lui avait lancé un bref coup d'œil en coin, avant de lui expliquer :

— Un prêt sur le salaire à venir… Cela veut dire que du salaire passé, il ne reste plus rien.

Un autre roucoulement pour ponctuer son ironie.

— C'est que la vie est devenue dure, par les temps qui courent.

— Hum…, avait-il lâché. Et ça donne beaucoup d'imagination à certains.

Le sourire se redessinait sur les lèvres de la jeune femme, qui lâchait un autre coup d'œil dans sa direction. Leur pensée convergeait.

— Ce mendiant-là, c'est un mendiant fort à l'aise à ce qu'il m'a été donné d'entendre… Ma parole !

— C'est que l'on voit de tout aujourd'hui à Dakar… Plus la vie devient difficile, plus les gens font preuve d'imagination pour se tirer d'affaire.

— Surtout tromper leur prochain… Surtout ça… Croyez-vous qu'il s'agit d'un vrai ?

Diokel se disait qu'il devait s'agir d'une femme bien généreuse, une vraie croyante. Elle lui avait suggéré de lui faire l'aumône quand même, malgré la conversation à sens unique à laquelle il leur avait été donné d'assister.

— Vous savez, avait-il poursuivi, nous sommes dans un pays où tout le monde aujourd'hui va à la mosquée, les hommes comme les femmes, et à tout âge, où tous les jours, à l'occasion de n'importe quelle cérémonie, on organise des séances de récitation du Coran, où les chants religieux et les conférences religieuses sont du quotidien, un pays où tout un chacun a son guide religieux. Et pourtant, c'est comme si tout un chacun est toujours à l'affût pour berner son prochain.

— Là, je vous crois !

— Même sur le chemin du pèlerinage à la Mecque…Vous rappelez-vous le dernier ? Deux femmes prises à la Mecque, la main dans le sac ! Il a fallu mille interventions pour leur éviter de revenir au pays avec la main gauche en moins. Elles cherchaient à subtiliser des bijoux dans une joaillerie, dit-on… Allah ! Dans quel monde sommes-nous donc ?

Plutôt une constatation…Diokel consultait sa montre, fouillait du regard derrière les guichets, tournait la tête à chaque porte qui s'ouvrait, guettant son employé dans l'espoir de se tirer des lieux comme d'habitude, sans être contraint d'entrer dans ces files kilométriques. Sa journée était chargée. Il avait lâché, se parlant à lui-même :

— Je me demande si mon esclave *al pulaar* est venu travailler ce matin…Il a dû encore sûrement se remplir le ventre à l'excès, de *gniiri bouna,* hier soir.

— Ah ! S'était-il entendu répondre du tac au tac. Comment n'ai-je pas pu me douter que c'est un mange-mil que j'ai à côté de moi… C'est pourtant écrit sur leur front ! houlala…

Diokel avait vivement tourné la tête vers la jeune femme pour la regarder tout surpris, et ils avaient alors éclaté de rire, faisant se tourner d'autres têtes. Ils étaient ensuite passés aux présentations. Diokel lui avait ensuite expliqué comment il s'était arrangé pour avoir son homme à lui dans les lieux, avant de conclure :

— Oh vous savez… les banques hein…

Comme s'il était en ces lieux malgré lui. Il est vrai que c'est son homme du bloc fiscal qui avait tant insisté pour qu'il ouvre un compte, avec tout cet argent qu'il brassait quotidiennement, et qu'il allait garder on ne sait où.

— En tout cas, je constate que le cousin sérère fait aussi dans la débrouille… Il passe par la petite porte au lieu de faire la queue comme tout le monde…

Diokel laissait fuser un autre rire fort bruyant celui-là, au souvenir de leur début de conversation. Les échanges s'étaient ensuite poursuivis sur un ton fort plaisant, l'homme ne pouvant se retenir de jeter sans arrêt des coups d'œil en coin, à chaque fois que la jeune femme lui parlait. Il faut dire que sa *cousine* était une femme très attirante. Elle avait ce teint cuivré, – café au lait comme disent certains – qui n'a rien de commun avec celui-là tout artificiel, que nombre de femmes se font à force de s'enduire la peau matin et soir avec ces produits qui dépigmentent, avec d'ailleurs un résultat qui n'abuse plus personne, quant à la vraie nature de leur teint. Celui de sa voisine était tout autre. Son regard était comme captivé par les longs doigts fins au teint uni, portant de fines bagues dorées. Le tissu soyeux du boubou ajoutait comme un soupçon de fraicheur à sa mise, et à son apparence de jeune femme tout juste sortie de l'adolescence. Il lui moulait tout le corps, ne laissant apparaitre que ses mains et de tout petits pieds. Mais à la façon dont il lui moulait les cuisses, on devinait un corps plein et ferme. Elle avait une jambe sur l'autre, dans une attitude qui respirait beaucoup plus le naturel que le jeu subtil. Il y avait surtout sa voix, claire et chantante. Comme toutes les voix des femmes peules. Elle semblait le pénétrer, dans cette ambiance pourtant bruyante, pour le transporter loin, loin vers… L'homme était tant à l'aise là sur sa banquette à jouir de cette voix musicale que l'apparition de son employé lui avait semblé interrompre un beau rêve.

— Goorgui Dione ! Avait lancé celui-ci en surgissant soudain devant lui.

— Ah… Enfin… Moi qui me disais…

— J'étais tout pris avec mon chef… Mais je sais bien que nous sommes lundi.

— Et moi qui nageais déjà dans le péché en me disant…

— Hum… Hum… Tout le temps qu'il est là, il a prétendu que c'est votre diner d'hier qui a dû vous clouer au lit, s'infiltrait la jeune femme sans avertir. Et je ne dis pas tout ! Exagéra-t-elle en pouffant.

Encore de nouveaux éclats de rire qui ignoraient la présence de tout ce monde autour d'eux. Il avait ensuite demandé à son homme de lui laisser quelques minutes. Le temps pour lui de se tourner de nouveau vers la jeune femme.

— J'aimerai bien connaître Sangalkam, dont j'entends toujours parler, ma chère esclave !

— Moi je suis déjà venue à Keur Massaar, mais pour rien au monde, je ne l'échangerais avec mon petit coin de village…

Un petit rire de nouveau.

— Et vous aurez bien raison, je pense. C'est pourquoi, si cela ne vous semble pas osé, j'aimerais bien avoir votre numéro. Je me permettrais alors de vous appeler de temps en temps pour me faire inviter par monsieur Diallo et vous. Je ne connais pas encore Sangalkam, mais j'ai souvent entendu évoquer son lait caillé qui est des plus fameux paraît-il…

Il lui avait semblé qu'elle avait eu une légère hésitation. Puis elle avait dit :

— Aucun problème à çà… Mais attention… Si vous croyez qu'on y passe tout le temps à se remplir le ventre …

Diokel avait alors sorti son portable pour le lui tendre. Autre légère hésitation. Il lui sembla qu'elle se mordait les lèvres en lui enregistrant son numéro. Toute une attitude de fillette soudain.

— Mettez Rougui ! Avait-il précisé, les yeux brillants, en regardant la jeune femme manipuler les touches.

Ils s'étaient séparés, lui, ayant rejoint son associé, elle, toujours assise à sa place comme si elle attendait quelqu'un. Ce fut au moment où il s'engouffrait dans un des bureaux, derrière son homme, que cela lui vint soudain à l'esprit. Cette madame Diallo, cette Rougui, cette cousine à plaisanterie portant le voile… elle lui rappelait quelqu'un d'autre. Oui… Tabara Sy, Tabara la *thiaga*. Avec la différence que Tabara elle, avait le teint du noir d'ébène, et les gencives au bleu indigo.

20

Bien tard en ce milieu du jour, Diokel est en train de franchir les premières concessions de Sangalkam, avec dans la poitrine, un cœur tout palpitant. Allah ! Comme ce petit patelin pouvait lui procurer cette impression de calme, de sérénité qui lui manque tant, depuis toutes ces semaines ! Une paix intérieure indicible et sans limite, un bonheur total, loin de Ndakaarou, loin des contrariétés et des embrouilles, loin de ses dangers et de ses pièges, loin des inquiétudes et des angoisses... Les entourloupes de ses personnels... Les concurrents de plus en plus nombreux, surtout dans la boulangerie, ces sangsues de politiciens, indécrottables et toujours à l'affût, le clan Galgal... et surtout ce maître d'école. Sans parler des autres, des inconnus tapis dans l'ombre. Sans parler de Tékhey et de ses idées... C'est vivement qu'il chasse le tout de son cerveau. Il n'était pas question de laisser ces idées-là venir le poursuivre jusqu'ici encore, pour gâcher son séjour de quelques brèves heures seulement en ces lieux fastes.

Sangalkam ! Rougui lui avait raconté son histoire, sans trop y croire, – lui avait-elle précisé –, l'histoire de ce maître des lieux, en une époque peu précise, un coupeur de route qui barrait le chemin aux voyageurs pour leur intimer de vêtir Kam... *Saangal Kam* !... Des habits pour Kam... ! Kam, son épouse sûrement pas démunie, mais friande plutôt de beaux habits, et qui utilisait les services de son homme pour les lui procurer. L'expression aurait donné son nom au patelin.

— Les Peuls en brousse – s'était aussitôt empressé de commenter Diokel, sourire aux lèvres – ont toujours été des *adou kalpé*, des coupeurs de route... Leur occupation de prédilection ! La bourse ou la vie... C'est connu...

— Hélas ! – avait relevé la jeune femme du tac au tac –, car c'est tellement moins commode que de faire travailler les autres pour récolter ensuite les fruits de leurs efforts...

Une pique comme une autre, qui avait arraché une grimace à l'homme... Le village en ce milieu du jour de ce samedi, est dirait-on, vide. C'est comme si ses habitants se prélassent encore au lit, à moins que les contraintes de la vie quotidienne les en aient déjà tirés, pour leur faire emprunter les sentiers de la brousse environnante, ou les routes fréquentées par les voyageurs, avec les produits du cru. Il s'agit d'un coin fort tranquille, un village à l'image de bien d'autres de la même contrée, tels Bambilor et Noflaaye, tournés naturellement vers une agriculture peu prétentieuse en hivernage. C'est que leurs principales activités sont orientées vers l'arboriculture – la mangue et l'anacarde –, l'élevage bovin et l'aviculture…C'est pourquoi on ne sera pas surpris d'y croiser à côté des souches lébou et peul, les éternels saisonniers sérères et socés…

On accède à Sangalkam soit directement par la route dite des Niaayes, soit par la ville de Rufisque sur la Nationale 1, et qui lui est reliée par une bretelle. Un coin qui fut charmant, où il a toujours fait bon vivre, mais que la fulgurante poussée urbaine qui caractérise cette région du Cap-Vert est en train de transformer à grande vitesse et d'enlaidir… Sous le soleil de saison sèche, la nature ici est devenue toute rabougrie. Depuis le mois d'octobre, un soleil impitoyable s'est acharné sur la graminée et les arbustes, comme pour les disputer au bétail…

En freinant devant la concession des Diallo, au deuxième virage de l'entrée sud, Diokel Dione trouve la jeune femme debout sur le seuil, une calebasse sous le bras, Maïna sa fillette à ses côtés. Il a comme un choc en l'apercevant. Rougui Diallo est une femme de grande taille avec des membres longilignes, comme il en est pour tous les Peuls du Sahel, ces infatigables marcheurs de la savane. Il y a ensuite ce teint cuivré visible surtout à ses longs bras, et à ce visage qui tant de fois lui fit penser que c'est une fillette qu'il a toujours devant lui. Et puis, ce voile qui interdit au regard cette chevelure à coup sûr abondante et d'un noir de jais. Ce voile ! Quelle hérésie ! Il en a éprouvé souvent comme de la honte de l'avoir associé à celui de la Tabara, cette femme du diable. Oui, de la honte ! Car, au fur et à mesure de leur fréquentation, l'homme n'a cessé de découvrir en Rougui une femme toute entière dans sa spontanéité et dans sa sincérité. Pourtant, Rougui est intellectuelle. Elle enseigne le savoir dans une des écoles primaires de Sangalkam, car elle est maîtresse d'école. Rougui n'a pas d'homme à la maison, car elle est divorcée. Elle ne le lui a guère caché, telles ces femmes qui ont rompu, et qui éprouvent comme de la gêne à le dire.

Elle est divorcée d'un maître d'école, oui, un collègue à elle, avec qui elle a eu une fille, Maïna, dans les deux années pendant lesquelles ils ont convolé. Mais elle ne lui a jamais expliqué ce qui fut à l'origine de leur rupture. Ce qu'il sait, c'est qu'elle ne lui donne jamais l'impression d'en éprouver quelque regret.

— Si vous avez pensé manger toutes seules, ce poulet dont le parfum vient jusqu'ici me taquiner les narines, vous vous êtes trompées, dit-il en claquant la portière…

— Voilà qui me montre encore que les sérères n'ont guère l'odorat aussi fin.

— Quoi ! Voudrait-on donc me priver de mon repas préféré ?

— Moi qui ai toujours cru que le repas préféré des mange-mil sérère, c'est le couscous…

Il est arrivé devant la jeune femme et sa fillette, pour dévoiler d'un geste ostensible sa main cachée derrière son dos, et pour tendre à cette dernière le paquet qu'elle tient :

— Pour ma future, dit-il dans un grand sourire. – Maïna a une moue, comme de surprise. – Mais, ajoute aussitôt l'homme en se baissant, cela est une avance sur la dot… D'accord ?

— Vous n'êtes pas avec Thioro… Vous nous aviez pourtant promis, Maïna et moi…

— Heu… c'est que sa mère est entrain de lui faire aujourd'hui ses tresses, mentit-il.

Maïna n'a hésité que quelques secondes. Son visage s'éclaire soudain, tandis que son regard se met à briller. Elle arrache le paquet plutôt qu'elle ne le reçoit, puis leur montre aussitôt le dos pour filer vers le bâtiment.

— On ne dit pas merci, Maïna ?... Maïna !

La fillette a déjà disparu derrière une porte.

— Ça alors ! Lâche la maman.

— Vous allez la laisser tranquille, voyons.

— Hum… En tout cas à ce rythme là, tous ces petits cadeaux, c'est des problèmes que ça va finir par me créer à coup sûr…

Diokel est entrain de fouiller dans sa poche latérale gauche. Il en extirpe un autre paquet, plus petit, mais à l'emballage brillant, multicolore, finement noué par un cordon.

— Çà ! Dit-il en le lui tendant…

Elle reste un instant à l'observer, puis :

— S'il doit toujours en être ainsi, je finirais par ne plus vous inviter…

Et du tac au tac :

— Alors je viendrais sans me faire prier… Le maître a-t-il besoin de prévenir, lorsqu'il lui prend envie de voir son esclave ?

Elle lui tourne le dos, la moue au visage, sa calebasse toujours sous le bras, sans se saisir du paquet. L'homme la suit, entre dans la cour, son regard ne pouvant se détacher de la croupe ondulante. C'est un immense bonheur qui l'envahit à la pensée qu'il va passer toute cette journée avec la jeune femme, loin des tintamarres de Ndakaarou.

*

* *

C'est un homme repu et comblé qui est en train de se balancer dans son hamac, les mains à plat sur le ventre, les yeux mi-clos, et lâchant des rots sonores par à-coups. Ce n'était pas du poulet, ainsi que le lui avait fait pressentir la pique de la jeune femme, tout à l'heure à son arrivée. Mais c'était tout comme. C'était même mieux, infiniment mieux, quand le plat fut découvert et que les deux *thiokères* trônant sur le riz blanc offrirent à sa vue leur couleur dorée. Avec ce fumet qui lui donna le vertige. Il y était allé sans complexe, agrémentant ses boulettes de riz de commentaires qui ravirent la jeune femme :

— Hum…C'est qu'elle n'est pas du tout usurpée, la réputation du piment de Sangalkam… Hum… çà… Il n'y a que celui de Tound Bouki pour lui damer le pion… Mais, c'est qu'ils sont vraiment succulents, ces perdrix des savanes , dites…

Maïna elle, avait à peine goûté au repas, toute pressée d'aller retrouver sa poupée qui parle. Sa maman par contre, avait été aux anges durant tout le repas. Tout le monde sait que ce dont toute femme raffole, entre autres, ce sont les appréciations qui vont avec l'appétit clairement exprimé, devant le plat qu'elle vient de concocter. Et son visiteur lui avait donné entière satisfaction, avec cet appétit d'ogre dont il faisait montre, en mangeant avec la main. Après le repas, Rougui était sortie pour revenir quelques minutes plus tard avec une carafe volumineuse.

— Je l'ai enfin, mon lait caillé. Aujourd'hui, nos vendeuses vont jusqu'à oublier qu'ici aussi, on en consomme… Ça alors ! Elles sont toutes à Rufisque, Dakar et ses environs, depuis le lever du soleil.

Diokel avait répondu avec un grognement de satisfaction.Rougui est maintenant aux côtés de l'homme étendu paresseusement dans son hamac, entre ses deux *neems*, leurs arbres à palabres. Elle a pris place sur son banc, et elle est en train de concocter le thé rituel, patiemment, méticuleusement, entourée de tout son attirail fait de fourneau malgache, de plateau, de casserole, de verres et de serviettes. En général, c'est le moment privilégié des échanges entre eux.

— Pour dire vrai *Alaadji,* je ne vous attendais plus, lui avoue la jeune femme…

— C'est vrai, ma chère. C'est que je suis passé par Rufisque, dit-il les yeux toujours clos, les mains toujours réunies sur le ventre.

Elle l'avait bien vu arriver par le côté sud.

— C'est bien long par Rufisque…

— Ah oui ! Il ouvre les yeux comme pour se préparer à expliquer. Une petite affaire à régler du côté de Petit Mbao, dit-il simplement.

C'est comme s'il hésite, n'osant avouer ce qui l'avait retenu au point de se présenter presque au moment du premier appel du muezzin pour la prière de *tisbaar.* Sa petite affaire de Petit Mbao, c'était en fait une véritable aubaine qui s'était présentée à lui. La commune de Petit Mbao venait d'octroyer une centaine de parcelles à usage d'habitation à ses agents, et à quelques autres habitants qui, des années durant, ont râlé pour les obtenir. À force de revendiquer, le Conseil municipal, de guerre lasse, en avait voté l'attribution, offrant ainsi à ces citoyens la chance de trouver enfin un logis pour eux et leur famille. Évidemment, avant même la fin des procédures d'attribution, la majeure partie des bénéficiaires avaient déjà trouvé acquéreurs. Les parcelles avaient été bradées en un clin d'œil, et toute la race des commerçants et des hommes d'affaires mis au parfum avait fondu sur l'aubaine comme des charognards sur leurs proies. Diokel avait été l'un des premiers à être informé de l'affaire. Il avait saisi les services d'un courtier pour accomplir les démarches. Cela lui avait permis d'acquérir une douzaine de ces parcelles pour une bouchée de pain pratiquement. Un bon placement en attendant. Tout à l'heure, en quittant Keur Massaar, il se devait de faire le tour du propriétaire en compagnie de son intermédiaire, pour bien faire connaissance avec les lieux. Il lui fallait bien se bousculer lui aussi pour sa part de terres… comme tous ces *nouveaux chauves…*

Il faut dire que c'est une véritable faim de terres, une inqualifiable boulimie qui a accompagné les nouveaux venus au pouvoir. Le changement promis n'avait été encore une fois qu'une arnaque de politiciens. Lorsque celui que les Anciens comparaient au palmier rônier fut chassé du pouvoir par la voie des urnes, les populations constatèrent dès les premiers mois qu'elles avaient été bernées encore une fois. Chez les vainqueurs, les costumes des magasins haut de gamme avaient rapidement pris la place de ceux acquis de haute lutte dans les marchés aux Puces, les gargotes des *maïgas* furent vite désertées au profit des restaurants du Plateau et de l'hôtel des Députés, tandis que les 4X4 leur faisaient oublier les bousculades des cars-rapides et des bus Tata. De vrais monstres de la route aux vitres teintées. Il y a eu pire ! Une véritable boulimie de terres s'est emparée en même temps de tous ces gens-là, devenus subitement tous de *nouveaux chauves*, à l'image de leur leader. Une aubaine pour les professionnels de la coiffure…

Pour en revenir à leur boulimie de terre, tous les espaces restés en friches, jusqu'aux poumons verts jusqu'ici préservés par les deux régimes précédents, toute la bordure maritime du Cap-Vert furent accaparés pour voir surgir sur leur emplacement tels des champignons, de véritables châteaux dont le luxe et l'insolence laissèrent perplexe tout un peuple. La curée ne s'arrêta pas là, car la presqu'île, trop exigüe ne pouvait satisfaire toute la meute des nouveaux venus, avec les leurs et leurs alliés. Bien des zones riches du pays attirèrent leurs convoitises, en particulier la vallée du Fleuve dans le Nord, qui avait vu naître les barrages… Cette oasis où le fils Tékhey espère voir le père injecter « tout cet argent qui dort en banque »… En moins de dix ans, ces grands marchands de rêve, passés de but en blanc *des haillons aux millions*, se sont partagé tout le pays, par des subterfuges et par la force.

— Une petite affaire à régler du côté de Petit-Mbao… Mais, ajoute-t-il, à quelque chose malheur est bon. Car ce retard nous aura permis de faire notre prière de *Zouhr* d'abord, pour pouvoir nous restaurer ensuite tranquillement, la conscience en paix… On mange tellement mieux après avoir accompli ce devoir !

— Oh, mon Dieu ! – ne peut se retenir la jeune femme –, qui donc va me guérir ce grand ogre de sérère de sa gourmandise ? Mais j'y pense, il me reste deux perdrix dans la soupière… Je vais vous les envelopper pour emporter.

Voilà l'hôte qui se détend alors comme un ressort, faisant balancer le hamac sous la secousse.

— Allah ! Où étais-je encore en ce pays, pour ne pas avoir connu plus tôt cette femme du Paradis ?

*

* *

Entre Rougui et Diokel, les échanges ont souvent tourné sur le cas Tékhey Dione. Il en est ainsi aujourd'hui encore.

— Il m'a encore pris hier nuit deux bonnes heures à discuter de ses idées bizarres…

— Hum… Puis-je savoir lesquelles encore ?

— Ces terres du Nord, dans le Delta , qu'il m'a encore ressassé, où les toubabs sont en train de se bousculer, paraît-il, et où il est possible de cultiver toute l'année sans interruption… Même les marabouts du Baol y seraient tous maintenant, eux aussi, d'après lui.

— Hum…En général, quand les blancs se bousculent autour de quelque affaire, c'est qu'il y a beaucoup de sous en perspective derrière.

Diokel ne semble pas avoir entendu…

— Où encore ces riches terres dans le Sud où, affirme-t-il encore, tout pourrit à longueur d'année, faute de pouvoir être transporté ou transformé… comme si je l'ignorais…

— Hum ! Pourtant ce ne sont pas des idées si bêtes, se risque-t-elle, ayant maintenant appris à flairer les sautes d'humeur de son hôte – savez-vous que les pays les plus riches de ce monde sont aussi les plus grands pays agricoles ? Là-bas, les agriculteurs ont réglé depuis longtemps le problème de la nourriture de leurs populations… Ils vendent aujourd'hui leurs produits partout dans le monde, et même chez nous…

— Ha… Ha ! Mais est-ce mon rôle à moi ? Est-ce à moi qu'il appartient de régler les problèmes de nourriture des autres ? Han ? Allah n'a-t-il pas déjà tout réglé ? Han ? N'a-t-il pas déjà désigné à chaque fils d'Adam ce que doit être son destin sur terre ?

— Oui… Il est vrai que beaucoup le pensent ainsi…Mais dans les affaires, l'argent que l'on gagne ne sert pas à grand-chose si on ne le fait pas fructifier… dans le bon sens, *Alaadji*.

Diokel ne peut s'empêcher de lui lancer un vif regard en dessous, à croire que leurs pensées convergent vers le premier jour de leur rencontre à la banque, avec ses deux mallettes bourrées. Et c'est les paupières de nouveau closes, qu'il lâche tout lentement, comme pour lui-même :

— C'est cela… C'est cela… Je pense que Tékhey me prend pour un milliardaire… Ils me prennent tous pour un milliardaire… C'est cela…Pour quelqu'un qui a tous les sous du monde… Ha Allah ! Comme les temps ont bien changé !… C'est maintenant aux rejetons qu'il appartient de tracer la voie aux géniteurs… tels les canetons qui mènent par le bout du bec papa et maman à la mare… Et savez-vous ce que fut son attitude, quand je lui ai demandé où trouver tout cet argent que réclament ses idées folles ? Savez-vous ? Il m'a regardé avec de grands yeux surpris, mais n'a pas osé dire ce qu'il avait en tête. « Les banques Père ! Les banques sont là pour ça… » Comme bien des fois… Les banques ! Tékhey me voit donc moi, à la merci de ces usuriers… Ah Tékhey ! C'est qu'il ignore ce qui me lie à ces maisons d'argent, cet enfant de Gnilaane !

La jeune femme elle, le savait déjà depuis le premier jour de leur rencontre. Il le lui avait dit et fort innocemment, pendant leurs échanges. Il est dans cette banque par simple sécurité. Et les intérêts que rapportent ses dépôts, il les redistribue comme zakat… Il ne les « mange » jamais… *Haram* ! Le grand pèlerinage à Macqa, il ne l'avait pas accompli pour rien, comme tant de hadjis de notre époque…

Elle cherche à couper court à une discussion qu'elle sait stérile. Ce n'est pas la première fois. Elle s'y prend en lui tendant son verre de thé.

— Tenez ! Ce n'est plus très chaud…

L'homme tend le bras pour se saisir du verre, sans la regarder. Il n'en continue pas moins de soliloquer après un gros rire de gorge de dépit :

— Je lui ai répondu que je préfère attendre que lui et tous ces autres qui sont allés là-bas pour de si longues études nous fabriquent enfin ces machines et ces usines dont il aime tant parler…

Une forte aspiration, ponctuée d'un claquement de la langue.

— Évidemment ! Ils n'ont plus rien de nous, ces enfants d'aujourd'hui… Il faut les voir en ville et sûrement ici aussi… n'est-ce pas… Impossible de reconnaitre les garçons des filles. Quand ceux-ci se tressent les cheveux, celles-là se rasent le crâne et se mettent en pantalon jeans, et tous ont les oreilles bouchées par tout un tas d'appareils… Ils vous bousculent sans même s'en rendre compte… De vrais fous qui pour danser, se mettent à sauter ou à se contorsionner, et à se rouler par terre comme si leurs habits sont envahis par des tribus de puces… Ils ont choisi de ne se nourrir que de musique, de football et de lutte, de cigarettes et de thé, ces oisifs. C'est dans toutes leurs conversations… Comme si, en ville, les âmes n'ont de penchant que pour çà !

— Je suppose que notre Tékhey n'est quand même pas de ceux-là ? Se risque la jeune femme.

Rougui ne connaît pas le jeune homme, ce casse-tête pour son père. Elle ne l'a jamais rencontré. Mais c'est tout comme, à force d'entendre le père évoquer leurs rapports avec une certaine amertume. D'où sûrement cet intérêt pour cet inconnu.

— Je ne sais, dit-il après avoir de nouveau porté le verre aux lèvres et avoir encore fortement aspiré, on ne se voit que rarement le jour… Mais cet enfant a tout à apprendre en cette terre de peines…Il est trop spontané, trop crédule. Ce sont ses lectures. Elles vont finir par le perdre.

Il termine le verre de thé, toujours aussi bruyamment, pour commenter ensuite :

— Ah ! Pourquoi mes dignes moitiés n'arrivent-elles jamais à me faire du thé pareil ? C'est délicieux, surtout avec cette menthe odorante…Vous m'en ferez une gerbe avant que je parte.

— Ah, mon homme ! Dites-moi donc comment arriver à concilier leurs tâches au marché avec leurs travaux domestiques… Hein ?

— Mais non Rougui ! Elles n'y sont jamais à trois. Il y'en a toujours une à Keur Gouye Salam… celle qui est de tour conjugal. Mais même avec celle-là…

L'homme se tait soudain, plongé dans des pensées qu'il est le seul à vivre. Sa petite dernière, sa petite Thioro, celle-là qu'il a arrachée ce fameux jour-là, à cette vieille folle qui squatte leur rue. Pour conclure :

— La réalité, c'est que dès qu'elles sont ensemble, elles n'ont plus leur tête, avec ces films *haram* de la télévision… je me demande d'ailleurs si elles arrivent à y comprendre quelque chose…

— Pensez-vous *Alaadji* ! L'école n'a rien à voir dedans…Rien n'échappe aux femmes dans ces histoires conçues pour elles…La langue utilisée y compte peu…

Quelques longues secondes, comme pour méditer ces mots de la jeune femme. Puis :

— Non… Elles sont comme les poules… Bêtes et têtues… Mais Tékhey, il faudra que je m'occupe de lui, sinon, il va me changer toute la mentalité de Keur Gouye Salam… Hommes, femmes, enfants, *sourgas* et tout et tout… Et tout cela par la faute de Gnilaane et de son drôle de frère, ce toubab noir émule du président Sédar.

L'occasion est offerte à Rougui de détendre un peu l'atmosphère, tout en se disant que la tâche de Tékhey allait être fort ardue, avec trois mamans, vingt six autres frères et sœurs, sans parler des autres, les *sourgas,* les simples employés…

— Depuis que les sérères nous ont donné notre premier président, ils ne ratent jamais l'occasion de nous le rappeler.

— Han ? Hé ! Pourtant, le sérère que je suis ne l'a jamais compris. Sédar s'est toujours exprimé dans la langue des toubabs, ses amis de toujours…

Le frère de Gnilaane serait décidément un coupable impardonnable, à jamais… Diokel se met encore comme à rêver. L'autre jour, le fils était encore revenu à la charge, pour lui parler des marchés du gouvernement. Une source intarissable, d'après lui. Les marchés de l'État ! C'est qu'il vient de naître Tékhey, pour tout ignorer des chemins tortueux et nébuleux des marchés de l'État, avec ses pelotons d'affamés, de maîtres chanteurs et de corrompus qui les jalonnent. Certaines de ses connaissances s'y sont laissé prendre, et ils le regrettent aujourd'hui amèrement. Avec l'affaire de son immeuble du Front de Terre, il en savait déjà beaucoup sur les tractations des affairistes de l'État. Mais là, c'est lui qui les avait eus… Voilà un immeuble qu'il avait placé en location à l'État, sur sollicitation d'un de ses ministères. Au bout de deux ans, il se retrouvait avec plusieurs millions d'arriérés. Oui. Il avait eu beau courir et tout promettre…Rien…Pour se débarrasser de toutes ces tracasseries, il avait alors décidé de vendre ledit immeuble. Un beau jour, ce fut toute une équipe de costumés qui se présenta à la Quincaillerie : L'État avait décidé de l'acheter. Ouf ! S'il ne s'agissait que de cela… Une belle occasion pour liquider ce bâtiment qui ne lui rapportait plus. La procédure fut donc déclenchée, avec les experts en tête. Ceux-ci l'évaluèrent à 50 millions. Mais après qu'ils eurent rangé leurs affaires et pris congé, deux des costumés étaient restés pour lui souffler que ce serait… 60. Oui ! 60… Dix millions supplémentaires. En cas d'entente, il verserait les huit au ministre, et garderait les deux pour lui. Une belle affaire, n'est-ce pas ? Il avait demandé à réfléchir. C'était pour la forme seulement. Jamais affaire avec l'État ne fut si rapidement conclue. Lorsque le pactole fut tombé dans son compte, et que les deux costumés se présentèrent à nouveau à sa boutique, il leur parla les yeux dans les yeux : Ils pouvaient aller où bon leur semble, mais les dix millions avaient servi à éponger tout ce que l'État lui devait comme arriérés, avec leurs intérêts en plus. « À malin malin et demi. » Depuis cette affaire, il s'était juré de ne plus traiter avec les gens de l'État, mais aussi de ne jamais leur offrir le flanc.

Diokel est toujours en train de ruminer. Et ce Tékhey qui cherchait à le plonger dans ce bourbier. Il a soudain comme un rictus qui lui déforme les traits :

— Mais ce qui a fait revenir ce fils indiscipliné de chez les toubabs, le changera à coup sûr… Par la ceinture de mon père !

En l'entendant jurer, la jeune femme ne peut s'empêcher de penser au Sage du Ndoukoumane.

*
* *

Aujourd'hui, c'est un nouveau téléphone portable haut de gamme qu'il lui présente. Rougui ne peut cacher son émerveillement devant le petit gadget, un véritable ordinateur miniature. En le voyant l'extirper, elle avait prié de toutes ses forces pour que ce ne fût pas un iPhone, cet ordinateur de poche aux fonctions multiples et insoupçonnées, dont elle aurait bien du mal à lui faire comprendre les subtilités. Heureusement, il n'en fut rien. Il s'agit aujourd'hui d'un BlackBerry, avec un clavier constellé comme un tableau de bord.

— C'est le même que pour vous, dit-il sans la regarder…

Ciel ! C'est donc ça son cadeau de ce jour. Et elle qui avait déjà oublié son petit paquet !

Plusieurs fois, lorsque l'homme et la femme se retrouvaient seuls sous leurs arbres à palabres, Maïna les a surpris penchés sur le téléphone portable de l'hôte, en train de chuchoter. Elle n'est jamais restée longtemps à les observer, surtout en entendant quelques bribes de leurs échanges :

— Là…C'est l'étoile… *bidèewbii*… On reconnait facilement… Hun ? Et là, dièse… dièse… comme une barrière…Pour les noms ? Il y a des astuces… reconnaitre les signes… Et là, pour rappeler, le bouton vert seulement… c'est plus rapide… Et surtout, ne pas se tromper de numéro. Certaines gens sont très peu éduqués au téléphone…

Là, il ne peut le lui avouer, mais il en sait quelque chose. Il ne compte plus le nombre de fois où il s'est fait rabrouer au téléphone, en tombant deux ou trois fois de suite sur le même coléreux :

— Mais… qu'est-ce que ce con, nom de Dieu ? Combien de fois faudra-t-il te dire que je ne suis pas ton Maguèye ? Tu ne piges pas le français ou quoi ?

Ou encore :

— Merde ! Merde… Merde… Et là, il comprenait tout de suite, coupait rapidement, en lançant à gauche et à droite de rapides coups d'œil en coin, tel un voleur surpris dans ses actions.

Elle a fini par opter de lui mentionner, sur quelques pages de feuilles de cahier d'écolier toujours à côté de ses transcriptions en caractères arabes, ce qu'il voulait qu'elle y transcrive.

D'autres réglages encore :

— C'est comme pour l'alarme… le réveil…Là, vous allez voir… Plus besoin de l'appel du muezzin… C'est très facile, vous allez voir… Et puis, plus besoin de régler chaque soir… Il y a la répétition aussi, pour quand on est pris de paresse, pour se lever…

Il en est de même pour les chèques… Mais là, la tâche semble plus qu'ardue.

— Il n'est pas toujours commode de se les faire remplir par d'autres, vous savez… C'est même quelquefois… fort gênant, ajoute-t-elle sans le regarder, il y a des choses confidentielles que l'intéressé doit être le seul à savoir… Vous voyez ?

Elle est consciente cependant qu'il finira par assimiler, car elle s'est rendue compte au fil du temps, que l'homme est doté d'une volonté et d'une mémoire hors du commun. Surtout en ajoutant subtilement à ses cours, quelque pique du cousinage, de temps en temps, pour détendre quelque peu l'atmosphère :

— Si vous vous y mettez comme vous savez si bien vous y faire avec le couscous, je suis sûr que ça ira très vite ! N'est-ce pas, mon homme ?

Maïna les a bien des fois surpris en train de rire de bon cœur. C'est rare pour elle de voir sa maman de si bonne humeur…

C'est toujours après la séance de thé qu'il la… traîne littéralement vers son véhicule. Diokel s'est fait un devoir depuis quelque temps, de lui faire tenir le volant. Et de force.

— Et dire que vous me l'avez caché depuis tout ce temps-là, lui avait-il dit, la première fois que Rougui, découverte et quelque peu honteuse, avait été mise de force devant le volant… Sinon, c'était réglé depuis longtemps… Allah ! Comment peut-on vivre de nos jours, sans savoir conduire ?

La première fois, elle s'était assise toute tremblante sur le siège, toute intimidée et le cœur palpitant, devant le tableau de bord. C'était une 306 Peugeot. Ce fut fort fastidieux au départ. D'autant plus difficile que Maïna, ravie par le spectacle, était allée quérir tout ce que les environs comptent de petites jambes. Et depuis, elle ne guettait plus que ces moments, pour y aller de nouveau, prompte sur ses petites jambes.

Aujourd'hui, au volant de la Jeep Land cruiser, elle a l'impression d'être assise sur la croupe d'un étalon non encore dompté.

— C'est que, dit elle en caressant la clé de contact, ce n'est jamais la même voiture…

— Quoi ? Vous m'entendez me plaindre moi, de ce qu'il ne s'agit jamais du même téléphone ? Han ?

— Oui, mais…

— Rien du tout… Le toubab les a fabriquées toutes de la même façon…Vous le savez mieux que moi… Mais il faut un peu de cran, tout simplement…

Le cours de conduite reprend alors, fastidieux, avec un moteur qui cale à chaque arrêt, qui hurle à chaque démarrage, une boite qui grince affreusement, et une Rougui qui lâche tout finalement, toute inondée de sueur.

— Je n'y arriverai jamais…

L'homme ne la regarde pas. Il a les yeux fixés sur les petits pieds nus, couleur cuivre, et tout propres.

— Parce que vous n'avez d'yeux et de tête que pour tous ces curieux qui vous observent.

Il n'y a pas toujours que Maïna et sa troupe. Tous ceux qui la reconnaissent s'arrêtent aussi, quand ils les croisent, avec sur le visage une expression qui pour elle ne peut être que de l'ironie.

— Si vous voulez échapper au regard de tous ces admirateurs, débrouillez-vous pour filer le plus loin possible, et vous mettre hors de leur vue… Allons… passez la première, et vite…

C'est comme un stimulant, cette fois. Et c'est en deuxième qu'elle s'éloigne bientôt, n'offrant plus à ses spectateurs que l'arrière-train de la Jeep… Quand une heure plus tard, elle revient garer sans bruit devant la concession, l'homme est tout admiratif.

— Voilà… Vous le voyez bien… Chaque jour, vous progressez un peu plus… Et tout s'est bien passé aujourd'hui encore.

— Sauf que je suis toute en sueur, avec ce vieux bouc sur notre route qui a failli se faire écraser, et mettre sa mort sur ma conscience…

— Sûrement un autre de vos admirateurs… Mais n'oubliez pas que vous étiez dans son fief.

Ils se mettent à rigoler encore de bon cœur, au moment où Maïna toute boudeuse surgit de la maison.

— Et moi alors… vous ne m'emmenez jamais avec vous !

Un reproche que l'homme apaise de façon fort sibylline :

— Ne t'en fais pas Maïna… Bientôt, ta maman ira avec toi où tu voudras, dans sa propre voiture.

— Hum ! Je crains fort alors qu'elle attende encore longtemps !

— Hum… hum… Allah est grand… Tout lui est possible !

Ils restent un instant silencieux, chacun dans ses pensées.

— À ce rythme, reprend la jeune femme, le permis de conduire n'est pas pour bientôt.

— Croyez-vous ! Si je vous disais que le mien, je l'ai obtenu avant même de m'installer pour la première fois au volant…

Sous le regard interrogateur de Rougui, il croit bon d'ajouter, le sourire tranquille :

— Mais vous saurez bientôt conduire mieux que moi… D'ailleurs, la prochaine fois, je vous laisse conduire, et toute seule dans le véhicule.

— Alors, gare à la crise cardiaque !

Diokel parle souvent de Tound Bouki et de Gouye Salam à la jeune femme. Gouye Salam, c'est bien entendu le village, ce lieu béni du Ndoukoumane, situé au nord de Kaffrine, et où l'on ne rencontre pas de voleur. Mais c'est surtout du Sage qu'il est toujours question. Il lui relate souvent sa première rencontre avec ce vieil homme tout blanc, chez qui tout est blanc, et dont la simplicité cache si merveilleusement le savoir et la puissance.Il ne peut alors jamais s'empêcher de replonger dans ses pensées, loin, très loin, à ce tournant si pathétique dans sa vie.

— Vous savez, j'ai été conquis dès le départ, quand il m'a reçu pour me parler en tête à tête. Depuis ce jour, j'y vais chaque année deux à trois fois en pèlerinage… Lui, c'est un pur. Il n'a guère besoin de faire du bruit ni d'aller vers les autres. Ce sont les autres qui viennent à lui… Les politiciens surtout, élus et ministres, les cadres, les hommes d'affaires… Et les gens les plus humbles aussi… Il les met tous au même pied d'égalité, car il n'attend rien de personne. Et tout ce que lui laissent ces nantis, tous ces hommes et femmes, riches comme des princes, se retrouve entre les mains des nécessiteux qui viennent le solliciter. Il est souvent arrivé à des gens démunis d'entrer chez lui sans un sou en poche, et d'en ressortir avec plus d'argent qu'ils n'en auraient gagné toute leur vie en travaillant.Savez-vous ?Oui, vous verrez, quand je vous y emmènerai.Ce ne sera jamais pour vous ce à quoi vous vous attendiez… Vous verrez… Et ce n'est guère une surprise, si aujourd'hui, toute la bretelle qui mène au village est bitumée et éclairée au courant… Ce n'est pas merveilleux ça, en plein cœur de ce coin perdu ? Han ?

Une période de sa vie que l'homme n'a jamais eu à évoquer avec quelqu'un d'autre…

Le naturel revient toujours au galop. Pendant la leçon de conduite, lorsque le véhicule s'engage sur les pistes sinueuses, l'homme n'a d'yeux que pour le paysage, et il parle sans arrêt. Rougui pense qu'il agit ainsi en psychologue, pour la mettre en confiance et effacer son trac… C'est pourquoi l'oreille qu'elle lui prête est souvent distraite.

— J'espère que Sangalkam ne sera pas bientôt comme Bambilor son voisin… Han ! Là bas, m'a-t-on dit, les propriétaires ont tout bradé… Et toutes les terres de la communauté rurale seraient aujourd'hui aux mains des hommes d'affaires de Ndakaarou et des fonctionnaires… C'est vrai çà ?

La jeune femme se laisse ainsi souvent surprendre par ses interrogations.

— Heu… Sangalkam ?... Bambilor ?... Heu… vous dites ? je n'ai pas bien saisi...

Il se retient alors comme par prudence. Ou par décence… Mais il semble bien qu'elle en avait retenu quelque chose.

— Ah oui… Hum… Si les lieux ont quelque intérêt pour vous, je vous conseillerais de vous y prendre au plus vite… Depuis que les *nouveaux chauves* – comme les nomment leurs détracteurs – sont arrivés au pouvoir, ils viennent chaque jour renifler ici, et faire le tour des lieux. On soupçonne qu'ils projettent de s'emparer des terres d'ici aussi, par ces subterfuges et ces entourloupes dont eux seuls ont le secret…

— Hum… C'est que, ici, ce n'est pas comme au village natal. Là-bas, c'est bien moins riche. Et à cette période-ci de l'année, on est en pleine morte-saison après le temps des récoltes… Je revois d'ici les femmes parcourant la brousse toute asséchée, pour la cueillette des fruits sauvages et la récolte du bois mort… il ne reste que çà à faire…

— Ah ! Et les hommes alors ?

C'est comme s'il n'entend pas.

— Ici, c'est bien moins sévère… la terre paraît bien plus riche…

Aujourd'hui, la question de la jeune femme le surprend, le faisant sursauter :

— Vous voulez donc vous lancer dans l'agriculture, mon homme ?

— Han ? Dans l'agriculture ? Heu… Que non !

Ce qu'il se disait, c'est que ce serait tout simplement une bonne idée que de se procurer de l'espace ici… en attendant de futurs acquéreurs…

*
* *

Diokel revient à Keur Massaar par la route des Niaayes. Il s'était rendu compte depuis leurs premiers contacts qu'il s'était trompé sur toute la ligne sur le compte de la jeune femme. Quelle hérésie que de l'avoir comparée à cette Tabara, cette femme du Diable.

L'homme n'oublie jamais de s'arrêter sur son parcours, pour s'approvisionner en racines, écorces et feuilles de *khéwar* et de *ngéer*, de *ratt*, de *kell* ou de *mbaakiss*, et surtout, de ces autres ingrédients en poudre dont les vendeuses, de vieilles femmes au visage parcheminé, n'arrêtent jamais de vanter les mérites, quant aux secrets qu'ils recèlent, lorsqu'il s'agit de reconstituer ses forces ou de combattre les impuretés du sang, et d'autres dangers qui se camouflent dans l'estomac. Sur cette piste, elles ont fini par reconnaitre l'homme au point de rivaliser pour s'arracher ce client prodigue, qui n'hésite guère à tâter sa poche profonde après les avoir attentivement écoutées.

— Pour combattre le sucre, le diabète… Il n'y a pas de meilleur remède… Essayez… Essayez seulement et vous m'en direz des nouvelles…

— Contre le sel… Surtout chez la femme enceinte… Mais c'est tout aussi efficace pour l'homme, contre la tension…

Ou encore :

— Avec çà… même la plus âgée de vos épouses… redevient jeune fille… Telle une vierge, je vous l'assure, et vous m'en direz des nouvelles… Prenez-en donc… Vous ne le regretterez pas… Tous les hommes d'ici s'en servent… Héhé…

Il est toujours obligé de s'arracher à leurs commentaires pour ne pas repartir avec un peu de tout, au risque de constater à l'arrivée qu'il ne sait même plus à quoi est destinée telle racine ou telle écorce.

Diokel est en train de revivre sa journée passée aux côtés de cette jeune femme qui la subjugue littéralement. Une journée faste, apaisante, qui vient de lui procurer un état d'esprit si serein ! Il n'arrive pas à comprendre comment son *moussé* de mari a pu laisser échapper une telle aubaine, une de ces chances que la vie ne vous offre peut-être qu'une seule fois dans votre parcours. Sûrement un grand ignorant. Un vrai aveugle ! Sinon il aurait su qu'en plus de sa beauté toute naturelle, Rougui Diallo présente beaucoup de ces caractéristiques qui constituent chez la femme des signes d'une compagne qui porte chance…Une grande bouche, un cou long, gracile et bien dressé, des chevilles bien pleines et bien arrondies… Une femme qui, quand elle marche, pose les pieds bien à plat sur le sol, et sans se presser. Rougui est une femme toute naturelle et toute humble, et qui ne vous regarde jamais dans les yeux quand elle vous parle. Lorsqu'elle sourit, c'est tout en elle qui sourit… Et puis, cette générosité… cette bonne âme, qu'elle détecta en elle, avant même qu'ils lient connaissance, en présence de ce drôle de mendiant devant leur banque… Cette générosité de celle qui donne le savoir avec humilité, qui ne vous lâche plus tant qu'elle ne vous a pas mis dans la tête ce qu'elle a décidé d'y mettre… Une femme qui ne triche pas avec le voile comme ses bergères à lui, qu'il a souvent surprises devant leurs étals du marché, tête toute nue, et qui ne savent même plus où elles l'ont fourré quand elles le voient venir…

Pour lui, il faut être un homme marqué par la Malchance pour laisser échapper une telle aubaine. Un homme marqué par la Malchance, ou alors un âne, un vrai… Tels ceux-là, ces *moussés* qu'il a connus à Keur Birima qui riaient toujours de lui sans se douter qu'il savait. Tel leur chef à l'époque, monsieur Niang, le directeur au regard fuyant, cet homme surgi du passé avec en lui, l'intention proclamée de le détruire. C'est bien vrai. Quand on a de l'argent, tout le monde cherche à y prendre sa part, à vous le voler ou à provoquer votre ruine. Et lui, n'est guère prêt à se laisser faire..

Mais pour le moment, il a un coup à rendre. Et ce matin, en venant à Sangalkam après avoir quitté son courtier, à force d'y réfléchir, il avait fini par trouver… Il est en train d'hésiter, se demandant si ce moment-ci est le bon pour faire un crochet à la décharge de Mbeubeuss, le royaume des *boudioumanes*.

21

En ce vendredi du mois d'avril, il fait un temps plus que frais, un temps pluvieux sur la Presqu'île. La Météo en avait fait l'annonce avant-hier et hier aussi, avec des explications fort compliquées pour le profane, concernant des basses pressions, des crêtes et des pentes, des fronts et des langues d'air froid issues des régions tempérées et glissant vers le sud, pour venir rendre un brin de visite aux Tropiques. Avec de la bruine, pas toujours appréciée du reste par tout le monde, beaucoup étant obligés d'aller ressortir lainages et écharpes que le clair soleil du *thiorône*, – le printemps wolof – avait déjà fait ranger dans les armoires et les valises. Les encensoirs sont aussi res sortis, obligeant les foyers à se ravitailler de nouveau en charbon de bois. Chez les wolofs, ce temps typiquement hivernal qu'installent ces vents venus du Nord prend le nom de *heug*. Les paysans le connaissent bien, eux qui lui ont donné le qualificatif de pluie porte-bonheur, ou encore de « pluies des mangues ». Le *heug* s'accompagne de pluies fines et intermittentes en général, qui deviennent quelquefois de vrais orages agrémentés de coups de tonnerre et d'éclairs. Ce type de temps peut régner pendant plusieurs jours, faisant penser au retour de l'hivernage. Couvert, froid et pluvieux, il n'est pas toujours le bienvenu pour tout le monde. Il contraint en effet ceux obligés d'être dehors, à se munir de précautions supplémentaires dont ils pourraient fort bien se passer.

Devant l'une des grandes mosquées de la banlieue que les fidèles commencent à investir, en ce jour saint du calendrier musulman, s'est créée une véritable mare boueuse qui leur barre la route. Les fidèles sont obligés de faire un grand tour pour la contourner, ou alors de jouer aux équilibristes, comme à la marelle, sur les briques alignées dans l'eau pour leur permettre d'accéder aux lieux. Une formule que seuls quelques audacieux, des jeunes surtout, se risquent à adopter.

Pour le moment, la bruine semble vouloir observer quelque répit. Depuis près d'une heure en effet, elle s'est arrêtée de tomber, pour laisser épier de temps en temps, entre les nuages qui glissent vers le sud, un soleil tout timide.

C'est dans la mare boueuse qu'un grand gaillard est venu sans avertir se vautrer. Il s'agit d'un véritable colosse vêtu de haillons, un T-shirt et un pantalon qui prennent aussitôt la couleur de la boue. Son intrusion vient de réveiller les effluves nauséabonds de la mare. L'homme lui, y est tranquillement assis. Il a les pieds nus, qu'il soulève de temps en temps hors de l'eau, comme à plaisir. La tête est une véritable broussaille d'où émergent de longues tresses déjà gorgées d'eau et de boue, et qui trempent dans le liquide lorsqu'il se penche en arrière, se couchant presque. Il a le visage tout maculé, et de la bave rouge aux lèvres. Il est en train de mâcher sans arrêt, infatigable, fouillant de temps en temps dans tout ce qui lui sert de poche, pour s'envoyer par à-coups, avec des gestes mécaniques, ce qui a tout l'air de noix de cola. Il s'est soudain mis à genoux, pour se prendre à dévisager chaque passant, comme s'il cherche quelque visage dans les files. Tous les mendiants, toujours innombrables en ces journées de grande prière, ont dégagé prudemment de sa zone. À plusieurs pas de là, ils sont en train de l'observer, l'air méfiant, la mine renfrognée, tout mécontents d'être perturbés dirait-on, dans leur quête de sous, en cette occasion unique de la semaine. Ce qui ne les empêche guère de guetter le fidèle, l'obole tendue à son passage. Le colosse aux grands bras de lutteurs et aux biceps cerclés d'anneaux en cuir n'a pas un regard pour eux. Il a l'air bien plus préoccupé par autre chose.

Cette grande mosquée de Keur Mbaye Faal est bientôt remplie comme un œuf. Ce sont ensuite les trois appels des muezzins qui annoncent l'heure du sermon. Lorsque ce dernier commence, c'est alors un silence total qui s'installe. Même l'homme dans la mare s'est traîné hors de sa fange pour aller appuyer son large dos au pare-choc d'un des véhicules garés là. C'est dans cette atmosphère solennelle de calme et de sérénité que se déroule ensuite la prière…

Les fidèles sont en train de quitter la mosquée, d'abord au compte-goutte – les plus pressés, sûrement des travailleurs et des élèves dans leur course contre la montre –, puis progressivement, par petits groupes compacts. C'est le moment que choisit l'aliéné pour se rapprocher du mur de la maison la plus proche, et le long duquel les fidèles se suivent à la queue leu leu. Un genou planté sur le sol, il s'est remis à les dévisager avec des grimaces de vrai babouin. Beaucoup de ceux-ci l'évitent en pressant le pas prudemment, le regard tout craintif. Lui n'a d'yeux que pour eux…Bizarrement, ce ne sont pas, semble-t-il, ceux habillés de blanc – les plus nombreux –, qui l'intéressent. Non, c'est pour le bleu qu'il semble accorder un certain intérêt. Ce sont ceux-là habillés de bleu dont il est en train de disséquer le visage, avec de grands yeux au blanc immense, et un mince sourire sur ses lèvres rougis. Un manège qui prit quelques bonnes minutes, jusqu'au moment où il se redresse brusquement, dispersant d'un coup la file qui longe le mur. Et c'est à demi courbé et à pas lents, tel un chasseur qui cherche à surprendre sa proie, qu'il se dirige vers l'homme habillé d'un grand boubou bleu. À peine a-t-on le temps de réaliser que le colosse fonce sur lui, tel un lutteur sur son adversaire. C'est une panique générale qui saisit tout ce monde, une débandade qui laisse sur le terrain une dizaine de paires de babouches, et plusieurs bonnets et chéchias. Le colosse est entré dans les jambes de son homme, et il le soulève tel un sac de chiffons, le jette vivement sur son épaule, et se met à courir avec sa charge vers le milieu de la mare boueuse. Les éclats de voix fusent de partout, la foule étant revenue de sa surprise.

— Mais… mais ?

— Qu'est ce que c'est que çà ?

L'homme qu'il a jeté sur son épaule a à peine le temps de réaliser qu'il le projette dans l'eau boueuse, faisant gerber celle-ci dans tous les sens. Puis, rapide comme le lutteur, il se penche sur lui pour l'y enfoncer de ses mains gigantesques.

— Mais… C'… c'est qu'il va le tuer ce cinglé !

— Il faut faire quelque chose, nom de Dieu !

Le colosse est entrain de tourner et de retourner sa proie dans la mare, avec des grognements furieux auxquels se mêlent les hurlements de l'autre, puisant dans la boue de ses mains larges comme des raquettes, pour la lui enduire par de grands gestes en de larges plaques sur la tête, le visage et le cou. Sa victime semble avoir repris du souffle. On l'entend crier d'une voix effritée :

— À l'aide ! À l'aide ! Le fou… Il va me tuer !

Du secours qui tarde à arriver. Car il faut d'abord pénétrer dans cette eau sale et nauséabonde, avec ses habits du vendredi. Et il ne s'agira pas seulement de patauger dans la mare. Il faudra aussi y affronter ce colosse, ce géant aux biceps volumineux et aux muscles saillants.

— Les jeunes ! Où sont les jeunes !

273

Voilà le géant, sourd à tous ces cris, qui soulève de nouveau sa victime dans les airs, pour l'enfoncer de nouveau dans la mare. Ce faisant, il semble que le large grand boubou le gêne dans sa besogne. Il en saisit alors le col pour le déchirer d'un trait, avec une force inouïe, et tire le tout par le haut pour en débarrasser sa victime. Son opération arrivée à terme, il se remet à sa tâche de badigeonnage. Les appels de détresse de la victime sont maintenant devenus à peine audibles…Les vieilles femmes qui viennent d'arriver de leur compartiment, situé de l'autre côté de la mosquée sont les plus volubiles. Certaines ont la voix quasi hystérique :

— Mais n'y a-t-il pas d'hommes ici ?

— Allah !... Mais où sont les hommes ? N'y a-t-il plus d'hommes dans ce pays ?

— Vous allez laisser ce fou tuer cet homme ?

Les hommes sont bien là. Mais tous hésitent. Ils se contentent eux aussi de crier seulement, en donnant de la voix, fortement, dans l'espoir de faire lâcher prise à l'énergumène. Affronter un aliéné mental ? Un colosse pareil de surcroît, dans ce bouge ?

Et pendant trois bonnes minutes encore, le colosse aux rastas reste sourd aux cris de la foule. Sa victime continue d'être tournée et retournée dans l'eau, malaxée tel du linge sale, enduite de boue de la tête aux pieds, pour recevoir ensuite entre deux grognements furieux, de grands coups de poing dans le dos…C'est ensuite comme par miracle qu'il échappe enfin à l'étau de son bourreau, en profitant d'un moment où le géant le lâche pour resserrer les anneaux qui lui encerclent les biceps. Dans de grands cris dont on ne sait s'ils sont de soulagement ou de raillerie, la foule voit l'homme surgir de l'eau, titubant tel un gnou qui vient d'échapper à la gueule du crocodile, et faisant éclater dans ses enjambées de grandes gerbes d'eau boueuse. Il sort de la mare tout essoufflé, pour s'en éloigner, se dirigeant plié en deux vers un 4X4 double cabine, pour s'appuyer sur sa portière, avant de se laisser glisser lentement sur le sol. Il est en train de respirer bruyamment, sa poitrine et son ventre se soulevant et se dégonflant, tel un gigantesque soufflet de forge.

Son tortionnaire vient lui aussi de quitter sa mare, et il s'éloigne à grandes enjambées sans un seul regard derrière lui. Entend-il seulement les cris et les commentaires de la foule ?

— Il fuit… le dingue… il détale… il fuit…

— Ah le salaud ! Vous l'avez bien regardé ? Un vrai colosse !

— Mais… c'est qu'il est inconnu ici, ce gars-là… On ne l'a jamais vu en ces lieux…

— Un vrai *mbeur*…

— Lutteur ou pas, il a dû s'échapper de l'hôpital psychiatrique de Thiaroye…

— Ah ces fous… Si on n'y prend garde…

Au moment de tourner au coin de la rue, on le voit alors s'arrêter, se retourner vers ses spectateurs, rangés sur toute la largeur de la rue, et bras levés vers le ciel, lâcher un grand rire, un rire sonore sorti du fond de gorge.

— Il se moque, on dirait…

— Le zèbre ! Ah le zèbre !

D'autres préfèrent s'apitoyer sur le sort de l'homme :

— Mais qu'est ce qu'il lui a fait pour qu'il s'en aît pris à lui comme ça ? Han ?

— Le malheureux… Il l'a vraiment eu… Quelle dérouillée alors !

— Venir répondre à Dieu et se heurter à une telle rencontre !

— Vous savez, ces aliénés-là… Ils sont habités par les *djinnés*… surtout les jours du vendredi… Quelque chose chez ce vieux là a dû irriter ces derniers…

— Je ne dirais pas le contraire… Hum… Il paraît qu'il a laissé tout le monde passer… pour ne s'en prendre qu'à celui-là, et pour foncer sur lui…

— Et avec quelle hargne, bon Dieu de bon Dieu ! C'est un vrai rasta fou…

L'homme continue de respirer bruyamment, jetant des regards toujours étonnés sur tous ceux-là qui l'entourent. Il ne peut encore parler, semble-t-il. Il est en train de dévisager les curieux qui l'entourent quand son regard s'arrête soudain sur l'un deux. Il l'a reconnu dirait-on, car sa respiration s'accélère, alors que ses yeux deviennent tout ronds. Devant lui, parmi la foule qui l'observe, le chapelet en main, l'homme en question ne lui donne guère l'impression de s'apitoyer sur son sort, comme tous les autres… Au contraire, il a le visage tout souriant, l'œil tout aussi brillant et ironique. Il se contente de le regarder, les yeux dans les yeux, comme pour lui parler, l'air de lui dire :

— « Œil pour œil, dent pour dent… N'est-ce pas, Samba Galgal ? »

Et c'est avec difficulté que Samba Galgal arrive à décrocher son regard de celui de Borom Sarett , pour le baisser ensuite vivement, comme pris de vertige. Il n'entend plus la foule, il n'entend plus rien. Pourtant les commentaires continuent de fuser :

— Il faut le mener dans cette maison proche.
— Le dispensaire… C'est pas mieux ?
— Il lui faut d'autres habits…
— Un grand bain d'abord… Ah ces aliénés !

Le heug, pluie porte-bonheur dit-on ? Ce ne sera sûrement pas aujourd'hui l'avis de M.Galgal.

*
* *

— Monsieur Niang a appelé pendant votre absence, Patron !
— Ha… C'est bien… Alors ?
— J'ai bien transmis votre commission…
— Ha… Et que lui avez-vous dit ?
— Que vous l'attendiez ici demain après *Takoussaane*…
— Heu !... Et qu'a-t-il dit ?
— Il m'a demandé où vous étiez… Je lui ai répondu que je n'en savais rien.
— « Ah l'effronté »… Hum… Ensuite ?
— Il a insisté, m'a encore demandé votre numéro de portable. Je lui ai dit que je l'ignorais. Il a dit : « OK ! Vous lui direz alors que je serai là après la prière de 17 heures. » Il a raccroché tout de suite après.
— C'est bien Makhtar ! – Puis, passant à autre chose, – la commande de matériels est-elle arrivée ?
— Oui Patron ! Il ne manque rien. Deux caisses bien distinctes. Pour le « français » comme pour le « chinois ».

Il y a déjà fort longtemps que les commerçants chinois ont remplacé les *saponés* en matière de pacotille. Cette dernière avait bousculé de leur place bon nombre de produits locaux, au grand dam des artisans du monde rural et des villes, et elle n'a pas encore fini de faire des ravages du fait de son coût dérisoire qui la met à la portée du plus grand nombre. Malgré tout, cette marchandise est toujours dédaignée par une certaine catégorie de gens qui tient encore aux produits de qualité dits « français ».

Diokel en a terminé avec le préposé. Il sait que Makhtar a déjà fait le travail comme il le lui a indiqué. Makhtar est l'un des rares qu'il n'ait pas encore pris en faute dans le cadre du travail qu'il confie à ses employés. Il a maintenant l'esprit ailleurs. C'est le regard fuyant du *moussé*, de l'ancien directeur d'école qui lui revient. Le regard fourbe et effronté de l'homme venu le provoquer jusque chez lui, et qui lui a parlé au téléphone avec cette assurance et cette impolitesse propres à ces gens-là, quand ils s'adressent à ceux qui, croient-ils, leur sont inférieurs.

Pendant près d'une heure, il est encore là, dans la semi-obscurité de son arrière-boutique, plongé dans des pensées profondes, les lèvres serrées.

$$*$$
$$*\ *$$

Les incursions d'air polaire venues visiter la moitié nord du pays semblent décidément vouloir s'éterniser sur la Presqu'île. Depuis une semaine déjà, le vent glacial venu déverser un crachin qui n'en finit pas de tomber continue de régner en maître. Un temps agaçant fait de petites rafales de pluies fines et de courtes accalmies et qui rend indécis tout ce monde de la DQ – la dépense quotidienne –, coincé au foyer, et qui doit sortir, mais qui hésite encore : la vie doit bien continuer, surtout par ces temps de vaches maigres, où la course à la dépense constitue un vrai marathon. Toutes ces journées, le soleil n'a pas fait une seule apparition, pas même le moindre petit clin d'œil qui puisse faire espérer. Et c'est de guerre lasse que l'on se résout à mettre le nez dehors, avec le parapluie ou le sac de riz vide par-dessus la tête.

C'est en taxi que l'ancien directeur d'école arrive lui, à son lieu de rendez-vous, la première quincaillerie Borom Ndoukoumane. De sa place, Makhtar l'aperçoit en train de parlementer pendant près d'une minute avec le chauffeur, puis lui remettre le billet, ouvrir la portière et s'éjecter du véhicule pour courir ensuite vers la boutique, la tête enfoncée dans les épaules. Aujourd'hui, il n'est pas tête nue. Il porte un bonnet de couleur noire qu'il s'est enfoncé sur la tête jusqu'au front.

Il s'engouffre dans la boutique au moment où le taxi démarre, tapant du pied à l'entrée pour débarrasser ses souliers de l'eau et de la terre mouillée récoltées pendant ses quelques pas de course.

— Hou lala…Un temps à ne pas mettre un Bambara dehors ! Ouf ! Comment va, jeune homme ?

— *Aleykoum salam*, Goorgui !

Encore un temps pour se secouer, faisant gerber les gouttelettes de son pardessus et de son bonnet. Puis, se frottant vigoureusement les mains pour leur redonner quelque chaleur, il plonge l'une d'elles dans une de ses poches latérales pour en extirper une paire de lunettes noires.

— Peux-tu m'annoncer à ton patron, mon gars ?

La réponse qui lui parvient alors qu'il est en train d'ajuster ses lunettes semble le surprendre.

— Le patron n'est pas encore de retour, Goorgui…

Des mots qui le font tiquer.

— Ah bon…, dans une réaction de désagrément qui lui fait ôter les lunettes.

Makhtar croit devoir ajouter comme pour tempérer sa réaction.

— Il est sorti vers 16 heures en me demandant de faire attendre tout visiteur… Je pense qu'il ne va pas tarder à revenir…

— Ah… C'est donc çà…, dit-il en remettant ses lunettes.

— Prenez cette chaise, Goorgui ! ajoute Makhtar, en faisant passer une chaise en matière plastique par-dessus le comptoir… Là, dans ce coin, il y a moins de vent.

— C'est gentil… Merci.

Monsieur Niang est en train de se fouiller de nouveau, pour tirer de sa poche un paquet de mouchoirs à jeter. C'est comme si sa toux éternelle n'attendait que çà. Il se met à éternuer à grand bruit, un mouchoir collé au nez, puis se lève à peine assis pour gagner la porte. Makhtar ne voit de lui que son dos vouté et frêle, tout pris de spasmes, en train de se secouer dans tous les sens. Il a soudain pitié de cet homme dont la poitrine se déchire à longueur de journée en éternuements et toussotements.

— Sale temps… Hein !… Lâche-t-il en revenant, se nettoyant l'intérieur des narines.

— Oui Goorgui… Et la radio annonce qu'il en reste encore.

— C'est çà… C'est bien ce que j'ai cru entendre dans le taxi.

Il reprend place sur sa chaise, tandis que le préposé s'empare d'un tout petit poste récepteur logé dans une étagère derrière lui. Il l'allume pour se le plaquer à l'oreille… Le vieil homme et le garçon restent là ainsi, pendant un bon moment, l'un prostré et plongé dans des pensées mystérieuses, l'autre voyageant à travers les ondes, jusqu'à oublier la présence de son visiteur.

De temps en temps, le téléphone carillonne pour le tirer de son écoute. Ses réponses sont brèves, mais toujours polies. Une ou deux fois, M. Niang a bien risqué :

— C'est pas lui ?

— Non… non Goorgui…Il ne n'agit pas de lui.

— Heu…, hésite-t-il, vous n'avez pas son numéro de portable ?

— Son portable ? Non Goorgui… Heu… Je vous l'ai déjà dit hier Goorgui.

Comme l'autre jour, M. Niang ne semble pas convaincu par la réponse. Il le lui montre bien en l'observant à travers ses lunettes sans commenter.

— Il m'a bien dit qu'il n'en avait pas pour longtemps, se croit-il de nouveau obligé d'ajouter… Je pense qu'il ne va pas tarder… Il a dû sûrement être obligé de faire quelque détour… Vous savez, Goorgui, à Dakar, la moindre petite pluie envahit les rues. En quelques minutes, tout est bouché… Et l'eau stagne partout.

— Çà doit être çà…

Deux longues heures passent ainsi, en questions anodines, en banalités et aussi en éternuements. Cinq à six clients sont bien entrés dans la boutique entretemps, faisant se lever le préposé. Celui-ci a chaque fois l'impression que c'était plutôt pour se réfugier chez lui, car ce fut à des moments où le crachin redoublait d'intensité. En fait ils n'avaient fait que s'informer sur telle ou telle marchandise, ou sur quelques prix, et aucun d'entre eux n'avait fait quelque achat.

Ils sont encore là au moment de l'appel du muezzin pour la prière de *maghrib*. Makhtar éteint alors son poste récepteur et se lève. M. Niang le voit se mettre à ranger ses affaires une à une, et devine qu'il va fermer. Il est maintenant sûr que Diokel Dione ne viendra plus. Il interpelle de nouveau le préposé.

— Où pourrais-je le trouver, ton patron ?

— Je ne sais vraiment pas Goorgui… Mais je suis sûr que si vous repassez ici demain à la première heure, vous le trouverez.

— Ha lala…C'est bien gênant, ça… Et chez lui ?

— Chez lui ?… Hé Goorgui… Chez lui, son repas l'attend quelquefois jusqu'au-delà de minuit… Vous savez, le patron…

Le préposé semble en avoir terminé avec lui. Et le visiteur l'a fort bien compris. Il se lève tout hésitant et va jusqu'à la porte. Makhtar se demande si c'est pour apprécier l'intensité de la bruine qui continue de tomber, ou dans l'espoir de voir arriver son patron à la dernière minute. M. Niang se décide finalement :

— Bon je repasserai demain matin alors… À neuf heures… Dites-le-lui quand il rentrera…

— In cha Allah Goorgui… Je n'y manquerai pas…

L'ancien directeur se décide alors à affronter les éléments. Il réajuste son bonnet pour mieux se l'enfoncer, décroche ses lunettes pour les fourrer dans sa poche, et sort dans la pluie. Au moment où Makhtar se saisit de ses clés, le téléphone se remet à sonner. Il va décrocher.

— Ah… c'est vous Patron ? Oui… Oui… Il y a eu M. Fall ainsi que la boulangerie de Pikine-Est qui ont appelé… Oui… M. Niang aussi est passé… Il vient d'ailleurs de quitter… Je lui ai dit que vous serez là demain, à neuf heures… À part ça, peu de clients… Le temps, Patron…

— C'est bien Makhtar… A tout à l'heure à la maison…

— Bien Patron.

Le préposé raccroche ensuite, pour reprendre ses clés et ses affaires.

*
* *

Cette nuit là encore, c'est bien tard, bien après la dernière prière du soir que Diokel Dione rejoint Keur Gouye Salaam. Il en est ainsi depuis le jour de son rendez-vous manqué avec l'ancien directeur d'école. Quatre nuits d'affilée pendant lesquelles l'homme ne semble plus être lui-même. À croire que les affaires qui le retiennent dehors ne se décident pas à se finaliser, pense-t-on dans la concession. Il est vrai qu'il en est ainsi dans le monde des affaires… Les moments fastes et les périodes de guigne s'y succèdent selon le sort… Quatre nuits de va-et-vient pendant lesquelles le maitre de céans est devenu un vrai couche-tard…

Cette nuit-là donc, quand il pénètre dans la concession, la cour est vide. Le ciel, encore menaçant a contraint tout le monde à rester dans les chambres, même si le crachin depuis la veille a arrêté de tomber. Mais la concession n'est pas encore endormie. De tous les bâtiments, s'entendent des voix basses et quelquefois, quelques éclats de rire. Diokel a le temps de se changer, de faire ses ablutions, puis ses prières. Il s'est fait apporter ensuite son bol de couscous que Dégueune, de tour conjugal, a eu toutes les peines du monde à lui mijoter au fourneau malgache, et sous la véranda de la baraque. Aujourd'hui encore, l'homme est resté peu bavard. Ses épouses ont l'habitude. Elles savent qu'avec les affaires, il y a aussi des jours sans… Dégueune a pu obtenir de lui qu'il allume quand même le poste téléviseur. Elle a aussitôt oublié la présence de son homme alors que ce dernier s'est mis à manger en silence… Elle n'est pas plus surprise lorsque, une heure plus tard son époux se rhabille sommairement pour sortir, en lui lançant d'une voix comme crispée :

— Je sors…Tu fermes si je tarde…

C'est un grand ouf de soulagement que Dégueune lâche à ces mots… Ah ! Si leur homme pouvait continuer ainsi à leur laisser le champ libre… Qu'elles puissent respirer un peu… comme toutes ces nuits passées, où, même sous le froid et la pluie, il est allé courir derrière les sous… Vite… Qu'elle entende le moteur ronfler… Aller aviser les autres… Elles vont pouvoir visionner leurs films tranquillement… Une vraie aubaine pour toute la concession…

*

* *

Et cette même nuit-là, c'est tard, très tard, en ces heures où les humains se doivent de laisser le champ libre aux maîtres de la nuit, que Dégueune se fait réveiller par son homme. Elle va lui ouvrir en titubant, après avoir allumé, le cerveau tout embué. Elle n'a guère conscience de l'heure qu'il fait. Ses deux coépouses et toute la concession, garçons et filles ont déjà regagné leur lit après s'être abreuvés de leurs feuilletons télévisés, mais pas assez – hélas – car craignant que le maitre de céans ne revienne prématurément les surprendre, et les prendre sur le fait… Elle ne voit rien des traits du visage de l'homme, tout tirés qu'ils sont, pressée d'aller se vautrer dans son lit… Couchée sur le ventre, elle l'entend qui s'affaire dans la chambre pendant quelques bonnes minutes. Elle reçoit ensuite une violente tape sur les fesses qui la fait sursauter.

— Lève-toi ! lui dit-il d'une voix sortie de gorge.

— Hun ?… Han… ? Comment ?

— Debout ! Viens !

Il ne lui laisse guère le temps de réaliser, la saisit par un bras pour la tirer hors du lit, la faisant presque dégringoler. Elle va le suivre comme un automate, retenant par l'autre main son pagne qui glisse…

— Mais… Qu'y a-t-il donc *Nidiaaye* ?

L'homme l'entraine dehors sans un mot, tourne au coin du bâtiment, se dirige sous la hutte dans l'arrière-cour. Elle l'entend ahaner, le souffle court. Arrivé sous la hutte, il lui lâche le bras pour lui souffler.

— Fais vite !

Elle vient enfin de réaliser.

— *Nidiaaye* ? Ici ?… ici ?

L'homme ne l'écoute pas, ne l'entend pas. Comme pris de fièvre, il est entrain de s'empêtrer avec le nœud du cordon qui lui retient aux reins le pantalon bouffant. Sans plus insister alors, elle se débarrasse du pagne, l'étale devant elle sur le sol encore humide des derniers crachins, pour ensuite s'exécuter sans un mot. Elle sait qu'on ne discute pas avec le maitre de céans.

À quelques mètres de là, les chevaux et les moutons ensommeillés n'ont pas bougé. Ils savent qu'ils n'ont rien à craindre, ayant reconnu les deux personnages venus les déranger dans leur domaine…Quelques instants plus tard, il leur est donné d'assister à un spectacle fort singulier que jusqu'ici ils n'avaient vu se pratiquer que chez les quadrupèdes qu'ils sont, et non chez ces bipèdes, en ces heures où il est si rare de voir ces derniers venir troubler leur repos dans leur corral.

22

Il est rare que le maitre de céans passe quelque journée entière à se prélasser à Keur Gouye Salaam. Aujourd'hui pourtant, après cette nuit bien mouvementée, c'est bien le cas. Diokel Dione a décidé de passer cette journée dans la concession, en famille. Depuis deux jours déjà, un soleil timide est de nouveau de retour, les nuages polaires envahisseurs ayant décidé de se retirer, et avec eux, leurs crachins si gênants. Cette année-ci, il est vrai, ils sont restés plus longtemps que d'habitude, rompant le train-train quotidien de tout un monde habitué seulement aux pluies chaudes du *nawett*, celles de l'hivernage… Aujourd'hui, il y a comme une incongruité en ces lieux, comme quelque chose d'insolite à Keur Gouye Salaam. Le maitre de céans est là. Il a décidé d'être là pour passer cette journée en compagnie de la grande famille, un spectacle fort rare, qui vient comme pour perturber les images d'un tableau, déjà longtemps incrustées dans tous les cerveaux. Le maitre de céans est là, et il semble de fort bonne humeur ce matin.

Déjà debout dès l'aube, il est allé taper à la porte de Gnilaane la première épouse, pour lui parler – c'est à peine s'il a dormi une paire d'heures –, avant d'aller se soumettre au bain matinal, de s'habiller, de s'emparer de son chapelet pour gagner ensuite la mosquée toute proche. Il est revenu une demi-heure plus tard pour s'engouffrer sous la couverture, aux côtés de Dégueune entrain de ronfler comme un moteur après sa nuit mouvementée. Lorsqu'il a ouvert les yeux sur les coups de 09 heures, Gnilaane est déjà prête. Dans l'arrière-cour, la bouillie de *laakh* est en train de cuire dans sa grande marmite juchée sur ses trois briques, attendant que la déesse lare de la concession veuille bien la libérer de son supplice. C'est comme si toute la concession a reniflé que ce jour d'aujourd'hui ne sera pas comme les autres. Gnilaane et Founé sont encore là, comme ayant oublié que les affaires les attendent au marché de Keur Massar. Elles sont en train de s'affairer chacune de son côté, faisant retentir les lieux de mille bruits accompagnés de cris incessants auxquels les destinataires, les enfants, restent sourds.

— Vous ne savez donc pas que nous avons des hôtes dans la maison ? Hein ? Allez donc vous amuser dans la rue ! Allez !

Deux parents de Tound Bouki étaient arrivés en effet dans la nuit. La première épouse en avait déjà informé le maitre de céans, quand celui-ci est venu lui parler à l'aube.

C'est leur fête à eux les tout petits, car exceptionnellement pour eux, il n'y a pas d'école coranique aujourd'hui… Il est près de 10 heures. Diokel Dione est affalé sur sa chaise longue, devant la porte de son bâtiment, et il consulte sa montre de temps à autre, comme s'il attend quelqu'un. Ce dernier ne tarde pas à se présenter. Il s'agit du maître d'école coranique. Aussitôt qu'il aperçoit le maître de céans, il fonce sur lui les deux mains tendues, tandis que Diokel se redresse sur son siège. Salutations interminables. Mains pétries et malaxées dix fois, vingt fois :

— Comment me faire pardonner ? Glisse obséquieusement le maître coranique… Moi qui devais être là depuis 9 heures…

— À moi plutôt de me faire pardonner... Je ne m'en suis rappelé qu'à l'aube, à la mosquée…

— Vous savez… les talibés, c'est très tôt qu'ils quittent le *daara* le matin. Ils partent pour la quête…Il a fallu attendre leur retour…

— Ce n'est pas grave, *Serigne*… L'essentiel est qu'ils soient là… *Alhamdoulilah* !

— Ils ne vont pas tarder…

Founé Sène est en train d'étendre deux grandes nattes au milieu de la cour. Elle n'en a pas encore terminé qu'une quinzaine d'adolescents et de jeunes garçons font irruption sur les lieux…

— Ha… Ils sont là ! Laisse échapper leur maître, l'air satisfait. Allons, vite ! Occupez-vous des nattes…

C'est tout juste s'ils n'ont pas arraché ces dernières des mains de la troisième épouse. En une minute, tout est fin prêt. Le maître coranique s'est installé, direction l'Est, donnant l'exemple à ses disciples. Il a quelques mots sur l'objet leur présence en ces lieux, et à l'endroit du maitre de céans, de sa famille, des siens, et des croyants du monde entier. Il démarre ensuite la séance, en commençant par une récitation lente et chantante de la *fâtiha*, la sourate d'ouverture, suivie des premiers versets de la deuxième sourate, avant que tous ses disciples, sans avertir, enchainent tous ensemble, chacun penché sur son tome.

Quelques instants plus tard, c'est tout Keur Gouye Salaam qui retentit de versets du Coran psalmodiés par le maître et ses talibés…

C'est le moment attendu par deux petits vieux pour s'extirper de la baraque réservée aux petits. Ils n'ont pas l'air bien réveillés. C'est vers le propriétaire des lieux qu'ils se dirigent d'abord, pour quelques malaxations de mains interminables, agrémentées de brefs échanges à l'oreille avec de gros yeux qui se veulent pleins d'étonnement. Diokel a le sourire large. Il fait de vigoureux hochements de tête…Mais le moment n'étant pas aux conciliabules, ils foncent sans se faire prier vers le groupe de récitants. L'un d'eux leur tend à chacun un tome du Coran.

Plusieurs voisins sont venus grossir le groupe. Des hommes âgés pour la plupart. Il y a aussi des femmes parmi les arrivants. Elles ont en main de petites calebasses ou des soupières. Mais celles-là vont en direction de l'arrière-cour faisant office de cuisine.

*
* *

La récitation du livre du Saint Coran se poursuit sur toutes les gammes, avec des pointes et des chutes de voix, graves, aiguës, chantantes ou grincheuses, le maitre de céans y allant aussi, avec un vieux livre aux pages jaunies et détachées, celui de son paternel que certains des Anciens lui avaient soufflé d'emporter avec lui, ce fameux jour où il avait décidé de quitter le terroir natal. Mais lui, c'est des yeux seulement qu'il parcourt les pages du livre saint… Depuis l'arrière-cour parviennent les voix des femmes. Deux ou trois fois, le maitre de céans a eu à donner de la voix pour les rappeler à l'ordre. Il est là, bien affalé sur sa chaise longue, chapelet en main, les lèvres remuant incessamment comme dans une prière muette…

Au bout de quelques minutes, il s'est comme relâché, les yeux clos. Sa pensée n'est plus avec le groupe assis devant lui. Elle est en train de voguer, repassant en revue un certain film vécu quelques jours plutôt : la correction mémorable infligée à samba Galgal, ce fameux vendredi devant la grande mosquée de Keur Mbaye Fall, et dont toutes les radios de la place avaient fait les choux gras le soir même, et aussi le lendemain. Il avait eu à tant réfléchir sur le coup de la douane de Kaolack, qu'il avait fini par être convaincu qu'il ne pouvait venir

285

que de ce clan, et que c'était Samba Galgal à coup sûr qui avait tout mijoté. Il sait que ce spécialiste du marché d'occasion est l'intellectuel du groupe. N'est-ce pas lui qui a eu à faire ces longues études au lycée, et même à l'université. Il sait qu'avec sa petite taille et son air de freluquet, c'est quelqu'un qui passe inaperçu. Ce qui en fait un adversaire dangereux. C'est ce genre-là qui est le plus fourbe. Et à force de se triturer les méninges, depuis ses premiers démêlés avec le transporteur du groupe, ce Goor Yomboul, il est resté convaincu que tous ces coups reçus, celui du véhicule volé, comme celui de Tabara Sy la *thiaga,* jusqu'au coup de Kaolack, ne pouvaient sortir que du cerveau de ce freluquet... À tort bien entendu, pour les deux premières affaires du moins... Mais son aversion pour ces soi-disant diplômés lui interdit de penser autrement.

De toute façon, ce vendredi-là, il l'a eu, et bien eu. Et il le lui a bien fait comprendre, à ce suppôt de *Cheytaane*... Mais quelle adresse chez son gaillard de *fou* ! Quel réalisme, Allah ! Et quelle force de la nature, chez cet homme ! Il est vrai que sa proie ne pesait pas lourd dans ses bras gigantesques de lutteur. Son seul regret à lui, c'est que son *fou* l'ait lâché un peu trop tôt. Le sieur Galgal méritait bien encore quelques minutes supplémentaires de supplice... car, par rapport au sale coup qu'ils lui avaient mijoté, ce n'était vraiment pas cher payé. Oui... Mais cela est sûr, le sieur s'en souviendra malgré tout toute sa vie, de son vendredi. Il espère seulement que tout le clan aura compris que lui, Diokel Dione rend toujours les coups reçus.

Pourtant, que ce fut compliqué au départ, lorsqu'il est venu les voir, ces *boudioumanes,* pour leur proposer son idée ! Il faut les approcher pour les connaître, ces gens-là qui ont choisi de tirer les ressources qui les font vivre, des immondices que Ndakaarou déverse là, tous les jours... Situé dans la partie sud de la banlieue, Mbeubeuss est le principal dépotoir de Dakar. Pratiquement tout ce que la capitale vomit chaque jour se retrouve ici. Des montagnes d'immondices, allant des carcasses de véhicules aux cadavres d'animaux. Un bouge véritable et rebutant, avec ses pourritures et ses odeurs pestilentielles, ses mouches, ses moustiques, sa vermine et ses rats. Tout cela sur des dizaines d'hectares. Un univers dont ces hommes ont fait leur propriété, en en chassant tous les intrus, après s'y être battus comme des chiffonniers pour gagner leur part de décharge, eux qui sont les seuls à connaître ses secrets, et peut être les trésors qu'ils y découvrent. Ils y vivent en y pataugeant quotidiennement, s'y sont érigé leurs règles, scrupuleusement respectées dans tous les groupes. Leur refus d'aller chercher ailleurs, leur opiniâtreté à s'accrocher jalousement à leur décharge, a fait souvent croire à certains qu'ils y font des trouvailles miraculeuses…

Il ne les savait pas si organisés, ces gens-là. Il n'en avait eu qu'une vague idée la première fois qu'il a eu à les contacter, avec l'attirail de ce photographe, ce complice de la Tabara. Cela faisait déjà quelques années. De vrais groupes soudés, avec leurs hiérarchies, leurs règles et leurs interdits… Et que ce fut compliqué, quand il est arrivé chez un de ces groupes, pour leur proposer son idée ! Car ces gens-là qui vivent des restes des autres sont des gens fort honnêtes… Oui… il a fallu d'abord le faire attendre, car le chef du groupe n'était pas sur les lieux. Rien ne se fait, rien ne se dit en dehors de sa présence. Puis, lorsque ce dernier est arrivé, – s'excusant, car obligé de passer à la pharmacie pour son épouse malade – ils se sont tous regroupés autour de lui, après avoir formulé des prières pour la souffrante. Ils l'ont ensuite écouté, lui, en silence, échangeant quelquefois de drôles de coups d'œil, l'air de se dire que ce monsieur-là devait sûrement les prendre pour des demeurés. À moins que ce soit lui le demeuré. Comment donc leur faire avaler une telle histoire ? Une farce qu'il voulait faire à un de ses adversaires qui venait de lui faire un grand tort. Une farce… C'est quoi çà, une farce ? C'est sûr cette histoire ? Oui bien sûr… Non, pas de vraie violence, ni de brutalité. Tout juste pour le ridiculiser – mais publiquement, il y tient beaucoup – et le décourager à jamais de s'attaquer de nouveau à lui… Hum… Hum… Il avait répété son idée : un aliéné mental, un faux, qui jouerait ce rôle, ne lui déplairait pas… L'intéressé prie tous les vendredis à la grande mosquée de Keur Mbaye Faal, avant d'aller déjeuner chez sa dernière épouse qui habite le même quartier… Un rituel pour lui… Facile de le coincer là-bas, un vendredi, devant tout un monde… Oui… Oui… Mais comment ? Comment s'y prendre ? Improviser… chers amis… Improviser…

C'était à eux d'improviser… Avec ces airs dubitatifs qu'ils affichaient, ces longs silences et ces grognements, il avait été sur le point de décrocher et de laisser tomber. Ils lui avaient demandé ensuite d'attendre qu'ils se concertent… Ce fut long, long… Ils étaient revenus quelques minutes plus tard l'entourer… Le chef avait cru bon s'expliquer : Eux, sont des *boudioumanes,* et non des malfaiteurs, des clochards. S'ils gagnent leur vie en fouillant dans les ordures, cela ne signifie pas qu'ils ne sont pas des citoyens comme les autres. Eux sont des gens honnêtes, pas du tout prêts pour n'importe quel boulot. Ils ont tous leurs familles, leurs épouses et leurs gosses à nourrir, et c'est honnêtement qu'ils le font. Mais des choses interdites par la loi, jamais… N'est-ce pas ? Mais… Mais…, c'est que ce n'est plus du tout facile en ces époques-ci… avec ces ordures de moins en moins riches, à croire que les Dakarois ne leur laissent plus que de la matière plastique… Et puis, cette prière sacrée du vendredi dont allait être privé le volontaire d'entre eux… Sans compter qu'il leur faudrait eux-mêmes être dans les parages pour le cas où ça tournerait mal pour leur gars… Hein ? Parce que les aliénés, ce n'est pas tout le monde qui les a en pitié… Quelquefois, leurs excès les font massacrer sans autre forme de procès… Comprenait-il ?... – Encore un coup d'œil sur la photo – … Pas si petit qu'il en a l'air, l'homme en question… Hein…

C'est pourquoi, après avoir mûrement réfléchi, ils ont décidé qu'il y mette le prix pour qu'ils lui donnent ce coup de main sollicité, sur-tout que le groupe venait d'apprendre que la dame du chef était souf-frante, et qu'il leur fallait se solidariser pour la faire soigner… Heu-reusement pour lui donc. Il avait dit ouf, puis avait discuté le prix à payer, s'accrochant quelque peu pour faire baisser le montant, l'air de ne pas céder trop facilement, lâcher du lest trop facilement pouvant paraître quelque peu louche par rapport à ses vraies motivations… Ouf ! Il s'en était sorti, et le plan finalement concocté pour le ven-dredi à venir...

— Vous savez, avait dit le chef en le raccompagnant, et en empochant les sous… C'est que la vie n'est plus guère facile du tout ici, depuis quelque temps… C'est vraiment le temps des vaches maigres…La crise dit-on…

Et Allah avait fait le reste, avec ce *heug* providentiel… Et il n'avait finalement guère regretté d'y avoir mis autant de sous, l'homme qui s'était porté volontaire étant un vrai Hercule, de surcroît un artiste comédien digne de figurer dans les rangs des acteurs du Théâtre na-tional Daniel Sorano de Ndakaarou.

*
* *

Le maitre de céans revient à la réalité, lorsque toutes les voix se sont tues, pour ne plus laisser entendre que celle du *serigne*, le maître d'école coranique, pour la séquence finale. Aujourd'hui, c'est lui-même qui s'y plie, plutôt qu'un des grands apprenants, qu'il a l'habitude de désigner pour la prière finale. Car aujourd'hui, ils sont les invités d'un homme qui n'est pas n'importe qui. Dès qu'il en a terminé, agrémentant le tout de vœux de santé, de prospérité et de bénédiction pour tous les parents disparus, sans oublier l'oncle, le père Babou Sène, ses enfants et son épouse arrachés à leur affection lors des évènements tragiques que l'on sait, les femmes commencent à défiler avec de grands bols de *laakh*, – la bouillie de mil au lait caillé – pour les talibés, et avec de petits plats pour les adultes. En un clin d'œil, c'est toute la concession qui se voit envahie par tout un tas d'intrus restés dehors, et qui n'attendaient que ce signal, et parmi lesquels de petits apprentis, et aussi de simples passants tombés par hasard sur l'aubaine. Diokel est en train d'observer tout ce monde, l'air plus que satisfait. Ce genre d'offrande a d'autant plus de chance d'être béni, qu'elle touche le plus de monde , et qu'elle procure satisfaction au plus grand nombre de ventres possibles.

D'autres prières et souhaits mettent bientôt fin à la cérémonie. Le maître coranique parti avec ses sous en poche, le maitre de céans interpelle l'un des cochers, un des filleuls du premier propriétaire des lieux.

— Babou ! Tu t'occupes du bélier… Fais-toi aider par Galaaye et Faaly… – Puis à l'adresse de Makhtar – Toi, tu avertis tous les autres… Aujourd'hui, tout le personnel mange ici… Allons ! Allons ! Mais tu vas me chercher Tékhey d'abord… Impossible de le joindre au téléphone, ce garçon.

Les deux hôtes venus de Tound sont là aussi, sagement assis sur leur peau de mouton, humbles et silencieux. Diokel semble enfin se souvenir de leur présence. De nouveau, les salutations, interminables. Les deux vieux, intarissables, ne cessent de rendre grâce à Allah de leur avoir permis d'assister à cette séance bénie de récitation du Saint Coran, le matin même de leur arrivée. Ce qui en réalité, n'est guère une surprise pour eux, le maître des lieux étant connu de tout temps pour sa piété et pour son amour du Coran. L'un d'eux se lève ensuite pour gagner la baraque, et revenir quelques instants après, avec un grand sac en matière plastique :

— Des plantes du Terroir, Diokel. Nous n'avons pas oublié… – dit-il en en extirpant des racines et des écorces, par grappes.

— Allah ! Je vois bien que vous ne m'avez pas oublié.

— Du *kel, du sendjïègne et du khéwar*… Rien de tel pour chasser les vers et reprendre des forces !

— Allah soit loué… *Dieureudieuf*… Merci… Car à Ndakaarou, on en trouve difficilement, mentit-il

— Surtout que celles-là qui viennent du Terroir sont du vrai…

— Les femmes envoient aussi à Gnilaane un peu d'arachides, du mil et deux poulets, s'infiltre l'autre pour ne pas être en reste, la saison a été bonne cette année aussi.

— Oui… Ici aussi, reprend Diokel, mais à Ndakaarou, l'eau de pluie pose plutôt plus de problèmes qu'elle n'en règle… Elle n'est guère la bienvenue.

— Allah… Que ce monde est bien singulier.

— Oui ! Il est devenu fort bizarre de nos jours… Puis, changeant de sujet, je suis rentré bien tard hier nuit… Mais j'espère que les femmes se sont bien occupées de vous.

— *Alhamdoulilah* ! Vous savez bien Diokel, que la tradition d'hospitalité de Keur Gouye Salaam ne se dément jamais…Au contraire… Au contraire…

— Et les enfants ? Vous avez pu les voir ? Ce n'est pas facile du tout à Ndakaarou, aujourd'hui…

— Oh oui ! Heureusement… Ils étaient déjà avertis de notre arrivée…

— *Alhamdoulilah* ! Gnilaane m'informe toujours de leur passage ici… Mais comme je suis rarement à la maison… J'espère qu'ils se battent bien dans cette ville qui est devenue tout un monde…

— Oh ! Le petit commerce… Des hauts et des bas… Vous savez El hadj, tout le monde s'y met de nos jours… Avec leurs camarades, ils sont six dans leur chambre… Six…

— Oh !.. Et ils ne sont pas les seuls à s'agglutiner ainsi… Les bonnes venues des villages aussi s'organisent ainsi. C'est juste pour dormir… C'est Ndakaarou qui est ainsi fait… Mais à force de se bousculer, ils finiront par percer.

— *In cha Allah* El hadj! *In cha Allah* !

Dans l'arrière-cour de la concession, c'est le branle-bas. Babou et ses aides s'attellent autour du mouton, en criant sans arrêt sur les enfants venus assister au dépècement. Leurs cris se mêlent à ceux des femmes en train de curer les marmites et assiettes... Aujourd'hui, Keur Gouye Salaam est à la fête.

Après la première prière de l'après-midi exécutée dans la grande cour de la concession, l'honneur de la diriger ayant été laissé à l'un des hôtes venus de Tound, et en attendant le grand déjeuner en famille, ce riz à la viande de mouton dont le fumet chatouille déjà les narines, Diokel Dione s'est retiré dans sa chambre pour un petit somme. Il en a fort besoin.

*

* *

Hier nuit, il est rentré bien tard, et il n'est pas allé directement au lit, pris comme dans un état second, par un instinct quasi bestial qui lui avait fait tirer Dégueune du lit. Ce qui ne l'avait pas empêché de se réveiller dès le premier appel du muezzin...Il est vrai que de retour de la prière, il était bien retourné au lit, mais ce ne fut guère suffisant pour récupérer de ses dépenses en efforts, aussi bien physique que mental fournis cette nuit-là.

En réalité, c'est depuis la dernière visite du directeur Niang qu'il avait commencé à appliquer un plan bien muri. Cinq jours plus tôt, alors que le *heug* régnait encore sur Ndakaarou, il avait fait le guet avec une patience toute paysanne à une rue de la quincaillerie Borom Ndoukoumane, engoncé dans un lourd imperméable déniché aux Puces, son bonnet gambien bien enfoncé sur le crâne, attendant avec cette opiniâtreté qui lui est propre, que cette sangsue de directeur veuille bien décrocher de sa boutique. C'est son préposé qui devait en pâtir, de cette présence, avec ses poumons usés et pourris. L'ancien directeur devait lui en faire entendre de tous les sons. En priant qu'Allah fasse que ce vieux singe ne soit pas atteint par le *mal de la poitrine*, il avait attendu sans bouger, se disant qu'il s'en irait forcément le crépuscule venu, quand Makhtar lui fera comprendre que c'est l'heure de fermer... Ce fut ce qui se passa ensuite. Quelques instants après les appels des muezzins, il avait vu l'homme sortir de la boutique pour rapidement se prendre à longer les bâtiments, afin de bénéficier de la protection des quelques balcons qui surplombent la rue. Après un bref coup de fil au préposé, il avait fait comme lui, le suivant sans se presser, évitant à peine les flaques, tant il avait le regard braqué sur la silhouette voutée devant lui. Plusieurs fois, des taxis les avaient dépassés ou croisés, leur adressant leurs appels sonores. L'homme n'avait même pas levé la tête. Il ne devait plus rien avoir dans la poche. À cette pensée, Diokel s'était mis à rire sourdement. Son homme devait être un grand rêveur. Il se voyait déjà repartir de chez lui avec les poches pleines de sous, riche de ses sous à lui… M. Niang avait ensuite pris la bretelle menant à la Nationale 1, sous le crachin, la tête toujours enfoncée dans les épaules. Diokel commençait à se poser des questions. L'homme n'allait tout de même pas faire toute cette bretelle à pieds, sous ce temps pluvieux et froid, et dans cette obscurité croissante… Surtout en cet endroit si peu sûr. Les véhicules avaient mis leurs phares, les croisaient ou les dépassaient, faisant éclater en grandes gerbes les flaques d'eau nichées dans les crevasses. Ils avaient progressé ainsi, pendant cinq bonnes minutes, quand l'homme s'arrêta soudain pour se retourner ensuite et tendre le bras. Il avait reconnu le bruit de moteur du car rapide qui arrivait derrière lui. Effectivement, celui-ci freinait presque à son niveau. Quelque peu pris de court, Diokel avait forcé le pas, courant presque, alors que le moteur ronflait par à-coups comme pour éviter de caler. Alors qu'il se demandait comment il allait s'y prendre, il avait vu l'ancien directeur se diriger vers la portière côté chauffeur. Le temps qu'il manipulait le loquet quelque peu rétif, lui, s'engouffrait par l'arrière. Le car avait repris la route aussitôt. Il y avait peu de passagers à cette heure, le trafic dense se faisant plutôt dans le sens Centre-ville-banlieue. La dizaine de passagers qui occupaient les sièges étaient plongés chacun dans ses pensées. Il y avait quatre vieux, trois bonnes femmes avec leurs bagages sur les genoux, et quatre adolescents en cafetan qui semblaient aller ensemble, ce qui lui fit penser à des étudiants en langue arabe. L'apprenti du car complétait le tableau. Lui-même avait les mains plongées dans les poches de son anorak, et restait enfoncé dans son coin à l'entrée.

Le car roulait vite, peu soucieux des nids de poules sur son chemin, ses essuie-glaces se balançant sans arrêt. Lorsqu'il passa en trombe devant son parc, Diokel avait eu une pensée pour son nouveau vigile, l'ancien, ce grand paresseux friand de femmes ayant été viré depuis longtemps. Il se demanda comment celui-là devait s'y prendre pour tuer ce temps désagréable. Avant d'atteindre l'embranchement de la Nationale 1, le car rapide s'était arrêté deux fois, une première fois pour prendre un aveugle accompagné d'un jeune garçon, – ils étaient tout trempés et mirent beaucoup de temps pour monter – une deuxième fois pour prendre un marchand ambulant, un grand gaillard aux épaules et aux bras chargés de friperie. Le car avait pris ensuite la direction de Thiaroye, circulant sur une route à circulation fort intense, tous les véhicules y allant phares allumés.

C'est au niveau du bureau de poste de Thiaroye que descendit M. Niang. Diokel en avait fait de même après avoir payé, et glissé la monnaie dans la main de l'aveugle qui sursauta à ce geste, pour se mettre à marmonner ensuite quelques vœux pour ce bienfaiteur. Il avait attendu quelques secondes le temps de se situer, puis avait repris sa filature, tournant le dos à la mer… Thiaroye-Gare, l'une des grandes agglomérations de la banlieue faisait fi du crachin. Peut-être parce qu'il était moins dense que du côté de Keur Massaar. À moins que ce ne fût qu'une impression. En tout cas cela bougeait beaucoup plus ici. Les gens vaquaient à leurs affaires, avec tout un tas d'artifices pour se protéger la tête, le carrousel des charrettes était ininterrompu, et les vendeurs de denrées restaient courageusement rivés à leur place pour héler le passant. Ceux d'entre eux qui proposaient du café étaient littéralement assaillis. La circulation restait fort dense dans les deux sens dans le crépuscule qui finissait.

La filature à partir de là devint quelque peu plus difficile pour Borom Sarett. M. Niang pressait le pas, sachant bien où il allait, lui, et l'obligeant à en faire de même. Il ne fallait pas le perdre de vue, dans ces rues grouillantes et mal éclairées où tout le monde avait l'air fort pressé. La filature durait quelque cinq bonnes minutes, lorsque l'ancien directeur bifurqua soudain sur sa droite pour s'engouffrer dans une des ruelles. Diokel courut presque pour ne pas le perdre, eut heureusement le temps de le voir pénétrer cinquante mètres plus loin dans une espèce de bâtiment donnant sur la ruelle…C'était bien là, semblait-il que créchait son homme… Çà ne pouvait être qu'ici… Par acquit de conscience pourtant, il prit le parti de repérer les lieux, poursuivit son chemin jusqu'au bout de l'autre rue, revint sur ses pas, fouillant intensément des yeux les constructions, mais le regard n'arrivant guère à pénétrer plus loin que le chantier. Il faisait sombre au-delà. La maison de M. Niang devait être elle aussi à l'économie de courant électrique. Surtout quand il sait qu'elle appartient à ce genre-là, ces maîtres d'école réputés avares en diable.

*
* *

Le préposé Makhtar avait bien respecté la consigne reçue la nuit même. Il avait tant l'habitude de ce jeu de cache-cache propre aux hommes d'affaires, qu'il n'en faisait plus un mensonge, mais un simple détail lié à la routine des affaires. Quand le lendemain M. Niang se présenta de nouveau à la boutique peu après 09 heures, il lui avait transmis la triste nouvelle :

— Ah… un grand malheur qui vient de frapper la famille, Goorgui…

— Ah ?

— Oui Goorgui… Le patron m'a finalement expliqué… Il avait été retenu à l'hopital de Yoff tout l'après midi d'hier, au chevet d'un oncle malade.

— Ha… C'était ça alors…

— Oui, Goorgui… Et malheureusement, il a été rappelé à Dieu la nuit même… Allah !

— Dieu… Mes condoléances alors. Mais le cœur visiblement n'y était pas.

— Et le patron ne pouvait laisser tous ces parents venus de si loin dans le désarroi, avait poursuivi Makhtar. En ce moment même ils sont sur la route du Sine… Ils sont partis à l'aube…

— Heu… C'est que c'est bien maleureux tout çà… Et il revient quand ?

— Pour le retour, je ne sais, Goorgui… Mais vu les liens de parents, il devrait en avoir pour quelques jours sûrement... Probablement après le huitième jour.

— Ha lala… lala..

— Oui Goorgui… Les imprévus… Et merci pour les condoléances… Je lui transmettrai…

— C'est çà, c'est çà. L'ancien directeur ne pouvait cacher son désarroi et son dépit, ses grimaces et rictus trahissants son état d'esprit.

— Mais si pouvez me laisser un numéro, mon oncle…

Ce compte rendu allait en tout cas permettre au maître de céans de couper court aux va-et-vient de cette sangsue de M. Niang, tout en lui permettant d'avoir le champ libre.

Les nuits qui suivirent, il était retourné à Thiaroye-Gare, toujours après le dîner. Dans ce trou bruyant et grouillant de son monde cosmopolite, le risque de se faire remarquer était quasi nul... Le train-train habituel avait repris son cours, après le *heug* indésiré des jours passés, et tout ce monde besogneux et pressé avait bien autre chose à faire que de s'amuser à se dévisager.

C'est lors de la troisième nuit de guet qu'il fit une véritable découverte, une surprise qui l'ébranla terriblement. Il avait compris que l'ancien directeur sortait toujours sur les coups de 22-23 heures, pour faire une petite promenade avant d'aller au lit. L'homme ne manquait jamais alors de s'engouffrer dans une des nombreuses dibiteries des environs tenues par des *maïgas*, ces soi-disant haoussa spécialistes, dit-on, de la grillade de mouton. Un jeu auquel s'adonnent bien des pères de famille, – la plupart en cachette –, mais qui se croient toujours obligés de fournir quelque explication, quand ils se retrouvent nez à nez sur les lieux avec d'autres cachottiers comme eux, entre autres, comme quoi, que le père de famille doit toujours manger solide et qualité, lui qui a la charge quotidienne d'aller courir la dépense pour la famille. Et comment donc y arriver s'il ne tient pas sur ses jambes ? Alors, un peu de grillade et quelques fruits de temps en temps, avec de la boisson gazeuse pour digérer... quitte à se faire servir à crédit...

C'est pendant la troisième nuit de filature donc, lorsque M. Niang sortit de chez son *maïga*, accompagné cette fois d'un autre homme, qu'il eut un véritable choc en les apercevant. Il s'agissait d'un homme grand et maigre, dont le crâne avait cette forme singulière qu'il n'oublierait jamais... Un monsieur qui lui en fit tant voir dans les locaux de la brigade de gendarmerie de Keur Baara, là-bas dans le Sine, il y a... près de vingt ans... Oui vingt ans... : le gendarme renifleur, à la tête comme la noix d'anacarde. Par *Iblis* ! Que pouvait donc bien signifier tout cela ? Les souvenirs étaient revenus, nets et précis comme dans un film. Ce grand maigre et ses collègues face aux adolescents du village... Le chef Ngotti en train de chercher à endiguer leur colère... Le directeur Niang à ses côtés, avec son regard fuyant... Comment diable, ces deux messieurs qui ne devaient guère se connaître à l'époque ont-ils pu se retrouver ici, à Thiaroye-Gare, près de vingt ans après ces évènements ? Comment ? Les choses semblaient se compliquer, et très sérieusement. Et plus que chez l'ancien directeur, ses souvenirs allaient à partir de ce moment là vers ce sieur antipathique, dans son physique comme dans son comportement, pendant ces quelques jours d'enfer vécus dans son patelin natal...

Il lui revenait surtout ces... sévices vécus dans les locaux du poste de Keur Baara, et qu'il ne raconta, qu'il ne raconterait jamais...C'était à partir de la deuxième réquisition. La honte ! L'humiliation ! De tous les gendarmes du poste, ce fut celui-là qui fut le plus opiniâtre, le plus insolent et le plus cruel. Un véritable barbare. Ce fut lui qui, le premier, avait anticipé sur les ordres de son chef, en lui demandant de se déshabiller. Oui, de se déshabiller. Lui, Diokel Dione, l'enfant de Mayékor et de Ndiboor Sène. Se déshabiller devant ces... Et pas seulement le petit boubou et le pantalon bouffant, lui avait-il hurlé... Le slip aussi... Tout... Ah tiens... il avait oublié – s'était-il mis à rigoler – ils ne portent pas de slip, ces bouseux... Ils ne connaissent pas... Tiens ! Qu'est-ce qu'il croyait donc le paysan ? Qu'ils étaient là pour s'amuser ? Tout ! Enlever le tout... Il avait hésité alors, puis s'était carrément rebiffé. Le grand maigre avait alors crié pour appeler quelqu'un d'autre qui était accouru en vitesse.

— Que se passe-t-il Yam's ?

Son tourmenteur le désignait, toutes dents dehors, dans un rictus diabolique.

— Le paysan... le filou ! Il résiste...

— Ah bon ?

— Eh oui...

— Attends un peu... C'est qu'il nous prend pour des ânes, ce voleur... Patiente un peu... Il va voir !

Il était ressorti pour revenir aussitôt avec un instrument long et noir, cette espèce de matraque qui ressemble à un sexe de cheval en rut. Le nommé Yam's lui, avait ôté sa ceinture qu'il enroula autour du bras droit, la boucle à l'extrémité.

— Goorgui, écoute-nous bien... Ici, on fait ce que nous, nous voulons... Et toi, tu vas obéir... Écoute bien. On te demande de te déshabiller. Tu vas le faire oui ou non ?

Il n'avait pas répondu, s'était mis à les regarder avec mépris, les lèvres serrées. Le nommé Yam's avait alors fait un saut pour se glisser derrière lui et le ceinturer, tandis que l'autre se baissait vivement pour lui saisir les jambes. Il se retrouvait alors sur le sol en dur, et l'un en face, l'autre derrière, ils s'étaient mis à le rouer de coups, sur la tête, sur les épaules, sur le torse et les jambes, méthodiquement, infatigables. Ils accompagnaient leurs coups de questions et d'insultes :

— Tu l'enlèves, ton *thiaaya*, oui ou merde ? Hein ? Tu vas l'enlever, dis, fils de pute ?

Fils de *thiaga* ! Il bouillonnait à ces mots jusqu'à étouffer… Mais il ne répondait pas. Et les coups reprenaient, lourds comme du plomb, innombrables… Ils le laissaient ensuite là, pour disparaître par la petite porte ouverte sur leur bureau, et revenaient ensuite sans avertir, comme si de rien n'était. Les coups reprenaient alors, lourds et terribles… Ils s'étaient repris à ce manège, plusieurs fois, sans jamais se fatiguer, semble-t-il, sauf une ou deux fois – il ne savait plus – où deux autres étaient venus les relayer… Toujours avec les mêmes mots à la bouche.

— Tu l'enlèves, ton *thiaaya*, petit voleur ?

— Tu vas l'enlever oui ou merde, espèce de pouilleux ?

Et ce qui devait arriver arriva. Il avait fini par perdre connaissance…

À son réveil, il s'était retrouvé nu comme sa mère l'avait mis au monde, sur le sol, étendu sur le dos, les mains ligotées. Dans un coin du local, ses habits étaient roulés en boule. Il était seul. De là où il gisait, il les entendait entrain de parler et de rigoler. L'objet de leurs échanges, c'était lui.

— Sacré type, ce goorgui ! Tu as vu ses couilles ? Comme celles d'un étalon…

— Pas étonnant… Ils vont ensemble !

De bruyantes rigolades, ensuite.

— Mais quelle peau d'âne, bon Dieu ! Du vrai cuir, ce fils de pute…

— Diable ! c'est qu'on n'a jamais eu un hôte pareil dans nos locaux !

— Un vrai dur à cuir… Mais il va parler, je le jure ! Au nom de Dieu, il va avouer, ce bâtard…

C'était la voix du nommé Yam's. Il était le plus hargneux des quatre. Il les avait écoutés, le cœur gros, gagné par un sentiment qu'il ne s'était jamais connu… la haine, la rage de tuer… Il avait encore entendu le nommé Yam's, toujours lui :

— Bon… on reprend le boulot…

Ils étaient revenus, et devant lui, le surplombant de leur grande taille, s'étaient mis à se retrousser les manches.

— Au nom de Dieu, tu vas nous dire ce que nous voulons savoir. Sinon, sais-tu ce qui t'attend ? … Hein ?… On va te pisser dans la gueule…Ensuite c'est tes couilles qu'on va griller…Et tu vas chier sur place, on te dit ! On en a vu ici, de plus coriaces que toi, tu sais ?

Et ils l'avaient de nouveau encerclé.

C'était le même Yam's qu'il avait là sous les yeux. Et aux côtés de son maître chanteur, en train de palabrer comme deux innocents pères de famille. Le même Yam's qui, après qu'ils l'eurent relâché, – pour revenir le quérir de nouveau, avait proposé le surlendemain de le faire pendre par les pieds… comme du bétail apprêté pour être dépecé. Le même Yam's qui, pris sûrement de dépit, avait refusé d'accompagner ses collègues, ce jour béni du vendredi où leur chef avait pris la brusque décision de le relâcher, et même de le faire ramener dans leur véhicule jusqu'à Tound…

Les deux hommes s'étaient séparés à une rue du domicile de l'ancien directeur.

*
* *

Sa décision était prise dès cette troisième nuit de filature. Il lui fallait agir, et vite. Et ce fut dans la nuit d'hier que tout se joua. Il était revenu à Keur Gouye Salaam vers les coups de 21 heures, pour ressortir une heure plus tard, laissant Dégueune à sa télévision, direction Thiaroye-Gare. Encore une fois, il avait choisi de changer d'emplacement pour se garer. On ne sait jamais. C'est ainsi qu'il avait repéré les abords d'une essencerie, à quelques pas du bureau de Poste, un endroit suffisamment discret pour passer inaperçu, mais assez passant pour décourager les petits truands voleurs de phares et d'enjoliveurs en particulier. Puis, il était allé reprendre son guet… Son homme devait être coutumier des faits. Car peu après 22 heures, il l'avait vu s'engouffrer dans sa dibiterie, pour ensuite en ressortir seulement quelques minutes après, mais accompagné cette fois d'une dame. Celle-ci était emmitouflée de la tête aux pieds. L'homme avait en main un paquet assez volumineux, que Diokel supposa envelopper de la viande grillée, lorsqu'il vit deux cabots surgir sans avertir de l'ombre pour se mettre sur leurs traces, levant la tête fréquemment pour renifler sûrement le fumet de la viande. Il avait vu l'homme se retourner pour les chasser, avec deux ou trois coups de pieds en l'air, faisant finalement renoncer les intrus... Il avait suivi le couple qui s'était engouffré dans la première ruelle, pour tourner au premier coin de l'autre, et s'arrêter finalement devant un bâtiment en dur. Il les avait vus parlementer, une ou deux minutes avant que la femme laisse l'homme là, pour revenir quelques instants plus tard le chercher. Tous deux avaient pénétré dans la maison... Tiens ! Voilà qu'il découvrait son *moussé* s'adonnant en plus à la fornication... À son âge... Même pour un veuf... ou un divorcé !

Son attente avait duré près d'une heure. Le temps pour le couple de se restaurer, et pour l'homme d'honorer sa compagne, sûrement une de ces femmes seules que la faim pousse à sortir la nuit pour venir rôder autour des gargotes, dans l'espoir de rencontrer la bonne occasion. Niang était ressorti, tout seul, titubant comme un homme ivre. Il marchait à petits pas rapides, pressé sûrement de regagner son lit. Ce ne fut pas long. L'homme se retrouvait bientôt devant son bâtiment en chantier, s'y engouffrait aussitôt. Il l'avait suivi, pressant le pas pour ne pas le perdre de vue. La veille, il avait pris le risque de se rapprocher un peu plus des lieux. Le domicile de l'ancien directeur est assez vaste. Le chantier en occupe l'entrée. Mais tout au fond, il existe un bâtiment en pente qu'une petite cour sépare du chantier. C'est vers ce bâtiment que M. Niang s'était dirigé... Il n'y a pas d'endroit plus propice pour se cacher, qu'un chantier. Il y existe des coins et des recoins partout, et tout y est en désordre, avec des fûts et des planches çà et là, des briques partout et les unes sur les autres, du gravât et du sable en tas à chaque pas. C'est dans la pièce du chantier, la plus rapprochée du bâtiment qu'il s'est engouffré pour attendre. Il avait ensuite entendu une porte grincer, puis aperçu un carré de lumière tout au fond, lorsque l'homme alluma. À cette lumière diffuse, la cour se tirait quelque peu de la pénombre qui l'enveloppait, ce qui lui permit de distinguer un peu les choses. L'homme tardait à tirer la porte. Diokel savait qu'il vivait maintenant seul. Lors de leur première rencontre à la quincaillerie, il le lui avait laissé entendre. Il avait attendu encore quelques trois à quatre minutes, avant de le voir ressortir pour se diriger vers un coin de la cour. Bientôt, une autre lumière jaillissait d'une autre porte beaucoup plus étroite... Les toilettes ! C'était l'occasion rêvée... En quelques enjambées, il avait quitté son refuge à pas de loup, avait gagné la porte laissée ouverte de la chambre pour y pénétrer à demi courbé, repérait une grande armoire sur sa droite ainsi que l'espace la séparant du mur. Il s'y dirigea. La place n'était pas vide. Tout un tas de bagages s'y trouvaient entreposés. Un petit panier, deux caisses en carton, quelques bouteilles qu'il mit grand soin à ne pas toucher des pieds... Il s'enfonça dans ce coin et attendit, profitant de ces quelques instants pour repérer les lieux. Un grand lit défait et vide, une table de travail, avec dessus en vrac des revues et des journaux, un petit poste téléviseur en un coin au pied du lit, et sur le sol, pêle-mêle, d'autres journaux, des souliers et des sandales, un plat recouvert de son couvercle, une bouteille à moitié vide avec un verre à côté... Il devina le retour de l'homme au bruit se rapprochant de ses petits pas pressés, l'entendit franchir le seuil, tirer la porte et manipuler la clé. Il le discerna bientôt plus clairement. Dans la lumière diffusée par une ampoule blafarde fichée au-dessus de la porte, il distinguait les traits usés du visage de l'homme, la tête et la barbe blanchies, les joues creuses qui lui donnent cet air perpétuel de quelqu'un en train de réfléchir. L'ancien directeur lui tourna ensuite le dos pour aller se pencher sur le lit et se saisir du drap qui le couvrait de moitié.

C'est le moment qu'il attendait. Il jaillit soudain de sa cachette, fut près de lui en trois pas. Ses deux bras gigantesques se détendirent, et ses grandes mains vinrent se refermer sur le cou frêle de l'homme, comme un collier rugueux et ferme. Avant qu'il le fasse basculer pour lui faire face, il le sentit tressaillir tel le mouton que l'on égorge, et lâcher un grand souffle, comme un ballon qui se dégonfle. La frayeur de sa vie.

— Si tu cries, je te brise le cou ! avait-il lâché entre ses lèvres.

Sa proie avait les yeux exorbités et remplis de terreur folle. Ses deux mains minuscules qui par réflexe, étaient venues se plaquer sur celles qui lui emprisonnaient la gorge, parurent à Diokel des mains d'enfants. Elles tremblaient comme des feuilles sous le vent. Il l'avait fait asseoir ensuite sur le lit, puis avait fait de nouveau pression pour lui soulever la tête, et le regard lui vrillant le sien, avait lâché entre les dents :

— Chiens ! Rejetons de chiens ! Combien êtes-vous ?

Sa victime suffoquait. Ses yeux globuleux montraient qu'il n'y comprenait rien. Le regard devenu fou, cherchait à implorer le sien devenu tout mince. À quelques centimètres du sien, le visage de son agresseur lui parut d'une laideur inhumaine.

— Combien êtes-vous ? Vite ! Toi, le gendarme et qui ? Qui d'autre ?

Il desserrait en même temps quelque peu l'étau, prêt à serrer de nouveau s'il s'avisait de crier. M. Niang avait laissé alors s'échapper dans un souffle :

— Yam... Yamar et Mal... Mal...

— Yamar, c'est le gendarme ?

Il avait fait signe de la tête, vigoureusement.

— Qui d'autre, un autre ?

Nouvel acquiescement de la tête.

— Un seul ? Vite ! Un seul ?

Encore un signe de la tête. Les yeux de M. Niang étaient devenus encore plus globuleux comme s'ils allaient s'éjecter de leur orbite.

— Son nom ?... Son nom ! vite !

Diokel le vit soudain détacher ses petites mains des siennes, pour pointer un index en direction de son cou, de façon saccadée, comme s'il ne se maitrisait plus.

— Son nom ! Parle donc... Vas-tu parler, rejeton de ... ?

Il s'était agrippé ensuite de nouveau à ses bras, avant de tourner de l'œil. Au moment où il desserrait l'étau, le corps de l'ancien maître d'école devint tout flasque...

Il n'avait pas fait que s'évanouir. Le cœur avait lâché. Diokel avait alors desserré ses grandes mains, tout en le poussant vers l'arrière. Il se prit ensuite à observer le corps frêle étendu devant lui, comme s'il le voyait pour la première fois. L'ancien directeur était là étendu, le corps seulement couvert d'un sous-vêtement et d'un pantalon de pyjama, les yeux révulsés. Seul son pied gauche gardait sa sandale, l'autre étant tout nu. Pris de dépit, Diokel s'était pris à jurer sourdement. Sa proie lui échappait un peu trop tôt. Un peu trop tôt seulement, car il était bien dans ses intentions de le réduire au silence. À jamais ! Tout un tissu de rancunes jaillissait alors de son être, au moment où tel un film, les souvenirs refluaient.

— Rejeton de chien... *Doomou haram* ! Batard ! Sale toubab noir ! Me prendre pour un âne, moi Diokel Dione ! – puis, debout, tournant sur lui-même –, s'attaquer à moi, pour me voler le fruit de tous mes efforts, de toutes mes souffrances... Toi l'âne... C'est toi l'âne...

Il revint ensuite sur lui pour envoyer un gros crachat sur le visage du cadavre.

23

C'est toute la concession qui se trouve réunie autour de grands bols de riz sur lesquels trônent de grands quartiers de viande. Comme pour le *laakh* de ce matin, plusieurs voisins sont venus grossir les groupes, avec aussi le maître d'école coranique flanqué de deux de ses aides. C'est jour de prières et d'aubaines, et plus il y aura de ventres satisfaits, mieux ce sera pour le maître de maison et sa famille, les lèvres d'où sortiraient les vœux agréés par Allah pouvant être celles de n'importe qui. Quelques griots du quartier sont aussi de la partie. Diokel a toujours pensé que ceux d'ici n'ont rien à voir avec ceux du patelin natal, qui eux, disent vrai et se contentent de peu. Ils sont d'abord venus jeter un coup d'œil dès le matin, reniflant à la vue de tout ce monde que quelque bombance se mijotait. Avec l'espoir de soutirer aussi quelques billets aux invités. Aux invités seulement, car, avec le maître de céans, ils sont déjà édifiés. Borom Sarett ne s'est jamais laissé piéger par la langue mielleuse de ceux-là, en qui il ne voit que des parasites. Ces voleurs de généalogies, et soi-disant maîtres de la parole, organisés en diable pour vivre de la sueur des autres. Depuis ceux qui se promènent avec leur *tama*, leur petit tambour d'aisselle, très nombreux ceux-là, qui ne dédaignent pas la moindre pièce, jusqu'à ces maîtres chanteurs dont le raffinement frise la provocation, quand on les voit débarquer devant chez vous en Mercédès, basin riche, ou chamarrées d'or quand il s'agit de leurs bergères. De vrais renards à la langue tout aiguisée. Lui, Diokel Dione n'a pas franchi tous ces obstacles pour devenir leur corbeau. Déjà qu'avec la fin de l'an musulman, ce sont eux, leurs nombreuses épouses et toute leur progéniture qui forment le gros de la troupe quand il s'agit de faire la queue pour recevoir la zakat. Et comment ! Attendre à l'ombre que les autres aient sué sang et eau, pour venir leur soutirer leurs deniers ! Un métier bien commode que celui-là… Le petit somme de Diokel n'avait duré que quelques minutes. Pour lui, il en avait pris pour bien plus longtemps. Depuis ce matin, la fatigue et la tension accumulées ces jours derniers étaient là pour prendre leur revanche, à chaque fois que son attention se relâchait.

Autour du bol du maitre de céans, il y a les deux hôtes venus de Tound Bouki, le maître d'école coranique, un vieux barbu de la concession d'en face, et Dégueune l'épouse du jour pour leur débiter les morceaux de viande. Il y a quatre autres bols gigantesques autour desquels se sont agglutinés d'un coté, les femmes et les enfants, de l'autre, quelques personnels au service du maître de céans, y compris la plupart des cochers. Le patron a tenu à les associer tous à cette journée faste. Tékhey a préféré intégrer l'un des groupes des personnels, ayant décliné avec politesse l'invitation du père à les rejoindre, devinant sûrement qu'il serait de trop dans ces échanges entre nostalgiques. Il n'a pas bien tort. Autour du maitre de céans, ces échanges vont indifféremment du coq à l'âne.

— Oncle Ngotti ?

— Ah le brave père Ngotti... L'âge ! Oui l'âge... Bien qu'il soit encore solide, le vieux. On ne peut lutter contre le poids des ans. Hélas !... Il est en train de plier petit à petit...

— Eh oui ! On ne peut les maitriser, les ans, même si père Ngotti, arrive toujours à immobiliser tout seul le taureau le plus indiscipliné...

— À croire que notre patriarche a été forgé dans le métal !

— J'espère qu'il s'est arrêté à ses quatre épouses...

Éclats de rire après cette pique de Dégueune. Diokel qui vient de relever la tête constate tout surpris :

— Dégueune !

— Mon oncle ?

— Ton voile... Où est ton voile ?

— Heu... *Nidiaaye*... le feu de bois... la chaleur... Et puis toute cette fumée...

— Va le mettre !

— Oui *Nidiaaye*... après le...

L'époux s'arrête de manger pour la regarder fixement :

— Va mettre ton voile, j'ai dit !

La deuxième épouse se lève sans plus insister. Personne autour du bol n'a levé la tête ou commenté. Diokel revient à ses hôtes après près d'une minute de silence pendant laquelle il semble méditer on ne sait quoi...Puis :

— Ils avancent bien, les travaux de la mosquée ?

— Oui… – Hésitation – sauf que… Il a fallu remplacer Galaaye le trésorier, comme ses deux prédécesseurs d'ailleurs… Heureusement, les travaux ont pu reprendre…

— Encore Galaaye ? Ah Galaaye ! Impayable Galaaye… Quand donc changera-t-il ?

— Eh oui… Toujours sur les routes, Galaaye… Et déjà quatre épouses… Sans parler des deux déjà répudiées… Il ne peut arriver à joindre les deux bouts avec ça… Alors…

— Quatre épouses à son âge ! C'est encore Dégueune, revenue et maintenant sommairement voilée, qui vient de s'infiltrer…

— Le foie… Mais où est le foie ? Intervient Diokel. Dégueune, tu ne t'occupes pas de nos hôtes… mais pas du tout alors…

— Oh que si ! Oh que si… *Alaadji*… Au contraire… Nous sommes traités comme des rois ici, depuis que nous sommes là, rien ne manque… Rien… *Alhamdoulilah* !

— Il faudra me le rappeler avant de partir… Ma cotisation pour la mosquée… Cela fait un bon bout de temps que je n'ai pas mis la main à la poche, pour notre mosquée…

— *Alhamdoulilah* ! Tout le monde là-bas sait que vous n'avez pas oublié le Terroir…

— C'est que cette grande ville aussi a ses priorités… C'est la vie, ajoute l'autre, indulgent…

— Il y a l'école aussi… Tound la réclame toujours… Le village a beaucoup grandi… Et Keur Birima aussi… Il y a de moins en moins de place là-bas pour nos enfants, toujours obligés de parcourir ces deux à trois kilomètres…

— C'est vrai… Et ce sont les anciens élèves, ceux-là qui ont réussi, qui en ont eu l'idée. Ils réclament leur école à Tound même… Et si cela tarde, certains lancent l'idée d'en construire une eux-mêmes…

C'est comme un froid qui s'installe soudain sur le repas. Diokel est en train de mâcher en silence, indifférent aux coups d'œil en coin que lui lance Dégueune… Et c'est peut-être par courtoisie qu'il finit par lâcher :

— Hum… hum… Que font donc les patrons de ces maîtres d'école ? Han ? C'est à eux de travailler… Ou bien ?… Les politiciens aussi… Ces gens-là, on ne voit leurs moustaches que lorsque des élections sont en vue… Ensuite, ils disparaissent tous, en attendant la prochaine.

— Les patrons des maîtres… Vous voulez rire ?

— Aujourd'hui, c'est pire qu'avant…

— Et les maîtres alors ? Si on vous disait ce qu'ils trafiquent chaque jour là bas… surtout qu'ils sont tout jeunes maintenant, ceux qu'ils nous envoient…

— Les politiciens eux… Vous savez, on est habitués maintenant… Eux et nous, c'est comme entre *golos,* entre singes, aujourd'hui…C'est à malin, malin et demi… On est vaccinés maintenant.

— Et Tékhey ? Il ne doit rien connaître du village natal, Tékhey…

— Et c'est bien normal, d'ailleurs… À quel âge a-t-il quitté Tound encore ? il ne devait pas du tout être solide sur ses jambes, à l'époque…

— Oh, Tékhey ! Se tourne soudain Dégueune du côté du bol où se trouve accroupi le fils aîné. Nos hôtes de Tound te réclament…

— J'arrive ma Tante… s'entend-elle répondre…

Diokel en a déjà terminé avec l'école. Ce ne sera sûrement pas lui qui prêterait l'oreille à ce projet des anciens élèves de Tound. Les autres semblent avoir compris.

— Les affaires au marché, Hadja ?

— Le marché ? Dégueune semble heureuse que l'on se rappelle sa présence. Je vous le jure oncle Galaadjio, le marché n'est pas fait pour les fainéantes… Là-bas, c'est comme à *Ndoumbélaane,* le royaume des bêtes sauvages. Si on tient à y rester, il faut sortir toutes ses griffes… et chaque jour que Dieu fait…

— Han ?… Et moi qui croyais…

— *Laa ilaah !* Oncle Galaadjio, demandez-nous donc ! En matière de complots, de médisances et de maraboutages, les champions c'est chez nous qu'ils se trouvent…

— Allah ! C'est donc si méchant ?

— Hey ! Il faut y être pour le croire… Savez-vous comment nos concurrents nous nomment là bas ? Les hommes comme les femmes ? « Madame Borom Sarett » ! Et avec quel mépris dans le ton !

— Et… Et… que veulent-elles dire par là ?

— Je ne sais… la première à nous lancer ce sobriquet à la figure est une certaine Coumba Fitna… Une femme bien connue dans le milieu du poisson… La première fois qu'elle a surgi devant nous, encadrée par quatre ou cinq autres mareyeuses, nous avons pensé avoir affaire avec une folle, tellement elle avait le venin au bout de la langue…

— Hum… Elle ne sait donc pas que c'est Allah qui répartit Ses biens comme Il le veut ? Nous tous, devons croire en Dieu…

— Avec les yeux avec lesquels ceux-là lorgnent sur nos denrées là bas, c'est Satan plutôt qui les inspirerait…

Le maitre de céans se contente lui de grogner, un léger rictus au coin des lèvres. Si le clan Galgal savait ! S'il pouvait se douter de ce qu'a pu lui rapporter sa charrette dans la vie ! Mais, *laisse mouton pisser, Tabaski viendra…*

— Et croyez-moi… Il n'y a pas que les médisances au marché. Tenez ! Vendredi passé seulement, savez-vous ce que Founé et moi avons trouvé sur notre place, en y arrivant le matin ? Sept œufs blancs couverts d'écrits en arabe, et au beau milieu, une corne cousue dans du tissu rouge vif, avec sept aiguilles plantées dedans…

— *Laa ilaah* ! Et que… Et que… qu'avez-vous fait alors ?

— Nous ? Haha… Demandez-moi, *Aladji*. J'ai fait appeler tout de suite trois talibés, et je les ai payés pour qu'ils nous brisent tous les œufs, et qu'ils urinent abondamment sur tout ce tas de saletés. Puis Founé et moi, nous avons tout lavé à grande eau, sous les yeux de tout ce monde qui nous observait avec de gros yeux craintifs…

— *Laa ilaah* !

— Pour terminer, nous avons tout balayé nous-mêmes, pour tout déverser dans le tas d'ordures…

— Heu... heu… Comme çà ?

— Comme çà, mon oncle… Héhé… Dégueune ne peut s'empêcher de rigoler quelque peu. C'est qu'on voit du tout dans nos marchés… Savez-vous par exemple ce que font les vendeuses de lait caillé pour s'arracher la clientèle ?

— Quoi donc ?

— Elles s'arrachent chaque matin quelques poils du pubis qu'elles noient dans la calebasse !

— Allah !...

— Dégueune ! Voyons Dégueune ! se redresse Diokel.

— *Bilaahi, Nidiaaye*… Je le jure, sur la tête de mes enfants !

— Contente-toi de jurer sur ta tête à toi toute seule…

— Hey *Nidiaaye* !

— Satan est partout ! Qui l'eût cru ? Commente l'un des hôtes. C'est que c'est fréquent dans le milieu des commerçants, savez-vous…, reprend l'autre. Beaucoup d'entre eux croient que les affaires ne prospèrent qu'avec l'aide des féticheurs… Ils oublient qu'il faut suer, travailler dur…

— Il n'y a que le travail qui paie… C'est sûr… Là-bas à Tound…

— Mais ce que nos concurrentes, elles surtout, ignorent, reprend Dégueune – c'est que nous ne sommes pas restées les bras croisés, à Keur Gouye Salaam. Nous ne sommes pas nées de la dernière pluie nous, car c'est très tôt que nous nous sommes levées pour nous ceindre les reins…

— *Alhamdoulilah*… Allah soit loué !

— Elles oublient qu'à Keur Gouye Salaam, nous sommes blindées, ajoute-t-elle. Sur ce plan-là, nous sommes tranquilles et bien tranquilles… Il ne peut rien nous arriver… Rien…

Ce sont toutes les pensées qui convergent vers le Sage du Ndoukoumane. C'est le moment attendu par le maître d'école coranique, silencieux depuis le début des opérations, tout occupé jusque là à s'envoyer de respectables poignées de riz :

— La plupart des Fils d'Adam ignorent sûrement qu'Allah nous a déjà tracé notre voie à chacun d'entre nous, et que nul ne peut s'opposer à Sa volonté, quelles que soient sa puissance et ses alliances.

Il ponctue sa sentence de deux longs versets du Saint Coran, avant de conclure, pour se replonger dans le bol.

— Allah est grand !

— Allah est grand ! reprend Diokel. A ce propos d'ailleurs, je réfléchis depuis quelque temps pour leur ouvrir la voie, côté friperie… N'est-ce pas Dégueune ? Le marché du poisson marche très bien maintenant. Et bientôt, avec tous les intermédiaires que vous avez, vous n'aurez plus qu'à superviser… Qu'en penses-tu ?

— *Laa ilaah* ! Et nous qui hésitions à t'en parler *Nidiaaye* ? Si vous pouviez savoir, mes oncles ! Venez donc au marché pour voir… C'est tout le monde qui vient s'habiller aux puces aujourd'hui… Même les fonctionnaires… Et sans même plus se cacher… D'où croyez-vous donc que leur viennent tous ces costumes qu'ils se mettent sur le dos à chaque occasion ?

— Surtout… surtout, reprend le maître coranique, que toutes nos usines ont fermé leurs portes avec cette concurrence, et que le pays ne produit plus de tissu… Plus un seul mètre de tissu *Lagos* depuis bientôt une dizaine d'années…

— Même les anciens propriétaires, en grande partie des Libano-Syriens ont été obligés de se reconvertir… Ils sont eux aussi dans la friperie.

— Hé oui ! Quand on devient orphelin, on se contente des mamelles de grand-mère… Ils ont le sens des affaires eux… Et puis ce que l'on ignore souvent, c'est que l'on a affaire à de la vraie marchandise de qualité, malgré les apparences…

Diokel se souvient bien, depuis ses pérégrinations sur la Petite Côte, ces deux années vécues en va-et-vient incessants avant de rejoindre Ndakaarou, qu'il s'attendait à ce que les usines textiles du Pays vivent bientôt cette crise, et soient obligées de fermer leurs portes. Tous les marchés des villes de la Petite Côte, tous les loumas, – ces marchés hebdomadaires en campagne – croulaient déjà en effet sous des tonnes et des tonnes de cette marchandise… De la friperie, rien que de la friperie en provenance d'Europe, des États Unis et du Canada… Des containers par centaines les chargeaient déjà à l'époque au port de Dakar pour essaimer ensuite le pays et les déverser partout, dans tous les marchés… Et le bas niveau de vie aidant, tout le monde y trouvait son compte, les opérateurs surtout, eux qui, disait-on, les obtenaient pour rien au niveau des associations caritatives des pays riches… Et le mouvement ne s'est jamais arrêté. Il se poursuit toujours, prenant une ampleur jamais soupçonnée, depuis que les marchands dits ambulants, ces jeunes ruraux chassés de la campagne par la crise, sont entrés dans le circuit.

— J'ai déjà pris quelques contacts, rajoute le maître de céans, prudent – Encore un peu de temps pour les formalités, car mon vœu est que vous fassiez du gros, ou alors tout au moins, du demi-gros pour commencer.

— *Alhamdoulilah, Nidiaaye* ! Dégueune semble aux anges…

— C'est moins fatigant et plus rentable…

— Dieu soit loué, mon oncle…

Dieu et le Sage du Ndoukoumane. Lui qui vit dans la plus grande simplicité parce qu'il n'a que faire du luxe… Lui qui fait des miracles sans bouger de sa place… Lui vers qui tout le monde vient parce qu'il n'a besoin d'aller vers quiconque... Lui qui ne s'exprime jamais à la radio, et qui, pas une fois, n'a été vu sur les écrans des Télévisions... Lui qui rend service sans rien demander... Un homme merveilleux !

Ce sont là les pensées de Diokel Dione, alors qu'il s'envoie de solides bouchées de riz. Tout à l'heure, en évoquant ses cotisations tardives ou oubliées concernant les travaux de la mosquée de Tound, c'est le même sentiment qui le remuait. C'est que Gouye Salaam y est pour beaucoup. Au point de supplanter le village natal. Deux ou trois fois dans l'année en effet, Diokel rend visite au Sage. Et pas toujours en faisant le détour au patelin, car toujours pressé d'y arriver pour y passer le plus de temps possible, mais aussi, après qu'il en a fini, toujours pressé de rejoindre Ndakaarou où ses affaires ne peuvent souffrir de retard. Lorsqu'il gagne Gouye Salaam, c'est toujours en camionnette, en véhicule bourré de denrées, du riz et du sucre, du mil et de la farine, des caisses de tomate, de biscuits et de bonbons, sans parler de toute une série de produits divers allant des savons et détergents aux insecticides. Et bien entendu, avec de grosses enveloppes. La première fois où il y alla en compagnie du chef Ngotti, en ce voyage mémorable, c'est ainsi qu'il s'y prit. Ce que le Sage fait de cet argent ? Une vraie hérésie que de chercher à le savoir. Tout ce qu'il sait, c'est que le Sage n'en a nul besoin, mais que cela lui porte bonheur à lui...

Après le copieux repas de riz à la viande de mouton – une vraie aubaine pour tout ce monde-là, par les temps qui courent –, c'est le ventre bien rempli, et tout satisfait, que toute la concession a défilé devant celui dont la générosité ne s'est pas démentie encore une fois pour le remercier, avec aux lèvres la formule consacrée :

— *Dieureudieuf* Dione ! Ce fut succulent et abondant ! Que le Bon Dieu vous le rende en retour !

— Merci, *Serigne bi* ! *Alhamdoulilah* !

Toute la concession. Des remerciements et des prières pour l'époux, le grand-père, père, oncle et patron qu'il est. Quelques voisins aussi se sont insérés dans le défilé. Mais de Tékhey, nulle trace. Le père avait bien remarqué qu'il s'était installé au bol des employés de la boulangerie, ceux-là qu'il connaît le mieux, et qu'il avait répondu tantôt pour la forme, à l'invite de Dégueune à les rejoindre. Mais il était déjà reparti sans avertir.

— Revenez diner ! – avait lancé Dégueune à toute la troupe.

N'oubliez pas ? Il y'en a pour tout le monde !

Maintenant, ayant réintégré sa chaise longue, repu et satisfait, les yeux mi-clos, Diokel Dione s'est replongé dans ses méditations, en attendant le premier verre de thé. C'est Makhtar qui est à l'œuvre aujourd'hui. Makhtar dont il sait qu'il a la main pour ce genre d'opération, depuis qu'ils ont pris l'habitude de siroter les trois verres rituels ensemble à la Quincaillerie... Le maitre de céans ne dort guère. Il a insisté pour que ses deux hôtes aillent prendre un peu de repos dans la baraque, en attendant que le thé soit servi, et tout seul à l'ombre du bâtiment, il médite.

*
* *

Rougui ! Rougui la généreuse ! Rougui Diallo, belle comme une femme peule qu'elle est ! Généreuse, oui. Elle le lui avait déjà montré, la première fois qu'ils se sont rencontrés au Plateau, devant leur banque. C'était concernant ce mendiant, ce faux aveugle. Elle l'avait prié, tout sourire, de prolonger le geste pour laisser tomber les pièces de monnaie dans l'obole de ce faux mendiant sûrement, qui se camoufle derrière ses lunettes noires. Cet aveugle qui commandait son repas royal au téléphone portable. Il a toujours pensé aussi que c'est par générosité, par honnêteté, qu'elle se mure dans le silence, à chaque fois qu'il la taquine – bien maladroitement d'ailleurs –, sur les raisons du divorce d'avec son maître d'école. Car lui, le sait bien. Dans les cas de divorce, c'est chaque conjoint qui a tendance à toujours charger l'autre, qui est voué aux gémonies. C'est l'autre, toujours lui, à l'origine de la séparation, lui qui a toutes les tares, tous les défauts, et c'est de bonne guerre. Il sait fort bien que des deux conjoints, c'est la femme qui l'emporte de loin sur l'homme dans cet art de *gâter* l'autre, aux yeux des autres. Toutes les divorcées y excellent. Et quand elles s'y mettent, gare aux oreilles des jeunes filles présentes... Pour peu, celles-ci renonceraient à jamais à convoler...

Mais Rougui n'est pas ce genre-là. Il l'a compris depuis leurs premiers tête-à-tête. Et dans leurs conversations, son art à elle est d'éviter toute allusion à la vie du couple en général. Ce que son ex-homme a pu lui faire, au point de laisser échapper une telle merveille, Diokel l'ignorera sûrement toujours.

Il ne sait si la jeune femme reçoit chez elle. Cela serait fort probable du reste, même si, pas une fois, il n'a eu à rencontrer un de ses collègues ou quelque autre homme chez elle pendant ses visites. Pas plus qu'il ne se souvient guère d'avoir été dérangé pendant ses visites…Sinon par les camarades de Maïna, ces jeunes admiratrices de sa maman à ses leçons de conduite, ou alors par ces groupes de talibés, ces experts écornifleurs, qui reniflent toujours quelque aubaine, quand ils découvrent son véhicule garé devant la concession… À part ceux-là…

En tout cas, il sait qu'elle est femme à se faire respecter. Il faut la voir pendant ses bras de fer avec sa fille. Celle-ci a tous les prétextes du monde à se faire adorer, étant pour le moment l'unique enfant de sa mère, et fille de surcroît. Il a souvent observé qu'elle lui tolère bien des écarts, et qu'elle se montre fort patiente devant les excentricités et la curiosité exagérée de Maïna. Déformation professionnelle peut-être, devant ces comportements qui frisent l'indiscipline. Mais il l'a vue quelquefois aussi la héler d'une voix forte, la faire venir et asseoir de force devant elle, pour la regarder droit dans les yeux, et lui parler d'une voix ferme… en pulaar… En ces moments-là, la fillette redevient docile comme un agneau, et le regard suppliant qu'elle adresse à sa maman n'a aucun effet sur celle-ci… Elle rejoint alors la chambre, pour ne plus en ressortir, que lorsqu'elle l'interpellera de nouveau…

Rougui lui a peu parlé de sa vie de jeune fille. Tout ce qu'il sait de celle-ci, c'est qu'elle n'est pas née dans le patelin, mais dans un village de la zone sylvo-pastorale dans le nord du pays, de parents éleveurs. Sa mère est toujours vivante, le père ayant disparu alors qu'elle comptait ses dix-neuf ans, et qu'elle étudiait au lycée. Bien que la famille puisse être à l'abri, car propriétaire d'un nombre respectable de bovins et de petits ruminants, elle a préféré interrompre ses études pour se faire maîtresse d'école afin de venir en aide à sa vieille, l'élevage sentimental, dada des Peuls du Ferlo, ne permettant guère de tirer du bétail les ressources nécessaires au bien-être. La maman n'acceptera pas cependant de la suivre à son premier poste dans la ville de Louga, pas plus qu'à Sangalkam, ayant choisi de vivre avec ses deux frères restés éleveurs. C'est à Louga qu'elle fera connaissance avec son mari, désormais simple souvenir.

24

La mort subite du directeur d'école avait fait grand bruit. Parce que le personnage était un notable bien connu dans le quartier de Thiaroye-Gare. Originaire de ce patelin, M. Niang avait passé la majeure partie de sa carrière à travers tout le pays pratiquement, roulant sa bosse de région en région, pour ne revenir qu'en fin de carrière, et attendre la retraite auprès de sa famille dans la capitale. L'homme, qui avait une nombreuse progéniture derrière lui, était connu pour sa combativité. Un seul de ses enfants avait réussi dans la vie. Il était maître d'école comme lui. Mais il s'était révélé un vrai ingrat envers la famille, surtout le paternel qui avait fait des pieds et des mains dans ses relations, pour le faire recruter par l'Éducation nationale. Affecté dans le nord, dans la région de Saint-Louis, il n'avait pratiquement plus fait signe de vie. Malgré cet espoir déçu, le père a toujours continué à lutter. Et c'est au moment où son chantier, un bâtiment de cinq pièces était fort avancé, qu'il a été brutalement frappé par le destin… Il est vrai, on le savait malade. Une maladie des poumons qui le minait jusqu'à l'étouffer quelquefois. Quelque chose comme l'asthme. On n'osait pas faire allusion à la *maladie de la poitrine* – la tuberculose, une maladie toujours considérée comme honteuse –, sûrement par respect pour le personnage et sa famille. Mais tout le monde pensait à sa carrière dans la craie, ce bâton apparemment inoffensif dont il a dû respirer la poussière pendant plus d'une trentaine d'années… Déjà veuf il y a près de cinq années, ce grand notable laissait une dizaine d'enfants dont certains, la trentaine déjà bien sonnée, peinaient à trouver du travail, à plus forte raison, à fonder un foyer…Autant dire que toute la famille vivait encore aux crochets du père et de sa seule pension de retraite.

C'est ainsi que les radios locales dès le lendemain de la macabre découverte, et les quotidiens dès le surlendemain avaient relayé la nouvelle, pour ensuite s'atteler à retracer la carrière de l'homme, faite de travail et de sacrifices au bénéfice de la formation des fils du pays, pour la plus grande partie de sa carrière dans la brousse, dans les régions les plus déshéritées dont personne ne voulait. Beaucoup de cadres actuels du pays sont ainsi le produit de sa formation et lui doivent beaucoup. Les annonces et faire-part suivaient, interminables, de l'imam de la grande mosquée de Thiaroye, – où il était vu comme un fidèle modèle –, de parents et alliés, de collègues et d'associations, d'autorités locales et nationales, les proches parents y précisant à chaque fois la date de l'enterrement, – le temps de permettre à certains parents d'arriver à Dakar –, et celle de la cérémonie du huitième jour, à la maison familiale...

Le jour de l'enterrement, Diokel Dione est venu assister dans l'après-midi à la cérémonie de mise en terre de sa victime. Vêtu d'un grand boubou d'un gris commun, l'éternel bonnet gambien enfoncé sur la tête jusqu'au front, de grosses lunettes sombres lui masquant les yeux, une grande écharpe tout autour du cou, il n'était pas possible de le reconnaitre. Il était bien tranquille d'ailleurs pour cela : il n'y a en effet rien de plus anonyme qu'un cortège qui accompagne un défunt à sa dernière demeure... Mais, deux précautions valant mieux qu'une... Noyé dans la foule anonyme, une foule immense à la dimension du personnage, il avait accompagné le cortège jusqu'au grand cimetière de Thiaroye. Tout au long du parcours, le chapelet en main, il n'avait cessé de fouiller dans les nombreuses files d'accompagnants. Arrivé sur les lieux, l'homme avait choisi de se placer en un endroit quelque peu surélevé afin d'avoir une vue d'ensemble sur tout ce monde rendu muet apparemment par l'émotion. Les litanies qui accompagnaient les porteurs du cercueil avaient brusquement chuté, et tout le monde s'était accroupi pour prêter l'oreille à l'imam accroupi devant la fosse. Sous ses lunettes de soleil, son regard ne cessait de courir, fouillant sans arrêt les visages. Ce fut au bord du trou oblong que son balayage s'arrêta soudain sur son homme. Il se demanda comment il avait fait pour ne pas l'avoir reconnu plus tôt. Avec la forme bizarre de son crâne, il dominait en effet tout ce monde assis et silencieux. Peut-être à cause de son accoutrement. Il était habillé d'un cafetan, un habit qu'il lui voyait porter pour la première fois.

*

* *

Hier, – c'était trois jours après l'enterrement de l'ancien directeur d'école –, le maître de céans, revenant de sa tournée quotidienne de ses magasins, avait trouvé toute la concession en émoi. C'était à l'heure du crépuscule. Il avait aperçu toute une troupe, de femmes surtout, devant le portail de la concession, était allé garer plus loin avant de revenir à grands pas s'enquérir de tout ce remue-ménage. Cela sentait quelque malheur. Une des femmes avait couru vers lui, retenant d'une main son mouchoir de tête qui allait s'envoler.

— Thioro! *Alaadji…* Thioro! *Laa ilaah*!

— Thioro ? Thioro quoi ?... Que lui est-il arrivé ?

— Thioro !... *Alaadji* !

Il avait alors hurlé :

— Mais allez-vous me dire, par Allah !

— Malheur ! Malheur ! Thioro a disparu… *Alaadji* !

Il avait répété, tel un automate :

— Thioro ?... Thioro ?

— Thioro a disparu *Alaadji* !

Il s'était engouffré dans la concession, avait trouvé Gnilaane assise dans la cour, entourée de plusieurs voisines. Elles avaient toutes la mine de circonstance, un visage fort inquiet. Il s'était arrêté net, parcourant tout le groupe d'un regard incrédule.

— Que m'apprend-on ici ?

Le ton devait être terrible. On avait bougé, mal à l'aise, n'osant lever les yeux vers l'arrivant. Aucune réponse. Il avait fourré la main dans la poche, en avait extirpé son trousseau de clés, et sans plus un mot, les avait contournées pour aller fourrager dans la serrure de sa porte. Gnilaane prenait son courage à deux mains, pour aller le rejoindre dans la pièce. Mieux valait tout lui dire tout de suite… Se décharger… Se libérer tout de suite…

Elle s'était mise à genoux devant l'homme, l'air humble et pitoyable.

— *Nidiaaye…*

Il s'était retourné lentement, après avoir accroché son boubou au porte-manteau.

— Ils sont tous partis à sa recherche… Tous… les garçons et

les filles... le quartier... Tékhey et ses amis... Nous allons... C'est que... C'est que...

— C'est que quoi ?... Mais vas-tu parler nom de Dieu ? avait-il hurlé de nouveau.

— C'est que... Ce qui nous inquiète le plus... Wouri... Mame Wouri...la mère Wouri... Elle aussi a disparu...

Wouri... La mère Wouri... Elle aussi a disparu... Mame Wouri la folle... celle sur qui sa petite Thioro a jeté son dévolu... celle qui pue et qui bave comme une chamelle, et qui fait avaler à sa petite dernière ses biscuits du diable. Plutôt qu'il ne s'assît, l'homme avait laissé tomber sa grande masse sur le lit, lâchant en même temps un grand souffle tel un ballon de baudruche qui se dégonfle. Puis :

— Qui ?... Qui est ...

Il s'était rattrapé de justesse. Il n'allait tout même pas oublier laquelle de ses trois épouses devait être de tour conjugal ! Il n'avait pas encore aperçu Dégueune, la deuxième épouse.

— Où est... Où est Dégueune ?

— Dégueune est avec un groupe de voisines...Elles sont toutes parties à sa recherche... Founé aussi... – avait-elle anticipé sur la question à venir – Elle... Elle... C'est elle qui s'est rendu compte de la disparition à notre retour du marché...

Parties à sa recherche... Mais vers où, par Allah ! Aller à la recherche d'une fillette aux bras d'une aliénée mentale, dans ce fouillis qu'est la banlieue de Ndakaarou... Il lui revenait le jour où il était allé arracher sa petite dernière des mains de cette mère Wouri...Ce fut tout juste si elle ne lui arracha pas les yeux...Elle s'était opposée avec une telle hargne, l'insultant abondamment et le traitant de voleur... Ce fut comme un sentiment de culpabilité qui l'envahit soudain. C'est à partir de ce jour-là qu'il aurait dû faire prendre la seule mesure qu'il fallait : la faire chasser des lieux... Les gosses du quartier s'en seraient chargés avec plaisir, moyennant quelques piécettes seulement pour les y encourager...

Le maître de céans laissait courir son regard, un regard vague sur la chambre, comme s'il ne voyait plus les objets qui la meublent, avant de le fixer sur la femme accroupie devant elle. Retrouver une fillette dans cette fourmilière humaine !... Une fillette avec une cinglée, qui la tiendrait gentiment par la main, et que celle-ci suivrait avec cette innocence que l'on connaît à tous les enfants, une innocence qui les rend confiants avec n'importe qui… Surtout quand c'est ce n'importe qui qui leur offre gentiment ces petits riens dont ils raffolent tant… Par Satan ! Comment pourraient elles donc attirer quelque attention, voire quelque soupçon dans cette forêt humaine où tout un chacun n'a en tête que ses propres préoccupations ? Et quand bien même ce couple singulier attirerait quelque attention quelque part, de quelque boutiquier ou vendeur devant sa table ? Il entendait d'ici les commentaires vagues et indifférents, malgré l'insolite de la situation.

— Tiens… une folle avec sa fillette, on dirait !

— Sa fillette ou sa petite fille ? Tu l'as bien regardée ?

— C'est vrai… Elle paraît bien vieille celle-là…

— On ne l'a jamais vue ici… Où peut-elle bien aller avec cette enfant ?

— Sûrement, lui chercher de quoi manger…

— C'est tout leur souci chez ces vieilles, pour leurs petites filles…

— Elle semble bien attachée à sa grand-mère… Elle la suit comme son ombre…

— Que veux-tu ?... Elle doit la gâter tous les jours comme çà…

— Mais quelle imprudente alors, que sa maman… ce n'est pas sûr, çà…

— Penses-tu… Çà doit être une habitude dans la famille...

Si çà n'est que ça, par Allah ! Si çà n'est que ça…, s'était mis à bougonner le père. Il n'osait pas poursuivre sa pensée, et la laisser vagabonder en compagnie de la vieille folle. Il avait détaché enfin son regard de la forme à genoux devant lui, toute soumise et prête à subir les foudres de son homme blessé. La déesse lare, protectrice de la famille, et responsable de sa sécurité, c'est elle en réalité et pas une autre, elle la première épouse, elle la plus âgée…Il n'en fut rien finalement…

— Lève-toi et va-t-en ! avait-il dit ensuite d'une voix sourde, sans plus un regard pour elle.

Lorsque Gnilaane fut sortie, toute remuée par l'attitude de son époux, que rarement elle n'a vu aussi perdu et impuissant, les voisins, hommes et femmes avaient commencé à défiler, avec toujours la mine de circonstance, tous pour compatir.

— *Alaadji*… On va la retrouver… On finit toujours par les retrouver, les enfants perdus… On va la retrouver, *In cha Allah* !

— Et puis, il n'est même pas sûr qu'elle soit avec la folle… D'accord, celle-ci n'est plus à sa place habituelle, mais…

— Moi, je pense qu'il ne faut rien négliger… La mère Tiguidé, la devineresse khassonké, vous connaissez ? Elle peut nous venir en aide. Elle est infaillible… Elle voit tout, rien qu'en traçant sur le sable.

— Toutes les mosquées du quartier sont informées, *Alaadji*… Il n'y a pas meilleur moyen pour sensibiliser, vous verrez… S'il plait à Dieu !

L'homme les écoutait-il seulement ? Il semblait les subir, sans un mot, plongé dans des pensées que lui seul vivait.

*

* *

Voilà deux jours que la petite Thioro a disparu. À keur Gouye Salaam, c'est comme si plus rien ne compte. Dans tous les regards, surtout ceux des femmes, c'est une détresse véritable qui se lit, que l'annonce de rumeurs vient atténuer de temps en temps, pour les faire briller d'espoir, hélas toujours éphémère, car des bruits seulement, rien que des bruits. Depuis deux jours, les annonces fusent des mosquées, celles du quartier et des quartiers voisins, se croisant avec celles de décès ou de quêtes, adressées aux fidèles pour l'achèvement de tels ou tels travaux dans ces lieux de culte… Depuis deux jours, les jeunes du quartier courent les rues et les lieux publics. C'est sur eux surtout que l'on fonde le plus d'espoir, quand on connaît leur nombre, et que l'on sait qu'ils sont pleins de ressources… Depuis deux jours, tous les cochers de Keur Gouye Salaam sont devenus de vrais chiens de chasse, sans que l'on ait même eu besoin de les y inciter. C'est tout naturellement qu'ils sont devenus solidaires, eux qui bien des fois, avant de partir pour leurs courses, acceptent de faire faire un tour à la dernière de Founé… C'est aussi leur petite Thioro à eux, celle-là qui leur donne tous les ordres imaginables quand elle se trouve perchée sur la banquette de leur charrette. Les cochers sont toujours à la croisée de tous les chemins. Ils sont comme les chauffeurs de taxi : ils sont dans les marchés, là où tout se sait, ils empruntent toutes les directions, fréquentent tous les quartiers et ils entendent toutes sortes d'informations de ceux-là qu'ils convoient, des femmes surtout…

Depuis deux jours, ils écoutent et ils se renseignent.

Des annonces chèrement payées ont été ventilées dans toutes les radios de la place, avec descriptions détaillées de la fillette, qui pourrait être accompagnée d'une vieille femme « pas maîtresse de ses esprits »… Elles sont diffusées en français et en wolof, et reprises à chaque fois au moment des communiqués… Les journaux ont eux aussi pris le train en marche. Trois ou quatre quotidiens relatent l'affaire, chacun à sa façon, avec force détails. L'un d'eux n'a pas hésité à défoncer la barrière du doute. Il a carrément titré : « Keur Massaar : une aliénée dangereuse kidnappe une fillette » L'article plane largement sur les différentes versions recueillies auprès de voisins, et parle abondamment du père de l'enfant, un grand homme d'affaires installé à Keur Massaar connu pour sa richesse et sa générosité. Il va plus loin dans ses analyses et ses spéculations, jusqu'à avancer l'hypothèse d'un kidnapping savamment orchestré, une vraie simulation, qui aurait pour but de soutirer une rançon à l'homme d'affaires. Le délégué du quartier, qui avait lancé les jeunes sur les traces de la mère Wouri avec promesse de fortes récompenses, reconnaitra plus tard à la lecture de l'article, le journaliste, – l'un de la douzaine – qui avait débarqué dans le quartier avec son matériel d'enregistrement, celui-là qui avait tant insisté-,avec ses questions équivoques-, pour rencontrer le maitre de céans, sans obtenir de satisfaction. En partant, il avait promis de revenir. Il n'est pas revenu… Et c'est peut-être par dépit qu'il avait avancé tout ça… Dans tous les cas, les jours qui suivirent la disparition de l'enfant, dans tous les papiers, c'est le souci de vendre au mieux qui avait guidé les chroniqueurs, cela se sentait fort bien. Tous les titres avaient repris en effet cette hypothèse, attirant l'attention des parents, des femmes surtout sur la vigilance de rigueur vis-à-vis de leur progéniture… Les journaux ne se limitaient pas seulement à la thèse du complot. D'autres articles tiraient à boulets rouges sur les aliénés, de vrais dangers publics, et sur les mesures d'urgence à prendre par les municipalités et l'État pour éradiquer le fléau, le cas de Keur Massaar n'étant pas le premier, et sûrement pas le dernier. Débarrasser la capitale et en particulier la banlieue de ces malades mentaux de plus en plus nombreux et agressifs. L'un des analystes n'hésita pas à se lancer dans quelques rappels, remontant jusqu'aux premières années de l'Indépendance, du temps du président Sédar, quand régulièrement, les aliénés et mendiants handicapés étaient objets de rafles systématiques, surtout à la veille de visites de chefs d'État étrangers. Les fourgons allaient les déverser en pleine brousse, loin de Dakar. Il oubliait aussi de rappeler que, le temps de dire ouf, tout ce monde de déshérités et de diminués se retrouvait dans son fief, et que leur nombre bizarrement grossissait même à chaque fois...

Un des voisins avait tant insisté pour que la famille envoie une photo de la disparue à la Télévision nationale, qu'elle avait fini par convaincre tout le monde. On s'était rappelé une tranche de ses programmes, qui s'intéresse particulièrement aux enfants disparus. Ça a été ensuite le branle-bas. On avait cherché partout, fouillant dans les tiroirs, les armoires et les paniers, pour ne dénicher finalement qu'un cliché dans lequel, la petite Thioro, âgée d'un an seulement, trônait sur les genoux de Founé, dans une photo de groupe. La Télévision allait s'en contenter... Ce fut après, après seulement que l'on pensa à la police et à la gendarmerie.

*

* *

C'est une période douloureuse qui va suivre, plongeant Keur Gouye Salaam dans une véritable psychose. Celle de toutes les rumeurs. Non pas que celles-ci fassent directement allusion à l'affaire proprement dite, mais parce que, par les détails qu'elles véhiculent, elles y renvoient inévitablement. Il s'agit de faits divers, de ceux-là dont raffolent journaux et presse parlée, parce qu'elles assurent les plus grosses ventes.

Tantôt c'est un couple d'étrangers aperçu ici ou là, tenant par la main une fillette. Oui... Des étrangers reconnaissables par leur accoutrement... et par leurs balafres au visage... Des gens qui ne sont pas d'ici. Il n'y a qu'à les entendre parler. C'est sûr. Et c'est louche, très louche... C'est alors toute une meute de jeunes qui fonce sur les lieux indiqués, la menace à la bouche, prêts à se faire justice...Hélas, aucune trace du dit couple... On en a bien croisé quatre ou cinq, de couples avec des enfants, mais ce n'étaient pas eux. Deux des gosses étaient des garçons...

En temps de crise et de malheurs, les étrangers ont toujours bon dos. Et il est vrai, dans beaucoup d'esprits, que ces soi-disant chercheurs de tête auraient pu subtiliser la petite Thioro Dione à la vieille voleuse facilement reconnaissable…

Tantôt, c'est Mame Wouri, la voleuse d'enfants elle-même que l'on aurait aperçue quelque part, les rumeurs la situant aux abords du grand marché de Diamalaaye, derrière le Stade municipal ou devant telle mosquée. Aucun doute. C'est bien elle que l'on a aperçue tenant la fillette par la main, s'en allant le plus tranquillement du monde, telle une bonne vieille grand-mère. L'enfant ? Non ! Elle n'a pas du tout l'air malheureux, la pauvre innocente. Elle suçait sa crème glace, toute confiante et bien tranquille… Mais… Mais… Pourquoi n'avoir pas alors ameuté le voisinage pour qu'il… ? Heu… C'est que… on allait le faire quand…

*
* *

Des affabulations… Surtout… Mais, une semaine après la disparition, c'est l'une des chaines FM privées qui annonce dans un de ses titres : « Découverte macabre aux abords du cimetière de Keur Massaar : le cadavre d'une fillette amputé de sa tête et de ses pieds ». D'après le chroniqueur, ce sont des chiens errants qui l'ont déterré à deux pas du cimetière. Un charretier est tombé sur la scène à l'aube, alors que les canidés se bousculaient pour s'arracher les membres restants du cadavre. Il a couru dare-dare vers la maison la plus proche d'où l'on a pu alerter les pompiers. Il s'agissait bien du cadavre d'une fillette de trois, quatre ans, sans sa tête et ses pieds…On devine le branle-bas à Keur Gouye Salaam où l'on apprend que les sapeurs ont déjà déposé la dépouille à la morgue du centre de santé de Petit Mbao, en attendant. C'est alors tout un pan du quartier qui y fonce, Founé en tête. Jamais on n'avait assisté à une course aussi hétéroclite et aussi effrénée vers une morgue, quand les cars et taxis vomirent tout leur monde aux abords du centre de santé. C'est la mère qui tombe la première sur une troupe de gens en uniforme, les interrompant dans leurs échanges, pour leur parler dans une langue incompréhensible. Elle a les yeux hors de la tête. Elle est tête nue, et elle tient son voile dans ses mains. Ses pieds sont tout blancs de poussière. Elle a tout le corps qui tremble, comme prise de crise d'épilepsie… Sapeurs et policiers l'ont observée parler sans saisir. Ils ont fini par comprendre à l'arrivée des autres. C'est la mère ! La mère ? La mère de qui ? Ah !

Comment le sait-elle donc qu'elle est la mère ? La fillette disparue de Keur Massaar ! Ah oui ? Mais comment pourrait-elle savoir ? Celle-ci n'a plus de t… Heu… C'est bon… On va voir avec le patron des lieux…

Deux d'entre eux sont partis pour revenir aussitôt, suivis d'un homme en blouse blanche… Oui… On va y aller… Si elle a le courage de regarder… Elle est sûre qu'elle pourra reconnaitre le… heu… sans ses… ? Non, elle n'a pas peur… Elle le dit avec de violents hochements de tête. Ils sont entrés une minute à peine que les lieux retentissent des hurlements de Founé.

— Non ! Non ! Ce n'est pas elle… Ce n'est pas Thioro ! Ce n'est pas ma Thioro !

Elle déboule de la salle avec le regard fou de quelqu'un qui vient de se réveiller d'un cauchemar, au moment où Tékhey pénètre dans la morgue, avec deux compagnons derrière lui.

— Tékhey ! lâche-t-elle de nouveau du fond de la gorge. Tékhey ! Ce n'est pas Thioro ! Ce n'est pas ma Thioro !

Jamais de mémoire de blouses blanches, on n'avait entendu pareille clameur de joie exploser dans une morgue ! Jamais on n'entendit rendre grâce à Dieu, avec autant de satisfaction devant le cadavre si sauvagement mutilé d'une enfant !

— *Alhamdoulilah* ! Dieu soit loué ! Il ne s'agit pas de Thioro !

Des visages baignés de sueur, mi-hideux, mi-souriants, interrogateurs et dubitatifs.

— Çà ne pouvait être notre Thioro, Dieu tout puissant !

— Ce n'était pas possible que ça soit elle ! Pas possible !

Ce sont des sourires béats qui s'affichent sur les visages…le cadavre de la fillette sans tête ni pieds n'est pas le leur. Il est vite oublié. Founé est tout en sueurs. Elle avance en titubant. Elle trébuche. Elle est sur le point de s'effondrer. Tékhey court à sa rencontre. Elle se laisse tomber dans ses bras. Elle ne peut s'arrêter de parler. Un langage décousu :

— Thioro ! Ma Thioro… c'est moi qui l'ai… qui l'ai habillée ce jour-là… avant de partir pour le marché… avec Gnilaane…Un ensemble… survêtement et pantalon… Jaune… jaune… Thioro est de teint… plus noir… plus noir… le cadavre est en robe… en robe…

Tékhey entraine la mère de Thioro vers la voiture garée à l'entrée du centre de santé. C'est tout le poids de la troisième épouse de son paternel qu'il est obligé de supporter. Plusieurs de ses accompagnantes s'engouffrent en même temps qu'eux dans le véhicule, se bousculant jusqu'à s'asseoir les unes sur les autres.

Évidemment, quand les quotidiens s'emparent de la nouvelle le lendemain, c'est avec toutes les spéculations imaginables. Celle d'un crime rituel est la plus utilisée. En cette période de crise, les gens sont devenus de vrais déments. C'est la période par excellence des vendeurs de rêve et d'espoir, la période de prédilection des charlatans et féticheurs, les faiseurs de miracles. Des multiplicateurs de billets aux chercheurs de tête, de membres ou de viscères. Ils foisonnent, attirant les naïfs, les désespérés, les ambitieux et les partisans du moindre effort, comme des mouches autour du tas de merde. Et plus personne n'hésite quant aux offrandes rituelles... Un vrai délire en ces époques de désespoir...

25

La disparition de la petite Thioro n'a, semble-t-il, laissé personne indifférent. Toutes les voisines de Keur Gouye Salaam sont venues verser d'abondantes larmes aux côtés de Founé, tous les jours qui ont suivi, ne pouvant résister à son attitude prostrée et muette, et à ses yeux rougis jusqu'au sang, désespérément fixés sur le vide, et s'imaginant à sa place…

Le drame a rapproché Tékhey de la maison familiale, et surtout du paternel. Dès le premier jour, le fils aîné était accouru à la nouvelle, suivi d'un de ses amis. Dès qu'il eut entendu les quelques détails qui le préoccupaient, il avait rebroussé chemin, toujours suivi de son compagnon. Ils s'étaient engouffrés dans la 4X4. Le père n'était pas encore de retour. Deux ou trois jeunes du quartier s'étaient spontanément proposé de les accompagner, et s'étaient casés à l'arrière sans même attendre de réponse. Ils étaient alors partis, pour ne revenir que tard dans la nuit, tout fourbus. Tout au long de leurs recherches, Tékhey n'avait cessé d'appeler sa jeune sœur Ndiboor pour voir où en étaient les autres. Les réponses étaient toujours les mêmes. Tous ceux qui étaient déjà de retour étaient revenus bredouilles. C'était à croire que la mère Wouri s'était volatilisée avec l'enfant…

Aujourd'hui encore, Tékhey est là, dans la chambre du père, incapable de deviner les pensées de celui-ci. Il était revenu quelques instants plus tôt d'une énième tournée des postes de police et de gendarmerie, et aussi des délégués des quartiers voisins – on confie souvent à ces derniers les enfants retrouvés –, toujours dans l'espoir de surprendre la famille avec la bonne nouvelle. Mais toujours bredouille… Le maître de céans lui, avait déjà repris ses activités, après seulement deux jours d'arrêt. Mais il interrompt souvent celles-ci pour venir jeter un coup d'œil à la concession. À chaque fois, c'est à grands pas qu'il traverse la grande cour pour aller ouvrir sa porte. Comme pour fuir les regards interrogateurs.

Aujourd'hui, Diokel Dione et son fils aîné sont là, ensemble, le père assis sur le lit et le fils sur sa chaise, tous les deux tout silencieux, comme s'ils ne savent que se dire. De temps en temps, c'est un appel sur le téléphone portable de l'un ou de l'autre qui les tire du silence. Les échanges sont brefs, les réponses évasives. L'atmosphère ne se prête pas aux conversations agrémentées… Puis, on se replonge dans le silence. Ou plutôt, à l'écoute des bruits diffus venus de la cour et de la rue. Il s'agit pour le fils de situations fort gênantes en réalité, le père semblant lui, plus rompu à ce genre d'exercice. Rester là ensemble, de longues minutes, muets comme des carpes, ni l'un ni l'autre n'osant sortir le fond de sa pensée… Il est vrai que rares sont les sujets sur lesquels ils peuvent échanger, tant ceux concernant le travail ont toujours primé sur tout… Des silences gênants surtout pour Tékhey, et qui l'obligent de temps en temps à parler, rien que pour les rompre, sachant qu'il serait encore là jusqu'à demain, s'il doit attendre que l'initiative vienne du père. De brefs échanges, sur les affaires et seulement sur elles, quelque allusion à la petite Thioro risquant de rouvrir la brèche, inévitablement, aux pires insanités destinées aux mères des enfants, – dont la sienne propre –, constamment taxées de vieilles poules écervelées, bavardes et inconscientes. Il n'avait glissé dans ce sens qu'une seule fois au départ. Et ce fut pour entendre les pires insultes qu'une oreille peut supporter. Il avait dès lors renoncé à y revenir, sans pouvoir se départir de cette impression bizarre que le vieux ne semblait guère vouloir évoquer le drame, et que pire, il avait choisi de laisser les recherches aux autres…

Aujourd'hui encore, c'est Tékhey qui s'oblige à rompre le silence. Il en a besoin.

— Heu… Booye, Saalif Booye. Il n'est toujours pas rétabli…

Comme un soubresaut du côté du père… Le père qui se redresse, pour se départir de son attitude méditative avant de lâcher :

— Son remplaçant… il est sûr ?

— Oui… Puis, prudent, du moins je le pense… Il s'agit de son frère qui l'épaulait déjà dans la boulangerie.

— Hum… je n'aime pas tellement çà… – Pas de réponse du côté du fils – Que sais-tu de lui ?

— Il semble sérieux – puis, toujours tout prudent – Les employés semblent bien l'apprécier…

— Les employés… les employés… Bon… Je t'y accompagne demain… mais ce… ce Saalif Booye, c'est qu'il est tout le temps malade… Ce n'est pas bon çà…

Avant de reprendre sa position initiale.

— Ce n'est pas bon du tout...

De longues minutes une fois de plus, agrémentées de brefs coups d'œil en coin du fils pour le père.

— Heu...

Tiens, c'est comme si le père se décide à son tour.

— Heu... Je ne sais pas si tu es au courant... Mais les rumeurs chez les meuniers se font persistantes... pénurie de farine disent-ils... Je suis passé au Port pour en savoir plus, mais sans grand résultat... Tu es au courant ?

— Quelque peu oui, Père... Certains journaux en ont parlé...

— Les journaux sont souvent bien informés... – Il se redresse de nouveau comme piqué – et ce qu'ils annoncent avec persistance finit toujours par se vérifier...

— C'est vrai cela, Père...

Des bruits confus en provenance de la rue les interrompent un instant. Ils n'arrivent pas à en distinguer les détails. C'est le père qui poursuit :

— Il faut être prudent... Tu vas recenser les stocks pour qu'on sache s'il faut se ravitailler... Nous n'avons rien à perdre en le faisant.

— Oui Père... J'ai déjà tout dans la machine...

Une brèche qu'il se décide à fermer au plus vite. Le jour où il avait condescendu à lui permettre d'acquérir cette machine du diable, cet ordinateur, il le lui avait bien fait comprendre. Lui, Diokel Dione s'est toujours tiré d'affaire sans l'aide de quelque machine que ce soit... Boucher la brèche au plus vite avant que ne se rompe ce lien fragile que la disparition de sa petite sœur était en train de rétablir... C'est fiévreusement qu'il reprend donc, anticipant sur une remarque dont il sait qu'elle ne tardera pas...

— Je vous fournis tout demain, Père...

— Heu... C'est bon... Et garde bien l'œil sur tous ces employés... Pas de tricherie sur les pesées et pas un franc de plus sur les prix... Dieu n'aime pas cela... Et moi non plus... Et rappelle-leur ça à chaque occasion...

Il y a des moments où le discours du père perturbe au plus haut point le fils.

Lorsqu'un voisin se présente sans s'annoncer – et ils sont nombreux à le faire –, ils sont obligés de couper court à ce genre d'échanges. Tous les deux ont alors l'air gêné de voleurs pris sur le fait. Que diable ! De quoi auraient-ils donc l'air si quelques bribes de leur échange tombaient dans l'oreille de quelque voisin venu aux nouvelles, pour compatir en même temps de ce drame qui fait pleurer toute la concession, et tout le quartier depuis tous ces jours ? De quoi ? Heureusement pour eux, la plupart de ceux-là sont des gens bruyants qui s'annoncent depuis le portail de la concession, avec de retentissants « *As salam aleykoum* »... Oui... Mais cela, tous ne le font pas. Certains d'entre eux sont de vrais indélicats aux oreilles toujours dressées, et qui avancent à pas de loup, sans le moindre bruit, ne se signalant que lorsque leur nez heurte le rideau.

*

* *

Depuis la disparition de la petite Thioro, tous les jours à toute heure, Diokel a reçu les appels de Rougui Diallo. Son amie de Sangalkam est aujourd'hui encore aussi perturbée qu'au premier jour. Sa voix chantante est au bord des larmes. Elle hésite toujours avant d'aborder le sujet, comme si elle craint de blesser ou de remuer quelque couteau. C'est pourquoi elle marque quelques longues secondes après son « Allo... mon ami...» Elle perçoit le « Allah ! » qui semble jaillir d'une voix d'outre-tombe.

— Heu... toujours rien *Alaadji* ?

Le souffle bruyant de son correspondant semble envahir la jeune femme dans tout son être. Quant à Diokel, la voix chantante est venue le réveiller, le tirant en même temps de son silence buté.

— Toujours rien Rougui... Toujours rien.

Silence de nouveau. Comme s'il ne tient pas à parler, pour lui laisser l'initiative. La maîtresse d'école et sa fille ont connu la petite disparue un après-midi où son paternel est passé à Sangalkam avec elle. La fillette, comme bien des fois, s'était accrochée au boubou de papa, quand elle l'a vu s'emparer de son trousseau de clés. Il s'était laissé convaincre ce jour-là. Et lorsqu'il avait débouché sur la Nationale, avait eu soudain envie de rouler... De rouler jusqu'à Sangalkam... C'était quatre ou cinq semaines avant le coup des parcelles de Petit Mbao. Rougui avait trouvé la fillette fort mignonne, et comme à son habitude n'avait pas raté l'occasion de lui lancer sa pique :

— Elle ne te ressemble pas du tout *Alaadji* ! Sûrement le portrait de sa maman, parce que tu dois en être follement amoureux… C'est toujours pareil, pour la dernière venue des épouses…

Elle n'avait pas eu le loisir de s'occuper plus d'elle, Maïna étant venue la lui arracher des bras aussitôt.

— C'est terrible cette histoire… vraiment terrible *Alaadji*… Si encore il s'était agi d'une disparition normale… Mais… mais, aux mains de cette… malade… Hein ?… On est bien sûr que c'est cette femme qui l'a… qui l'a enlevée ?

Le silence de nouveau, toujours buté, lourd, avant qu'il grommelle :

— Allah seul le sait, Rougui… Allah seul…

Puis, par respect peut-être pour cette âme charitable qui semble vivre son drame à lui, plus que lui-même ne le vit :

— Mais on la retrouvera… *In cha Allah* ! On la retrouvera…

Elle revient à la charge.

— Mais a-t-on vraiment impliqué tout le monde ? La police surtout ? Et les gendarmes ? Ceux-là disposent de beaucoup de moyens.

Elle attend…Rien que la respiration bruyante de l'autre… comme s'il a sa pensée ailleurs. Comme s'il n'a pas entendu. Elle continue sur sa lancée :

— Vous savez, mon ami… Des cas d'enfants disparus pendant longtemps, quelquefois même oubliés, puis retrouvés alors que tout espoir était perdu, on en a souvent vu dans le pays. Quelquefois, c'est après plusieurs mois, voire plusieurs années… Cependant… les recherches, c'est vrai il faut les faire et sans rien négliger. Mais, ça ne suffit pas toujours à mon avis.

— Oui… Oui…

— Il faut les appuyer, poursuit-elle sans espérer le secouer un peu plus. Vous connaissez Nafi ? Nafissatou… c'est la fillette qui me ravitaille en lait caillé… Elle vit avec sa grand-mère, une devineresse… Infaillible et honnête… Elle ne réclame rien, des offrandes symboliques seulement… Seules les vraies procèdent ainsi… Un pouvoir qu'elle a hérité de ses ancêtres et dont elle perpétue la vitalité… On peut essayer…elle lit sur l'eau. Ce n'est pas…, hésite-t-elle… ce n'est pas interdit. Pas plus que chez nos marabouts, s'empresse-t-elle d'ajouter en pensant à ce sage du Ndoukoumane qu'il semble tant vénérer –,on peut bien essayer…

Elle attend… Elle est patiente…

— Oui… Oui…

— Vous n'avez pas besoin de venir, pousse-t-elle encore. Si vous voulez bien me fournir le nom complet de la mère, cela lui suffira. Je peux m'en occuper. Elle vit tout près, dans un hameau, à quelques minutes de Sangalkam. Elle est très sollicitée, reçoit des gens de partout, et ses consultations, c'est tous les jours, de l'aube au crépuscule… On peut bien essayer mon ami.

Son ami accepte enfin, de lui fournir tous les renseignements, les nom, prénom, âge de la fillette et de sa mère, et même ceux de sa grand-mère disparue, l'épouse de l'oncle Babou, celle-là dont le cœur avait lâché à l'annonce du massacre probable de ses deux enfants à Gaanaar.

*

* *

Cinq semaines déjà… De longues journées infernales. Pour Founé la mère surtout… Founé dont la terrible impression se confirme avec le temps qui passe, l'impression dure et réelle que chaque jour qui passe est en train d'effacer chez les autres l'image de sa fille disparue, ainsi que son drame à elle. Elle le lit dans l'attitude des autres, dans l'expression de leur visage, dans leurs conversations, et leurs façons de sourire, et même de… rire… Oui, autour d'elle, les sourires et les rires revenaient. On était en train de l'oublier, elle et son drame… Et les allusions, ces bienveillantes allusions à ces soi-disant recherches, à ces cas d'enfants disparus et retrouvés alors qu'on n'y pensait plus, ne la rendent guère dupe. De la vaine pitié mal placée. De la commisération. On avait cessé de consulter les devins, de guerre lasse. Chez ceux-ci, le langage curieusement, avait été le même partout. Un langage ésotérique, les offrandes, encore des offrandes, toujours des offrandes… La fillette, visible au milieu des cauris ou sur les signes cabalistiques tracés sur le sol, est bien vivante. Elle se porte comme un charme… Elle est en compagnie d'autres enfants de son âge avec qui elle s'amuse. Non, elle n'a rien oublié de sa mère… Elle va être retrouvée. Elle va revenir. Sa maman va bientôt la serrer de nouveau dans ses bras. Le bonheur va revenir dans son cœur et dans sa famille… Mais il y a des préalables… Ce qu'il faut, c'est…

Et tout cela leur prenait trop de sous en fin de compte. Ils en réclamaient sans arrêt, surtout les hommes. Du tissu, du sucre, de la cola, de la volaille, des bêtes à quatre pattes, de l'argent pour le *travail*… Des dépenses à n'en plus finir, pour des mots creux. Des promesses… Rien que des promesses, qui n'ont rien enlevé à ses yeux rougis… Et son cœur n'en peut plus, à chaque annonce d'enfant retrouvé. Car il y'en a que l'on retrouve de temps à autre, et les annonces en sont faites à la radio. Mais de Thioro, jamais !

Depuis une semaine, Diokel cherche à faire reprendre à Founé ses activités au marché, où une seule de ses épouses continue d'assurer les affaires, l'autre étant obligée de rester à la concession. Founé elle, continue de se cloitrer du matin au soir dans sa chambre. Depuis une semaine, elle reste sourde aux arguments de l'époux. Que ce qui leur arrive est une épreuve, une épreuve à laquelle Allah les soumet pour les éprouver. Qu'il faut croire en Lui. Lui seul qui décide de ce qu'Il veut, quand Il le veut et chez qui Il veut. Que ce drame, c'est leur drame à tous. Que son attitude muette et prostrée, son attitude de recluse, ses gémissements, ses larmes intarissables, que tout cela risque de lui être bien fatal. Qu'elle doit s'en remettre à Allah… Qu'elle doit se ressaisir, se remettre à vivre… Qu'elle ne doit pas oublier qu'Allah lui a donné d'autres enfants et qui sont là et dont elle doit s'occuper aussi.

Reprendre ses activités ! Miséricorde ! Dieu tout Puissant ! Reprendre le chemin du marché ? Avec toutes ces rumeurs qui lui parviennent quotidiennement de là bas ! Ces rumeurs insidieuses, et qui la tuent à petit feu… il allait voir son homme ! Il allait voir !

Cet autre drame qui couvait depuis dans la concession finit par exploser. Aujourd'hui, elle a pris la décision de parler, de lui parler. Dès que le bruit de la portière qui claque lui parvient, elle écourte sa prière, la dernière du soir, pour se lever, se rapprocher de la porte et guetter ses bruits de pas. À peine la porte du maitre de céans ouverte, elle se lance pieds nus, traverse la cour à pas vigoureux, et s'engouffre dans la chambre sans s'annoncer. Diokel découvre sa présence au moment de se retourner, après avoir accroché son cafetan au portemanteau. Founé est tête nue. Elle a le visage tout bouffi, d'immenses cernes autour des yeux.

— Founé ?

— Il n'y a pas de Founé ! une voix sortie de gorge, une voix hystérique ;

— Founé ? Mais… qu'as-tu donc ?

— Ah ! Et c'est toi qui me le demandes ? Toi, Diokel Dione !

Diokel a les yeux en point d'interrogation. Il ne comprend pas.

— Attends… Attends… Tu vas…

— Attendre ? Attendre encore ? Moi que l'attente a déjà tuée, mille fois tuée ?

— Mais… Founé !

— Il n'y a pas de Founé ! Dis-moi donc Diokel Dione… Qu'as-tu donc fait de ma fille ? Han ? Tu vas me le dire aujourd'hui, sur la tête de mes enfants.

Diokel Dione ne comprend toujours pas. C'est toute son attitude qui le dit. Il se laisse tomber sur le lit, les mains sur les cuisses, le visage levé vers la furie debout devant lui, en train de se ceindre les reins de son voile.

— Ah ! On fait semblant ! On joue à l'âne ! Tiens… l'hypocrite… le fourbe… le sans-cœur… Tu vas me le dire aujourd'hui, ici et tout de suite… Réponds-moi donc ! Qu'as-tu fait de ma Thioro ?

L'homme semble soudain réaliser. Son épouse est devenue folle ! Oui… Ou alors, c'est qu'elle est sur le point de l'être. Le hurlement qui échappe de sa gorge retentit dans toute la concession :

— Founé ! C'est bien toi qui me parles ainsi ? Han ? À genoux ! À genoux j'ai dit !

Founé ne voit pas le doigt tremblant de colère qui lui désigne la natte étalée devant elle. Les grosses lèvres frémissantes de l'homme n'ont pas d'effet sur elle. Ses yeux injectés de sang sont plongés dans ceux de l'homme. Ils y sont vissés.

— Mon père ne t'a-t-il pas suffi ? Tu l'as eu dès le premier jour où tes pas ont franchi le seuil de cette maison. Tu l'as eu par ton attitude hypocrite de faux humble… Tu nous as tous eus par ton langage mielleux de serpent… Tu lui as tout pris, le fruit de sa sueur, pire, tu as piétiné son honneur, sa dignité, et tu lui as volé sa chair, moi Founé Sène ! Ah ! le serpent venimeux ! le suppôt de *Cheytane* !

— Founé ! Mais quel est donc ce langage ? Allah ! Founé ! Es-tu devenue folle ? Han ?

— Tiens ! Folle, moi ? – elle se met à battre des mains avec l'énergie de la possédée – Venez donc ! Accourez tous ! Venez entendre Diokel Dione le serpent ! Voilà maintenant qu'il fait de moi une folle ! Moi une folle ! Tu peux courir Diokel Dione !

Elle crache violemment par terre.

— Ah ? Ah ?... Tu vas voir Founé Sène... Je le jure, par la ceinture de mon père, tu vas voir ! Tu vas te taire, je le jure !

L'homme s'est levé. Il est en train de fouiller avec furie derrière les caisses empilées à côté du poste téléviseur, grognant et respirant bruyamment, les oreilles bourdonnant des insultes de l'épouse. Il se redresse soudain, la lanière taillée dans le pneu lui prolongeant terriblement le bras.

— Tu vas regretter d'être née Founé Sène ! C'est moi qui te le dis !

— Ha ?... Ha ?... Que crois-tu donc ? Que cela me surprend ? Que cela me fait peur ? Tiens ! Vas-y donc !

La cravache vrille dans l'air. Elle s'abat en claquant, mordant dans les épaules nues de la jeune femme. C'est comme si elle vient de s'enrouler autour du tronc de l'arbre mort. Founé n'a pas cherché à éviter le coup, elle n'a pas bougé, n'a pas lâché le moindre cri.

— Vas-y ! Vas-y donc serpent venimeux ! Puisque c'est tout ce qu'il te reste à faire. Frappe ! frappe donc, homme du Diable !

Le bras de l'homme se lève de nouveau, s'accompagnant d'un grognement échappé du fond de la poitrine, au moment où plusieurs têtes heurtent le rideau. Il y a parmi elles Gnilaane. Elle est suivie de deux cochers et de deux de ses enfants. Les quatre adolescents vont pour s'interposer, les bras en l'air, tentant de dévier le coup.

— Reculez ! Reculez ou je vous tue tous... Reculez ai-je dit !

Founé est intarissable. Elle est devenue une rivière en crue, un torrent dont les eaux fougueuses jaillissent de la gorge rocailleuse avec une hargne croissante.

— Un adepte de *Cheytane*... Et qui ne croit qu'à ses marabouts ! Marabouts mon œil ! Des charlatans... Des menteurs... Des filous... Des buveurs de sang...

— Founé ! Au nom de Dieu !

Founé n'entend pas Gnilaane. Elle est devenue sourde de colère.

— Après mon malheureux père, c'est aujourd'hui ma fille ! Ma Thioro ! Dis-leur... dis-leur donc ! Qu'en as-tu donc fait ? Han ? Tu vas le dire aujourd'hui... Aujourd'hui, va être ton jour ! Tout Keur

Massaar, tout Ndakaarou va apprendre qui tu es !

La lanière taillée dans le pneu siffle de nouveau. Elle rate la jeune femme pour mordre dans le dos d'un des cochers. Ce dernier lâche un hurlement de douleur perçant, pour reculer vivement ensuite en se contorsionnant tel un épileptique pris de crise. Toute la cour de la concession retentit de cris d'enfants et de pleurs. Deux autres gaillards, des voisins, surgissent dans la pièce.

— *Alaadji ! Alaadji…* Gardez votre calme ! *Alaadji !*

L'homme entend-il seulement la Gnilaane au bord des larmes, et toutes ces voix entremêlées qui le supplient de redevenir lui-même ? Il est devenu comme fou. Il ne se contrôle plus. La lanière continue de siffler, frappant indifféremment les têtes et les bustes. Deux des adolescents tentent bien de le maitriser, de lui immobiliser le bras frappeur, avec des « *Alaadji ! Alaadji !* », des « Père ! Père ! » Mais sans y arriver. C'est qu'ils ont en face d'eux un vrai colosse. Un colosse que la colère a rendu fou.

Deux bras vigoureux empoignent la jeune femme par-derrière. Celle-ci se débat violemment. Elle résiste, plante profondément ses dents dans l'un des bras, lâchant de vrais jappements sortis du fond de la poitrine. On l'entraine de force hors de la pièce en reculant difficilement, car elle se débat telle une tigresse, lançant ses jambes en l'air, dévoilant ses cuisses nues, s'accrochant au battant et au rideau, le venin toujours à la bouche. La voix, faite de douleur et de colère est devenue méconnaissable.

— Lâchez-moi ! Vous tous, j'ai dit… ou je baise vos *thiagas* de mère ! Lâchez-moi ! Vous êtes tous comme lui ! Tous !

— Founé ! Founé ! De grâce !

— Dis-leur ! Dis-leur donc ! Dis-leur ce que tu as fait ! Dis-leur ! Que tes féticheurs me rendent ma Thioro… Lâchez-moi ! Lâchez-moi donc que je nique sa mère !

Elle est maintenant dehors. Ses jambes ne tiennent plus. Un autre homme est venu épauler le premier. Ils la traînent vers sa chambre, réclamant à cor et à cri les femmes, suivis de toute une meute d'enfants en pleurs. Au moment de franchir le seuil, elle avait lâché encore d'une voix chargée de désespoir :

— Salopard ! Espèce de salopard !

Diokel est parvenu à bousculer tout le monde dehors. Le diable au corps, il s'est mis à hurler :

— Laissez-la-moi ! laissez-moi cette ingrate ! Vous avez entendu ses insultes ? – au moment où toute la troupe des fidèles de la mosquée s'engouffre dans la concession. Ils foncent tous sur lui en courant :

— Allah ! Allah ! Ah *Cheytane* ! Dieu tout puissant ! Quand donc le Diable se résignera-t-il à quitter cette demeure ?

— *Alaadji*… Maitrise-toi… *Alaadji*, tu es un homme… *Alaadji* !

*

* *

C'est bien plus tard, alors que ses derniers voisins sont rentrés, laissant le maitre de céans seul avec l'imam et le délégué du quartier, que Gnilaane, prenant son courage à deux mains, vient frapper à la porte de l'époux.

— Me permettez-vous d'entrer ? une toute petite voix fluette et tremblante.

— Gnilaane… C'est bien Gnilaane ? Mais vous êtes chez vous, Hadja !

C'est l'imam qui s'était permis. Elle est en train d'hésiter encore, toute prudente, n'ayant pas reconnu la voix de son maître.

— Mais entrez donc Gnilaane ! reprend l'imam.

Elle se décide enfin, soulève le rideau, pénètre dans la chambre, pliée en deux, salue à la ronde avec force génuflexions, avant de s'affaler littéralement sur la natte. Tous ont les traits tirés. Les hommes se sont tus, quelques longues secondes, comme pour l'inviter à parler. C'est d'un trait, le regard rivé au sol qu'elle lâche tout :

— C'est à cause des… des rumeurs qui circulent au marché de Keur Massaar… et que les mauvaises langues rapportent à Founé… Des langues fort malintentionnées… C'est dans un monde de sournois que nous vivons, il faut bien le reconnaitre…

— Des rumeurs dites-vous ? Quel genre de rumeurs donc ?

Elle ne lève pas la tête pour répondre au délégué.

— Notre époux… notre époux aurait… – elle se met à se contorsionner sur place, comme si son pagne était envahi soudain de familles de puces – notre époux…Il aurait placé sa fille Thioro, en gage…

— Thioro ? En… En quoi dites-vous ?

— En… En gage… En échange…

L'imam et le délégué se sont redressés pour se dévisager. Diokel lui, reste toujours prostré, le coude sur le genou, le menton dans la main, le regard tout brillant fixé sur le mur. C'est l'imam qui prend le relai :

— En échange… En échange ?… En échange de quoi ? Mais expliquez-vous donc, Hadja…

— C'est… c'est ce que je suis en train de faire *Alaadji*… Ces méchantes langues lui ont laissé entendre que… notre époux se sent… se sent menacé… Que le sort, que son *weurseuk*, sa baraka est en train de lui échapper… qu'un grand danger le guette, et qu'il court le risque de perdre toute sa fortune… et même…et même sa liberté. Et que pour conjurer le sort, les *khaambes,* les fétiches lui ont réclamé… un être de sa chair… un enfant de préférence, de ceux qui lui sont le plus cher….

— Dieu tout puissant !

— On le chuchote partout au marché de Keur Massaar, et même ailleurs…

— Allah !…Allah !

— *Laa ilaah* !

— C'est le prix réclamé, dit-on là-bas par ses… ses marabouts.

— Par Allah !

— Certaines, parmi les voisines qui défilent ici, l'ont rapporté à Founé… Elle y a cru, et…

— Suffit ! Cela suffit Hadja… Nous avons compris…

— Dieu tout puissant ! Dans quel monde d'êtres infernaux vivons-nous donc ? Dites-moi… hein ! Dieu tout puissant !

La mère de l'enfant disparue avait fini par craquer. Avec le temps, les recherches infructueuses, les rumeurs et les espoirs déçus, Founé Sène a fini par être convaincue qu'elle est restée la seule à vivre son drame… Et quand toutes ces insinuations chargées de venin ont commencé à lui être distillées, à envahir son cerveau, Dieu seul sait comment, tout en elle avait lâché.

Ve PARTIE

« COURTE QUEUE SE PAIE AVEC COURTE QUEUE »

26

Un monstre ! La banlieue de Dakar est devenue un monstre. Un monstre hideux que son anarchie ambiante enlaidit de jour en jour. Une urbanisation sauvage qui avale le moindre espace inoccupé, le moindre mètre carré. Des bâtisses qui poussent tels des champignons, qui débordent sur les rues et les places publiques, au nez et à la barbe des agents de leurs communes.

Elle s'enlaidit quotidiennement de ses marchés improvisés, de ses garages spontanés, de ses kiosques à tout vendre, à chaque coin de rue, de ses dépôts et de ses ateliers, ceux de la mécanique et de la menuiserie, que la Société nationale d'Électricité s'est empressée de servir aussitôt que sollicitée, ceux du cuir et de la forge, de la couture et de la tapisserie.

Elle s'enlaidit de ses gargotes et de ses *tanganas,* quelques bancs installés en quelques espaces inespérés avec quatre piquets surmontés de morceaux de bâches de récupération…

Elle s'enorgueillit de ses labos photo, de ses supérettes et de ses cybercafés… Oui, car elle se veut aller aussi avec le Temps…

Un mouvement perpétuel qui ne semble guère près de s'arrêter… Une gigantesque marmite qu'alimente le flot ininterrompu de migrants chassés des campagnes par les mauvaises saisons et par la crise, et qui viennent gonfler la foule déjà innombrable des marchands ambulants.

C'est lui qui produit aussi ces guérisseurs de la rue, ceux de la pharmacopée comme de la pharmacie, les rebouteux infaillibles et les marchands de rêve et de mort, devins et marabouts, qui ont trouvé là leur Eden.

La banlieue bouillonne de sa vie à elle. Elle se débrouille, elle bosse, de tous les petits boulots que l'on peut s'imaginer. Ses enfants chômeurs montent à l'assaut de la ville le matin. Ils vont y jouer aux lèche-vitrines ou aux guides touristiques, s'y improviser tout ce que leur apparence leur suggère, s'y vêtir de tout habit qui fait d'eux des moines à l'occasion, pour rentrer le soir avec quelques sous en poche.

Ses enfants s'enivrent aussi de rêves. Des rêves de sous gagnés en un clin d'œil, des rêves d'Europe et d'Amérique, de rêves de ces jeux, de ces sports qui vous transforment son jeune oisif dont l'École ne veut plus, – à moins que ce soit lui qui n'y croie plus –, en un héros couvert de gloire, de CFA, de dollars ou d'Euros, et dont le nom est scandé à longueur de journée ici, ou dans le monde entier. Parce que doté de jambes intelligentes ou de biceps de colosse. Le foot et la lutte…Leurs sports rois…Les enfants du monstre rêvent aussi de musique et de danse. Il semble que ceux des intellectuels parmi eux ont reniflé aussi en ces autres passe-temps, des sources d'expression de leur rancœur et de leur ras-le-bol. Pas seulement, puisqu'il est arrivé à certains d'entre eux d'y rencontrer la célébrité et la richesse. Et avec presque rien au départ, surtout pour le rap : un groupe de trois ou quatre copains, dont un guitariste et un organiste, un apprenti poète fort en rimes, des thèmes engagés, et le tour est joué, et le public garanti.

Les femmes de la banlieue elles, raffolent plutôt d'autres genres. Le *mbalakh* en est un, fait de rythmes souvent assourdissants que procurent le tambour, le tam-tam et le *tama* réunis…Il faut les voir quand la musique de leur chanteur préféré fuse de quelques baffles. De vraies possédées, quelle que soit la circonstance…

Il leur arrive aussi de rêver quand elles se retrouvent le soir devant le petit écran, pour vivre ces contes et légendes des Temps modernes que sont les telenovelas, un genre que le cinéma hindou est en train de ravir aux feuilletons brésiliens et mexicains…Elles en ont fort besoin, les femmes de la banlieue. Elles en ont besoin, semble-t-il, pour se défouler et se déstresser. Car, autant que leurs hommes, plus que leurs hommes, elles vivent le calvaire quotidien fait de courses-poursuite pour faire bouillir la marmite, répondre aux exigences des éternels grincheux que sont les époux, une vie faite aussi d'attaques et de parades contre les attaques des coépouses. Sans oublier les soucis traumatisants pour ces économies de bout de chandelle sur la maigre dépense quotidienne, indispensables pour s'armer, face aux éternelles cérémonies familiales. Évidemment, concernant celles-ci, lorsque par miracle on dispose d'autres sources de revenus, c'est entre un mariage et deux baptêmes que tout part en fumée… Autant d'exigences et d'occupations qui traînent leurs rancœurs.

Le monstre n'a pas honte semble t-il, de dévoiler ses autres plaies que sont ses mendiants, les vrais comme les faux, du sourd-muet au cul-de-jatte, en passant par tous les types de handicapés que l'on peut imaginer… Il y a aussi ses hordes de talibés, aussi innombrables que les criquets pèlerins, et aussi collants que des sangsues. De l'aube au coucher, tous ces déshérités en guenilles, les grands comme les petits, les vrais comme les faux, envahissent de leurs litanies et de leurs implorations les rues et les places, les mosquées et les marchés.

La banlieue, c'est aussi l'eau qui dort. Car il arrive que de temps en temps elle ouvre l'œil, s'ébroue et se réveille de sa quotidienneté. Ses enfants sortent alors dans la rue pour l'occuper, tel un raz de marée. Parce qu'ils en ont marre des abonnés des bars clandestins, ces coupeurs de route de l'aube qui s'amusent à importuner leurs vieux, papas et grands-pères sur le chemin de la mosquée, eux qui ont eu le courage de se lever si tôt pour répondre à l'appel de Dieu.Parce qu'ils en ont marre de ces agresseurs qui ont encore le culot de prétendre détrousser leurs mères et leurs sœurs.Parce qu'ils en ont ras le bol des trafiquants de drogue qui sont entrain de détruire jusqu'au cerveau des plus égarés d'entre eux.Parce qu'ils en ont assez de la morgue de ces nouveaux élus, de ceux-là qui, comme leurs prédécesseurs, sont venus encore une fois les berner.Car depuis qu'ils sont là, ils ont perdu tout espoir, eux qui furent parmi les plus grands artisans de la chute du président, celui-là dont les Anciens avaient affirmé son incapacité à fournir cette ombre accueillante qu'ils attendaient tous de lui.Celui-là qui leur aura surtout fait de l'ombre durant ses vingt ans de présence, à eux dont la mémoire n'oublie pas, elle qui aura retenu qu'il raya de la Fonction publique en un jour, tous les agents de police du pays sans exception, qu'il supprima tous les internats des lycées, et qu'il amputa contre vents et marées tous les salaires de ces braves *goorgoorlous* qui tous, tiraient déjà le diable par la queue, parce que ses amis toubabs le lui demandaient. Lui qui n'hésita guère à lâcher ses bulldozers pour aller réduire en poussière toute une cité dortoir, plongeant ses habitants dans un désespoir que seul – pour certains – le suicide a pu guérir.

Heureusement, il avait été remercié, et avait accepté sans broncher de leur *montrer le numéro de son dos*. Et personne n'avait été dupe sur ce qui fut qualifié de dignité, d'humilité et de courage devant la défaite. Beaucoup affirmaient qu'il était déjà riche comme Crésus, lui qui un jour fit rigoler tout un peuple en voulant le convaincre, après plus d'une décennie de *ngoûr*, de jouissance du pouvoir, qu'il est resté… pauvre.

Pourtant, avec les nouveaux élus, beaucoup de ses pourfendeurs n'hésitent plus à regretter ouvertement son époque, jusqu'à évoquer son probable retour. Oui… Mais l'homme que l'on compara au palmier rônier est un malin. Il avait trouvé une bonne planque auprès de ses amis, là-bas à *Tougueul,* un vrai paradis dit-on, loin des tracasseries, des récriminations quotidiennes, de l'hypocrisie et des problèmes insolubles de ces ingrats de concitoyens. Il faut le voir quand de temps en temps, la Télévision se rappelle son existence, avec son sourire de jouisseur, ce sourire ironique et satisfait qui lui est si propre.

Aujourd'hui, le monstre en a toujours marre. Marre de ces nouveaux élus, de *nouveaux tondus,* des chauves comme leur pape, ceux-là pour qui ses enfants se sont encore battus, prêts à mourir pour imposer le changement, surtout quand ils se souviennent que ces parvenus avaient dans leurs bagages tant de belles promesses. Pourtant, là aussi, beaucoup parmi les Anciens qui affirmaient avoir connu le pape chauve, – dont tout un peuple disait qu'à son âge, on ne ment plus –, rappellent aujourd'hui encore avoir averti à temps ce peuple courroucé à juste titre, mais décidé à chasser du pouvoir son prédécesseur. Ils avaient assuré que *la tête incapable de supporter le poids de ses propres cheveux ne peut porter la charge que constitue celle d'un pays.* Ils avaient assuré que le vieux leader et grand opposant dont la principale caractéristique de la personnalité est la surestimation de soi, doublée d'une méfiance maladive, est un grand corrupteur et un insatiable prédateur. Il y a des signes qui ne trompent pas, avaient-ils ajouté. Il suffit d'observer le personnage, et surtout, d'écouter attentivement le timbre de sa voix. C'est une voix qui vibre…car elle sort d'une *langue fourchue…* Oui… Et la langue, quand elle est fourchue, émet dans toutes les directions… Elle est nuancée… elle est insaisissable… Ce qui permet à son propriétaire de se jouer de son monde tant qu'il le désire.

Et tout fiers d'avoir eu raison sur tous, ces mêmes Anciens prient maintenant toutes ces masses déçues d'aller pleurer leur déception ailleurs. Car… Car, en moins de temps qu'il ne faut à un *tafoukat* de la gare routière de Pompiers, ou du marché Sandaga, pour faire changer de domicile les maigres sous du broussard qui vient de débarquer à Dakar, ces nouveaux élus sont passés *des haillons aux millions*, et bientôt aux milliards. Leur autre préoccupation : s'atteler à caser leurs clientèles politiques, piétinant toutes les règles de bienséance, en même temps que toutes leurs promesses de la dernière campagne électorale. Avec le temps, le Conseil hebdomadaire des ministres est devenu une vraie salle de classe de quartier populaire, le parlement, une vraie agora avec ses députés analphabètes tout surpris de se retrouver dans cet environnement princier, tandis que le Sénat et le Conseil économique et social défunts, eux qui furent les premières victimes du Changement, sont ressuscités, au grand bonheur de ceux qui poireautaient sous l'arbre à palabres. Pire, les postes bidons se sont mis à pousser tels des champignons, au gré des revendications des oubliés et des maîtres chanteurs, et parmi eux, toute une meute de transhumants recrutés chez les bannis d'hier... En à peine dix ans de règne, ces gens-là dont le trait commun est de rivaliser à jouer aux chauves, – à moins que ce fût une directive présidentielle ! – ont oublié les chemins tortueux qui mènent chez les *maïga,* aux gargotes et aux *tangana ;* ils ont oublié les bousculades devant les cars rapides et les bus Tata, les jeux de cache-cache avec leurs logeurs, les découverts réguliers à la banque, les récriminations quotidiennes de leurs dames et de leurs marmots, et qui leur faisaient fuir le domicile toute la journée... Aujourd'hui, c'est chez les grands couturiers de Paris et d'Outre-Atlantique qu'ils vont se saper avec leurs dames,– *anciens modèles* et nouvelles conquêtes – c'est à la table des milieux huppés qu'ils s'installent pour y déchiffrer ces casse-tête que sont les menus. C'est en 4X4 qu'ils se déplacent, et tenez-vous bien, des grosses cylindrées aux vitres teintées, et c'est par demi-douzaine qu'ils comptent leurs villas et immeubles. Autour d'eux, c'est la fête perpétuelle, la ripaille avec les dames et les marmots, quand ceux-là sont là, car leurs camarades de classe de l'école du quartier ne reçoivent plus de nouvelles d'eux, sinon des cartes postales d'Europe ou des États-Unis. Le plus frustrant, quand ils sont invisibles, c'est lorsque l'on apprend qu'ils sont en villégiature quelque part dans le monde pour permettre à leur dame d'aller accoucher – d'aller mettre bas, comme le dit le sieur Diokel – en des contrées plus saines ; ou pour aller faire un tour en avion, histoire de rendre visite aux marmots pour voir s'ils travaillent bien là-bas... En attendant leur retour pendant les vacances… À moins que ceux-là préfèrent que papa et maman viennent les y rejoindre.

Le plus révoltant chez les nouveaux chauves, c'est leur boulimie. En tout. Des quidams fort pressés. Autant pour combler le fossé entre eux et leurs prédécesseurs, que pour en accumuler autant que possible. Avec eux, les scandales financiers sont devenus une banalité, la routine, le passe-temps favori des journalistes. Les détournements de deniers publics ne se chiffrent plus en millions, ainsi qu'il en fut à la bonne vieille époque du *palmier rônier*. C'est par milliards, par dizaine de milliards que la banlieue entend évoquer ces tractations cousues de fil blanc, ces marchés gré à gré, ces combines sans finesse aucune, un je-m'en-foutisme que rien ne vient endiguer.

Les nouveaux chauves ont une faim de terres sans bornes. Aussitôt installés, leur premier soin a été de se rapprocher des services du Cadastre et de l'Urbanisme, histoire de prendre des repères… Que de découvertes inattendues et intéressantes alors ! Tiens !… Ils ne savaient pas qu'il y avait autant d'espaces vides sur le plan cadastral de la Presqu'île, autant de poumons verts, de forêts classées et de bord de mer autour d'eux… Tiens !… Ils ne savaient pas que tous ces quartiers périphériques n'étaient que des ilots sauvages qui au cadastre, ne sont figurés que par des espaces blancs. Alors… Alors… Ils se sont mis à bousculer ceux-là qui les avaient portés au pouvoir. Ils les bousculent encore, avalant hectare sur hectare, faisant déguerpir lesdits irréguliers, accaparant les domaines des communes, arrachant les plages à leurs habitants installés là-bas depuis des siècles, bousculant les faibles jusque dans les zones inhabitables. L'espace viendrait à manquer ? Il n'y en aurait plus pour les militants de la vingt cinquième heure, ces anciens adversaires naguère chassés du pouvoir, essoufflés, usés et aigris du fait d'une opposition stérile et sans espoir ? On peut toujours voir… Il y a bien ces gares routières au cœur de la capitale… Il y a aussi ces aires de jeux comme les stades en plein centre-ville… Et tous ces établissements scolaires inaccessibles pour leurs élèves banlieusards en majorité, et pour qui c'est un vrai parcours du combattant pour y accéder ? Il y a encore ces marchés sauvages imposés de force par ces marchands dits ambulants… sans parler de tous ces cimetières dispersés çà et là, aujourd'hui en plein cœur des habitations des vivants… Oui ! il y a toujours quelque moyen d'en récupérer pour aller les réinstaller ailleurs… Oui…

Alors… Alors… Pour avoir été encore une fois mené par le bout du nez, il arrive que le monstre se rebiffe sans avertir. En attendant les prochaines joutes électorales, bien lointaines celles-là, il ne lui reste plus qu'à attendre le bon prétexte pour se défouler. Et il est bientôt trouvé le prétexte, car, des raisons de s'insurger, il en existe toute une foultitude. L'une d'elles se trouve dans les coupures intempestives d'électricité supportées jusqu'ici, avec de fortes récriminations sur les ondes certes, mais dont la dernière a empêché la réception à la Télévision de la finale de la coupe de la Liga en Europe. Inacceptable ! Inadmissible ! Alors, il s'est hérissé sans même attendre les encouragements voilés des politicards de l'opposition… Ses enfants, fous de colère, ont de nouveau envahi la rue pour l'occuper de force, brûlant des pneus pour boucher les grandes artères, interrompant la circulation, et contraignant les véhicules à de grands détours. Ils se sont mis à casser du symbole. Les édifices publics, les lampadaires, le drapeau national, sans oublier les locaux de la compagnie d'Électricité. Tout y est passé. Une véritable guérilla qui a pris au dépourvu tout le monde, à commencer par les bardés de cuir qui, dans leur zone épargnée par le délestage, jouissaient déjà tranquillement du spectacle. On devine la hargne avec laquelle ils ont sévi, pleins de rancune pour ces empêcheurs de jouir du plaisir du ballon rond, camouflés chacun derrière son bouclier et son masque à gaz, et armés de leurs matraques électriques et de lance-grenades. Une véritable pagaille que mirent à profit toute une meute de casseurs et de cassandres… Et ce fut pendant plusieurs heures une véritable guerre des rues.

*
* *

La banlieue compte aussi dans ses murs toute la catégorie d'hommes d'affaires imaginables, allant du spécialiste du matériel d'occasion, au dealer de la drogue. Elle en est devenue un univers grouillant et mouvant où se mène une concurrence âpre et impitoyable, et où la lutte dans l'ombre pour accaparer le plus de puissance possible se livre sans bruit. Un univers qui fait indifféremment ses heureux, mais aussi ses désespérés.

Goor Yomboul est de ces derniers. L'homme d'affaires et transporteur du clan Galgal n'aurait jamais imaginé que la faillite pouvait vous tomber sur votre tête aussi facilement. Il en avait déjà vu et entendu pourtant, dans son long parcours d'informel, des effondrements de véritables empires, et des cas désespérés d'affairistes richissimes réduits du jour au lendemain à la mendicité. C'est qu'il n'a jamais cherché à savoir réellement. Il sait seulement que beaucoup de ceux-là se comptent parmi ceux qui ont eu quelque accointance avec le monde politique. Il est vrai que beaucoup de ces victimes n'avaient rien à voir avec son domaine à lui, le transport urbain.Mais lui connaît bien la cause de ses malheurs. Du moins, en est il fort convaincu. Le désastre, rampant au départ, s'était soudain révélé tout cru, et impossible à endiguer. Tous ses gains avaient été absorbés par les réparations quotidiennes, innombrables celles-là. Par des pannes à n'en plus finir, des cars à l'arrêt, faute de pièces de rechange, des recettes qui n'arrêtaient pas de dégringoler, des retards de salaire cumulés sur des mois… Et pour finir, des employés tout essoufflés d'avoir attendu et crié, et qui de guerre lasse sont allés voir ailleurs, dont beaucoup du côté de l'Entreprise Dione.

Il y a eu ensuite le fisc. Ces gens là sont restés sourds à ses explications et à ses supplications. C'est aux autres qu'il fallait aller raconter ces histoires à dormir debout, pas à eux qui s'y connaissent mieux que quiconque en matière d'arnaque. Alors, se mettre en règle tout de suite, ou courir le risque de se voir saisir ses biens. Du boulot pour les huissiers… Déjà qu'ils voulaient bien fermer les yeux sur une partie des pénalités qui devaient le frapper avec tous ces retards de paiement.

Ce furent ensuite les moins ignorants de ses chauffeurs réduits au chômage qui coururent à l'inspection du Travail…Le tribunal du Travail l'avait alors fait convoquer… Et *last but not least*, sa troisième épouse avait plié bagage en raflant tout ce qu'elle avait trouvé dans son coffre-fort. Ce n'est pas à un vieux bouc qui venait de tout perdre, qu'elle allait sacrifier ses jeunes années… Quant aux banques, non contentes de faire la sourde oreille…

C'est ainsi le gouffre qui l'attendait pour le happer, la solidarité du clan n'étant d'aucun effet devant l'ampleur de la catastrophe.

27

Dans l'arrière-boutique de la place Daarou Rahmane de Keur Massaar, c'est encore tout le clan réuni, avec aujourd'hui, le neveu de Samba Galgal, le nommé Maalaw. Aujourd'hui, Goor a une attitude qui inquiète ses comparses. Il a le regard assassin. Il parle peu, se contente seulement de broyer on ne sait quoi, les mâchoires en perpétuel mouvement, le regard fixe. Koli Yang Yang, le plus proche de lui dans le quatuor, croit deviner le fond de sa pensée. Ils n'avaient pas fait preuve de réelle solidarité envers la menace qui planait depuis un certain temps sur la tête de leur compagnon. Ils lui avaient sorti chacun tout un tas d'explications oiseuses et peu convaincantes, sur l'état de leurs affaires et de leurs finances, qui, sur ses comptes en banque au rouge, qui, sur ses derniers investissements et ses engagements actuels… Tout un tas de spéculations et de mensonges cousus de fil blanc, sauf peut-être chez la Coumba Fitna, dont le sort reste tout aussi peu enviable.

À moins que tout le groupe ait eu une telle attitude par dépit. Car en fait, aucun d'eux n'a oublié que c'est lui Goor Yomboul qui était à l'origine de beaucoup de leurs déboires et difficultés. D'abord avec cette histoire de voiture – qu'il s'était fait voler à lui-même –, et qu'il avait cherché à fourguer à ce nouveau concurrent, ancien paysan reconverti, et qui ne s'était pas fait avoir…L'histoire leur était parvenue par un de ces canaux propres à la banlieue, alors que lui ne leur en avait pas soufflé un mot. Ensuite, avec toujours le même homme, et ce jeune homme de type maure, un certain Yakhya,qui leur était tombé dessus en ce lieu même, l'insulte à la bouche, se bombant la poitrine en se proclamant fils d'on ne sait quoi encore... Ces deux histoires – et peut-être d'autres ? – commençaient à dater. Mais ils se souviennent fort bien encore de la dernière. Le Yakhya en question avait le visage tout bouffi et tuméfié, des ecchymoses partout, un bras en écharpe, et les yeux injectés de sang. Il avait demandé après un certain Goor Yomboul. Goor était absent ce jour-là. Il avait voulu savoir où le trouver, mais avait dû se résigner. Avec cet air hargneux et ces yeux rougis d'ivrogne, sur fond de traces de coups, ce n'étaient pas eux qui allaient le renseigner. Il était reparti, l'air encore plus que menaçant, jurant qu'il le dénicherait – c'étaient ses mots –, tôt ou tard... Goor avait joué au grand surpris et à l'ignorant lorsqu'on lui rapporta la singulière visite... Un certain Yakhya... Yakhya... Non... il ne connaissait pas... Pourtant, le jeune homme était revenu plusieurs fois de suite, mais sans jamais tomber sur son homme. À croire que ce dernier est doué d'un sixième sens qui lui permettait de renifler ses moments de visite, à leur quartier général, et sûrement aussi à ses différents domiciles. Le jeune homme avait fini par perdre patience. Il s'était mis à menacer ouvertement, avec des allusions quelque peu obscènes sur ses démêlés avec leur gars. Pour lui, sûrement, ses compagnons étaient complices dans ce jeu de cache-cache. Lorsqu'à sa dernière visite il avait fait allusion à quelque plainte auprès de la brigade de gendarmerie, ils en avaient conclu que ce devait être du sérieux.

Ce fut Coumba Fitna, plus exaspérée que les autres, sembla-t-il, par ce comportement, qui résolut la question en se levant pour demander au jeune homme de l'accompagner avant que ses éclats de voix n'attirent encore une fois du monde. Elle était revenue quelques longues minutes après, l'air fort soucieux. Toujours est-il que ce fut à partir de ce jour-là, lorsque leur comparse fut mis au courant de la dernière visite du jeune homme, et de sa menace de porter plainte à la brigade, qu'ils ne revirent plus celui-ci... Et pas une fois leur compagnon n'était revenu sur la question.

$$*$$
$$*\ *$$

C'est depuis cette époque en tout cas que l'acharnement de Borom Sarett contre le clan Galgal s'était exacerbé, puisque ses coups portés contre le groupe ne se comptaient déjà plus. Le trio, qui n'y comprenait pas grand-chose à l'époque, avait commencé à avoir la puce à l'oreille, se doutant de plus en plus que leur ami Goor était sûrement pour quelque chose dans toute cette série de tuiles qui leur tombaient sur la tête. Et qui ne semblaient pas devoir prendre fin.

Dans l'arrière-boutique de leur Quartier général, c'est un vrai conseil de guerre qui se tient, au cours rythmé par les verres de thé qui circulent sans arrêt.

— C'est qu'il est temps… et grand temps de faire quelque chose… C'est à vous les hommes que je m'adresse ! Sinon, il ne me reste plus, à moi aussi, qu'à faire mes ballots, et à retourner au village…

C'est un Goor Yomboul tout renfrogné qui lève la tête pour fusiller leur compagne d'un regard assassin. Non… ce n'est pas la Coumba qui se permet maintenant de verser dans l'ironie ! Elle a bien dit *moi aussi*, leur compagne, celle-là qui les embaume quotidiennement de ses odeurs de poisson pourri.

C'est Samba galgal qui la coupe, comme pour parer à la catastrophe. Il revient pour la centième fois sur cet évènement qui semble avoir cassé quelque chose en lui, comme si le fait d'y faire allusion sans cesse devait en constituer une pommade adoucissante.

— S'il n'y avait que cette menace… Le problème, c'est qu'il joue aussi à nous piétiner jusque dans notre dignité.

Ce sont toutes les pensées qui convergent évidemment vers ce fait divers de ce fameux vendredi, et dont leur ami avait fait les frais, devant la grande mosquée de Keur Mbaye Fall.

— Ridiculisé ! – poursuit-il. Il m'a ridiculisé… en ce jour saint du vendredi, devant le monde entier.

Tous se souviennent encore de ce qu'il n'avait pu s'empêcher de leur relater le jour même de l'évènement, sachant qu'à la mosquée en général, il en est comme au marché, et que tout ce qui s'y passe finit dans toutes les oreilles. Ne dit-on pas de celui qui rend l'âme au marché qu'il est le propre héraut de sa mort ? Surtout quand il s'agit de quelqu'un de connu ? Il en est de même pour la mosquée… Ils n'en avaient pas cru leurs oreilles.

— Vous êtes bien sûr qu'il… qu'il s'agit vraiment de… de ça ? lui avait-on demandé.

— Comment que je suis sûr ?... Je vous répète qu'il était là, devant moi, parmi la foule de fidèles ! Avec sa face de cheval ! Et tout goguenard s'il vous plait, pour que je me rende bien compte qu'il s'agit bien de lui, le… le… Ce fou-là n'était pas un fou… Du tout !

— C'est que… çà paraît… çà semble dépasser l'entendement tout çà !

— Parce que vous n'étiez pas à ma place !

Il revivait encore une fois son début d'après-midi. Lui tout à l'aise dans son grand boubou bien amidonné, et à mille lieues de se rendre compte de ce qui le guettait. Et tout pressé de rejoindre le domicile de sa jeune épouse, pour y apprécier le plat de *maafé* qu'il avait fait commander exprès, en cette journée froide de *heug*... Soulevé, terrassé soudain par cette bourrasque, qui s'était mise ensuite à le malaxer dans cette mare boueuse comme du linge sale, et devant tous ces lâches à l'écart et bien à l'abri, se contentant seulement de crier au fou.

— Et... vous êtes sûr qu'il ne s'agissait pas d'un aliéné, Samba ? L'Asile de Thiaroye n'est pas loin, vous savez, lui avait rétorqué Koli.

— Çà suffit... Traitez-moi de con pendant que vous y êtes ! avait-il répliqué. Il fallait être là pour entendre ce fou rigoler à gorge déployée... et lever les bras en signe de victoire, après son forfait.

Quelques secondes pendant lesquelles c'est comme si on se met à méditer ces paroles... Puis :

— Vous savez fort bien qu'il n'allait pas rester les bras croisés après le coup du *yambaa*, et dont on ne sait toujours pas par quel miracle il a pu y échapper. Avec cet âne de chauffeur qui s'est fait pincer à Kaolack, alors qu'il était censé être attendu à Mbour... Notre homme a fort bien deviné d'où venait le coup. Le problème, c'est de savoir pourquoi c'est moi qu'il a ciblé, et moi seul.

— Hum... C'est ce que vous croyez, le coupe Koli. Rien ne nous dit qu'il va s'arrêter à çà... si ton hypothèse se tient...

Ils avaient depuis, longuement médité sur l'affaire... Un moment de silence. Puis, changeant de thème :

— Vous y croyez vraiment, à cette histoire de *yoolé*, vous ? reprend Koli Yang-Yang. Il faut être vraiment dingue pour offrir en sacrifice ses propres enfants, comme çà, si on en croit la rumeur.

Voilà que Goor Yomboul se décide enfin à sortir de son silence buté :

— Ou un vrai suppôt de Satan, Koli ! Tu oublies peut-être qu'il s'agit d'un ancien cocher. Combien de fois dois-je donc encore vous le chanter ? C'est son passé qui le poursuit, vous dis-je. Les cochers sont des êtres maudits de Dieu, pour avoir choisi comme gagne-pain de martyriser le noble animal qu'est le cheval. C'est à longueur de journée qu'ils s'appliquent à torturer cet animal aimé de Dieu. Souvenez-vous donc ! Lors de son Voyage nocturne, c'est *Albouraakh* que le dernier des Prophètes enfourchait. Un cheval ailé, et non un mulet...

— Hum...

— Ah mon cher Koli, dis, tu ne chercherais pas à nous faire avaler que tu es né de la dernière pluie quand même ? Hein ? Allons ! Qu'est-ce qu'on ne ferait pas pour en amasser toujours un peu plus, hein ? Ou pour nous protéger de l'adversité ? Han ?

— Oui ! Mais nous sommes tous musulmans… Nos croyons en Allah….

Un vrai hennissement chez l'homme tombé en faillite.

— C'est que tu ne sembles guère être bon observateur ! Ou alors, là, pour avoir du foin, tu veux jouer à l'âne. Va ! Et trouve-moi une famille, une seule famille de millionnaires ou de milliardaires je te dis, qui ne compte pas dans sa progéniture son petit cinglé ou son éclopé. Va et reviens me le signaler ! Et je te parle bien de chez nous, les musulmans… La richesse facilement acquise a toujours sa contrepartie. Toujours ! Tout comme l'érudition, le *kham-kham*, le Savoir… Chez tous les riches, chez tous les érudits, ce n'est jamais innocent.

Il a presque crié. Maalaw, le protégé de Koli en a oublié depuis un moment, d'interpeller le garçon chargé du thé pour le secouer. Son regard va de l'un à l'autre, tout ébahi, comme s'il évoluait sur une planète inconnue. Koli n'a pas envie, semble-t-il de suivre leur compagnon sur ce terrain, un tel langage n'étant pour lui que le prolongement d'un état d'esprit devenu dépressif depuis un certain temps. C'est comme s'il éprouve de la pitié pour Goor Yomboul. Ce dernier est décidément lâché. C'est à tout le groupe qu'il s'adresse :

— Dites-moi… Hein ? Qui ? Qui d'entre nous en est vraiment exempt ? Qui donc ? Quel est l'homme d'affaires qui ose affirmer, la main sur le cœur, ne s'être jamais adonné à quelque pratique inavouable dans le genre, édictée par son marabout ou son féticheur, pour atteindre quelque but ? Han ? L'homme d'affaires ou celui de la politique… On n'est pas des ignorants, Hein ! Qui n'est pas allé écraser ses œufs à quelque carrefour de son quartier au cœur de la nuit ? Hein ? Ou bien y prendre un bain tout nu, au risque d'être la proie des chiens errants ? Qui n'est pas allé déposer sur le bord de mer ses quartiers de viande de bœuf après que son marabout a prescrit et immolé pour lui un taureau tout noir, ou tout blanc, Hein ? – il attend, reprend son souffle – Hein ? Qui n'est pas allé enterrer vivant son petit ruminant dans sa cour, pour arriver à ses fins ? Qui ? Qui ? et je m'en arrête là… Car il y a pire !

C'est Coumba Fitna qui n'arrive plus à se retenir devant la fougue de leur compagnon, comme si elle aussi se sent morveuse :

— Oui… Oui… il est vrai qu'il n'est guère interdit de procéder à quelque offrande pour s'attirer la chance, améliorer son sort, ou se protéger et préserver ses affaires de la mauvaise langue ou du mauvais œil. Rien ne l'interdit. Tous les marabouts recommandent les offrandes… mais jamais jusqu'à sacrifier sa propre chair, ou les enfants des autres… Koli a bien raison… Pour nous musulmans, il y a des limites… Et quand on les franchit, c'est que l'on est tombé sous le pouvoir de *Cheytaane*.

Il est vrai, tous dans le groupe ont leur idée là-dessus. Ce n'est un secret pour personne. En la matière, tout le monde sait ce qui se raconte tous les jours. Tout le monde sait à quoi s'en tenir lui-même. Mais c'est la première fois qu'ils se sentent interpellés par une telle question. Pourtant, aucun d'entre eux n'ose s'exprimer à propos du Sage du Ndoukoumane.

— Vous croyez que son marabout de Gouye Salaam est le seul qu'il fréquente ? Vous savez… On peut bien avoir son marabout à soi, de ceux-là qui ne vivent que le Coran, les Hadiths, et les saintes Écritures, sans dédaigner cracher sur d'autres offres fort tentantes, de forces occultes comme celles des charlatans et féticheurs.

Koli Yang Yang est en train de regarder leur ami avec de drôles d'yeux, l'air de se demander où ce dernier voulait en venir. Voilà Goor Youmboul qui le coupe soudain comme s'il venait de lire dans sa pensée.

— Mais « courte queue se paie avec courte queue. » Ce salopard, je le jure, ne perd rien pour attendre – quelques secondes d'inspiration, puis sans relever la tête – vous tous, puisque vous avez choisi de rester là à attendre tranquillement votre tour, soit !... Moi…

« Courte queue se paie par courte queue »…

Œil pour œil… Ils avaient échangé des regards furtifs, se souvenant sûrement de ce conte dans lequel Bouki la hyène avait inventé le prétexte de sa propre vengeance, en étant allée confier à cette fermière, une veuve riche de ses troupeaux, ce caprin barbu à la courte queue, qu'elle est ensuite revenue nuitamment dérober, pour se présenter après coup le lendemain, afin de le réclamer…un prétexte digne de ce prédateur, pour se présenter chaque matin et réclamer sa courte queue jusqu'à… décimer le troupeau tout entier.

Courte queue se paie avec… Amalgame ou ignorance ? Ou alors, quelque souvenance de cette maxime que, tout jeunes, ils se lançaient, quand il s'agissait de rendre le coup reçu. Le plat froid de la vengeance. Une maxime qui en avait ainsi perdu toute son essence…

— Non… Non… Goor ! se secoue de nouveau Samba Galgal. Il ne s'agit pas de cela du tout… Au contraire. Tu sais fort bien qu'on y réfléchit chaque jour. Mais pas question d'y aller tête baissée… Une erreur, et tout se retourne contre nous. Et cet homme n'est pas du tout un idiot comme il en a l'air. La preuve : pas une fois le fisc n'est arrivé à lui mettre le grappin… Le tribunal du Travail non plus… Personne ne sait quel genre de tractations il fait avec eux. En tout cas, il n'est jamais inquiété, avec toute cette kyrielle d'activités et de personnels sous sa coupe… Pour un illettré, Dites ! Il y a de quoi réfléchir non ?

— Et je ne te contredis pas, Samba, reprend Koli… Même s'il y a son fils revenu d'Europe pour l'y aider… Mais cette présence aussi a ses limites… Depuis quand son immeuble de l'avenue Petersen s'est-il effondré ? Hein ? Trois morts au rez-de-chaussée, où les occupants ont reçu en plein crâne les locataires du premier. Deux mois déjà… Cette affaire est en passe d'être oubliée, et notre homme roule toujours, libre comme le vent !

— C'est çà… C'est çà… Mais demandez donc à notre chère sœur ce que notre mollesse est en train de nous coûter.

Coumba Fitna avait perdu tout espoir quant au marché du poisson sec, fumé et salé de Keur Massaar. Sur ceux de Thiaroye, et Mbao où elle avait cherché à prendre pied, les demi-grossistes l'avaient informée qu'ils travaillaient déjà avec les épouses Dione de Keur Massaar, dont les services ne leur avaient jamais fait défaut…car qui les ravitaillent en denrées de fort bonne qualité du sud du pays. Elle avait compris. Ailleurs dans la banlieue, à Pikine et aux Parcelles en particulier, elle s'était heurtée à une concurrence féroce, celle des *baol-baol* qui avaient investi le secteur. Elle avait commencé à réfléchir sérieusement sur une éventuelle reconversion.

— Qu'as-tu donc dans la tête, Goor ? l'interpelle en fin de compte Koli Yang Yang.

— Ce que j'ai en tête ?… Mais… utiliser ses propres armes, nom

353

de Dieu ! Oui… Et cette histoire de fausse disparition de sa petite dernière ne fait que renforcer ce que nous savions déjà, de la vraie nature de Borom Sarett… Il s'agit d'un homme qui ne recule devant rien pour préserver ses intérêts. Et puisqu'il en est ainsi – il se redresse enfin – même si je n'arrive pas à récupérer tout ce que j'ai perdu, lui ne l'emportera pas au paradis… Je ne le laisserai plus en paix… Plus jamais… Quitte à aller dénicher au plus profond des forêts du Niokolo ou du Kabrousse le plus exigeant des féticheurs.

Ce sont des expressions ambigües qui convergent vers lui…Hum ! Tant mieux… Tant mieux si, en réglant son propre problème, il leur réglait en même temps le leur.

28

Depuis le jour où il est venu assister à l'enterrement de sa victime, avec les intentions que l'on sait, Borom Sarett ne tenait plus en place. Il lui fallait y aller vite, très vite. Quelque chose lui disait que ce maître-chanteur là devait être beaucoup plus fin, beaucoup plus coriace et dangereux que le défunt directeur d'école. Oui. Il devait constituer un bien plus grand danger, lui qui a dû en entendre de tous les sons et en voir de toutes les couleurs durant sa carrière de bardé de cuir. La première fois qu'il les vit ensemble, Borom sarett n'avait pas hésité une seule seconde à en déduire qu'il y avait accointance entre les deux hommes. Ce ne pouvait être un hasard. Il existe sûrement, le hasard, vous confrontant avec les êtres et les évènements, heureux ou malheureux, comme il le désire. Mais dans le cas présent, ce ne pouvait être lui... Car, lorsque le principal personnage d'un évènement vécu il y a près de vingt ans de cela, à mille lieues de là, retrouve ensemble deux sieurs ayant vécu le même évènement, et au premier plan, au moment même où il subit un chantage de la part de l'un d'eux, il n'y a pas à aller chercher loin. Surtout quand on les voit se comporter comme deux larrons en foire. Deux complices. Deux fieffés comploteurs, deux vieux malins qui se sont retrouvés Dieu seul sait comment, qui ont retrouvé sa trace à lui, Dieu seul sait comment, et qui ont échafaudé ce plan du Diable pour venir boire sa sueur... Oui... l'autre avait sûrement laissé l'initiative au *moussé*, à l'ancien directeur, qui était venu en éclaireur, qui avait pris le temps de se renseigner, et qui avait décidé de se découvrir. Un vieux *golo*, le directeur Niang. Et qui n'avait jamais renoncé, semble-t-il, à le prendre pour un âne... Comme au bon vieux temps où il allait les trouver à leur école de Keur Birima, pour y faire lire ou rédiger ses lettres.

Mais depuis qu'il avait découvert l'existence de l'autre, le directeur Niang était passé au second plan. Même si en quelque petit coin de son cerveau, quelque chose se met toujours à clignoter quand il repense à lui et à son scénario. C'est que, avec ce nouveau venu, ce gendarme au crâne comme la noix d'anacarde, ce Yam's comme le nommaient ses compères, les choses allaient être fort différentes. Parce que les gendarmes, ce ne sont pas des n'importe qui... Ce sont des gens qui côtoient quotidiennement les voyous, voleurs, contrebandiers, et autres criminels de tout acabit. Cette coexistence, assurément, les forme et les aguerrit. À force de se frotter à toutes les histoires imaginables, il devient fort difficile de les berner. Ils s'y connaissent bien eux aussi, en entourloupes comme en matière de justice. Celui-là le lui a bien fait voir, et Dieu sait comment, lors des évènements de Tound... Cela n'allait pas être une mince affaire.

Mais il était coincé. Il fallait y aller vite, très vite, pour arriver à le prendre de court. Car la mort, bien que brutale du sieur Niang, n'ayant aucun caractère suspect, il ne doit pas se douter que lui, il sait.

*

* *

En fait, quand Makhtar, son préposé à la quincaillerie Gouye Salaam vient taper à la porte de communication, Diokel Dione est à mille lieues de se douter que les évènements allaient se déclencher plus tôt qu'il ne s'y attendait.

— Patron... Téléphone !

C'est en maugréant que le maitre de céans dépose sur la table le téléphone portable sur lequel il cherchait laborieusement, depuis de longues minutes déjà, à déchiffrer quelques repères, pour gagner d'un pas pesant le magasin. Le combiné attendait sur le comptoir, tandis que le préposé accroupi dans un coin, était occupé à fouiller dans une des nombreuses caisses entreposées là.

— Allah ! *Waaw* ?

— Vous feriez mieux de laisser Allah tranquille, Borom Sarett !

— ... ?

— Allo ? vous m'entendez ?

— Qui est là ? Han ?... Qui est là ?

— Peu importe Diokel Dione ! Retenez que c'est quelqu'un qui vous connaît, qui sait qui vous êtes et d'où vous venez... Vous me saisissez bien ?

— Mais... *Waaw*... Qui êtes-vous donc ?

— Quelqu'un qui sait tout de vous ! Êtes-vous sourd ?

— Que… Quoi… Écoutez Goorgui…

Il raccroche brutalement, pour prendre ensuite à témoin son préposé :

— Il y a des farceurs partout… Si ce goorgui pense que j'ai le temps de m'amuser… Bon…Et si jamais il rappelle, faites-lui savoir que je suis sorti… Vous le reconnaitrez ?

— Sûr Patron… J'aurais dû me douter… Il a été très impoli tout à l'heure en me parlant…

— Han ? Ça alors…

Il regagne l'arrière-boutique, tout en maugréant contre les enquiquineurs. À peine a-t-il repris place sur sa chaise que la sonnerie de son portable le fait sursauter.

— Allah !…

— Je viens de vous dire de laisser notre bon Dieu tranquille, Diokel Dione !

— M… Mais…

— Écoutez moi bien Diokel… ou Borom Sarett si vous préférez… Je n'ai pas de temps à perdre, parce que je suis pressé. Vous ne me connaissez pas, mais moi, je sais tout de vous… Vous souvenez vous d'un certain Massamba Niang ?

— Mais… Qui vous a donné ce numéro ? Han ? Qui ?…

Il entend son interlocuteur rigoler d'une voix crachotante.

— Non, mais, dites donc… Quand est-ce que vous allez laisser ces détails à la poubelle et me prêter l'oreille, bon Dieu ?

— Mais qui êtes-vous ? Qui vous a fourni ce numéro ? Que voulez-vous ?

— Ah… Enfin… On y est… Je reprends donc ma question : Vous rappelez-vous un certain Massamba Niang ?

— Massamba Niang… Massamba Niang… Il fait… Il fait quoi, ce…

— Vous l'avez connu à Tound Bouki…

— Comment ? Moi ? Où ça ?

— Il était directeur d'école…

— Heu… Directeur ?…

« Par Allah ! Le gendarme ! »

C'est bien le gendarme qui est en train de lui parler ! Le gendarme… Le nommé Yamar… Évidemment ! Impossible de reconnaitre sa voix, après toutes ces années. Bien sûr… Lui, Massamba

357

Niang, il ne connaît pas… Lui, c'est monsieur Niang tout court, qu'il a connu. Il lui revient alors que là-bas au cimetière de Thiaroye, il y a quelques jours déjà, pendant la cérémonie funèbre, le prénom avait dû être prononcé plusieurs fois pendant la prière… Il devait même être sur toutes les lèvres. Mais lui, avait bien autre chose en tête, juché sur son monticule, à quelques mètres de là entre les tombes, en train de fouiller la foule du regard. Massamba… Massamba… Ça avait tardé à venir… Il est vrai, les maîtres d'écoles n'ont que leur nom… Ils n'ont pas de prénom.

— Oui ! C'est bien çà… directeur…

— Heu… Oui… Oui… Je me souviens quelque peu.

— Quelque peu seulement ?

— Heu…

— Hé bien, il se trouve qu'il vient de décéder…

— Allah ! Allah !...

— Hé oui…

— Allah ! Allah ait pitié de son âme et l'accueille en son paradis… C'est vrai que je me souviens bien de lui maintenant… M. Niang…

— Hé oui… C'est un peu çà aussi, la vie… Nous tous, on attend notre tour…

— C'est la vérité… Que la terre lui soit légère ! Il laisse une grande famille ?

Un silence pesant du côté de son interlocuteur. Diokel Dione ne l'entend même pas respirer. Il est en train de se demander comment l'autre allait s'y prendre pour aborder son sujet.

— Vous n'étiez pas au courant de son décès ?

— Heu… Moi ?

— Oui…Vous croyez ? Pourtant, d'après ce que j'ai vu dans les affaires qu'il laisse, vous étiez en rapport il n'y a pas si longtemps.

— Ah ? Ses affaires ?

— Écoutez…Vous jouez à l'ignorant. Mais votre attitude me confirme que vous êtes bien loin d'être ce que tout le monde croit...

— Ha ? Quel est donc ce discours ?

Encore quelques secondes de silence. Puis :

— Nous étions amis Massamba et moi – le coupe l'autre dans ses pensées.

— Ha ? Vous étiez amis ? Mes condoléances à vous aussi, alors ! M. Niang… Je me souviens bien de lui… Un vrai maître comme on n'en voit plus de nos jours.

C'est comme s'il entend l'autre ricaner… Comment donc ! Un vrai suppôt de Satan ce Yamar… Se mettre à ricaner au moment où l'on évoque le décès de son ami…

— Vous m'appelez d'où Goorgui ? De Ndakaarou ? Il est décédé où, M. Niang ?

L'autre poursuit, sourd à ses interrogations.

— C'est moi que sa famille a chargé de gérer ses affaires.

— Ah ! Vous étiez de vrais amis alors… Parce que…

— Et c'est en classant ses documents, que j'ai découvert sur des coupures de journaux et des notes personnelles, bien des choses vous concernant.

— Heu… Han ? Des choses qui me… concernent… Moi, Diokel Dione ?

« Le coquin… Le menteur… Le fieffé menteur ! » – fulmine Borom Sarett. Il le revoit encore pendant ces journées terribles, avec ses attitudes de chien de chasse autour de l'épave du véhicule des cambrioleurs, ses va-et-vient incessants, furetant partout, avec ce comportement des jours suivants, et surtout sa hargne contre lui dans leurs locaux de la brigade de Keur Baara… Son instinct ne l'avait pas trompé. Il allait avoir affaire avec un vrai bouki…

— Oui… Beaucoup de choses vous concernant…

— Ha… Ha… Sur moi… Sur moi Diokel Dione… ?

— Oui ! Sur vous Diokel Dione… Vous savez, les maîtres d'école, ceux d'antan, ils avaient la bonne habitude de tout noter et de tout conserver. Même après la retraite… Déformation professionnelle… Ils notent tout. Leur emploi du temps de la journée, les numéros de téléphone, leur rendez-vous, leurs créances, et tout et tout… Et je sais, avec toutes les notes qu'il a laissées, que vous étiez bien en contact quelque temps avant sa mort… Et qu'il y avait quelque chose d'entendu entre vous, à propos d'un certain magot acquis dans des circonstances que vous connaissez fort bien, et qui a fait de vous l'un des hommes d'affaires les plus riches de la banlieue… je me trompe ?

Silence subit de l'autre côté.

— Vous savez fort bien de quoi je parle, Goorgui Dione… Inutile donc de tourner autour du pot et de vous demander comment Massamba a pu retrouver vos traces… Et pour en venir aux faits, il s'agit d'une mallette sur laquelle vous êtes tombé par hasard, à l'occasion d'un accident dont les victimes étaient des voyous… J'ai lu tous les journaux que Massamba a gardés. Ainsi que toutes ses notes sur cette affaire… Une valisette bourrée de billets de banque, par millions, et que l'on n'a jamais retrouvée malgré les recherches des gendarmes… Je me trompe ? Vous ne dites rien ?

« Le bouki ! » – fulmine de nouveau Diokel – *Malgré les recherches des gendarmes* ! Le suppôt de Satan !… Lui qui y avait si activement participé, et à sa façon… Lui son principal tourmenteur, son principal bourreau…

— Hé bien, si vous êtes devenu muet, j'espère que vos oreilles elles, fonctionnent toujours bien. Alors, ouvrez-les toutes grandes et écoutez bien ce que je vais vous demander de faire… Je sais que vous m'avez bien compris… La promesse étant une dette… sa famille attend… Et elle en a grandement besoin, avec cette disparition de son chef…

Il se met alors à parler, vite et longuement d'une voix saccadée, sans plus se préoccuper du silence de l'autre, dont le souffle bruyant lui parvient toujours, un souffle de plus en plus rapide… Avant de couper, il lui assène le coup de grâce :

— Ah ! Encore un détail dans les notes laissées par Massamba ! Saviez-vous que les enquêteurs se doutaient fort aussi que vous n'étiez pas seulement un voleur, mais que vous pouviez aussi être un assassin ? Hein ? Ils étaient convaincus que c'est vous qui avez achevé le seul survivant de cet accident avant d'emporter la valisette. Ils avaient bien relevé des traces de coups sur le crâne de l'un d'eux. Il y avait du sable dans les déchirures. Bizarre non ? Mais ils ont choisi de ne rien vous dire de cela, en attendant vos aveux pour le vol, craignant que cette autre accusation ne vous renforce dans votre refus de parler… Mais ils ne savaient pas à qui ils avaient affaire – un ricanement féroce pour ponctuer sa révélation, puis – savez-vous ce qui vous attend si toute cette saleté est déterrée aujourd'hui ? Hein ? Nos lois ne pardonnent jamais, pour les crimes de sang. Jamais ! Entendez-vous ? Vous ne dites rien ? Je suppose alors que nous nous sommes bien compris. N'oubliez pas alors. La famille de Massamba attend impatiemment, et elle en a fort besoin, de ce qui est dû à son défunt chef… À bientôt alors, *Serigne bi* ! Et n'oubliez pas mes instructions !

Après avoir marqué quelques secondes d'attente, mais sans réaction de l'autre, il coupe finalement la communication. Diokel Dione est encore là tout inondé de sueur, le portable minuscule dans sa large paume, longtemps après que l'autre a coupé. Sur son large dos, son basin bleu en a perdu sa couleur. Il continue de souffler bruyamment. Le regard est devenu fixe. D'une fixité inquiétante. *La famille du défunt... qui attend...* Quel fieffé menteur ! Un *détail...* Son fameux détail... *dans les notes de Massamba...* avait-il dit... Encore un pas et son homme se trahissait... car, il sait qu'il fallait être parmi les gendarmes pour être au courant de certains détails. À coup sûr. Et ces notes de Massamba comme il dit... ces notes de *moussé* Niang, ça ne devait être que du fictif... des inventions pures... Mais peu importe. Son échalas au crâne comme la noix d'anacarde, et qui se camoufle dans l'anonymat, ignore que lui, il sait qui il est, et qu'il l'a reconnu depuis longtemps déjà... C'est qu'il le prend vraiment pour un âne, ce Yamar, qui ignore aussi, comme tous les autres du reste, les vraies circonstances de la mort du directeur Niang... Heureusement !... Un autre avantage pour lui...

Ce coup de fil est venu non seulement perturber Borom Sarett, mais surtout accroitre son inquiétude quant à la suite des évènements. Car en fait, depuis le jour où il a assisté à l'enterrement du directeur d'école, il n'a cessé de faire le guet. C'est ainsi que plusieurs fois, et de nuit, il est venu roder sur les lieux, se camouflant sous divers aspects dans son port... Le grand boubou avec écharpe et bonnet gambien, le petit boubou avec chéchia, la djellaba avec houppe, et qui lui arrive jusqu'au pied... Une fois même, il est arrivé sur les lieux déguisé en maure. Évidemment, comme il en fut avec le directeur défunt, le véhicule, jamais le même, ne garait jamais au même endroit....mais aucune trace de son homme ! Comme s'il s'était évaporé...

Il y avait toujours du monde au domicile du défunt. Les cérémonies funéraires ici prennent plusieurs jours à se consommer. Les familles ont pris l'habitude de célébrer le troisième, le huitième, et le quarantième jour, pour des séances de récitation du Saint Coran, et de prières. Entretemps, parents et connaissances continuent de débarquer de partout, surtout des villes voisines et de l'intérieur du pays, au fur et à mesure que la nouvelle y parvient, pour la présentation des condoléances... Et parmi eux, beaucoup de maîtres d'école sûrement... En réalité, toutes ces cérémonies finissent par prendre l'aspect de vraies fêtes, surtout chez la gent féminine habillée comme au mariage ou au baptême, et dont le comportement va jusqu'à s'oublier dans de vrais éclats de rire, quand elle se retrouve en apartés dans de petits groupes…

Dans tous ces rassemblements, aucune trace du sieur Yamar. Ce dernier semblait s'être littéralement volatilisé. Plusieurs fois, l'idée que ce dernier s'était douté de quelque chose dans la mort brusque du directeur, lui avait traversé l'esprit. S'il en était ainsi, cela allait fort corser les choses… Pire, le danger serait encore plus grand pour lui. Une situation fort possible. Car dans leur métier fait de coups fourrés quotidiens, dans ces atmosphères de méfiance permanente, ces gens-là finissent toujours par acquérir comme un sixième sens qui se met en alerte dès que le danger se profile.

Rien, toujours bredouille, malgré ses va-et-vient, quelquefois en plein jour quand un surcroît d'inquiétude l'y poussait. Le grand dilemme pour lui : découvrir où le deuxième larron crèche. Un renseignement fondamental pour lui, car sans cet élément, il ne saurait où poser les pieds…

Jusqu'à ce coup de fil, sur le fixe de la quincaillerie d'abord. Sur son mobile ensuite, ce qui au départ, l'avait à juste titre bien surpris. Mais en réfléchissant un peu plus sur la position de l'homme, un ancien gendarme qu'il avait eu aussi à passer en revue le passé de l'homme. Comme tous ceux de ce corps paramilitaire, celui-là aussi avait dû rouler sa bosse un peu partout, depuis ses services dans le patelin du Sine. On sait que les gendarmes ne durent jamais trop à leurs postes d'affectation. Les tentations sont si nombreuses dans ce métier, surtout quand on prend des habitudes sur place, avec le temps… C'est comme avec les hommes de loi… Ce Yamar a dû parcourir le pays de long en large, d'affectation en affectation. Ce qui n'a pas que du mauvais. Avec ces déplacements permanents, on cumule de l'expérience surtout. Aujourd'hui, il doit être lui aussi à la retraite… Diokel s'est aussi souvent surpris à spéculer sur sa vie privée. Sûrement un polygame, contrairement à son compère défunt, un frileux comme tous les toubabs noirs. Par contre, chez ces hommes en tenue, à force de courir tous les coins et recoins du pays, on finit par céder. D'autant plus que partout, on croise des femmes qui raffolent de l'uniforme. Certains leur font des enfants au passage sans s'empêtrer dans les liens du mariage. D'autres cèdent à la tentation… Et puis, la retraite qui survient. Encore heureux si l'on a où faire dormir sa descendance. Mais cela ne suffit pas. Si l'on ne dispose pas de quelque affaire pour soutenir la pension, c'est le calvaire, surtout avec des épouses exigeantes. Et comme M. Niang, on finit par contracter de mauvaises habitudes, comme celles qui consistent à laisser le riz au lait ou le *fondé*, – la bouillie de mil – à la famille, pour aller se restaurer en cachette de brochettes et de côtelettes grillées de mouton chez les *maïgas* du coin… Et c'est tout repu, que…

Lumière ! La dibiterie ! Oui, chez le *maïga*… Une idée lumineuse qui vient de jaillir de son cerveau.

*
* *

Diokel est dans les lieux depuis bientôt un quart d'heure. Ceux que l'on nomme *maïgas* sont classés d'emblée chez les Haoussas, par l'imagerie populaire – Mais ici, il s'agit plutôt d' un restaurateur maure, un métis de noir et de berbère, qui l'a accueilli avec force salamalecs, se frottant sans arrêt les mains imbibées d'eau et de graisse sur une espèce de tablier dont même la décharge de Mbeubeuss ne voudrait. Le propriétaire des lieux avait tôt fait de lui offrir un tabouret, les deux longs bancs des lieux étant déjà presque entièrement occupés. Diokel avait aussitôt passé la commande, un montant de 5000 frs à lui tout seul. L'empressement du maître de céans à s'occuper de lui, lui avait fait penser qu'il devait faire exception en ces lieux, apparemment fort fréquentés.En attendant que sa commande qui grésillait déjà sur le gril arrive à point, il s'était rapproché de l'âtre, et en même temps du *maïga*. Il s'était plongé ensuite dans l'inspection des lieux.

Comme la majeure partie de ces gargotes, celle-ci a un aspect fort peu accueillant. À l'entrée, un rideau sans couleur, sale et repoussant, avec tout juste à côté, un fût de récupération auquel est soudé à la base un robinet sous lequel est déposé un grand bol de réception en matière plastique, déjà à moitié plein d'une eau gluante de graisse ; et par-dessus le couvercle du fût, une serviette,toute dégoulinante, faisant office de torchon. Les murs sont tout noircis de fumée, et l'atmosphère est quasi irrespirable avec la fumée des fagots s'exhalant de l'âtre.

Diokel est donc toujours plongé dans l'atmosphère des lieux, réfléchissant sur la façon d'aborder son sujet, quand le Maure profite d'un moment de vide pour se rapprocher de lui. Curieux et bavard comme tous ceux de sa profession :

— Un hôte chez nous, sûrement ?

— Hem… Ha… – cela démarrait mieux qu'il ne l'espérait – Oui… Oui… la famille d'un ami… Il vient d'être rappelé à Dieu…

— Ha… Sûrement notre directeur… Goorgui Niang…

— Oui… C'est bien çà… Un ami de longue date, Massamba…

— Ha… un homme bon et généreux… Tout Thiaroye l'a connu et le pleure encore…

— Oui… Il a toujours été comme ça… Dans leur profession, c'est fréquent… Ils sont souvent dévoués… – un court silence, puis, – Vous l'avez bien connu ?

— Goorgui Niang ? Ah… C'était un de mes plus fidèles clients… Il était là tous les soirs… Et il dépensait toujours beaucoup, M. Niang…

— Oui… Il n'avait pas changé alors… La poche toujours généreuse…

— Et un homme droit, digne de confiance… Je n'hésitais jamais à lui faire crédit, quand le mois était *loin*, contrairement à beaucoup d'autres qui sont tentés de changer de dibiterie dès que vous leur réglez leur problème… Mais lui…

— Nous étions très liés, Massamba et moi, bien que voilà cinq à six ans que nous ne nous sommes pas revus… Mais…

Voilà que le restaurateur interrompt l'échange, pour répondre à un client. Ce dernier est en train de râler sur la lenteur à être servi.

— Ça vient oui ou merde, Hé Bilal ? Ou bien tu préfères qu'on déménage ?

En bon commerçant, Bilal va pour quitter son hôte pour quelques instants, le temps de tranquilliser son monde, et de se pencher sur le gril pour retourner les quartiers de viande avec une longue tige métallique. La bonne odeur de viande grillée l'emporte quelques instants sur celle de la fumée âcre des fagots… Il revient ensuite vers son hôte qui reprend.

— Je ne l'ai pourtant jamais connu comme débiteur… Ces maîtres d'école sont si organisés…

— Ha… Ha… Vous savez, Goorgui, M. Niang était à la retraite, et il avait peu d'enfants qui travaillent…À la maison, ils sont nombreux à dormir encore du matin au soir, les garçons comme les filles…

— Oui je viens de les rencontrer tous pour leur présenter mes condoléances. Ils ont beaucoup pleuré en me reconnaissant.

— Ahan ! Et il n'avait pas encore fini de construire sa maison. Ils vont encore le pleurer longtemps, c'est sûr… C'est dur ce qui leur arrive…

— Oui, très dur…

— Mais vous savez, ce qu'il me doit, ce n'est pas beaucoup… Je peux patienter encore. Quand tout sera terminé, ils pourront sûrement me rembourser.

L'instinct, le sens des affaires qui reprend le dessus.

— Sûrement ! Mais vous savez, les funérailles d'aujourd'hui… Il y a tellement à dépenser. Les gens viennent de partout quand ils sont mis au courant, et la plupart du temps pour profiter de l'aubaine, l'occasion de trouver à manger et à boire sans dépenser pendant quelques jours… Alors quelquefois, on en sort même endetté…

Voilà Bilal qui décroche de nouveau, direction le gril, sous lequel les braises pétillent, histoire de faire patienter encore son monde. Lorsqu'il se rapproche de nouveau de son hôte du jour, lui qui a toutes les raisons de revendiquer avec sa grosse commande, et qui pourtant fait preuve de tant de compréhension, c'est négligemment que celui-ci, en voyant sa mine quelque peu pensive, lui fait remarquer.

— Mais une dette est une dette… Surtout celle que laissent nos parents défunts. Et la Religion est claire sur cela. Tous les musulmans le savent. Avant même de procéder à la prière des morts, l'imam doit interroger tous les prieurs présents, les éventuels créanciers en particulier, comme les débiteurs, qui doivent se déclarer avant le départ pour le cimetière. L'âme du défunt en a besoin pour résider en paix.

C'est comme une impression de regret qui s'affiche sur le visage de Bilal. Celui de n'avoir pas eu le temps de participer à la prière mortuaire. Les affaires ! Il avait préféré attendre le retour du cimetière pour se mêler à la foule, comme s'il avait été à l'inhumation. En réalité, comme tous ses parents maures, l'homme a toujours eu une peur congénitale de la mort et des cimetières… Et s'il se heurtait à quelque doute, voir quelque refus de la part des héritiers lorsqu'il se présentera à eux ? On ne l'a pas entendu se déclarer devant le cercueil, quand l'imam a interpellé la foule des prieurs.

Diokel le coupe dans ses pensées.

— Quand un défunt laisse des dettes, la religion recommande aux héritiers de vendre parmi les effets qu'il laisse derrière lui pour rembourser ses créanciers.

La mine de Bilal n'a toujours pas l'air satisfait.

— À moins que pour éviter tout cela, il y ait quelque membre de la famille, ou quelque autre parent ou ami pour prendre en charge tout cela, si le créancier ne renonce pas à ce qui lui est dû…Ce qui est son plein droit.

Voilà Bilal qui dresse l'oreille vers ce voyageur décidément prodigue. Vers lui seulement, car il n'entend plus les récriminations fusant des bancs.

— Des parents… Des amis… Justement…

Diokel est entrain de se demander si sa suggestion allait porter quelque fruit, quand lui parvient la réponse… Celle-ci le déconcerte au départ, avant de devenir comme une musique délicieuse.

— Thioube !... Thioube… Son ami Yamar Thioube… C'est vrai… Goorgui Niang et lui, chacun commandait toujours pour les deux…Toujours…

C'est négligemment que Diokel laisse tomber :

— Peut-être… Vous pourrez lui parler lui… s'il veut…

— Sûrement… Sûrement…Je ne le vois plus depuis quelques jours. Il est sûrement encore à son verger des Niaayes… Il y séjourne toujours plusieurs jours avant de revenir à Thiaroye… Je vais attendre son retour. Sûrement… Sûrement…

— S'il a les moyens…

— Les moyens ? Sûrement… Sûrement… C'est la saison des mangues, vous savez. Il revient toujours avec sa camionnette remplie de ce fruit et d'autres.

29

La L 200 est en train de rouler sans grande difficulté sur l'une des innombrables pistes sinueuses des Niaayes, creusées dans le sable des dunes depuis la nuit des temps. Avec ses quatre roues motrices, elle avance lentement, mais sûrement, sur le sol sablonneux et mou, écrasant les mottes de terre et les arbustes rabougris. Les Niaayes forment un écosystème qui se développe le long du littoral de l'Atlantique sur des centaines de kilomètres entre la presqu'île du Cap-Vert et la région nord, au sud de Saint-Louis. À l'origine, ce milieu naturel était une merveille pour les yeux. Dans les dépressions inter-dunaires, un échelonnement de véritables forêts-galeries, de palmiers, et quelquefois de palétuviers, avec toute une diversité d'espèces aquatiques où domine le nénuphar. Cette végétation y colonise les dépressions, là où affleure la nappe phréatique que les pluies d'hivernage alimentent saisonnièrement. L'homme s'est naturellement rapproché de ce milieu pour en tirer profit. Entièrement inondées pendant l'hivernage, les Niaayes voient leurs eaux régresser progressivement vers leurs bas-fonds avec l'installation de la saison sèche, libérant ainsi leurs berges qui présentent un espace humide à souhait, et très propice aux cultures arrosées de légumes. Une aubaine pour l'agriculteur comme pour le citadin tout proche. L'arboriculture y a aussi trouvé par la suite une bonne place, surtout quand les paysans du dimanche s'en sont mêlés.

Mais aujourd'hui, le milieu naturel des Niaayes est en train d'étouffer. Les années successives de sécheresse lui ont porté un premier coup. La nappe d'eau douce, de moins en moins alimentée par les eaux de pluie, a fini par subir l'agression du sel marin, et sa protection de filaos que le colonisateur avait eu le flair de faire pousser ici, pour fixer les dunes contre la force des alizés, a pratiquement disparu avec la présence de plus en plus dense d'une occupation humaine qui ne s'arrêterait plus. Aujourd'hui, le sable libéré et poussé à l'intérieur des terres par les vents maritimes, est en train d'ensevelir inexorablement ces dépressions inter-dunaires. Malgré tout, beaucoup continuent encore à s'y accrocher pour en tirer vaille que vaille quelques revenus. Le gendarme Yamar Thioube est de ceux-là.

Les informations tirées hier de Bilal le restaurateur n'avaient pas été d'une grande précision, mais elles étaient suffisantes pour guider Diokel Dione en ces lieux où l'on se perdrait facilement. Plusieurs fois, il avait croisé des âniers en train de s'acharner sur les vestiges d'une végétation qui jadis, fut sûrement florissante. Leurs indications n'avaient rien à envier à celles de bergers peuls, ces guides imprécis de la savane. « La niaaye de Khourou Leuk ? Vous y êtes presque. Là, tout droit…Vous voyez ce palmier là bas, plus haut que les autres ? Quand vous y serez, allez sur votre droite, il y a des bâtisses… »

Là, tout droit, c'était toujours quelques kilomètres de plus à parcourir. À moins que ce soit ces pistes sinueuses, et par endroit pas faciles du tout à pratiquer, qui lui donnent cette impression de mettre un temps fou pour se retrouver dans cet espace, dont il foule le sol pour la première fois. Maintes fois, la camionnette avait failli s'embourber en mordant sur les rebords argileux des bas-fonds, quand le regard de l'homme quittait la piste pour chercher à déceler quelque présence humaine.

C'est au moment où il s'y attend le moins que l'homme débouche sur la niaaye de Khourou Leuk. Khourou Leuk, c'est la Fondrière du Lièvre. Au sommet de la dune, la L 200 est venue surplomber sans avertir une espèce de plaine verdoyante, encore préservée semble-t-il, de l'action destructrice de l'homme. Elle compte plusieurs rangées d'arbres dont la disposition régulière lui fait penser qu'elles ne sont guère le fait de la Nature. Il était bien sur les lieux. D'ailleurs, de son observatoire, Diokel distingue parfaitement quelques constructions, des espèces de cabanes en dur, surmontées d'ardoises en rose ou blanc. Elles sont assez distantes les unes des autres, chaque verger devant en comporter une. Devant l'une d'elles, un groupe de femmes, une demi-douzaine, est assise en cercle avec à côté d'elles, comme des paniers et des calebasses. Diokel est en train de dénombrer les différentes bâtisses, lorsqu'il perçoit des voix derrière lui. Des voix de femmes. Elles semblent toutes essoufflées. Il les entend, lancées dans des commentaires vifs, alors qu'elles sont arrivées presque à sa hauteur.

— Tu vois. Je te le disais bien, il ne s'agit pas de la voiture du gendarme.

— Oui…Tu as raison…C'est que, avec la distance…Ils ne sont donc toujours pas de retour ?

— Ah ! Ce qu'ils peuvent nous coûter ces voleurs !

— De vrais ingrats ! Qu'est-ce qu'ils croient donc ces bandits ? Que les honnêtes gens se tuent au travail pour eux ?

Elles se mettent toutes à saluer ensemble, lorsqu'elles arrivent au niveau de l'homme qui les observait venir par son rétroviseur.

— *Aleykoum salam* ! leur répond Diokel.

Elles sont trois jeunes femmes à la fleur de l'âge, habillées de boubous courts en tissu Lagos, avec le pagne assorti. Leur col est tout imbibé de sueur. Elles ont quelque peu ralenti l'allure, et toute curieuses, la question aux lèvres :

— Vous venez pour les mangues, *Serigne bi* ?

— Heu…

— Il va vous falloir attendre encore, le coupe l'une d'elles. Les hommes sont allés à la gendarmerie. Ils viennent de capturer deux des voleurs qui pillaient les vergers ici, depuis quelque temps.

— Ah bon ! elles se sont carrément arrêtées, et elles l'observent avec des yeux tout curieux et comme envieux.

— Oui ! C'est le gendarme qui les a transportés dans sa camionnette…Les autres sont tous allés avec lui.

— Heu… le gendarme ?

— *Waaw* ! Yamar… C'est lui que vous venez voir ?

Diokel esquive la question tout en réajustant ses lunettes de soleil et en enfonçant un peu plus son bonnet gambien.

— Heu non… Je ne crois pas le connaître… Comment les ont-ils capturés, ces bandits ?

Ce sont toutes les trois qui s'y mettent pour lui parler ensemble. L'homme a malgré tout fini par comprendre. Depuis plusieurs semaines, les exploitants constataient que leurs vergers recevaient de la visite. Des malfrats qui attendaient la nuit pour venir s'emparer de tout ce qui avait muri. Régimes de bananes, citrons, et surtout la mangue. De guerre lasse, les hommes ont décidé de leur tendre eux-mêmes quelques pièges. C'est ainsi que, plusieurs nuits de suite, ils sont restés à l'affût dans les cabanes, mais sans résultat. Pas de gardiens alors ? Des gardiens ? Si ! Chaque propriétaire en a. Des saisonniers sérères surtout… Mais vous savez… Ces gens-là adorent fréquenter les vendeurs de *bounouk*… Quand ils reviennent de chez ces exploitants de vin de palme, ils n'ont pas autre chose à faire que de roupiller… Alors… Les propriétaires ont eu beau en chasser, les remplaçants se révèlent pires. Tous viennent encore d'être remerciés. Ces malfaiteurs devaient être en tout cas bien informés. Ils ont changé de tactique en opérant aux heures de la sieste… Mais, c'était sans compter avec le flair du gendarme. Ils ne savaient sûrement pas que son travail, c'était de faire la chasse aux malfaiteurs. Finalement, ils ont réussi à mettre le grappin aujourd'hui même sur deux jeunes hommes de l'ethnie peul, après une longue course poursuite à travers la *niaaye*. « Ouf ! Ceux de Khourou Leuk vont enfin pouvoir respirer… Pour le moment. » terminent-elles. Maintenant, elles attendent toutes ici leur retour, elles et leurs compagnes assises là-bas, pour se ravitailler en mangues.

L'une d'elles en profite pour glisser :

— Mais c'est qu'il se fait tard… Si au moins ils revenaient maintenant…Vous pourriez nous raccourcir le chemin, Goorgui, n'est-ce pas ? Nous sommes de Yeumbeul…

— Si vous allez de ce côté du moins…, ajoute une autre.

— Heu… oui… On verra… *Dieureudieuf,* mes filles !

Diokel les observe dévaler la dune vers la dépression où les attendent leurs compagnes, en se disant que c'étaient là de bien braves femmes. Elles devaient quitter leur village sûrement de bonne heure pour prendre les transports en commun jusqu'à trois, quatre kilomètres de leur destination, et faire le reste du chemin à pied. Elles ne doivent rien envier à celles de Tound, en matière de courage, conclut-il.

Il patiente encore deux ou trois minutes seulement, le temps que les bonnes femmes arrivent à destination, puis il met le contact pour amorcer une marche arrière. Ces messieurs partis pour le poste de gendarmerie pouvaient revenir d'un moment à l'autre. Et lui, en savait déjà assez sur la conduite à tenir. Avec un peu de chance, il aurait son homme.

*
** *

La chance, encore une fois, devait être du côté de Borom Sarett. Il avait roulé sur près de cinq cents mètres avant de sortir de la piste, et de repérer une sorte de bosquet au flanc duquel il gara la camionnette, pour sortir ensuite et repérer les lieux. Puis il se décida à attendre, patient comme un ascète.

En cette fin d'après-midi du *thiorone,* la saison pré-hivernale, la température reste pourtant encore supportable. C'est un soleil éclatant qui règne sur les lieux. Les quelques cumulus venant de l'océan tout proche n'arrivent à rompre le charme que pour quelques instants, en projetant en passant, leur ombre fugace sur le sol. Le ciel reste encore d'un bleu pur malgré l'approche de l'hivernage.Installé au volant, à l'ombre du bosquet, l'homme est en train d'observer d'un regard distrait la gent ailée évoluer, libre comme le vent. Au dessus du paysage, bien haut dans le ciel, les éternels éperviers dans leurs évolutions en spirales, sans le moindre signe de coups d'ailes, là où les courants ascendants leur permettent de défier les lois de la Nature. Des oiseaux de proie qui se permettent de temps à autre quelques pirouettes et courses poursuites dans les airs, pour le plaisir sûrement, avant que l'un d'eux amorce sans avertir quelque piqué vers la terre, à une vitesse fulgurante, pour accomplir ensuite, à quelques mètres du sol, une remontée tout aussi rapide. Tout autour de lui, des voisins d'une toute autre taille, pigeons sauvages, bergeronnettes et mange-mil, avec deux ou trois autres espèces, qu'il ne reconnait pas. Sur plusieurs branches des arbres et arbustes, se balancent des nids minuscules à côté desquels des nuées de passereaux viennent se poser, brindille au bec, avant de s'approcher par petits sauts, prudents en diable, pour un coup d'œil à l'entrée du nid. Une fois même, un couple de corbeaux est venu se percher sur le capot de la camionnette pour s'y livrer ensuite à un bavardage effréné, agrémenté de coups d'ailes rageurs, avant de découvrir sa présence et de décamper aussitôt à tire d'ailes.

Des instants quasi magiques, dans ce lieu désert où les pépiements des oiseaux n'arrivent pourtant pas à briser le silence. Des instants qui ramènent l'homme à vingt ans en arrière. À un jour, un certain après-midi où, brisé par la fatigue, paresseusement adossé à son *Kaadd,* sur cette butte surplombant cette Route du Diable, il avait été tiré de sa somnolence bienfaisante en cette journée harassante, par ce fracas terrible annonciateur de mort... et d'aubaine... Tound... Tound Bouki... La butte de la Hyène... En cette heure-ci, tout le monde était déjà sûrement rentré des champs. Hommes, femmes et enfants, puisque c'est le temps des défrichages et des travaux préparatoires. On avait déjà dû débroussailler et faucher les tiges de mil et de maïs laissées là par la dernière récolte, et un peu partout, les tas de cendres devaient attendre d'être éparpillés, s'ils ne l'étaient déjà. À cette heure-ci, les hommes devaient sûrement en être aux conciliabules derrière la mosquée, comme toujours après la dernière prière de l'après-midi, autour du vieux Ngotti pliant aujourd'hui sous le poids de l'âge. Son monde de fidèles avait dû grossir depuis, avec l'extension du village... Diokel se sent soudain fier de lui-même. Grâce à lui, le jonc et le chaume avaient laissé leur place à quatre murs bien en dur ceux-là. Une ébauche d'une mosquée que l'on voyait déjà majestueuse, et que ceux de Keur Baara et de keur Birima devaient envier déjà à Tound.

C'est en ce moment justement qu'il lui vient à l'esprit qu'il n'avait pas encore accompli ses deux prières de l'après-midi. Et c'est avec des gestes fébriles qu'il s'empare de la bouteille sur le siège arrière, et qu'il s'extirpe rapidement du véhicule. Aller vite faire ses ablutions et se tourner vers la Qibla.

*
* *

C'est sur les coups de 23 heures que Diokel quitte sa retraite après s'être débarrassé de son cafetan laissé sur le siège avant, et avoir bouclé toutes les portières du véhicule. Il fait un noir d'encre tout autour de lui, avec quelque légère nuance entre les dunes qui l'entourent, dont le blanc se devine, et le noir quasi-total là-bas dans la dépression. Mais pas une seconde, il ne pense sortir la lampe torche qu'il s'est fourrée dans la poche de son petit boubou, par réflexe, en sortant du véhicule, et qui lui bat les cuisses dans sa marche. En homme qui s'y connaît, chaussé de sandales plastiques munies de crochets, l'homme arrive bientôt à la limite de la dune pour s'y accroupir aussitôt. Il se met ensuite à fouiller du regard l'obscurité ambiante, concentrant tous ses efforts du côté des bâtisses. Il arrive ainsi à distinguer après quelques longues secondes les formes de deux camionnettes. C'est avec un grand souffle de satisfaction qu'il se dit qu'il ne s'est pas trompé… Tout à l'heure, peu avant le crépuscule, il avait bien perçu le bruit lointain d'un moteur, et en avait déduit que les fermiers étaient de retour du poste de gendarmerie. À partir de ce moment, il était resté aux aguets et tout ouïe. Il n'avait pas entendu de nouveau d'autre bruit de moteur jusqu'au moment où il s'est décidé à quitter sa retraite. Les jeunes vendeuses de fruits avaient, elles, sûrement renoncé dans leur longue attente, avec le crépuscule qui approchait…Son homme, de même que le propriétaire de l'autre véhicule devaient donc sûrement dormir ici cette nuit.

Maintenant, la piste devenue moins sablonneuse lui permet de progresser plus rapidement. Toujours pas de trace de lièvres, en cette Fondrière du Lièvre. Diokel n'éprouve pas en réalité de grande crainte d'être repéré. À cette heure-ci, en ces lieux isolés, tout le patelin doit être au lit. Ici en premier lieu, où ces gens-là qui venaient d'être payés, de retour après plusieurs nuits de chasse à l'homme, doivent goûter au repos bien mérité du guerrier, l'esprit tout tranquille. Pas de bruit particulier, pas d'ombre mouvante, pas d'aboiement de chien. Seulement quelques jappements au loin, par à-coups, probablement de chacals ou de singes, ou encore le léger bruissement du vent à travers le feuillage des arbustes. Pas un obstacle. Il parvient ainsi auprès de l'une des camionnettes, celle qui l'intéresse, ayant bien localisé déjà la position précise de celle qu'il avait aperçue là à son arrivée. Il parvient ainsi à reconnaitre une vieille 504, puis, sans plus tarder, se rapproche de la porte de la cabane, à deux mètres de distance. C'est en s'en rapprochant à pas de loup qu'il perçoit le ronflement. Un ronflement sonore, lourd et profond, qui lui fait lâcher encore une fois un ouf de satisfaction. Son bonhomme est en train de payer en retour tous ses efforts de la journée. Le sommeil du juste. La torche ! Pourquoi pas ? Il se met à se fouiller, extirpe la petite lampe et l'oriente vers le cadre rectangulaire. Un jet bref, tel un flash. Mais il lui suffit pour se faire une idée. Il s'agit d'une porte en bois. Des planches plaquées sur des morceaux de contre-plaqué, de façon rudimentaire, le trou d'une serrure qu'il reconnait bien puisque le genre trône dans toutes ses quincailleries. Il n'y a pas de loquet. Du matériel chinois de fort basse qualité. Il se rapproche un peu plus pour se retrouver le nez contre le bois qu'il se met à tâter le cœur battant, avant d'y exercer une légère pression. Elle se décolle légèrement du chambranle, créant un mince espace où même le doigt peut s'insérer. Un obstacle dérisoire. Évidemment – se dit-il –, les portes de qualité en ces lieux-ci, seul un ignorant penserait les installer. Les maraudeurs ne sont pas attirés uniquement par les produits des vergers... De nouveau, une pression sur la porte. Il est quasiment branlant en réalité. Derrière elle, le ronflement, toujours régulier, toujours aussi profond, à la limite agaçant...Alors...Une brusque poussée avec l'épaule. La serrure cède plus facilement qu'il ne l'espérait... La torche, vite ! La lumière jaillit de nouveau, vive et crue. Elle inonde le visage du dormeur qui vient de se secouer. Il s'est redressé, à moitié couché, le buste soutenu par un coude. Le bras libre à l'intérieur du drap, est en train de fouiller dedans à la recherche de quelque chose. Puis une voix grincheuse.

— Qu'est-ce que c'est que ?

À la vue de ses petits yeux clignotants d'étonnement, Diokel sent soudain une colère sourde l'envahir, telle la vague sous la tempête. Une rage folle. En deux enjambées, il est auprès de sa proie, la surplombant de sa grande taille...

30

C'est au cœur de la nuit qu'il est de retour à Keur Gouye Salaam. Il est tout titubant. Tel un automate, il se dirige vers la pièce réservée à Founé. Un mince filet de lumière filtre sous le battant. La lumière d'une bougie... comme pendant toutes ces nuits qui ont suivi la disparition de sa petite fille. Sans la moindre précaution, il se met à gratter, puis à chuchoter.

— Founé... Founé...

Pas de réponse...

— Founé... Réponds-moi...

Toujours pas de réponse.

— Founé ! Je sais que tu ne dors pas... J'ai à te dire... Ouvre-moi...

Puis il se tait et attend. Il a le souffle fort, tout bruyant. Quelques longues secondes d'attente, puis comme de légers frôlements à l'intérieur de la chambre, suivis de pas feutrés de pieds nus qui s'approchent... Puis la voix aigrie et étouffée de la troisième épouse, à travers la porte.

— Qu'est-ce que tu me veux ?

— Te parler... Ouvre donc Founé...

— Je t'écoute...

Un long silence qui suit ensuite. La respiration de l'homme est devenue presque haletante. La jeune femme perçoit le souffle bruyant à travers la porte. Elle sent la pression monter chez son époux. Puis de nouveau, la voix sourde, chargée de rage :

— Si tu ne m'ouvres pas, je défonce la porte, et gare à toi...Peu importe si tes enfants et toute la concession se réveillent ! Ouvre ! Ouvre donc !

Founé hésite. Elle est en train de réfléchir. Depuis le scandale qu'elle avait déclenché, il y a trois semaines déjà, la jeune femme est restée cloitrée dans un silence inquiétant. Elle ne sort plus, n'accepte d'ouvrir la bouche que lorsque ses visiteurs insistent, et elle garde les yeux perpétuellement humides. Évidemment, plus de tour de cuisine, plus de tour conjugal aux côtés de son *salopard* d'époux. Gnilaane, la première épouse, est la seule à qui elle accorde quelque concession. Mais c'est à peine si elle accepte de goûter aux plats que deux fois par jour elle lui présente. Dès le crépuscule, Founé rassemble sa progéniture, et elle s'enferme à double tour avec elle. Et aussitôt l'ampoule éteinte, c'est une autre lumière moins vive qui se met à filtrer sous la porte... Un comportement teinté de rancune, de honte, ou de... regret... mais toujours dans la douleur...

Diokel entend enfin la clé tourner dans la serrure. Avec un immense souffle de satisfaction, il voit la porte s'entrebâiller. Une bougie est en train de se consumer au centre de la pièce. Founé est voilée. Elle tient un chapelet à sa main libre. L'homme lui agrippe aussitôt le poignet.

— Qu'est-ce que tu me veux ?

— Viens !...Viens !...

Il a les yeux hagards. Il sent fort la sueur et les feuilles de plantes écrasées. Son souffle puissant lui inonde le visage. Elle croit avoir compris. Il l'a déjà tirée dehors pour l'entrainer dans l'arrière-cour. C'est à peine si elle se débat. La claustration prolongée semble lui avoir ôté toute énergie. Ils ont laissé la porte de la chambre toute béante, sans se soucier des enfants allongés sur la natte et de la flamme de la bougie qui vacille. Elle sait que toute forme de résistance est inutile. Mais elle continue de se débattre, sans un mot, sans une plainte, ses petits doigts fins uniquement, tentant comme pour la forme, de s'insérer entre ceux tout rugueux de l'homme et son frêle poignet.

Le couple est arrivé sous la hutte dans l'arrière-cour, l'homme traînant littéralement la femme derrière lui, sans déranger le moins du monde les chevaux et le petit bétail prostré là dans un sommeil tranquille. Légère tentative chez l'épouse, qui tente, comme qui dirait, de se rebiffer. Simple torsion du bras qui cherche à se dégager, aidé de l'autre. Quelques simples grognements, plutôt des gémissements étouffés.

— Lâche-moi !... Lâche-moi... Mais qu'est-ce que tu me veux ? Qu'est-ce que...

Elle le devine fort bien. Les deux bras vigoureux qui la saisissent aux épaules, et par derrière pour la forcer à se plier ne lui laissent plus aucun doute... Et c'est d'un œil indifférent qu'encore une fois, les bêtes assoupies du corral assistent à cette gymnastique singulière, dont elles ont toujours cru qu'elle n'est réservée qu'à eux seuls, les quadrupèdes.

*
* *

La séance de récitation du Saint Coran de ce jour ressemble à tous les autres. Avec cette différence que celle-ci se déroule l'après-midi. Car, cette nuit là, après s'être assouvi comme rarement cela lui est arrivé, l'homme est allé regagner sa chambre en se traînant, pour se laisser tomber comme une masse, tout habillé sur son lit. Il avait plongé aussitôt dans un sommeil de plomb. Et seul dans sa chambre, il avait ainsi raté la prière de l'aube, après laquelle il aurait pu avertir le maître d'œuvre, le maître coranique… Ni Gnilaane, ni Dégueune n'avaient en effet accepté de remplacer leur coépouse à ses deux nuits de tour conjugal, que cette dernière avait pris le parti de bouder depuis ce jour mémorable du scandale. Personne donc à ses côtés pour secouer le maître de céans avec les coups de coude habituels destinés à le faire se lever, chaque fois qu'il reste sourd à l'appel du muezzin, ou à l'alarme de son téléphone portable. Il s'était réveillé fort tard alors, aux voix bruyantes des cochers qui sortaient les chevaux. Et c'est avec un grand dépit qu'il avait fait le constat : il avait raté la prière de l'aube. En traversant la cour en direction du coin réservé aux latrines, il s'était dit que les autres, fort heureusement, n'en sauraient rien, puisque d'habitude, il regagne toujours le lit au retour de la mosquée. Les autres, excepté Founé.

Il avait fait envoyer ensuite chez le maître coranique, pour un rendez-vous l'après-midi avec lui et ses apprenants. Mais pour cette séance-ci, tout le monde n'avait pas à l'esprit les mêmes motivations. Pour tous les autres, cette quatrième séance de récitation du Coran en un seul mois était dédiée à la petite Thioro, une énième cérémonie d'exorcisme destinée depuis sa disparition à faire barrage à la mauvaise langue, et à s'attirer les faveurs du Tout Puissant afin qu'elle soit retrouvée saine et sauve, et qu'elle revienne enfin au foyer. Oui… Mais pour le maître de céans, cette réunion-ci, c'était pour bien autre chose. Comme après le règlement du compte du maître d'école, le directeur Niang, une pulsion profonde irrésistible s'était emparée de son être. Et après elle, le besoin de se purifier, de se réconcilier avec sa propre conscience ou avec son Dieu, avec Allah. Se tourner vers la Qibla après le bain rituel, pour toujours deux *raakas*, deux génuflexions suivies de longs moments de méditation, chapelet en main…Ensuite, faire retentir toute la concession de versets du Coran, comme pour se noyer dans ce cérémonial, lui, tout son cerveau, tout son être, afin de se laver de l'acte qui vient d'être perpétré.

La cérémonie d'aujourd'hui a attiré beaucoup plus de monde que d'habitude. En effet, une bonne partie du voisinage, de ceux-là qui, dès le petit matin, montent en ville pour y aller tenter leur chance, est à cette heure-là de retour. Plusieurs d'entre eux ont intégré aussitôt le groupe de récitants, suscitant par là même, bien des coups d'œil courroucés de bien des talibés.Ce serait des pièces de monnaie en moins pour eux, puisque la tradition est de toujours se partager à chaque fin de partie les billets du maître de maison, convertis en des centaines de pièces.Et bien entendu, en cette occasion, plus il y a de récitants, moins il y a de pièces à empocher. D'autant plus écœurant qu'il arrive souvent à certains apprenants à l'oreille fort avertie, d'avoir des raisons de douter de la véracité de la lecture bien bruyante de quelques-uns de ces intrus assis là, et se dandinant à volonté à leurs côtés. Mais personne n'y pouvant rien, – le maître coranique en premier lieu –, on ne peut que s'y plier, tout en vouant aux gémonies ces faux croyants, et en laissant à ces tricheurs, la responsabilité devant un bon Dieu à l'oreille fort attentive.

Toujours le même scénario : délégation des fidèles de la mosquée, défilés ininterrompus de femmes du côté de l'arrière-cour, voisins ou simples passants, et nuées de petits mendiants attirés par l'aubaine. Décidément, la disparition de la petite Thioro ne faisait pas que faire couler des larmes.

Diokel Dione lui, est toujours là, sur sa chaise longue, devant son bâtiment à lui, les yeux clos, son immense chapelet en main, dans sa posture habituelle, mi couchée mi assise, et qui donne tant de relief à son ventre rebondi. Avec toujours ouvert devant lui, le vieux livre aux pages jaunies du Saint Coran de son paternel… Ses grands pieds reposant sur le sol arrivent à peine eux, à entrer dans ses sandales en simili cuir.

La cérémonie prend fin par la longue tirade habituelle de la récitation finale par l'un des apprenants, adjoint du maître coranique, puis par le discours traditionnel de ce dernier. Le tout est ponctué par d'interminables « Amine ! », agrémentés de crachats sur les mains, essuyés ensuite sur le visage. La randonnée de pièces de 100 et 200 francs suit ensuite, dans un silence tout aussi religieux. Puis, par petits groupes, tout le monde va se retrouver autour des calebasses et des bols gigantesques de *laakh,* la bouillie de mil au lait caillé.

Le maître de céans ne se restaure pas lui. Il est toujours plongé dans sa prière sourde et interminable. Du moins, le croit-on. En réalité, il est en train de jubiler intérieurement. C'est une espèce de paix indicible qui l'habite. Une satisfaction immense. Celle d'avoir pris enfin la revanche tant souhaitée, et que le sort lui avait apportée au moment où il n'y croyait plus.

*

* *

C'est une autre envie, folle celle-là, qui le pousse en fin d'après-midi à prendre la route de Sangalkam. Dès après la prière de l'*Asr,* celle du milieu d'après-midi, le voilà qui s'empare de son trousseau de clés. La cérémonie de récitation du Coran a pris fin il y a une demi-heure à peine. Gnilaane et Dégueune ont mobilisé les plus grandes des filles pour ramasser calebasses et bols, et débarrasser la cour des grandes nattes qui avaient accueilli les récitants, l'esprit déjà tourné vers la préparation du couscous du soir. Elles n'avaient pas manqué de le rappeler à tous ceux-là qui y avaient participé. Founé elle, avait déjà quitté le seuil de sa porte où elle est restée bien visible pendant toute la séance, le visage voilé jusqu'aux yeux, son minuscule chapelet en main. Quant à Tékhey, il n'avait pas été de la partie aujourd'hui.

Aujourd'hui non plus, la petite Thioro n'est pas là pour s'accrocher à son boubou. Diokel en ressent comme un petit pincement au cœur en s'installant au volant, temporisant quelque deux à trois minutes, le regard fixé sur une cible invisible à travers le pare-brise, avant de mettre le contact.

Sous le ciel lourd de ses nuages bas d'hivernage, il file sur la Nationale 1, la vitre complètement rabaissée, recevant de plein fouet le vent tiède du *thiorone.* Et cela lui fait du bien. Bientôt la bretelle de Rufisque, l'ancienne Rio Fresco des Portugais, la vieille ville sale aux eaux nauséabondes de son fleuve défunt. En passant le petit pont du carrefour pour opérer un virage sur la gauche, il se dit que tous les politiciens de cette localité qui se crêpent le chignon à longueur d'année, et qui se tirent dessus sans répit, pour se faire élire Édile de cette ville, devraient finalement être classés parmi les gens cinglés. Car, c'est bien des toiles d'araignée qu'il faut avoir sous le crâne, pour prétendre rendre cette ville propre et ses habitants heureux. Et pour ne pas se rappeler le passage ici, d'hommes de bien plus forte trempe, qui se sont donné corps et âmes, bien avant eux, sans pourtant arriver à rendre accueillante une cité qui a pourtant la chance de se situer sur la côte, et d'être baignée par la mer.

Rufisque, Keur Daouda Saar, Keur Ndiaaye Lo, Ndiaakhirate, et enfin Sangalkam. Il fait plus clair, moins chaud et moins bruyant à mesure qu'il s'approche du patelin de Rougui Diallo. Depuis la disparition de la petite Thioro, et après sa proposition de consultation de la devineresse, cette grand-mère de Nafi, la jeune fille peule vendeuse de lait caillé, celle-là « qui voit sur l'eau », il était venu trois fois à Sangalkam dans l'espoir d'entendre de bonnes nouvelles. Curieusement, chaque fois qu'il a été sur les lieux, il n'a jamais osé faire un pas pour aborder le sujet. Et tout aussi curieusement, Rougui n'avait plus fait allusion à sa démarche à elle, proposée quelques semaines plus tôt. Par contre, c'est Maïna, toujours elle, qui les forçait à y revenir.

— Tonton… Tu m'avais promis la dernière fois ! – ou encore – Tonton, tu m'emmènes avec toi après ? J'ai gardé une poupée pour Thioro… Une belle poupée peule.

La fillette avait bien remarqué, lors de la dernière visite de Tonton. Sa maternelle avait les yeux tout embués, quand elle s'est mise à insister. Et Tonton aussi avait eu l'air si triste de son côté. Elle les avait observés à la dérobée sans comprendre… Le visiteur répondait à chaque fois, sans la regarder :

— La prochaine fois, sans faute, Maïna… C'est d'accord ?

Tonton ne faisait plus allusion à son éternelle dot, et à ses quelques cheveux blancs qu'elle se ferait un devoir de lui arracher un à un, après leur mariage futur… Ni aux bons petits plats qu'elle lui mijoterait chaque soir… Ni à ses pieds fatigués qu'elle lui laverait avec le plus grand soin chaque fois qu'il serait de retour du travail… Surtout, sa maternelle et l'invité ne rigolaient plus comme avant, selon leur vieille bonne habitude… Et Tonton ne venait même plus aux heures de repas…

Diokel Dione est là avec son amie Rougui la Peule. Celle en présence de qui son cœur reprend ses battements réguliers, celle dont la présence lui fait oublier cet environnement si hostile dans lequel il baigne depuis une éternité, et dont elle est à mille lieues d'avoir le moindre soupçon d'existence. Les coups fourrés du clan Galgal. ce maître chanteur ancien maître d'école venu remuer toutes ces puanteurs dans son passé… ce gendarme, ce Yamar, l'homme à la tête comme la noix d'anacarde, et qui avait fini par cracher le nom et l'adresse de son autre fieffé compère, dont il va devoir s'occuper bientôt. Sans parler de ces tracasseries quotidiennes que lui font vivre tous ces employés véreux, les chauffeurs et les cochers surtout, sans parler d'un Tékhey au comportement de plus en plus bizarre, depuis que la disparition de sa sœur a transformé Keur Gouye Salaam… Surtout… Surtout.

— Puis-je faire quelque chose pour vous, mon ami ?

L'interpellation de la jeune femme le prend par surprise. Faire quelque chose pour lui ? Et quoi donc ? Au fait, il avait pris le volant pour venir jusqu'ici pour quoi faire exactement ? Quelle espèce d'autre secours peut-il donc attendre de la belle jeune femme peule ?

— Heu… De repos… C'est seulement un peu de repos qu'il me faut.

Le cœur n'y est pas. Tous les deux le sentent. Les cours de conduite sur les sentiers cahoteux entre les haies des champs et des vergers, les leçons laborieusement apprises sur ces téléphones portables, tout cela n'est plus évoqué depuis. Là, c'est leur instinct qui avait parlé. Quelle indécence cela aurait été, s'ils s'étaient repris à tripoter ces touches multicolores de ces petits engins, ou à se mettre à louvoyer sur ces pistes, les mains tremblantes au volant, au moment où la petite Thioro… Non… Allah n'aurait pas permis.

— Là bas, on n'a jamais la paix… Jamais ! Les gens font le défilé à tout instant pour venir remuer tous ces malheurs, remuer le couteau dans la plaie, tout en sachant que leur présence n'est d'aucune utilité pour vous. C'est à croire même quelquefois, qu'ils ne sont là, que pour se réjouir intérieurement de ce qui vous est tombé sur la tête.

— Ah… Quelle ignominie ce serait, mon ami !

— Tous des hypocrites, Rougui ! Tous !Je vous le dis.

Ce genre de récriminations revenait souvent dans leurs conversations, ces temps-ci. Pour Rougui, c'était le désespoir qui rongeait le cœur de l'homme, au point de le rendre si amer. Elle ne pouvait alors que se réfugier dans ces mots :

— Il nous faut continuer de prier… Toujours prier… Dieu ne reste jamais sourd aux prières sincères de ses sujets.

— Oui… Oui… Cela est vrai.

Aujourd'hui encore, elle a vite fait de changer de sujet.

— Vous n'avez pas utilisé votre hamac depuis, *Alaadji*… Il n'y a rien de plus reposant pourtant. N'est-ce pas ? En attendant, je vais vous préparer du thé à la menthe.

Lorsque son homme consent enfin à prendre congé, il fait déjà bien sombre… Il n'a pas accepté aujourd'hui non plus de rester diner.

*
* *

Tous les quotidiens de Ndakaarou évoquent l'évènement à la Une, avec force supputations et analyses dans leurs pages intérieures. « Meurtre suivi d'incendie criminel à la niaaye de Khourou Leuk », « Drame à la niaaye de Khourou Leuk. Acte d'un fou ou vengeance ?» Les quotidiens raffolent de ce genre de faits divers, dont ils savent qu'ils font toujours grimper les ventes. Et aujourd'hui encore, ils s'en donnent à cœur joie. Un propriétaire des niaayes, de celle de Khourou Leuk précisément, avait été agressé dans la nuit d'avant-hier, sauvagement torturé et brûlé partiellement dans sa cabane sise sur les lieux. L'homme, un gendarme à la retraite du nom de Yamar Thioube avait été probablement surpris dans son sommeil, attaqué, torturé et étranglé, avant que les malfaiteurs aspergent d'essence sa cabane pour y mettre le feu. Si les agresseurs ont cherché à faire passer leur forfait pour un accident, ils n'y ont pas réussi. La cabane n'a en effet été brûlée qu'en partie. Il semble qu'il y ait eu lutte entre la victime et ses assaillants. Plusieurs traces dans les lieux l'indiquent. De même, une arme à feu a été retrouvée sous la porte. Elle appartiendrait à la victime. Du reste, un bidon d'essence vide a été retrouvé sur les lieux. Il venait visiblement de servir. L'homme a été sauvagement torturé, semble-t-il, particulièrement au niveau des parties intimes, au point qu'il est difficile d'en relater les détails. La gendarmerie de Malika, très tard avertie, n'est arrivée sur les lieux du crime qu'au lever du jour, alors que la cabane fumait encore. Toujours d'après les quotidiens, qui tous semblent s'être abreuvés à la même source, il semble que la victime est restée seule cette nuit-là. Les autres propriétaires étaient en effet revenus en ville après la capture de deux maraudeurs, suite à plusieurs jours et nuits de guet, d'où sûrement l'impossibilité de lui porter secours. Les enquêteurs ont, semble-t-il, de fortes présomptions sur la personnalité des criminels, sûrement bien informés, la présence d'un autre véhicule sur les lieux ne les ayant guère dissuadés d'agir. Ils devaient savoir qu'il était en panne, et immobilisé là depuis plusieurs jours.Ils penchent pour un acte de vengeance de quelques comparses des deux malfrats appréhendés, une bande probablement bien organisée.À moins qu'il s'agisse de certains gardiens rancuniers, de ceux-là qui venaient d'être renvoyés par les propriétaires.Mais ils ne s'expliquent pas encore la barbarie avec laquelle ils avaient opéré sur la victime.

Au niveau de tous les articles pratiquement, les journaux reviennent également sur le passé de la victime, Yamar Thioube, un pandore parmi les plus exemplaires de sa génération, deux épouses, une dizaine de marmots, un brave homme qui, après de bons et loyaux services, avait choisi de se consacrer au travail si noble de la terre, un homme pieux, serviable et dévoué, une perte irremplaçable pour sa famille, ses parents et alliés.

31

La camionnette est en train de rouler à vive allure sur la
Nationale1, direction le sud, le Ndoukoumane et Keur Gouye
Salaam. Elle avait quitté Keur Massaar à l'aube, lourdement chargée
de denrées de toute nature. Une dizaine de sacs de riz, de mil et de
farine, deux sacs de sucre en cristaux, plusieurs cartons d'huile, de lait
et de tomate. Dans une valise en carton, deux boubous en basin blanc
richement cousus, chacun accompagné de ses babouches de Fez en
cuir véritable, des tapis de prière en grande quantité, à côté de tout
un tas d'autres articles allant des bouilloires destinées aux ablutions,
aux lampes de chevet et aux torches électriques. Il n'avait pas oublié
le Livre saint. Trois exemplaires artistement décorés, puisés chez un
de ces nombreux libraires de l'avenue du président Lamine Guèye, et
spécialisés dans les publications en langue arabe.Comme d'habitude, il
avait fait appel à un des chauffeurs parmi les routiers, Baïla Guissé en
l'occurrence, celui-là même grâce à qui il avait pu éventer le coup de
Mbour.Et bien entendu, dans les poches profondes de son pantalon
bouffant, une enveloppe lourdement garnie.

Le soleil ne s'est pas encore levé, quand ils ont atteint le carrefour
déjà fort grouillant de Diamniaadio, direction la Petite Côte. Il fait
toujours frais. De Diamniaadio à Mbour, c'est pratiquement le
littoral que l'on longe, même si l'océan n'est plus visible. Mais sur
cette tranche de route, l'influence de celui-ci reste perceptible. Une
heure d'horloge suffit pour joindre cette capitale touristique qu'est
Mbour, avant que le calvaire commence, car, c'est à partir de là que
la Nationale1 emprunte carrément l'intérieur des terres. Pour le
moment, la camionnette sillonne comme sur une piste, sur cette route
sinueuse faite de lacets, de côtes et de descentes. Rien que la gent
caprine pour leur couper la route, ou pour les regarder passer, pour
le moment du moins. Les deux voyageurs savent que bientôt, avec le
réveil des nombreux villages sérères qui jalonnent cette route, c'est la
gent bovine qui prendra le relais, avec son éternel voisin qu'est l'âne.

C'est sûrement pourquoi Guissé le chauffeur ne pense guère lever le pied de la pédale. Il sait que les caprins sur les routes, sont aussi intelligents, – sinon plus –, que les humains, et qu'un routier peut courir la brousse toute sa vie sans en écraser un seul.

Mbour. La ville touristique est en train de renouer avec la vie, alors que le soleil vient de se lever. La camionnette y est passée très vite. La route s'engage maintenant résolument à l'intérieur des terres, vers l'Est, en direction de Fatick. C'est avant de parvenir à cette agglomération, que l'embranchement menant au patelin de Tound vient s'y greffer. Tound Bouki… La Butte à la Hyène… Diokel Dione a une pensée émue pour son fief natal. Bien entendu, Tound est sans aucun doute déjà debout. Tound est toujours debout dès le premier chant du coq, de tout temps et en toute saison, celle-ci surtout où les champs attendent les hommes, les femmes et les enfants pour les travaux préparatoires. Bientôt le calvaire avec le lever du soleil, lorsqu'il faudra rouler en pleine zone des Taannes, ces dépressions de terres salines chauves de toute végétation.Ici, avec l'atmosphère chargée de sel, la peau devient moite, et les habits vous collent à la peau de façon fort désagréable. Et ils savent que bientôt tout leur corps sera inondé. Heureusement, en voyageurs qui s'y connaissent, le chauffeur et son passager ont pris leurs précautions. Ils ne sont habillés que de cafetans au tissu fort léger, en coton de couleur claire.

*

* *

Après Mbour, bientôt Sandiara, Sassène, Thiadiaye, Tataguine, et Diouroup avant Fatick. Rien que des patelins sérères. Curieusement, en laissant l'embranchement de Tound sur leur gauche, la pensée de Diokel ne va pas au vieux Ngotti et à ses ouailles. Peut-être parce qu'il sait qu'il y fera le détour au retour de Gouye Salaam. Quand il part faire ses dons au Sage, c'est toujours au retour qu'il fait le crochet, s'il en a le temps. Pour une simple question de décence. Éviter de susciter la jalousie des siens – sait-on jamais –, l'arsenal de cadeaux qu'il destine à Keur Gouye Salaam étant sans commune mesure avec ce que reçoit de temps à autre le village natal. Sa pensée n'est pas pour Tound, mais pour le fils aîné.

Tékhey ! Tékhey et ses idées dérangeantes ! Il l'avait fait appeler deux jours plus tôt, après sa dernière sortie – une sortie inacceptable, car plus qu'osée –, pour lui tenir un discours sans équivoque, et que le fils avait écouté sans ciller, car peu surpris, sembla-t-il.

— J'ai pris la décision de te laisser voler de tes propres ailes, mon fils.

Il avait ensuite marqué une pause, comme s'il s'était attendu à le voir marquer le coup.

— Oui…, avait-il repris. Parce que je sais que nos deux routes ne peuvent se concilier. Tu sais pourquoi, et moi aussi, je le sais – Relevant ensuite la tête – Je sais que ce n'est pas de ta faute…

Une pensée, sûrement amère, pour l'oncle, ce frère de Gnilaane, celui-là qui chercha tant à ressembler au président Sédar…

— Mais puisque Allah en a décidé ainsi, il est inutile de s'opposer à sa volonté… Cependant... – il avait marqué une légère pause – cependant, je ne te laisserai pas partir sans défense avait-il poursuivi en lui tendant une enveloppe – J'espère que tu en feras bon usage, et que tu bâtiras ta vie en te battant comme un homme…Un homme digne…

Il y avait un chèque dedans.

— Tu continueras d'habiter ma maison et de manger à la concession, tant que tu le souhaiteras… Mes biens sont les vôtres, à vous tous, garçons comme filles… à condition que chacun d'entre vous comprenne que la vie est faite d'efforts et de sueur… et qu'elle n'admet pas de place pour les fainéants et les parasites… – un autre silence, long celui là, comme si le père médite ces paroles, puis – voilà… j'en ai terminé…

Ils étaient restés quelques longues secondes en silence, sans se regarder. Tékhey s'était ensuite levé, sans ouvrir l'enveloppe…

— Merci Père…, avait-il murmuré. Tout simplement… Puis il était sorti sans se retourner.

« S'il a le courage de ses ascendants, se dit Diokel en le voyant s'en aller, il réussira avec ça… C'est sûr… »

Guissé continue de conduire, en silence, n'ouvrant la bouche que pour répondre à son patron. Il connaît bien ce dernier, sait qu'il n'aime guère les indiscrets, et qu'il sait toujours déceler les mots lancés comme ça, mine de rien, pour s'ouvrir quelque porte.

Diokel continue de méditer, tout en observant d'un regard paisible ce paysage qui défile et qu'il connaît bien. L'idée lancinante qu'il s'est faite des jeunes d'aujourd'hui, de ceux de Ndakaarou en particulier, n'arrive pas à le quitter… De la peau de singes, ces adolescents…Rien que de la peau de singe… Quand on sait que celle-ci n'est utile, ni à envelopper le gris-gris ni à être tendu pour faire le tam-tam…Des cerveaux biscornus… On ne reconnait plus chez eux qui est garçon et qui est fille… Des singes, rien que des singes… À Tékhey, il avait donc donné sa chance. À lui de l'exploiter et d'en tirer le meilleur profit, car il n'en aura pas une autre. Du moins, pas de lui Diokel Dione son père, qui lui a montré la voie, lui qui n'a jamais compté sur personne. Cet argent lui servira pour se lancer dans la vie, s'il n'est pas bête. Ici même au Pays… Lui qui ne saura jamais ce qui l'a fait revenir de Tougal, pour ne plus penser à y retourner… Lui qui va désormais le laisser tranquille, avec ses ouailles, ses cochers et ses boutiquiers, ses magasiniers et ses boulangers, sa progéniture, tout ce monde qu'il a toujours su rendre doux comme des agneaux. Ses enfants…Ceux-là dont il aura réussi à préserver l'éducation, en optant de les envoyer sans hésiter dans le Ndoukoumane, à chaque fois que leurs bêtises risquent de les perdre… Tel Birame, revenu tout récemment de sa cure, et qui va bientôt être suivi par deux autres de ses turbulents de frères… De toute façon, une menace dont il se débarrassait pour préserver son domaine de l'esprit perturbateur qu'il incarne… Cet esprit qui une semaine plus tôt, l'avait encore fait revenir à la charge… Lorsque pendant le diner, il fut encore évoqué le nom de Thioro, il s'est de nouveau permis, ce fils impertinent :

« Ce milieu, cet environnement malsain de Keur Massaar… cette concession… Un village…Oui, un vrai village, avec ses chevaux et ses cochers… Keur Massaar, avec son peuplement hétéroclite et anarchique… ses voyous et ses aliénés… C'est tout ça qui explique tout… Toute cette pagaille et tous ces malheurs » – Il a sorti tout ça sans lever la tête, cet effronté – mais sans oser aller jusqu'au bout… L'ingrat ! L'effronté…Il ignore encore tout de la vie…Son séjour là-bas ne lui a rien appris, comme je m'en doutais… Mais ce qu'il ignore, c'est que Keur Gouye Salaam ne sera jamais comme au royaume des *canaras*, où ce sont les canetons qui mènent leurs géniteurs par le bout du bec.

*

* *

La camionnette vient encore de croiser un énorme camion frigorifique, dont le déplacement d'air qui l'accompagne l'a fait tanguer malgré sa charge. Il s'agit du cinquième du genre depuis qu'ils ont quitté la ville de Mbour. Guissé le chauffeur est en train de réfléchir sur ce trafic d'un genre tout récent, rêvant du jour où il s'y lancerait avec ses moyens propres, lorsque son patron le coupe dans ses pensées.

— Ils semblent toujours pressés, ces gens-là…

Guissé qui saute sur l'occasion… C'était trop de silence finalement dans la cabine !

— Oui Patron… Ils font la course contre la montre… Quand la mer vomit ses *yaabooy*, c'est toujours comme ça.

— Hum…

— Ils font le va-et-vient entre la Petite Côte et Saint Louis, pour tout ramasser et gagner l'intérieur du pays, qui ne voit le poisson que rarement. Ils y revendent ces sardinelles à prix d'or… jusqu'à 20 à 30 fois son prix d'achat… pour rebrousser chemin aussitôt, comme ceux-là.

Diokel n'ignore rien de tout cela… Déjà à Tound Bouki… Mais il y a vingt ans de cela… Il ne connaissait pas cependant à ce commerce une telle ampleur.

— Il n'y a pas que les sardinelles ?

— Rien que les sardinelles Patron… Le poisson noble reste à Dakar…et dans les grandes villes.

À Dakar où, noyé dans les affaires, le flair peut s'émousser au point de rendre aveugle.

— Hum… Intéressant… Intéressant.

Guissé a arrêté de commenter. C'est une curieuse impression qui l'envahit, l'impression que le patron est en train de lui voler son idée. Comme s'il lui est donné de lire dans son cerveau.

La camionnette a croisé aussi par trois fois ses gros porteurs « DD. Transporteur ». Guissé les a tous reconnus.

— Saalif Diop… il a dû quitter Tamba dans la nuit.

Le patron le sait fort bien. À chaque rencontre, sans un mot, il a sorti son téléphone portable pour y rechercher laborieusement un numéro avant de se plaquer l'appareil à l'oreille. Des échanges dont le chauffeur ne reçoit que quelques bribes, du fait du bruit du moteur.

*
* *

Le soleil est maintenant en train de monter dans le ciel. Il fait clair dans la brousse qui reprend vie. La Nationale 1 est de plus en plus animée. Des véhicules de tout genre les croisent ou les dépassent. Le bétail se fait de plus en plus nombreux sur la route. Des bœufs surtout, sans leurs bergers, restés invisibles. Plusieurs fois, Guissé a été obligé de ralentir pour éviter des nuées de charognards ayant colonisé le bitume. Ces derniers sont occupés à s'arracher les morceaux de chair et de tripes des dépouilles de petits animaux, victimes des roues géantes des gros porteurs qui choisissent de rouler surtout la nuit. Par endroits, la route est toute brunie de sang.

Sur les pistes qui accompagnent la Nationale, dans les deux sens, les éternelles charrettes, souvent lourdement chargées, revenant des champs ou se dirigeant vers quelques loumas, avec toujours derrière l'attelage ou trottinant à son ombre, cet autre éternel compagnon de l'homme, le canidé à la croupe en biais et à la langue pendante.

Tout à l'heure, à l'aube, Diokel a laissé Founé recroquevillée sur le lit conjugal. Founé a fini par revenir à la chambre de l'époux depuis la nuit où, de retour de la niaaye de Khourou Leuk, il est allé la tirer de force de sa chambre. Il est vrai que le secours des vieilles du voisinage, qui n'ont jamais cessé de la harceler pour son comportement sacrilège, fut aussi pour quelque chose dans sa capitulation. Elles le lui ont répété sans arrêt : « Les anges passent toute la nuit à abreuver de souhaits de malheurs toute femme qui se refuse à son époux. C'est notre religion qui le dit… Elle ne le sait donc pas ? Han ? Oui… Et gare alors à la malheureuse si elle rendait l'âme dans ces conditions ! Le courroux des anges ! Il est imparable…Han ? Et puis, il y a les enfants… les enfants… Vous croyez qu'ils ne peuvent pas comprendre ? Ils ne sont pas bêtes, les enfants… On pense qu'ils ne s'intéressent pas aux affaires des adultes, mais on se trompe. Ils sont aussi des observateurs de nos faits et gestes, sans que nous nous en rendions compte. Et eux aussi peuvent comprendre… Et quels effets sur leur jeune cerveau, s'ils venaient à comprendre ! Han ? … »

Sans parler alors des voisins, des voisines en premier lieu. Tous ces défilés quotidiens, ces va-et-vient des uns et des autres, ces regards en biais, ces mines soi-disant compatissantes… Ils ont tous l'oreille tendue pour tout glaner…

« Tout le quartier est au courant, tous en parlent, rient sous cape et attendent… Et Dieu seul sait ce qu'elles se murmurent, quand elles se retrouvent ensemble dans la rue. Il faut se secouer, Founé ! Il faut mettre fin à ces bêtises ! »

Founé a fini par céder, même si elle faisait encore des manières… Pour Diokel, elle finira bien par comprendre que les moments de malheur finissent toujours par s'effacer pour laisser place à ceux de joie et de bonheur. Et puis, il y a l'oubli, cette faveur dont Allah a doté tout cerveau humain. Que serait donc ce monde, s'il n'était pas donné à l'homme d'oublier ? La douleur d'avoir perdu son enfant – même si ce fut dans des circonstances aussi révoltantes – finira bien par s'émousser. Et le temps fera le reste… Avec lui, ses moments de bonheur avec sa petite fille ne seront bientôt plus qu'un lointain souvenir. Et si elle le désire, il lui en fera d'autres, beaucoup d'autres enfants. Autant qu'elle en voudra. De ses vingt-sept bouts de bois de Dieu, il ne manquait qu'un seul… Rien qu'un tout petit bâton… Il lui en fera autant qu'elle le désirera… Elle, comme toutes les autres…

Entre Fatick et Kaolack, la circulation semble moins dense. Peu avant d'arriver à la ville-carrefour, capitale de l'arachide, ils font escale à Sibassor pour le petit déjeuner. Ils étaient éreintés, après la quarantaine de kilomètres entre les deux villes, parcourue en plus d'une heure d'horloge. Ici en effet, la route est redevenue une piste, un vrai parcours du combattant. Construite il y a moins de dix ans seulement, elle est devenue cette chose indescriptible faite de pans de bitume, de poudre ocre, de ravins et de gros dos d'âne, redoutée de tous les chauffeurs. Pour préserver sa mécanique, on y roule à allure de tortue…Les marchés de l'État sont passés par là…

Le bétail des lieux, lui, l'a bien compris, qui s'y pavane à volonté… les ânes surtout qui semblent vivre ici en totale liberté, étant pratiquement relâchés dans la nature, après avoir servi aux travaux des champs de l'hivernage écoulé.

Aussitôt après avoir freiné, Guissé est allé à l'arrière récupérer un bidon, direction la fontaine publique autour de laquelle sont agglutinées une demi-douzaine de jeunes filles. Le patron lui, a gagné sans hésitation une gargote à une dizaine de mètres de là. À voir l'accueil du maître des lieux, on devine aisément que les deux hommes se connaissent. Le voyageur a en effet l'habitude de s'arrêter ici, à chacun de ses passages pour Gouye Salaam. Lorsque le chauffeur est de retour, il trouve le gargotier en train de servir son patron. Du *café Touba*, avec à côté un minuscule sachet de lait en poudre, une demi-miche de pain tout aplatie qu'il a ouverte pour y enduire de façon parcimonieuse à l'aide d'une petite cuillère, du beurre margarine en boite…Nouvelles salutations, longues et répétées. Diokel demande au chauffeur de faire sa commande avant de s'emparer de son pain pour y mordre à belles dents.

Tout pris par l'observation des lieux, il n'entend plus la conversation pourtant fort bruyante entre Guissé et le gargotier. Sa pensée est ailleurs. Elle est à Sangalkam… Rougui… Rougui la Peule, Rougui la maîtresse, si différente de ceux-là, ces autres maîtres qu'il a connus à Keur Birima. Ces gens-là qui lui en voulaient tant. Ces malappris qui avaient pris l'habitude de rire sous cape à chaque fois qu'il venait les solliciter pour ses *lettars*… Ces hypocrites qui le traitaient de bourrique, sans savoir qu'il savait. Ces *mbaams,* ces ânes bâtés, comme leur directeur qui s'est cru plus malin que lui… Rougui la voilée… Rougui la sainte… Allah ! Que de fois ses grands yeux clairs et ses sourires innocents l'ont fait reculer ! Que de fois l'ont-ils contraint à réfléchir un peu plus ! Et il n'avait toujours pas osé franchir le pas. Il n'avait jamais osé. Il n'avait jamais su comment s'y prendre pour aborder son sujet. Et tout bête, il a toujours pris le parti de se réfugier du côté de sa fillette. Maïna, celle-là qui lui arracherait un à un les poils blancs de sa tête, pour le rendre moins vieux, plus jeune. Ils en ont tant rigolé à chaque fois…Allah ! Il n'est pas possible qu'elle n'ait pas compris ces messages, qu'elle n'ait pas eu la puce à l'oreille… Il n'est pas possible qu'elle n'ait pas encore deviné qu'à travers sa fille Maïna, c'est elle-même qu'il cherche, elle-même qu'il veut, malgré leur différence d'âge. Oui ! Elle ! Malgré son divorce d'avec cet autre maître dont elle ne parle jamais, elle doit bien savoir que la vie lui réserve encore toutes les chances imaginables. Les signes herméneutiques sont là, bien visibles, ce cou long et gracile, ces chevilles bien potelées, cette façon si sûre de poser les pieds dans sa marche. C'est l'autre qui n'a pas eu de chance. C'est lui qui a perdu.

Ce genre de femme est un porte-bonheur. Comme leur chance à eux deux aurait convergé ! Et surtout, quel bonheur ! Avec quel bonheur il prendrait sa revanche sur ces maîtres rigolards et bêtes ! Et à elle, serait la place de choix. Elle serait sa reine.

Hélas ! Ils en sont encore, elle à ses leçons de conduite, et lui à son apprentissage de l'alphabet et à sa redécouverte quotidienne des téléphones portables. En attendant… Et si… Et s'il s'en ouvrait au Sage !

Diokel Dione découvre soudain la solution. Elle était là, et il n'y a jamais pensé, bien qu'il lui ait souvent parlé du Sage, jusqu'à lui promettre de l'y emmener… Il allait y réfléchir…

*

* *

Ils ont quitté Sibassor, direction Kaolack, après une demi-heure de halte, et après s'être ravitaillés en arachide pour près de deux kilos. L'arachide, quand elle n'est pas grillée, est meilleure pour la santé. Surtout chez l'homme, le mâle. Diokel l'a entendu dire tout jeune déjà. Elle agit comme l'huile dans le moteur. Elle leste bien l'estomac, chasse la faim, tout en revigorant son homme. Telle n'est pas l'opinion de Guissé quand ils traversent Kaolack, avec partout ses étalages bourrés de fruits locaux comme importés. Il a eu beau lorgner sur la mangue et la banane qui trônent partout, mais le patron n'a pas un seul regard pour les étalages. Kaolack est une ville carrefour qui baigne dans la fournaise et la poussière, quelle que soit la saison. C'est une agglomération immense, bruyante et sale, où l'urbanisation sauvage bat son plein. À partir de Kaolack, les routes partent dans toutes les directions. La ville est un lieu de passage de voyageurs et de trafics de tous genres, ce qui donne autant de fils à retordre aux services de douane, de police et de gendarmerie toujours sur la brèche.

À Kaolack même, par deux fois, Guissé a été objet de contrôle, toujours par les *mange mille de la route*. C'était peut-être le dixième arrêt depuis ce matin. Évidemment, avec une camionnette au châssis aussi bas… Une première fois donc, à l'intérieur même de la ville, par deux policiers affectés à la circulation. Une deuxième fois quelques centaines de mètres après la sortie, par deux gendarmes surgis sans avertir de derrière un bosquet, où ils s'étaient embusqués eux et leur

4X4. Pas une seule fois par les douaniers. Ceux-ci ne sont intéressés, semble-t-il, que par le trafic dans le sens Intérieur-Dakar. À chaque arrêt, Diokel avait glissé un billet dans la main du chauffeur, avant que celui-ci ouvre la portière. Ce dernier revenait toujours sans un mot quelque deux à trois minutes après. Les contrôles ont consisté chaque fois en un court dialogue d'abord, puis par un coup d'œil à l'intérieur du véhicule, après lui avoir fait décrocher et soulever un coin de la bâche. Au deuxième contrôle de Kaolack, l'un des gendarmes avait fort insisté pour se faire offrir un bidon d'huile. En vain. Il avait déjà empoché son billet. Pendant qu'il fouillait des yeux le chargement, la tête à l'intérieur de la bâche, la voix du chauffeur quelque peu excédée lui était parvenue.

— C'est pour Gouye Salaam

Lorsqu'il s'est redressé pour faire face à Guissé , il avait vu le regard de ce dernier fixé sur sa plaque à l'épaule. Il s'était alors vite ressaisi.

— Ah bon… Gouye Salaam… Le Sage… Vous pouvez y aller alors… Et n'oubliez pas de dire au Sage de prier pour nous…

Guissé avait repris sa place, un sourire ironique aux lèvres.

— Que voulait-il ? il a boudé le billet ? s'était enquis Diokel.

— Non, Patron, avait répondu le chauffeur. Il réclamait sa part de l'huile en plus.

— Les goinfres ! avait commenté Diokel. Quelle indécence !

Mais pas une fois, le patron n'avait bougé de sa place. En s'éloignant de la ville arachidière, il est encore en train de se demander si le chef Sambou de la Douane est encore dans la ville. Il sait qu'ils ne prennent jamais racine dans leurs lieux d'affectation. Après l'affaire de la drogue dont il s'était miraculeusement tiré, le chef de la douane ne l'avait pas fait convoquer de nouveau, comme suggéré lors de leur séparation, s'étant contenté seulement de l'appeler pour lui demander d'envoyer récupérer la Scania. Depuis, ils ne s'étaient plus parlé. Mais lui, avait eu sa revanche sur le clan Galgal.

*
* *

Pourtant, entre le clan et les maîtres chanteurs, ce sont ces derniers qu'il craint le plus. Oui... Parce qu'à bien y réfléchir, les menées du clan, ça avait toujours été dans la routine des affaires. Les croche-pieds et les coups bas dans la jungle qu'est Ndakaarou, cela relève du quotidien. Et ni Samba Galgal le spécialiste de l'occasion, ni Goor Yomboul le transporteur, encore moins Koli Yang Yang cet affamé de terres, de béton et de ciment, ne sont assez forts pour le détruire. Coumba Fitna elle, avait déjà assez à faire pour se trouver d'autres marchés avec toute sa marchandise sur les bras. Et si l'un de ces adversaires, Goor Yomboul en l'occurrence, n'avait pas cherché à lui barrer la route en cherchant d'abord à le mouiller dans cette histoire de véhicule aux papiers trafiqués, en le poussant ensuite dans le lit de Tabara la *thiaga,* pour chercher à le détruire auprès de son protecteur, le Sage, – il en est encore convaincu –, il ne les aurait peut-être jamais connus. Mais puisqu'il en est ainsi, à la guerre comme à la guerre !

La vraie menace, rumine-t-il toujours, ce sont ces autres tapis dans l'ombre, et qui sont venus remuer cette vieille histoire. Deux *boukis* de la pire espèce. Le directeur d'école Massamba Niang d'abord, puis l'autre, le sieur Thioube, son plus grand tourmenteur dans cette vieille affaire de la Route du Diable. Aujourd'hui, ces deux malfrats sont en train de s'expliquer avec Belzébuth. Et malheur pour eux, fourbes et affamés qu'ils avaient été, ils ont préféré tirer profit tout seuls de leur découverte, plutôt que d'aller rappeler son existence à qui de droit.

Mais il en reste encore un... Le sieur Thioube, tout coriace qu'il fût, a fini par cracher le morceau. Et ce dernier obstacle, il allait le franchir bientôt, foi de Diokel Dione.

32

Lorsque cette nuit-là, il est parvenu à forcer la porte de sa cabane, et à braquer sa torche sur le visage de l'homme à la tête comme la noix d'anacarde, c'est toute une gerbe de sentiments diffus qui l'envahirent. Une satisfaction intense mêlée d'une colère sourde. Il tenait enfin son homme ! Le bras du gendarme qui fouillait sous les draps avait été vite immobilisé par le grand pied plat qu'il posa dessus. L'autre avait répété, clignant des yeux sous la lumière crue.

— Mais… Mais… qu'est-ce que c'est ?

Lui, s'était vivement baissé pour soulever le drap, et y découvrir un pistolet de gros calibre. Il s'en était emparé pour le faire glisser prestement derrière lui. Pourtant, les choses ne furent pas si faciles pour Borom Sarett. Car l'homme était un coriace, et plein de réflexes, un vrai. Arrachant d'un coup sa main de sous le grand pied plat, il s'était aussitôt rejeté en arrière pour éviter le bras gigantesque qui se détendait vers sa gorge, puis s'était redressé d'un vif jeu de rein, tout en lançant le poing vers la torche, la faisant rouler vers un tas de caisses empilées dans un coin, sans pour autant que sa lumière fût éteinte. C'est dans la semi-obscurité de la cabane, dans cette lumière diffuse surgie comme d'un gouffre, que la lutte, âpre, s'était déroulée. Le gendarme Thioube devait être un homme toujours sur ses gardes. Cette arme à feu sous ses draps le montrait. De même que cette fulgurante réaction digne du serpent. Diokel avait compris tout cela, sans pourtant avoir eu le temps de l'empêcher de se mettre sur pied d'un seul bond. Diable ! C'est qu'on a dû leur en apprendre dans la gendarmerie ! L'homme devait savoir se défendre. Il semblait avoir du cran. Torse nu, debout sur sa paillasse, il le défiait, les bras en croix, les genoux à demi-pliés, la tête rejetée en arrière. L'avait-il reconnu ? Il ne savait. Sa voix dans la semi-obscurité l'avait fait sursauter.

— Fils de putain ! Tu vas regretter d'être entré ici…

« Fils de *thiaga* ! Il a bien dit Fils de *thiaga* ! Comme ces fameux jours à Keur Baara, où… Décidément, ce… ce *bouki* n'avait que cette insulte à la langue. Moi Diokel Dione, fils de *thiaga*. »

Borom Sarett avait alors vu rouge.

— C'est toi qui vas le regretter, rejeton d'âne ! avec une voix sortie de gorge.

Il ne tenait plus. Il ne pouvait plus se retenir. Le petit clignotant qui lui titillait le cerveau depuis le début, avec la présence de cet autre véhicule garé à côté s'était éteint. Le noir. C'est un buffle en furie qui se rua sans plus réfléchir sur la frêle silhouette. Une feinte du gendarme suivie d'un coup vif du tranchant de la main. Il avait aussitôt senti une vive brûlure à la tempe, et son regard s'était du coup embrouillé. Mais cela n'avait duré que quelques fractions de seconde. L'autre avait déjà repris position. Toujours les bras en croix et la tête rejetée en arrière.

— Alors tu viens ? Viens donc, si tu as des couilles, de vraies couilles d'homme !

Diokel retrouvait ses sens, tout en se rendant compte soudain d'une certaine réalité. Cet adversaire-là n'avait rien à voir avec l'autre, son compère, le directeur d'école…C'était un homme rompu, semblait-il, au combat au corps à corps, et qui n'avait pas oublié cet art qu'on leur inculque dans leur métier. Et pour la première fois de sa vie, il avait eu l'impression qu'il allait perdre devant plus fort que lui. L'autre maintenait toujours sa garde, inaccessible derrière ses bras levés à la façon des crabes, et il sautillait de gauche à droite, mimait une attaque, fonçait, reculait, tout en continuant de le provoquer d'une voix âcre. Il semblait avoir reniflé le doute chez l'autre.

— Viens donc ! Ah… Tu as la trouille ? Tu as la trouille ? Sache que tu ne sortiras pas vivant d'ici…

Il faisait semblant ensuite de foncer, le faisant reculer par réflexe. De longues secondes de mimes, et d'observation dans ce réduit semi-obscur. Diokel avait maintenant récupéré de son coup sur la tempe, et il réfléchissait rapidement. Il lui fallait trouver une parade, et vite, sinon il était perdu. Il avait eu soudain comme le sentiment que son adversaire ne tournoyait pas par hasard, et que sa petite danse faite de petits sauts le faisait glisser, imperceptiblement il est vrai, vers le rectangle clair que formait la porte… Oui… Il cherchait à le contourner pour s'échapper. Et par Allah… S'il y arrivait… Il avait alors fait un bond en arrière vers la porte, afin de lui barrer le passage. L'autre avait aussitôt compris… Si la seule issue possible était bloquée… C'est pourquoi il avait foncé sans plus attendre, jouant sûrement sur l'effet de surprise… Ce fut son erreur. Les grands bras du charretier le happèrent aussitôt. Il avait sa proie, et elle ne lui échapperait plus. Ce fut dans la pénombre et le silence de la nuit un corps à corps hargneux entre ce corps tout mince, mais solide comme un tronc, et la grande masse de l'ancien charretier dont les larges mains calleuses cherchaient celles de l'autre. Un corps à corps fait de souffles étouffés et d'ahanements, de grognements et d'injures entrecoupées, les deux corps cognant sur les murs, bousculant les caisses et piétinant tout un tas d'objets au sol. Ils s'étaient mis à tournoyer ainsi comme dans une danse d'hommes ivres, quand Diokel obtint soudain ce qu'il cherchait : emprisonner une main de l'autre… Et lui saisir un doigt. Lorsqu'il se prit ensuite à lui tordre celui-ci avec un grognement de satisfaction, jusqu'à percevoir un craquement, l'ancien gendarme ne put s'empêcher de lâcher un hurlement. Un terrible hurlement de douleur. Au même moment, il se sentit soulevé de terre. Sans le lâcher, Diokel fonçait avec lui vers le mur. Il y eut un choc sourd. Le combat avait duré à peine trois minutes.

Lorsqu'il eut repris ses esprits, Yamar Thioube avait compris que c'en était fait de lui. Il était nu comme un ver, et se retrouvait ligoté au niveau du torse, les bras collés au corps. Ses pieds ne bougeaient plus, eux aussi solidement entravés. La paillasse sur laquelle il se trouvait étendu était imbibé d'eau. Il avait compris. L'autre venait de l'en asperger, abondamment, semblait-il, pour le réveiller. Il semblait étouffer en plus, comme si sa langue avait doublé de volume… Lorsqu'il eut ouvert les yeux, Diokel avait déjà récupéré la torche. Agenouillé devant lui, il le surplombait de sa grande masse.

— Bien ! Tu te réveilles enfin, puis après une légère pause, Maintenant, regarde-moi bien, fils de *Cheytaane*, avait-il poursuivi d'une voix sourde, en orientant le jet de lumière, de biais, de façon à lui faire découvrir son visage. Me reconnais-tu, goorgui Yam's ?

Il l'avait alors vu ouvrir de grands yeux surpris.

— C'est le « *fils de thiaga…* » celui de Tound Bouki… Et le *fils de thiaga* te l'apprend, goorgui Yam's… Sais-tu qu'au téléphone, je t'ai reconnu dès tes premiers mots ? – un vrai grommellement, puis – Le toubab noir lui, qui s'est toujours pris pour plus intelligent que nous, est venu se jeter de lui-même dans mes bras… tel un âne… – un silence, que ne troublaient que les bruits diffus de la nuit – … Quant à toi, poursuit-il, inutile de chercher comment je suis arrivé à te mettre la main dessus… Cela n'a plus aucune importance d'ailleurs… C'est que décidément, je serais toujours l'âne pour vous tous…

Il avait ensuite vu la poitrine de l'autre. Le souffle était devenu court, comme si le cœur s'était mis à y danser. La douleur au doigt ou la panique ? Diokel s'était pris à l'observer, longuement, intensément, comme une bête curieuse, en silence, l'esprit à mille lieues de là. Des instants pathétiques de retrouvailles, entre l'ancien charretier et l'ancien gendarme, des souvenirs qui convergeaient sûrement vers les mêmes scènes. Diokel savourait sa victoire. Il était là, seul avec sa proie dans cette nuit sans lune de la niaaye de Khourou Leuk, en pleine brousse pratiquement, loin de toute oreille. Car en fait, rien, absolument rien n'avait bougé autour d'eux malgré tout le bruit de leur lutte, et ce hurlement de son homme dans la nuit.

Il avait dit, tout en déposant la torche sur le sol.

— Je suis pressé, Goorgui… Et tu vas parler tout de suite, foi de Diokel Dione.

Un moment de silence pendant lequel il eut l'impression que l'autre n'avait pas compris. Il avait poursuivi :

— Le maître d'école, ce cher *moussé* Niang a eu plus de chance que toi. Il a craqué dans mes mains, mais sans avoir eu le temps de tout me dire… Et c'est toi qui vas le faire.

Silence, toujours buté de l'autre.

— Il y avait lui, toi, et un autre… Qui ?

Diokel vit l'ancien gendarme le regarder pendant quelques secondes dans la lumière crue de la torche, avant que les mots, terribles, jaillissent de sa gorge.

— Va baiser ta mère, sale charretier !

Diokel avait alors été envahi du coup par une terrible bourrasque. Le vertige… Tout s'était mis à tournoyer soudain autour de lui. Et son regard ahuri, tout bête, s'était mis à parcourir les murs, les caisses, comme s'il n'avait pas encore compris le sens des mots. « Baiser sa mère. » Lui, Diokel, de la lignée des Dione ! Lui, fils de Mahécoor et de… Il était revenu ensuite se poser sur l'homme, s'y était arrêté pour le fixer longuement, les lèvres serrées jusqu'au sang. Puis il s'était levé, sans un mot, s'était dirigé vers les caisses empilées dans leur coin pour y fouiller. Il en était revenu, tenant à la main un chiffon tout maculé d'huile, pour poser un genou auprès de sa tête. Puis, sans que l'autre s'y attendît, il le saisit brusquement à la gorge. Alors qu'il avait la bouche large ouverte, à la recherche de son souffle, il y enfonça profondément une bonne partie du morceau de tissu, lui enroulant le reste tout autour du cou, et terminant le tout avec deux nœuds bien solides. Il l'avait ensuite laissé là, pour aller de nouveau fouiller dans l'obscurité. Il en était revenu, tenant à la main une chaussure de l'autre. Ce dernier n'avait pas encore compris en le voyant en tirer laborieusement le long lacet. Il semblait qu'il n'y avait plus de corde dans les lieux, après qu'il l'eut ligoté avec le peu sur lequel il avait mis la main. Le lacet en main, il s'était approché pour se pencher sur lui. Il n'avait d'yeux que pour ses parties intimes.

— Écoute bien ce que je vais te dire, rejeton d'âne…– la voix était grave, calme, trop calme – Je suis pressé…Je n'ai pas de temps à perdre… Lorsque tu auras envie de parler, dis-le en clignotant des paupières… C'est clair ? Quant à moi.

Il lui avait alors saisi le sexe et les testicules pour les réunir et faire deux tours de lacet autour. Il fit ensuite un nœud sans tenir compte des grognements de sa proie, tirant sans pitié pour serrer ce dernier. L'autre avait commencé à gigoter, tout impuissant dans sa nudité. Il s'était saisi alors d'un bidon vide pour s'y asseoir.

— Je reprends ma question. Il y avait le directeur, toi, et un autre…Qui ?

Il avait ensuite tiré sur le lacet, d'un coup sec dont la violence n'avait d'égal que le ressentiment profond qui lui broyait les entrailles.

*
* *

Kaffrine, la capitale du Ndoukoumane n'est plus qu'à quelques kilomètres. C'est au nord de cette agglomération, peu après le patelin de Dianké Souf que se situe Gouye Salaam. C'est là que réside le Sage. Diokel Dione a toujours cet air lointain et rêveur. À ses côtés, le chauffeur Baïla Guissé ne se laisse guère tromper par le ronron de son engin. Il est tout éveillé et tout attentif à sa conduite. Il ne voit pas le rictus de satisfaction qui vient de se dessiner sur le visage de son patron, en train de revivre les instants pathétiques de la niaaye de Khourou Leuk. Oui… Il avait fini par parler, le rejeton d'âne. Et même à le gratifier de tout un tas de détails dont il n'avait guère besoin.

Il se prend à grommeler sourdement, le regard tout brillant, fixant la route, au souvenir des derniers instants du maître chanteur. Il avait fini, l'enfant de *Cheytaane,* à se mettre à lâcher du vent à chaque traction sur le lacet, avant de se décider. Toute la cabane puait d'effluves nauséabonds issus des entrailles de l'homme, ce qui ne parut guère le déranger. Au contraire, il semblait qu'il y trouvait grand plaisir, jusqu'à ignorer royalement les premiers clignements, jusqu'à ce qu'il se mît à grommeler tel un dromadaire. Il le sait fort bien.La résistance a ses limites, et devant la douleur, l'homme finit toujours par céder. Il lui avait ensuite ôté le bâillon, et l'autre avait laissé échapper un grand souffle.

— J'écoute ! avait-il dit, la lumière de la torche toujours braquée sur son visage.

Il s'était alors mis à parler, d'une voix hachée, comme à contre-cœur. Diokel n'avait toujours pas lâché le lacet. Et après qu'il eut parlé, qu'il fut sûr qu'il ne pouvait lui avoir menti, à toutes les questions qu'il avait posées et répétées, il était allé chercher l'autre chaussure pour en retirer le lacet. Il est allé se placer ensuite derrière la tête de l'homme, pour s'y agenouiller de nouveau, et lui soulever celle-ci.

— Mais… Que… qu'est-ce que tu veux faire, Goorgui ? Qu'est-ce que…

Il n'avait pas répondu, avait continué à lui enrouler le fil autour du cou. Après en avoir fini de manipuler son filin, il lui avait dit, par-dessus sa tête :

— Te souviens-tu de Keur Baara, rejeton d'âne ?

Il avait ensuite attendu la réponse, qui ne vint pas. Des images d'il y a vingt ans, qui sûrement défilaient, encore, toujours, des images innommables. Dans le silence de la cabane, le souffle de sa proie était devenu fort et saccadé.

— Tu ne réponds pas au « *fils de thiaga* », rejeton d'âne ?

Toujours le silence, un silence de mort. Diokel ne parla plus. Agenouillé derrière l'homme, penché sur sa tête, il attendit encore une longue minute, comme s'il ne voulait plus se séparer de ces instants de revanche, ces moments de jouissance. Comme à regret… Pourtant, l'ancien gendarme avait eu une dernière tentative :

— Goorgui… Écoute-moi… Goorgui…

Sa décision fut prise, d'instinct. Écouter des implorations ?… Non… non… Jamais… L'homme, le vrai, n'implore jamais ! Il s'était alors vivement redressé, comme si le timbre de cette voix nasillarde et suppliante le piquait quelque part. Puis, de toute la force de ses mains gigantesques, il s'était mis à serrer, sans pitié.

Il était sorti ensuite dans la nuit, sans plus un regard pour le corps devenu raide, qu'il avait débarassé de tous ses liens, pour aller fouiller dans la camionnette du gendarme. Aucun bruit, aucun signe de vie du côté de l'autre cabane où garait l'autre véhicule. À croire que son occupant devait être sourd comme un pot. Un bidon en matière plastique était là, à moitié rempli de carburant. Heureusement, il n'aurait pas besoin d'en aspirer à partir du réservoir de l'autre.

$$*$$
$$*\ *$$

« Moi qui le prenais pour plus intelligent que ça…Comment pouvait-il croire que j'allais le laisser vivant après avoir obtenu ce que je voulais ? », continue-t-il de ruminer, alors que les premières habitations de Kaffrine s'offrent à leur vue.

La lutte avec le gendarme dans cet antre de la niaaye de Khourou Leuk lui avait pourtant révélé un fait. Celui bien inquiétant, qu'il est en train de vieillir. Il est vrai qu'aujourd'hui, il compte ses cinquante-cinq hivernages bien sonnés. Mais cela n'est pas suffisant pour expliquer tous les efforts qu'il avait dûs déployer pour arriver à bout de son ennemi. En campagne, même après soixante-dix années de vie, on a encore la poigne et les reins solides. Et pourtant… La vie en ville peut-être ? Une vie faite de tracasseries quotidiennes, de manque de repos et de sommeil. Une vie qui vous érode et vous mine.Les poils blancs de sa tête devenaient un peu trop nombreux à son goût.Sa vigilance innée commençait à s'émousser. Plusieurs fois, il s'est déjà surpris en train de somnoler au volant et à la mosquée. Et il y perdait de plus en plus de sa volonté, face à la résistance opposée maintenant par tous ces fainéants de la concession, lorsqu'il vient les secouer pour la prière de l'aube. Les rebouteux de Ndiakhirate et de Thiaroye auraient sûrement leur mot à dire à cela. En son for intérieur, il est convaincu que la vie en ville y était pour beaucoup.

Traversée de kaffrine. Cette nouvelle capitale régionale n'a en fait, rien de plus qu'un village, avec ses quelques bâtiments administratifs tenant lieu de services. Une de ces nombreuses créations artificielles que les politiciens inventent pour satisfaire leur clientèle. Un bled sans avenir, endormi sous la chaleur torride de juin, tout son monde étant allé à la recherche de l'ombre en ce milieu du jour. La traversée se fait sans histoire. La camionnette bifurque ensuite vers le nord, direction Dianké Soûf. Peu d'échanges entre le chauffeur et son patron. Que se dire, quand ce dernier reste plongé dans ses souvenirs et ses pensées profondes ? Guissé a l'habitude. Ce n'est pas la première fois qu'il convoie son patron à Gouye Salaam ou ailleurs, dans ses affaires. En fait, un mutisme qui ne le gêne guère, tout pris qu'il est à se concentrer sur cet embranchement de la Nationale1.

Diokel est justement en train d'échafauder le plan qui lui permettra de se débarrasser du troisième et dernier bouki. Un autre gendarme comme il s'en doutait. Toujours de ceux-là qui officiaient à l'époque dans le patelin de Tound, de Keur Birima et de keur Baara. Décidément… Mais *laisse mouton pisser…* Il ne perdait rien pour attendre. Il allait le retrouver, et facilement.

33

Tout le monde sait que quand l'âne est en rut, il offre un spectacle quasi surréaliste à l'observateur. La femelle qui se fait désirer, se fait toujours impitoyable envers le mâle, avant de condescendre à se laisser faire.Il faut alors beaucoup de patience à ce dernier, et aussi beaucoup d'opiniâtreté pour encaisser les coups de dents, et les coups de pattes qu'elle lui lance par derrière, dans leurs courses poursuites endiablées, et agrémentées de braiements à travers champs, tels des possédés par le diable. Des possédés qui surgissent sans avertir, traversant pistes et routes à vitesse folle, bêtes comme ces... ânes qu'ils sont.

Quand le couple d'équidés surgit soudain devant Guissé et sur sa gauche, celui-ci est entrain d'appuyer sur la pédale, sur cet embranchement qu'il sait peu fréquenté, et surtout libéré, à la pensée qu'ils sont près d'arriver enfin à destination. Il n'a que le réflexe de donner un violent coup de volant sur sa droite pour éviter les deux quadrupèdes en train de foncer sur eux à un train d'enfer. C'est l'inévitable. Le véhicule se met à tanguer, les roues gauches décollées du sol et tournant dans le vide, avant qu'un nid-de-poule reçoive la roue avant droite. La camionnette lourdement chargée est emportée par sa vitesse et son poids. Après plusieurs tonneaux dont le fracas déchire le silence de la brousse, elle n'arrive à s'immobiliser qu'à une dizaine de mètres de la route, en plein champ.

*
* *

Les hommes en bleu de la brigade de Kaffrine sont en train d'échanger :

— Le chauffeur... Il délire toujours, Chef...

Baïla Guissé, étendu par terre, a le langage tout confus. Il a le corps tout couvert de sang. Sa jambe gauche sous le pantalon est toute raide.

— Le patron… Les âniers… Tout pris… Tout pris… Les biens du marabout… Ce sont eux… Les âniers... Par là… Partis… par là…

C'est le ciel que l'index est en train de désigner.

— Non… Il ne délire pas… Je crois avoir compris…, dit le gendarme penché sur lui. Ils ont dû être pillés. Par des âniers de passage.À moins que les pillards soient accourus des bourgades voisines. Même sur ces routes de brousse, cette pratique est en train de faire souche… Quand les gens tombent sur un accident, leur première préoccupation aujourd'hui est de s'atteler à fouiller d'abord les victimes et les bagages. Ils raflent tout. L'argent, les bijoux, les montres, les téléphones portables.

— De vrais salauds.

Le chauffeur Guissé continue toujours de bafouiller :

— Le Sage… Emmenez-nous… Le Sage… Gouye Salaam… Gouye…

Rares sont ceux qui signalent les accidents après leurs forfaitures. Et pour cause… Ils comptent sur les véhicules de passage après eux, pour le faire.

— Évidemment… Le pauvre… Il ignore que son patron a eu moins de chance que lui.

— La camionnette devait transporter beaucoup de denrées. Si on en juge par tout ce qu'il reste encore ici, et qu'ils n'ont pu emporter.

— À moins qu'ils aient été dérangés, Chef.

— Ils allaient rendre visite au marabout. Il ne parle que de Gouye Salaam.

À quelques mètres de la voiture accidentée, le corps sans vie de Diokel Dione est étendu, recouvert d'une bâche tirée de la camionnette. C'est tout un essaim de mouches qui est en train de tournoyer autour de la dépouille. Du sang qui a coulé de sous la couverture est déjà coagulé.

— Et la fouille du… cadavre n'a rien donné…

— C'est bien ça, Chef ! Il n'avait pratiquement plus rien dans ses nombreuses poches.

— Les salauds ! ne peut se retenir le chef de brigade. Ils leur ont fait les poches en plus, au lieu de leur porter secours.Cet homme était peut-être encore vivant quand ils sont arrivés sur les lieux.Il va falloir ratisser tous les environs après. Il faut retrouver ces pillards et leur faire perdre le goût de la rapine une fois pour toutes – Puis – C'est que ça fait déjà une éternité avec ces sapeurs de Kaolack. Depuis deux heures qu'ils ont été alertés !

— Sûrement l'éternelle équation. Le carburant….

Les sapeurs pompiers de Kaolack sont arrivés plus de trois heures d'horloge après avoir été informés… Ils ont commencé par s'occuper du blessé. Au moment où ils s'apprêtent à prendre en charge le corps de Diokel, une fourgonnette transportant du pain est venue se ranger à leurs côtés. Il venait du côté de Dianké Soûf. Le passager à côté du chauffeur est sorti sans attendre, pour se diriger à grands pas vers les hommes en bleu. Ils se mettent à échanger pendant cinq bonnes minutes, avant que le chef ne le laisse là, pour aller s'isoler avec ses hommes… Encore deux à trois minutes de conciliabules avant que le chef de brigade revienne vers les sapeurs.

— Changement de programme… Son marabout réclame la dépouille… L'homme que voilà est son envoyé.

— Mais…

— Tout le patelin est déjà au courant. Le tambour de la brousse… Ce goorgui doit être bien connu là-bas. Il avait dû annoncer son arrivée.

— Mais… les… les formalités… règlementaires.

Le chef de brigade n'a guère envie de discuter avec le commandant des sapeurs.

— Connaissez-vous bien ce village de Gouye Salaam, Chef ?

— Heu, se met-il à hésiter.

— Nous si ! Je vous ferai inviter un de ces week-ends à Kaffrine, pour venir vous aviser à compter le nombre de grosses cylindrées qui défilent ici, venant de partout…mais surtout de Dakar, bourrés de politiciens, de chefs de service et d'hommes d'affaires.De Kaolack, qui est une ville carrefour, cela ne se remarque pas. Mais nous ici, on en sait quelque chose.

Le chef sapeur est devenu muet soudain.

— Alors, n'insistons pas… remettons à son marabout son défunt talibé, et faites vite avec le blessé. Il a déjà perdu trop de sang…

Baïla Guissé le chauffeur ne délire plus. Il a perdu connaissance. Le chef de brigade s'est approché du véhicule des sapeurs au moment où il va s'ébranler.

— Et n'ayez aucune inquiétude Chef ! lui glisse-t-il à l'oreille. Aucun de vos supérieurs n'osera vous adresser quelque demande d'explication, après le rapport que vous leur présenterez.

En revenant vers ses hommes, il les entend commenter :

— Il doit être nouveau dans le coin, le gars.

— Sûrement oui.

VIe PARTIE

« À TOUT SEIGNEUR, TOUT HONNEUR »

34

En matière de cérémonie funéraire, il en est de Gouye Salaam comme de tous les grands fiefs religieux d'ici. Ici non plus, les cadavres n'attendent jamais, quel que soit leur nombre au quotidien. Et Dieu sait qu'ils sont innombrables, ceux-là qui viennent chercher le Paradis à Gouye Salaam.Ils ne passent jamais la nuit. Aussitôt parvenus, les laveurs professionnels se mettent à l'œuvre sur ordre de l'entourage du Sage.

Diokel Dione avait toujours émis le vœu d'être enterré à Gouye Salaam. À chacun de ses passages, il en avait fait le rappel au Sage, avec la même pensée secrète, accroupi devant lui : « Et si Allah m'aime, qu'Il me rappelle à Lui, bien avant vous »

Le sage, averti dès les premiers moments du drame avait réclamé la dépouille de son disciple, et il l'avait obtenue sans difficulté aucune. Ce fut le chef de brigade de la gendarmerie de Kaffrine lui-même qui la lui apporta, accompagné d'un adjoint. Le cérémonial ne devait pas attendre. Il devait se tenir avant la prière de *maghrib* la dernière de l'après-midi, devant la mosquée. Et à tout seigneur, tout honneur ! C'est le Sage en personne qui a décidé de diriger la prière mortuaire.

C'est au moment de l'éloge funèbre, alors que toute la foule, debout face à la dépouille, prête une oreille toute attentive au sermon, que Tékhey et trois de ses frères arrivent en trombe sur les lieux. C'est la première fois que l'aîné de la famille Dione foule le sol de Gouye Salaam. Ils sont tout couverts de sueur. Visiblement, ils ont dû se préparer à ce voyage inopiné, à la va-vite, craignant d'arriver en retard à l'enterrement du paternel. Car ils ne l'ignorent guère. La dépouille de celui-ci ne leur appartenait plus, dès l'instant où ce dernier avait quitté ce monde. Le Sage, dès lors, avait plus de droits qu'eux-mêmes, sur son talibé à lui.

C'est pourquoi, aussitôt arrivés sur les lieux, devant la mosquée, lui et ses frères se sont-ils contentés de se glisser silencieusement dans les rangs, tels des anonymes, et sans attirer le moins du monde l'attention des prieurs debout. Tout Tound Bouki était déjà là, avec le vieux Ngotti tout courbé. Ceux de Keur Birima et de Keur Baara aussi. Pendant tout le prêche, ils n'ont cessé de lancer des coups d'œil du côté des arrivants. Tékhey lui-même n'a rien entendu du prêche du Sage. Il est resté plongé dans l'observation du vieil homme qui leur faisait face dans son monologue, cet être tout frêle dans son boubou blanc, cet homme à la tête toute blanche.Le Sage de Gouye Salaam ! Le voilà donc enfin, ce vieil homme dont le paternel lui a tant vanté la perfection. Celui-là vers qui le paternel a tant fait pour les faire se rencontrer, – pour l'y traîner –, une satisfaction à laquelle il n'aura jamais goûtée.

Le rappel du Sage sur la personnalité du défunt – un bienfaiteur dans l'âme – vient de prendre fin. « Simple goutte de sang nous avons été, futurs cadavres nous sommes tous. Nous ne sommes rien que de la poussière. C'est Allah qui donne la vie, et il serait vain de la lui disputer. Il vient de nous prendre un être cher, en attendant notre tour, qui ne tardera guère. »

Sourates et versets suivent. « Nous ne sommes rien devant Allah, quelle que soit notre puissance ici sur cette Terre, qui n'est que de passage. Notre vraie demeure étant dans l'au-delà. Que ceux qui osent en douter retournent au Livre Saint. Ils y trouveront tous les enseignements et toutes les prescriptions. » Puis, changement de thèmes : « Faudra-t-il rappeler, aux uns et aux autres et à nous-mêmes, que le défunt étendu là devant nous tous, ne sera jamais en paix dans l'au-delà, tant que ses engagements vis-à-vis d'Allah et de lui-même ne seront pas respectés ? Il en est entre autres, des dettes qu'il laisse derrière lui, si tant est qu'il y en a. Il ne sera pas en paix, tant que celles-ci ne seront pas acquittées. Il ne sera pas en paix, tant que tout ce qu'il laisse sur cette Terre ne sera pas réparti, au plus tôt, et de la façon la plus équitable qui soit, entre ses héritiers, épouses et enfants légitimes… Libres à eux d'entrer en jouissance de ce qui leur revient de droit, pourvu que cela soit sur le chemin tracé par Allah… Oui… C'est Allah qui le veut ainsi, et qui nous le fait savoir à travers le Livre sacré. Quant à ses épouses, elles doivent obligatoirement porter le deuil, comme prescrit. Car, elles sont encore à lui. Elles seront encore à lui, le défunt, pendant quatre lunes et dix nuits. Libre ensuite à elles de disposer de leur liberté, comme elles le veulent, pourvu que ce soit sur le chemin de Dieu. Souvenons-nous donc que, simple goutte de sang nous avons été, poussière nous deviendrons tous un jour, nous les simples mortels. Ainsi le veut l'Unique, le Miséricordieux. »

La prière suit ensuite, brève, sobre, silencieuse et solennelle. Quatre hommes parmi les plus vigoureux se saisissent ensuite du cercueil, et le Sage en tête – fait exceptionnel à Gouye Salaam –, c'est toute la foule qui s'ébranle vers le cimetière tout proche où, déjà creusée, la fosse oblongue attend son hôte.

*
* *

Sur le chemin du retour, alors que la nuit était déjà tombée, Tékhey est resté obstinément muet. Il est tout écœuré. Il a bien accepté sur l'insistance de ses frères de rencontrer le Sage. C'est vrai. Il a reconnu en lui un homme d'une grande sérénité, et à la compagnie fort apaisante. Un homme qui les a entretenus de leur père en des termes qu'eux-mêmes, ses propres enfants, ne lui ont jamais connus. Ils en étaient restés tous sans voix. Il leur avait rappelé ensuite ce que la Loi islamique attend d'eux, eux qui sont les aînés, et désormais les responsables.

Par contre, les présentations avec ceux de Tound Bouki furent brèves… avec autant de promesses de revenir bientôt dire bonjour au village natal. Plus personne bien entendu, ne reconnaissait ce garçon devenu mûr depuis… Des visages entre-aperçus, çà et là, fouillés du regard, à la va-vite.

Tékhey est toujours amer. Pas de ce qu'il a entendu. Il l'avait toujours deviné. Mais amer de ce à quoi il allait devoir se soumettre. Tout cet édifice d'un homme dont il reconnaît qu'il fut un vrai bourreau du travail, avec certes ses principes et ses croyances, mais un solide baobab, le fils aîné est aigri de savoir qu'il allait s'écrouler tel un château de cartes. Qu'il allait s'évaporer comme de la fumée en période de grand vent. Hélas ! Il n'allait bientôt plus rien rester de tout ce qu'il avait bâti avec patience et opiniâtreté, contre toutes les adversités et pendant tant d'années. Leur dernière rencontre, celle pendant laquelle il avait décidé de se séparer de lui, lui revient tout à coup, alors qu'il continue de ruminer sa rancœur. Comme de la prémonition. Comme s'il avait vu venir. Sa pensée est allée de nouveau vers cette enveloppe reçue de ce dernier entretien, et qu'il avait finalement pris la décision de lui restituer, mais qui, à force de réfléchir sur la façon de s'y prendre, dormait toujours dans ses affaires.

*

* *

Rougui Diallo la Peule n'arrivait pas à se résoudre à croire que son ami s'en était allé à jamais. Elle avait appris le drame dès le lendemain. Toute la presse, écrite comme parlée l'avait évoqué avec force détails sur la personnalité du défunt, son parcours depuis près de vingt ans à Dakar, et tout l'héritage immense qu'il laissait à ses épouses et enfants. Ses biens immobiliers et ses affaires. Ses terres, ses boulangeries et ses magasins, ses véhicules de transport de marchandises et de voyageurs dont certains journalistes se demandent encore s'il en connaissait lui-même réellement le nombre, ses comptes en banque. Pourtant, rien qu'un ancien charretier, simple *borom sarett* au départ, illustre inconnu à son arrivée dans la capitale, devenu un homme puissant et riche, mais toujours resté d'une discrétion telle que peu de monde l'ont réellement connu. Un de ces hommes qui, par la force du poignet, et avec opiniâtreté, vous tissent leur toile sous votre nez sans que vous vous en rendiez compte. Et pourtant, un homme qui ne fut qu'un analphabète.

Évidemment les spéculations sur l'avenir de ce que certains n'ont pas hésité à qualifier d'empire, suivaient toujours, après les relations sur le drame.

Rougui avait abondamment pleuré. Oui. Son ami s'en était allé. Les jours qui suivirent, plusieurs fois, sa fille Maïna l'a surprise, isolée et prostrée à l'ombre de leur fameux arbre à palabres, leur *neem* feuillu, assise face à son hamac désespérément vide. Lorsqu'elle se retournait à ses bruits de pas, la fillette lui découvrait des yeux tout rougis sous des sourcils enflés. Rougui restait là pendant des heures, plongée dans des pensées dont elle seule savait les contours. Il lui arrivait souvent de se saisir, mécaniquement de son Blackberry, le dernier qu'il eut à lui offrir, pour en faire défiler ses portraits, la plupart pris à son insu, jusqu'à s'arrêter à celui de leur dernière rencontre. Elle restait alors là comme figée, en contemplation devant ce faciès buté, avec cet air volontaire et si sûr de lui, comme pour montrer au monde qu'il n'a rien à craindre de lui. Mais même sur ces images, cette sourde impression lui revenait sans arrêt, celle d'un regard qu'elle n'était jamais arrivée à accrocher, à pénétrer réellement, parce que toujours fuyant. L'impression que l'homme qui lui avait tant dit, tant raconté sur sa vie, ne lui avait jamais tout dit, l'impression qu'il lui cachait toujours quelque chose, quelque chose qu'il est allé jusqu'à vouloir lui révéler bien des fois, au plus fort de leurs moments d'intimité, pour ensuite se reprendre au final. Du moins appréhendait-elle les choses ainsi.Quelque chose qui devait être important pour lui, si elle en jugeait par ses propres impressions.

Elle l'avait souvent vu aussi décrocher sans avertir, de leurs échanges, pour plonger dans un silence profond, comme pour s'isoler dans une autre atmosphère, un monde à lui, et à lui tout seul. En ces moments-là, ce sont les expressions de son visage qui le trahissaient carrément. Son homme semblait comme en dialogue, en conversation avec des interlocuteurs que lui seul voyait, grimaçant et le regard fixe. Avant de revenir à lui, mal à l'aise, comme gêné de s'être laissé découvrir dans ses pensées secrètes.

Quand elle s'isolait sous leur arbre à palabres, les souvenirs défilaient, nombreux et contrastés. Celui d'un homme généreux qui ne lui avait jamais rien refusé, qui souvent est allé au-devant de ses pensées et de ses désirs, comme ces cours de conduite qui la faisaient croire qu'au volant, elle embrassait le monde dans ses bras. Le souvenir d'un homme à qui les moments de joie n'arrivaient jamais à arracher ce sourire entier qu'elle a toujours guetté, comme si pour lui, manifester quelque bonheur de façon trop ouverte s'assimilait à quelque péché ou faiblesse. Le souvenir d'un homme méfiant, jusque dans le choix posé de ses mots dans la conversation, celui d'un homme pourtant incapable de taire son aversion pour tout ce qui est institution, son antipathie, voire son mépris pour tous les soi-disant redresseurs de tort, tous ces intellectuels, ces *toubabs noirs* comme il aimait tant les qualifier. Ces *moussés* aussi. Ce qui pourtant, ne l'a pas empêché de l'accepter elle, l'institutrice, jusqu'à l'adopter.

Sans pouvoir en faire de même pour son propre enfant, Tékhey. Elle s'était souvent demandé aussi quel allait être le destin de ce dernier. Lors d'un de leurs derniers échanges, alors qu'il venait de la ramener de Dakar à Sangalkam, il lui avait expliqué au moment de se séparer, sans vouloir la regarder :

— Vous savez, Rougui… Tékhey, j'ai beaucoup réfléchi à son

cas, ces temps-ci. Ce garçon, c'est comme le cheval fou qui refuse de se laisser dompter. C'est un têtu…Un grand buté. Et si je n'y prends garde, il va finir par me gangrener tout ce qui m'entoure, avec ses drôles d'idées. J'ai donc décidé de lui rendre sa liberté.

Il a ensuite embrayé et démarré, comme s'il fuyait son avis à elle, dont il connaissait bien les principes sur les relations entre parents et enfants.

Il lui est ainsi souvent arrivé de se demander si ce qu'elle ressentait en son for intérieur, c'était de l'admiration ou de la compassion. De l'admiration pour un analphabète qui n'éprouvait guère de complexe à le paraître, pour un homme si sûr de lui, batailleur et pragmatique jusqu'à arriver à bâtir une fortune colossale par sa seule force de caractère. De la compassion pour un homme profondément resté attaché à ses croyances et à ses fantasmes, en la confiance aveugle en son Sage, en un amour viscéral envers ces totems que sont ses chevaux et ses charrettes, et en la fréquentation de ces guérisseurs naturels que sont les rebouteux. Un homme avec ses principes à lui, de la vie en famille, une famille de vingt-sept bouts de bois de Dieu, de ses trois épouses, un être qui accepte les coups du sort sans amertume ni indignation. Oui… La devineresse, celle qui lit sur l'eau, n'avait jamais été claire sur la disparition de la petite Thioro. Pire, ce qu'elle avait vu après les traces sur l'eau, ce fut plus que nébuleux, et ses explications ne l'avaient guère convaincue. Et rien n'y fit après trois séances. Il est vrai, il en est toujours ainsi chez les devins, quand les signes sont défavorables. C'est à l'intéressé qu'il appartient de comprendre. C'est pourquoi, en sa présence, elle n'avait osé y revenir. Elle ne lui en a plus parlé. Et lui, ne lui avait plus rien demandé. Plus rien.

De l'admiration ou de la compassion pour ce boulimique, lui aussi affamé de terres, ce grand fou du téléphone portable et des grosses cylindrées. Cet ambitieux qui répétait à qui voulait l'entendre, qu'il se suffisait de ce que Allah lui a déjà donné. Cet ambitieux qui n'a pas accepté de vivre avec son temps. Et pourtant… Oui… Pendant ces délicieux moments de jeux autour du téléphone, qu'elle considérait elle comme de pathétiques moments d'apprentissage, elle était sûre qu'il s'est laissé mener jusqu'à éprouver le désir d'apprendre. Et elle avait tant insisté qu'elle avait fini par le convaincre. Hélas, elle n'aura jamais le bonheur de lui faire découvrir l'abécédaire dont elle voulait lui faire la surprise.

*
* *

Rougui devinait comment cela avait dû se passer à Gouye Salaam, chez le Sage. Son homme lui avait tant de fois vanté les valeurs de ce village saint, qu'elle avait fini par éprouver l'impression d'y être déjà allée. L'impression que Gouye Salam était son autre Mecque.

Pour elle, à n'en pas douter, ce fut à coup sûr le Sage, pour la prière mortuaire. Elle devinait qu'il avait été porté en terre de la façon la plus simple possible, et par le Sage lui-même, et que ce fut lui sûrement qui présida à la cérémonie de récitation du Saint Coran qui précéda l'inhumation.

Ces cérémonies dont Diokel raffolait tant et que, en homme de Dieu droit et juste, le Sage n'a pas manqué de rappeler aux proches du défunt, venus de Keur Massaar, et de tout le patelin de Tound. Afin que la pratique se perpétue... Des prières régulières pour l'âme de Diokel Dione, afin que celle-ci puisse reposer en paix.

*
* *

Aujourd'hui, Maïna a surpris par derrière sa maman, pour lui arracher d'un geste vif l'abécédaire dont celle-ci ne semble décidément pas vouloir se séparer. Elle est allée ensuite courir se réfugier sous le jeune manguier à l'entrée de la concession. Rougui l'a regardée, sans colère aucune, ouvrir les pages une à une, pour s'émerveiller des gravures en couleur. Elle ne se contente pas seulement d'admirer les beaux dessins. La maman l'entend aussi bégayer, à haute voix :

— Tonton, va... aux... aux champs. Ta... ta va au... mar... ché.

ÉPILOGUE

En ce début de nuit de Juin, les creuseurs et gardiens de tombes du cimetière de Gouye Salaam sont venus rapporter au premier chambellan du Sage, un fait fort insolite. Leur attention avait été attirée par une silhouette fugace comme une ombre, et qui leur est apparue plusieurs fois en maints endroits du cimetière, comme si elle était à la recherche de quelque chose. Ils ont pensé à un visiteur venu prier sur la tombe d'un parent, même si ce n'est guère une heure habituelle pour s'adonner à cette pratique. C'est plus tard que leur repos a de nouveau été troublé comme par des murmures, en un certain coin du cimetière. Lorsqu'ils furent sur les lieux, quelle ne fut leur surprise en apercevant une ombre, probablement celle perçue quelques instants auparavant, en train… d'uriner… oui, d'uriner ! Et pas n'importe où. Elle urinait sur une tombe.

Ils l'avaient alors entendu soliloquer. Et ce qui sortait de sa bouche était clair. Il répétait sans arrêt : « Courte queue se paie avec courte queue…Courte queue se paie avec… »

Puis comme averti de leur présence, l'individu avait coupé court à son acte, pour aussitôt prendre la fuite. Il rigolait à gorge déployée en piétinant les tombes.

— Un aliéné sûrement ? avait interrogé le premier chambellan.

— Peut-être bien… On ne sait… C'est qu'il faut être bien séparé de sa raison pour s'amuser à venir troubler le repos de ceux qui dorment au cimetière… et en urinant de surcroît sur leur tombe… Quel sacrilège alors !

Le chambellan était resté pensif quelques longues secondes, avant de s'enquérir de nouveau :

— Vous avez reconnu la tombe, objet de cette… profanation ?

Question fort difficile, au vu du rythme des enterrements en ces lieux. Pourtant :

— Oui… Il s'agit de l'une des plus récentes… celle du grand dignitaire de Keur Massaar, Diokel Dione.

Encore quelques longues secondes, de méditation profonde du chambellan, perdu dans ses pensées... Puis, levant soudain la tête comme s'il venait de se souvenir de leur présence :

— Bien... Bien... Vous pouvez aller vous reposer. Et que Dieu vous accorde une nuit de tranquillité.

« Courte queue se paie avec courte queue ! »

Une sentence que tant de fois, lui-même a entendu formuler sur les lèvres de Grand-mère, quand tout petit, il y buvait littéralement les contes du royaume de Ndoumbélaane, le pays des bêtes sauvages, et dans lesquels les histoires nébuleuses de Bouki la hyène, Bouki la bête immonde et ricanante, le faisaient toujours frémir de tout son être.

TABLE DES MATIÈRES

ANNEXE : Signification des mots

Alatraité : déformation de l'expression « à la retraite » chez les wolofs du Sénégal

Aleykoum Salam : réponse à la salutation « Assalam aleykoum » Que la Paix soit avec vous…

Awiyong : déformation du mot avion, chez les wolofs du Sénégal.

Beydaanes : Maures blancs de Mauritanie.

Bidèew : désigne l'étoile.

Boudioumanes : Nouveau genre d'éboueurs tirant leurs ressources des dépôts d'ordures.

Bounouk : vin de palme (terme dioolaa, peuple du sud-ouest du Sénégal).

Dibiteries : débits de viandes grillées, de moutons ou de caprins.

Dieureudieuf : merci !

France-naabé : désigne l'immigré en France, et par extension, en Europe.

Gniiri bouna: plat de couscous très prisé, en milieu toucouleur au Sénégal

Goorgoorlous : terme sénégalais désignant le commun du peuple, brave homme affairé, débrouillard…

Goorgui : appellation respectueuse pour désigner le bonhomme ainé, l'individu.

Hartaani : métis de Maure blanc et de Noir en Mauritanie.

Ilaah : pour dire Lâ Ilah et signifiant « Par Dieu ! »

Ishaa : dernière prière de la soirée chez les musulmans.

Kaboys : déformation du mot cow-boys chez les wolofs du Sénégal.

Kel : écorces d'arbuste aux vertus revigorantes pour enrayer la fatigue.

Khaambs : désigne les fétiches.

Khassonké : Peuple du Sud-est du Sénégal.

Khéwar : arbre aux feuilles régénératrices surtout chez les victimes de chocs.

Lébou : peuple de la région du Cap-Vert au Sénégal, en majorité des pêcheurs.

Mbaakiss : racines de plantes utilisées pour combattre les vers intestinaux

Mbaams : ânes.

Mbabal : variété de pantalon bouffant, s'arrêtant aux genoux.

Naarou goor : pûr-sang.

Ngéer : plante aux feuilles utilisées en infusion pour soulager les maux de poitrine.

Ngoûr : le pouvoir (au sens politique).

Niaaye : nom wolof désignant une dépression inter dunaire consacrée au maraichage

Niominka : peuple de pêcheurs de la région du Sine, sur la Petite côte au Sénégal.

Sendjiègne : racines de plantes aux vertus vermifuges, comme le mbaakiss.

Siifkat : voleur à l'arraché

Tafoukat : pickpocket.

Télésnovélas ou novélas : téléfilms sud-américains à la mode, aux épisodes par centaines.

Téraanga : le savoir- vivre.

Thiaaya : pantalon bouffant

Thiokères : perdrix des savanes, à la chair très prisée.

Thiorône : terme des wolofs du Sénégal, désignant la saison qui précède l'hivernage.

Tingaadé : chapeau de paille.

Tisbaar : ou zouhr : première prière de l'après midi chez les musulmans.

Weurseuk : la chance, la providence.

Wolofal : transcription du wolof à l'aide de l'alphabet arabe.

Yaabooy : la sardinelle.

Yambaa : chanvre indien.

Yeet : désigne le cymbium, genre de mollusque apprêté pour certains plats.

Yoor-yoor : première moitié de la matinée.

Zouhr ou tisbaar : première prière de l'après-midi chez les musulmans.

L'ouvrage a été imprimé
en janvier 2018
au Québec (CANADA)
par Caius du livre
pour le compte
des Éditions Presses Panafricaines.